COLECCIÓN
CUESTIONES ACTUALES
DEL DERECHO DEL TRABAJO Y DE LA SEGURIDAD SOCIAL

6

MECANISMOS EMPRESARIALES DE ADAPTACIÓN Y MANTENIMIENTO DEL EMPLEO:

Gestión, protección socio-laboral y efectividad

DIRECTORES:
Jaime Cabeza Pereiro
Marta Fernández Prieto

José Luis Goñi Sein
Catedrático Derecho del Trabajo y de la Seguridad Social, Universidad Pública de Navarra

Julen Llorens Espada
Profesor Contratado doctor Derecho del Trabajo y de la Seguridad Social, Universidad Pública de Navarra

María Inmaculada Marín Alonso
Catedrática Derecho del Trabajo y de la Seguridad Social, Universidad de Sevilla

Mirentxu Marín Malo
Profesora ayudante doctora Derecho del Trabajo y de la Seguridad Social, Universidad Pública de Navarra

Domenico Mezzacapo
Professore ordinario di Diritto del lavoro, Sapienza Università di Roma. Presidente della Commissione di certificazione dei contratti di lavoro

David Montoya Medina
Profesor Titular Universidad de Alicante (acreditado a Catedrático)

Gratiela Florentina Moraru
Profesora ayudante doctora Derecho del Trabajo y de la Seguridad Social, Universidad de Castilla La Mancha

Pilar Ortiz García
Profesora Titular de Sociología, Universidad de Murcia

M.ª Magnolia Pardo López
Profesora Titular Derecho Administrativo, Universidad de Murcia

Ana Isabel Pérez Campos
Profesora Titular Derecho del Trabajo y de la Seguridad Social, Universidad Rey Juan Carlos

Jesús Rentero Jover
Magistrado jubilado de la Sala de lo Social del Tribunal Superior de Justicia de Castilla La Mancha

Guillermo Rodríguez Iniesta
Profesor Titular de Derecho del Trabajo y de la Seguridad Social, Universidad de Murcia

Beatriz Rodríguez Sanz de Galdeano
Profesora titular Derecho del Trabajo y de la Seguridad Social, Universidad Pública de Navarra

María José Romero Rodenas
Catedrática de Derecho del Trabajo y de la Seguridad Social, Universidad de Castilla La Mancha

Yolanda Sánchez-Urán Azaña
Catedrática Derecho del Trabajo y de la Seguridad Social, Universidad Complutense de Madrid

Mercedes Sánchez Ruiz
Profesora Titular de Derecho Mercantil, Universidad de Murcia

Carmen Sánchez Trigueros
Catedrática Derecho del Trabajo y de la Seguridad Social de la Universidad de Murcia y Directora de la Unidad de Igualdad de la Universidad de Murcia

Concepción Sanz Sáez
Profesora asociada Derecho del Trabajo y del la Seguridad Social, Universidad de Castilla La Mancha

Alejandra Selma Penalva
Catedrática Derecho del Trabajo y de la Seguridad Social, Universidad de Murcia

Carmen Solís Prieto
Profesora Contratada Doctora de Derecho del Trabajo y de la Seguridad Social, Universidad de Extremadura

Eduardo Enrique Taléns Visconti
Profesor Titular de Derecho del Trabajo y de la Seguridad Social, Universidad de Valencia

COLECCIÓN
CUESTIONES ACTUALES
DEL DERECHO DEL TRABAJO Y DE LA SEGURIDAD SOCIAL

6

MECANISMOS EMPRESARIALES DE ADAPTACIÓN Y MANTENIMIENTO DEL EMPLEO:

Gestión, protección socio-laboral y efectividad

DIRECTORES:
Jaime Cabeza Pereiro
Marta Fernández Prieto

COLEX 2024

Esta publicación es parte del proyecto de I+D+i
Referencia PID2021-124395OB-I00, financiado/a por
MICIU/AEI/10.13039/501100011033/ y por FEDER/UE. Se ha cofinanciado
con cargo a la ayuda Referencia GPC-ED431B 2022/11, de la Xunta de Galicia.

Calle Costa Rica, número 5, 3.º B (local comercial)
A Coruña, 15004, A Coruña (Galicia)
info@colex.es
www.colex.es

I. S. B. N.: 978-84-1194-668-1
Depósito legal: C 1560-2024

SUMARIO

PRESENTACIÓN

Jaime Cabeza Pereiro y Marta Fernández Prieto

PÁG. 17

PARTE I
FASE DE CONSULTAS E INTERVENCIÓN DE LA AUTORIDAD LABORAL PREVIAS A LA ADOPCIÓN DE MEDIDAS DE AJUSTE Y REGULACIÓN DEL EMPLEO

CAPÍTULO I

FASE DE CONSULTAS PREVIAS A LA ADOPCIÓN DE MEDIDAS EMPRESARIALES DE AJUSTE Y REGULACIÓN DEL EMPLEO

Jaime Cabeza Pereiro

PÁG. 25

CAPÍTULO II

EL PERÍODO DE CONSULTAS EN LOS PROCEDIMIENTOS DE DESPIDO COLECTIVO Y DESLOCALIZACIÓN EMPRESARIAL

Emma Rodríguez Rodríguez

PÁG. 51

CAPÍTULO III

EL PAPEL DE LA AUTORIDAD LABORAL EN EL ACOMPAÑAMIENTO DE LOS INSTRUMENTOS NO EXTINTIVOS DE REGULACIÓN DE EMPLEO

Alexandre Pazos Pérez

PÁG. 71

PARTE II
MECANISMOS DE PROTECCIÓN SOCIAL Y LABORAL PARA EL MANTENIMIENTO DEL EMPLEO

CAPÍTULO IV

MEDIDAS DE PROTECCIÓN SOCIAL Y DE SOSTENIBILIDAD DEL EMPLEO Y LA ACTIVIDAD VINCULADAS A LA REGULACIÓN TEMPORAL DE EMPLEO

Marta Fernández Prieto

PÁG. 93

CAPÍTULO V

LA LABOR DE ACOMPAÑAMIENTO DE LAS ADMINISTRACIONES PÚBLICAS PARA LA MEJORA DE LA EMPLEABILIDAD DE LAS PERSONAS TRABAJADORAS. ESPECIAL ATENCIÓN A LAS SITUACIONES DE TRANSICIÓN PROFESIONAL

Rosa Rodríguez Martín-Retortillo

PÁG. 129

CAPÍTULO VI

LA PRIORIZACIÓN DE ACCIONES FORMATIVAS REALES COMO MECANISMO EFECTIVO EN LA ADQUISICIÓN DE COMPETENCIAS PARA EL MANTENIMIENTO Y MEJORA DE LA EMPLEABILIDAD DE LAS PERSONAS TRABAJADORAS AFECTADAS POR EXPEDIENTES TEMPORALES DE REGULACIÓN DE EMPLEO

Irene Dozo Mougán

PÁG. 149

CAPÍTULO VII

PROMOVIENDO LA IGUALDAD EN EL EMPLEO: LA NEGOCIACIÓN COLECTIVA DE MEDIDAS DE INCLUSIÓN LABORAL DE LAS PERSONAS LGTBI EN LAS EMPRESAS

María Belén Fernández Docampo

PÁG. 169

CAPÍTULO VIII

UN ANTES Y UN DESPUÉS EN LA TUTELA JUDICIAL DE LOS DERECHOS SOCIALES: EL REINTEGRO DE LA PRESTACIÓN POR DESEMPLEO PARCIAL INDEBIDAMENTE PERCIBIDA POR ERROR DE LA ADMINISTRACIÓN A LA LUZ DE LA RECIENTE JURISPRUDENCIA DEL TRIBUNAL SUPREMO

Antonio Megías-Bas

PÁG. 191

PARTE III
EFECTIVIDAD DE LAS MEDIDAS Y PROTECCIÓN SOCIAL DESDE UNA PERSPECTIVA ECONÓMICA-EMPRESARIAL

CAPÍTULO IX

EFECTIVIDAD DE LAS MEDIDAS TEMPORALES DE REGULACIÓN DE EMPLEO: UNA APROXIMACIÓN DESDE LA PERSPECTIVA ECONÓMICA

Alberto Vaquero García

PÁG. 217

CAPÍTULO X

ANÁLISIS DE LA PROTECCIÓN LABORAL DE LOS TRABAJADORES DEL SECTOR TURÍSTICO: APLICACIÓN AL SUBSECTOR DE ALOJAMIENTO EN ESPAÑA

María Montserrat Cruz González, Vanessa María Suárez Porto y Francisco Javier Sánchez Sellero

PÁG. 241

PARTE IV
ANÁLISIS DE DERECHO COMPARADO: ASPECTOS CONCRETOS DE LA GESTIÓN COLECTIVA EN FRANCIA, REINO UNIDO E ITALIA

CAPÍTULO XI

LA GESTION COLLECTIVE DES LICENCIEMENTS EN FRANCE

Gilles Auzero

PÁG. 263

CAPÍTULO XII

COMPANY RESTRUCTURING AND COLLECTIVE DISMISSALS IN THE UNITED KINGDOM

Joseph Carby-Hall

PÁG. 275

CAPÍTULO XIII

SINDACATO, CONTRATTAZIONE COLLETTIVA E TUTELA DI GENERE NELLE TRASFORMAZIONI DELL'IMPRESA

Lara Lazzeroni

PÁG. 301

PRESENTACIÓN

Jaime Cabeza Pereiro
Catedrático de Derecho del Trabajo y de la Seguridad Social
Universidade de Vigo

Marta Fernández Prieto
Profesora Titular de Derecho del Trabajo y de la Seguridad Social
Universidade de Vigo

La presente obra colectiva *Mecanismos empresariales de adaptación y mantenimiento del empleo: gestión, protección socio-laboral y efectividad* representa el principal resultado de la investigación desarrollada en el marco del Proyecto de Generación de Conocimiento de la Universidade de Vigo *Adaptación y mantenimiento del empleo en el nuevo ecosistema productivo* (PID2021-124395OB-I00), de la Agencia Estatal de Investigación y el Ministerio de Ciencia e Innovación en su segunda fase de ejecución.

Por una parte, recoge aportaciones de los miembros del equipo de investigadores y del equipo de trabajo presentadas en forma de ponencias y a modo de avance de resultados al Seminario Conjunto celebrado el 11 de junio de 2024 en la Facultad de Ciencias del Trabajo de la Universidad de Cádiz. En colaboración con el proyecto de la Universidad de Sevilla *La negociación colectiva como instrumento de gestión anticipada del cambio social, tecnológico, ecológico y empresarial* (PID2021-122537NB-I00) consideramos enriquecedor para las investigaciones de ambos proyectos compartir en un foro de debate y discusión resultados de ambos proyectos en algunos de los principales objetivos comunes o interrelacionados al constituir la negociación colectiva y las fases de consultas dos de sus principales líneas de investigación. La colaboración se asienta, además, en la existencia de una previa y muy fructífera experiencia de cooperación entre sus integrantes en dos proyectos de investigación coordinados anteriores.

En concreto, en el marco del foro de debate del seminario, el grupo de la Universidade de Vigo analizó la gestión colectiva respecto de la adopción de medidas empresariales de ajuste y regulación del empleo de forma exhaustiva, desde una perspectiva jurídico-laboral extensa y global, abordando las principales temáticas subyacentes, a nuestro juicio, en el debate en torno al mantenimiento y recuperación del empleo y abordando la experiencia comparada en Italia y Reino Unido.

La obra se complementa con estudios que tratan de desarrollar, en general, los objetivos propuestos en el proyecto que habían sido objeto de un primer análisis en su fase inicial. En esa etapa, las investigaciones del grupo se centraron prioritariamente en el estudio de las políticas públicas y público-privadas que, de forma anticipada y preventiva, facilitan y mejoran la empleabilidad de las personas trabajadoras, a través fundamentalmente de la Ley 3/2023, de Empleo, así como en su impacto sobre colectivos de personas vulnerables en particular, también de los derivados de la pandemia de la COVID-19. La Ley 3/2023 conforma un marco normativo que pretende afrontar retos estructurales de nuestro mercado de trabajo. Impulsa las políticas de activación y dota al sistema de herramientas para mejorar la empleabilidad de las personas demandantes de empleo, en especial durante situaciones de tránsito, desempleo o cese de actividad, y para estimular el mantenimiento del empleo, el reciclaje y la formación y reducir las brechas sociales, territoriales, digitales y de género.

Para afrontar aquellos objetivos, se analiza en la presente obra la nueva regulación de los instrumentos de flexibilidad interna al servicio de la adaptación y mantenimiento del empleo y de las transiciones profesionales en procesos de reestructuración y los cambios introducidos para potenciar su utilización, partiendo de la reforma acometida por el RD-ley 32/2021, de 28 de diciembre. Fundamentalmente, expedientes temporales de regulación de empleo por causas económicas, técnicas, organizativas o de producción o por fuerza mayor y medidas de ajuste temporal adoptadas previa habilitación por el Consejo de Ministros del Mecanismo RED en cualquiera de sus modalidades, cíclica o sectorial.

La regulación de empleo y, en particular, los ajustes temporales, para mantener el empleo en coyunturas económicas adversas, como medida previa y prioritaria a los despidos objetivos por causas económicas, técnicas organizativas o de producción y a los despidos colectivos, exige un análisis integral que debe atender diversas perspectivas. Por ello, se ha estructurado la obra colectiva en cuatro partes.

En la primera parte, «Fase de consultas e intervención de la autoridad laboral previas a la adopción de medidas de ajuste y regulación del empleo», se analiza la gestión colectiva previa a la adopción de medidas de ajuste y regulación del empleo y el papel de la autoridad laboral en el acompañamiento de los instrumentos no extintivos de regulación de empleo. A tal efecto, se enfatiza la centralidad de las fases de consultas y su esencia negociadora, como impronta del sistema español que las lleva mucho más allá del estricto ámbito de los despidos colectivos. Se presta también atención a la garantía que ofrece la actual regulación del periodo de consultas en expedientes no temporales de regulación de empleo, examinando en particular los efectos especialmente nocivos sobre el empleo de los procesos de deslocalización empresarial.

La segunda parte, «Mecanismos de protección social y laboral para el mantenimiento del empleo», constituye el eje central de la monografía. Aborda el estudio de los diversos mecanismos de apoyo a empresas y trabajadores, vinculados a las medidas de ajuste temporal del empleo, que tratan de garantizar la protección del empleo y al mantenimiento de la actividad durante las transiciones temporales generadas. Actuaciones con las que se pretende no solo amortiguar el impacto económico y social que la regulación de empleo puede generar, para evitar la destrucción de empleo y facilitar la recuperación de la actividad, sino ofrecer la capacitación de las personas afectadas durante las transiciones laborales. Se analizan, en concreto, las diversas garantías ofrecidas a las personas trabajadoras y la empresa y el régimen especial de cobertura social, con un elevado componente de financiación pública y socialización parcial de costes, que es, en buena medida la clave del éxito de la gestión temporal del empleo.

Las exoneraciones en la cuota empresarial a la Seguridad Social durante la vigencia de medidas de regulación temporal de empleo, voluntarias para las empresas y condicionadas en gran parte de los supuestos a la realización por las empresas de acciones formativas para las personas afectadas y compromisos de mantenimiento del empleo constituyen el principal incentivo para las empresas. Para las personas trabajadoras afectadas, el acceso a protección por desempleo o a prestaciones específicas o de sostenibilidad de la actividad exige un estudio pausado. Especialmente llamativo resulta el régimen de incompatibilidades establecido en el nivel asistencial por el RD-ley 2/2024 en la redacción del art. 282.3 LGSS.

También se analiza de forma exhaustiva la doctrina de la reciente Sentencia del Tribunal Supremo (Social) 530/2024, de 4 de abril, en relación con la exigencia de reembolso de prestaciones indebidas, en supuestos en que el pago se debe a un error exclusivo de la Administración —en el caso de autos, de una prestación por desempleo del Servicio Público de Empleo Estatal—, que el Tribunal considera que supondría eludir cualquier consecuencia de su propio error, trasladando toda la carga al demandante.

En las políticas de empleo es fundamental el componente de la formación, cuya prevalencia en la normativa se ha visto reforzada en los últimos años. Los procesos de reestructuración y la transformación de los nuevos ecosistemas productivos, ante la evolución de nuevos métodos impulsados por la digitalización y la economía verde, requieren de profesionales que posean las competencias y capacidades necesarias para hacer frente a los desafíos disruptivos que están por llegar. La formación y, específicamente, la formación profesional para el empleo en el ámbito laboral, se erige en un instrumento esencial para la mejora la empleabilidad del capital humano, que contribuye al desarrollo económico y al avance hacia una economía moderna, sostenible e igualitaria. Se examina también el papel de las Administraciones Públicas a favor de la formación en supuestos de transición profesional.

Entre los colectivos especialmente vulnerables, se analiza la realidad del colectivo LGTBI, diferente del estándar social tradicional y mayoritario, que requiere intervenciones normativas adecuadas en el contexto del principio de igualdad y no discriminación. Sin acometer un análisis integral de las particularidades abordadas en la Ley 4/2023 y de su consideración como un colectivo de atención prioritaria para la política de empleo en la Ley 3/2023, se reflexiona sobre el mandato del legislador a los agentes sociales para negociar colectivamente medidas y recursos destinados a promover la orientación y la diversidad sexual en las empresas. Con el objetivo de alcanzar su igualdad real y efectiva, se pretende lograr su inclusión laboral en un contexto de discriminación por razón de identidad y orientación sexual.

La parte III, «Efectividad de las medidas y protección social desde una perspectiva económica-empresarial», pretende evaluar la efectividad de las medidas temporales de regulación de empleo, teniendo en cuenta la dimensión de las entidades empresariales y mediante una aproximación cuantitativa y cualitativa. Este ejercicio ofrece una serie de resultados sobre la aplicación de los ERTE en función de las características de los trabajadores, categoría afectada y sector de actividad, que resultan de sumo interés para poder plantear mejoras en su aplicabilidad.

Desde la óptica de la organización empresarial, la obra no podría concluir sin un análisis del sector turístico, sector estratégico para España. Sabido es que, durante la crisis sanitaria de 2020, pasó a convertirse en uno de los ámbitos de actividad económica más vulnerables. Debido a la paralización de los movimientos turísticos y el cierre casi absoluto de actividades empresariales, los recursos humanos de las empresas afectadas se enfrentaron a problemáticas muy diversas de las habituales del sector, como la temporalidad o estacionalidad. Durante la etapa de pandemia, tres cuartas partes de las empresas de alojamiento turístico rescindieron contratos, siendo los ERTEs una de las medidas más utilizadas, a las que se pudieron acoger mientras duró la crisis del COVID-19 y durante sus sucesivas prórrogas.

La obra concluye con una última parte, «Análisis de derecho comparado: aspectos concretos de la gestión colectiva en Francia, Reino Unido e Italia». Ante la dificultad de realizar un estudio minucioso de Derecho comparado, se ha optado, con la colaboración de miembros del grupo de trabajo del Proyecto, por incidir en aspectos más generales de la gestión colectiva en los procedimientos de regulación de empleo en Francia y Reino Unido y ofrecer una perspectiva de género en relación con los procesos de reestructuración de empresas en el caso de Italia.

Quisiéramos, finalmente, expresar nuestro agradecimiento no solo a los autores que han compartido sus reflexiones y sus conclusiones en esta publicación, con el rigor y eficacia que los caracteriza, y a nuestra institución, la Universidade de Vigo, sino también a la Universidad de Cádiz y al equipo de investigadores integrantes del proyecto «La negociación colectiva como instrumento de gestión anticipada del cambio social, tecnológico, ecológico y empresarial», que hicieron posible la celebración del seminario conjunto, cuyas valiosas aportaciones han contribuido a enriquecer esta obra. Es, por último, también de justicia extender nuestra sincera gratitud a la editorial Colex, al Ministerio de Ciencia e Innovación —organismo financiador del proyecto «Adaptación y mantenimiento del empleo en el nuevo ecosistema productivo», referencia PID2021-124395OB-I00— y a la Xunta de Galicia, que, con su cofinanciación, ha hecho posible esta edición, a través de la ayuda del «Programa de consolidación e estruturación de unidades de investigación competitivas do Sistema Universitario de Galicia» concedida al Grupo DMT, referencia GPC-ED431B 2022/11.

Vigo/Ourense, 14 de septiembre de 2024

PARTE I

FASE DE CONSULTAS E INTERVENCIÓN DE LA AUTORIDAD LABORAL PREVIAS A LA ADOPCIÓN DE MEDIDAS DE AJUSTE Y REGULACIÓN DEL EMPLEO

CAPÍTULO I

FASE DE CONSULTAS PREVIAS A LA ADOPCIÓN DE MEDIDAS EMPRESARIALES DE AJUSTE Y REGULACIÓN DEL EMPLEO

Jaime Cabeza Pereiro
Catedrático de Derecho del Trabajo y de la Seguridad Social
Universidade de Vigo
ORCID 0000-0001-8847-3934

1. La naturaleza de la fase de consultas

Las cuestiones preliminares acerca de los conceptos pocas veces tienen la importancia de la que aquí se plantea. La consulta, como sistema de interlocución colectiva entre una empresa y una representación de las personas trabajadoras tiene, en principio, un contenido, unas perspectivas y una posición correlativa de las partes diferente a la de la negociación colectiva. Así se deduce de la normativa de la UE y del propio TFUE, cuyo art. 154 encomienda a la Comisión Europea el fomento de la consulta entre los interlocutores sociales a nivel de la Unión y prevé la consulta a los mismos sobre contenidos de propuestas de acción suyas en el campo de las políticas sociales. Por su parte, el art. 155, en algún sentido secuencial del anterior, establece un modelo de diálogo de corte negociador, dirigido a la obtención de acuerdos. No se trata ahora de abundar en una regulación que ha sido objeto de análisis por parte de la doctrina académica[1].

---

1 *Vg.*, GARCÍA-MUÑOZ ALHAMBRA, A., «Un futuro sombrío para la negociación colectiva europea», *Revista de Derecho Social*, n.º 89, 2020, pp. 209 ss.

Hay que hacer referencia también a la acción de apoyo y complemento de la UE en materia de la información y la consulta a los trabajadores (art. 153.1 e del TFUE), así como a la representación y la defensa colectiva de los intereses de los trabajadores y de los empresarios (art. 153.1 f), que ha desencadenado la aprobación de la Directiva 2002/14/CE del Parlamento Europeo y del Consejo, de 11 de marzo de 2002, por la que se establece un marco general relativo a la información y a la consulta de los trabajadores en la Comunidad Europea. Esta norma tiene por objeto, conforme a su art. 1, «establecer un marco general que fije unos requisitos mínimos para el ejercicio del derecho de información y consulta de los trabajadores en las empresas o centros de trabajo situados en la Comunidad», sin perjuicio de que las modalidades prácticas de su ejercicio se confíen a las legislaciones y prácticas internas de los Estados Miembros. Su art. 2 g) define la consulta como «el intercambio de opiniones y la apertura de un diálogo entre los representantes de los trabajadores y el empresario» y su art. 4.2 c) expresa que procederá, entre otras situaciones, en los casos de las decisiones que pudieran provocar cambios sustanciales en cuanto a la organización del trabajo y a los contratos de trabajo, incluidas las de despidos colectivos y traspasos de empresas, centros de actividad, o partes de empresas o de centros de actividad. Es decir, un territorio co-extenso, al menos aproximadamente, al que en Derecho interno cubren los arts. 40, 41, 44, 47, 51 y 82.2 ET.

Tiene, además, especial importancia que el art. 27 de la CDFUE, bajo el epígrafe de «Derecho a la información y consulta de los trabajadores en la empresa» exprese que «se deberá garantizar a los trabajadores o a sus representantes, en los niveles adecuados, la información y consulta con suficiente antelación en los casos y condiciones previstos en el Derecho comunitario y en las legislaciones y prácticas nacionales». Aunque el TJUE ha expresado que este derecho, en conjunción con las disposiciones de la Directiva 2002/14/CE, no puede ser invocado a los efectos de excluir la aplicación de una disposición nacional incompartible con él[2].

Como es sabido, la Directiva 2002/14/CE fue incorporada al Derecho interno por la Ley 38/2007, de 16 noviembre, que interpoló el art. 64 ET para introducir un concepto de consulta idéntico al de la Directiva 2002/14/CE, pero añadiendo que se incluye, «en su caso, la emisión de informe previo por parte del mismo».

Ahora bien, es reduccionista aplicar sencillamente el concepto legal de consultas, porque, como ha confirmado la doctrina judicial, su naturaleza excede del mero intercambio de opiniones y de la apertura de un diálogo. Precisamente, la estructura de los mandatos legales en torno a las fases de consultas para la adopción de decisiones de efectos colectivos requiere una

---

2 En el muy conocido asunto C-176/12, *Association de méditation sociale*, sentencia de 15 enero 2014.

negociación de buena fe que busca la consecución de un acuerdo bilateral, adoptado por ambas partes, el cual incluso puede ser producido o sustituido por un mecanismo alternativo de solución de conflictos. En este sentido, dichos mandatos se aproximan más a la lógica de la negociación colectiva.

Que se exprese una identidad más propia a la negociadora no impide que deban destacarse sus rasgos específicos, que se basan en una especial brevedad de los plazos[3] y en una particular situación de predominio por parte de la empresa, pues en la mayoría de las fases de consultas —en realidad, en todas con la excepción de las que se dirigen a la inaplicación de un convenio— ostenta un poder decisorio en caso de desacuerdo. Claro que ese poder se condiciona por un control judicial acerca de la existencia de una causa económica, organizativa, técnica o de producción y del respeto a las reglas de procedimiento establecidas.

Además, aunque las fases de consultas guarden cierta simetría interna y todas ellas parten de un tronco común esencialmente coherente, existen importantes diferencias que impiden un análisis conjunto a ciertos efectos. Como va a verse, en algunas interviene la autoridad laboral, en la mayoría, pero no en todas, el acuerdo en fase de consultas produce una presunción de existencia de causa, la duración no es la misma en todos los casos, y además depende del tamaño de la empresa, en cierto tipo de consultas hay anteriormente un acuerdo gubernamental desencadenando un escenario concreto de medidas empresariales, la causa se diversifica más allá de lo aparente y al margen de la propia intensidad con la que debe concurrir en función de la decisión de que se trate, las reglas sobre el desarrollo del procedimiento negociador contienen algunas variantes...En particular, los arts. 47, 47 bis y 51 cuentan con un desarrollo reglamentario del que carecen los demás y que propicia una mayor acumulación de reglas imperativas.

Sin perjuicio de esas diferencias, deben destacarse los elementos comunes, que parten de una unidad normativa formalmente asentada, desde la perspectiva del Derecho interno, en el art. 41. Ahora bien, ese asiento se centra en los elementos subjetivos de la fase de consultas, y hunde sus raíces en la reforma de 2010, aunque luego fue objeto de una profunda modificación en 2013, con ocasión del RD-ley 11/2013, de 2 agosto, cuyo art. 9 fue, en realidad, el que ubicó el art. 41.4 ET en el centro de la lógica de conformación de la comisión negociadora de las consultas. Más allá de ese contenido, difícilmente podría defenderse que el art. 41 contiene el régimen común sustantivo del período de consultas, más allá, en todo caso, de las relaciones entre los arts. 40 y 41 ET. Antes bien, hay que recordar que la regulación desencadenante de ese período está en la Directiva 98/59/CE del Consejo, de 20 de julio de 1998 relativa a la

---

3 Aunque su superación, en particular cuando existe acuerdo de prórroga entre empresa y representación legal de las personas trabajadoras no vicia de ineficacia alguna la fase de consultas (*vg.*, STS de 25 mayo 2015 (rc 307/2013). Sobre este argumento se volverá más adelante.

aproximación de las legislaciones de los Estados miembros que se refieren a los despidos colectivos. Sin duda, ya el ET de 1980, previo a la incorporación del Reino de España a la UE, tomó en consideración la Directiva 75/129/CEE, de 17 febrero y la Ley 11/1994, de 19 junio, implicó la incorporación al Derecho interno de la Directiva 92/56/CEE, de 24 junio. Con esos antecedentes, parece razonable situar como precepto básico de las fases de consultas al art. 51 ET. Máxime porque la doctrina del TJUE impacta en ellas, en una afectación que a la postre trasciende del despido colectivo.

En cuanto al análisis que va a desarrollarse, se va a omitir precisamente todo lo que tiene que ver con la legitimación de las partes y con la composición de la mesa de consultas. Ha sido, sin duda, el tema que más atención ha recibido, en particular en cuanto a la preferencia relativa por las representaciones sindicales y a la aparición e impacto real de unas representaciones contingentes, no sindicales, no técnicas, no orgánicas, y designadas sin unas garantías suficientes acerca de su independencia en relación con la empresa. Los vaivenes de este modelo representativo y su crítica, por ser bien conocidos, se dejan de lado, para centrar el discurso en asuntos de procedimiento quizá menos tratados, cuando menos en el ámbito académico.

Tampoco va a aludirse a las suspensiones, reducciones de jornada y despidos por fuerza mayor, porque en todos ellos no hay espacio para la fase de consultas. Los delicados aspectos conceptuales de la fuerza mayor en relación con las causas económica, técnica, organizativa y de producción tienen importancia refleja, en cuanto a la sujeción de la medida empresarial a una u otra modalidad. La normativa actual, caracterizada por una fuerte incoherencia al respecto entre medidas del art. 47 y 47 bis ET por un lado y del art. 51 por el otro, está a este respecto necesitada de una mayor clarificación por parte de la doctrina judicial. Pero este también va a ser un asunto ajeno al estudio que aquí se desarrolla.

2. Acerca del deber de buena fe

Las fases de consultas de los arts. 40, 41, 47, 51 y 82.3 ET contienen el deber de negociar de buena fe. En realidad, así es en términos generales desde la Ley 11/1994, de 19 mayo, de modo que se ha decantado una doctrina judicial bastante ilustrativa en sí misma. Pero este deber no es intrínsecamente novedoso en el ámbito laboral, porque encuentra su antecedente en el art. 89.1, párrafo tercero, en la obligación de negociar «bajo el principio de la buena fe», aunque sobre este último se ha producido una casuística judicial mucho más reducida, en todo caso siempre coherente con la que se ha desarrollado en relación con las fases de consultas. Con todo, no debe olvidarse la raíz iusprivatista de la buena fe, que tiene su centro de imputación normativa en el art. 1258 del Código Civil —«consecuencias...conformes a la buena fe»— y, sobre todo, en el art. 7.1 del mismo Código —ejercicio de los derechos conforme a las exigencias de la buena fe—. En realidad, las fases de consultas no se refieren al desarrollo de un contrato, de modo que el anclaje más seguro en el Código Civil es este último de su título preliminar.

El deber de buena fe en la negociación colectiva cuenta con un precedente en Derecho Comparado muy notable, como son las secciones 8(a)(5), 8(b)(3) y 8(d) de la National Labor Relations Act de USA de 1935, que consideran prácticas laborales ilícitas *(unfair labor practices)* negarse a negociar colectivamente y de buena fe con la representación de las personas trabajadoras y con la empresa, respectivamente, sobre una serie de tópicos de negociación obligatoria. A partir de ambos preceptos se ha desarrollado una doctrina administrativa y judicial muy relevante, de la cual *grosso modo* pueden catalogarse una serie de conductas como de mala fe en la negociación colectiva[4]. Expresadas en términos generales, y como continentes de conductas más concretas, deben enumerarse las ocho siguientes: 1) la falta de una disposición abierta y proclive hacia la negociación y la conclusión de acuerdos. 2) La denegación de informaciones relevantes a la representación de las personas trabajadoras y, en general, el desconocimiento del derecho a la información como contenido esencial del deber de buena fe de la empresa. 3) La actuación unilateral de la empresa en busca de una relación individual o plural con sus personas trabajadoras mediante ofertas o mejoras de las condiciones de trabajo producidas al margen de la mesa de negociación y prescindiendo de su interlocutor natural para la regulación por convenio de dichas condiciones. 4) La provocación de dilaciones indebidas que produzcan procedimientos de negociación muy premiosos que se alargan excesivamente en el tiempo sin que ello sea necesario y que condicionan el éxito de las negociaciones en marcha. 5) La alteración de juego normal de propuestas y contrapropuestas, que puede producirse mediante una posición nada propositiva frente a la posición de la otra parte, mediante una formulación de posturas totalmente inaceptables para ella o mediante la fijación de una postura última y totalmente irrevocable en un momento relativamente temprano de la negociación. 6) La interposición de condiciones abusivas al desarrollo o al inicio de las negociaciones, que pueden producirse en cuanto al modo en que han de desarrollarse, a la generación de una situación particularmente adversa para la otra parte o al cumplimiento de unas exigencias que, en definitiva, lastran el necesario equilibrio que ha de existir en las mesas de negociación. 7) La provocación de estancamientos o *impasses* en el proceso mediante subterfugios que evidencian una falta de compromiso hacia la obtención de un acuerdo, ya sea expresando una respuesta excesiva a una postura razonable de la contraparte, ya sea produciendo condiciones adversas para esa obtención. 8) La postura totalmente intransigente frente a las concesiones de la otra parte, que evidencie una nula implicación en la negociación colectiva, porque la inexigibilidad de llegar a un acuerdo no debe confundirse con la postura de no admitir ninguna concesión a la otra parte.

---

4 Un estudio detallado acerca de esta casuística en mi estudio CABEZA PEREIRO, J., *La buena fe en la negociación colectiva*, Xunta de Galicia (Santiago, 1995).

La doctrina del TS en materia de buena fe en fases de consultas es muy casuística, de tal modo que no resulta sencillo extraer conclusiones generales, aunque la lista anterior no iría muy desencaminada como síntesis de elaboración de jurisprudencia interna. Máxime si se tiene en cuenta el rasgo de negociación colectiva de empresa que es esencial en el modelo norteamericano y que la acerca relativamente al contexto de esas fases. Con todo, y elaborando una lista de criterios propios, que se repiten en una pluralidad de pronunciamientos, pueden destacarse los que siguen:

- Las fases de consultas deben orientarse hacia la consecución de un acuerdo[5]. Por consiguiente, las actitudes entorpecedoras de ese acuerdo, que consisten básicamente en cumplir en exclusiva con las formalidades legales, con el fin, o bien de utilizar la empresa su capacidad de decisión en caso de desacuerdo, o bien el banco social provocar un desacuerdo que conduzca a un conflicto en cualquiera de sus manifestaciones, deben considerarse prácticas contrarias al deber de buena fe[6].
- Es importante subrayar el carácter bilateral de la buena fe[7], porque existe una pulsión casi inevitable de ponderar únicamente la actitud de la empresa. Ahora bien, reconocida la exigibilidad de ese canon de conducta también a la representación de las personas trabajadoras a través de sus representantes, es razonable proclamar su carácter imperfectamente bilateral. Por ejemplo, en cuanto a la documentación exigible, a la que enseguida se hace referencia, es obvio que la carga de facilitarla recae de forma casi exclusiva en la empresa.
- El deber de información, del que más adelante habrá que formular una reflexión algo más cuidadosa y detenida, conforma el deber de buena fe como parte integrante suya[8] y, además, se informa por este, de modo que matiza su alcance, en particular en cuanto a los documentos no explícitamente exigidos por la normativa reglamentaria o en cuanto a las medidas que no imponen de forma expresa la transmisión de una información concreta.
- El alcance de la posición empresarial y el modo en el que han discurrido las negociaciones deben valorarse desde el prisma del deber de buena fe. Este aserto invita a una consideración global de todo el proceso y no al análisis de conductas concretas y aisladas del con-

5 *Vg.*, STS de 16 septiembre 2015 (rc 180/14), en relación con consultas de modificación sustancial de condiciones de trabajo.

6 Entre otras, STS de 20 marzo 2024 (rc 298/2021).

7 STS de 16 septiembre 2015 (cit.)

8 STS de 7 febrero 2024 (rc 172/2023).

junto, que pueden producir una conclusión errónea sobre la realidad de todo el proceso negociador[9].

- Como antes ya ha sido apuntado, el deber de negociar no implica un deber de convenir o de llegar a un acuerdo. Sin duda, la buena fe de ambas partes facilita o hace posible que la fase de consultas finalice de forma satisfactoria y consensuada, pero el desacuerdo en absoluto puede bastar para concluir la infracción del deber por cualquiera de las partes. Ahora bien, la modificación de las posiciones iniciales sí que pone de manifiesto la disposición a transigir que expresa la voluntad de encontrar soluciones pactadas a la situación existente[10]. Es, así pues, legítima una negociación poco concesiva —*hard bargaining*—, pero que en todo caso abra espacios a acuerdos con la contraparte.
- Aunque, como se ha expresado y ha de volver a insistirse, las medidas de traslado, modificación sustancial de condiciones de trabajo, sucesión de empresa, suspensión de contrato y reducción de jornada, despido colectivo e inaplicación de convenio son diferentes y tienen lógicas intrínsecas variadas, la doctrina sobre la buena fe en fase de consultas de unas y otras es intercambiable en casi todos sus extremos[11].

Una vez expresados estos criterios generales, ya desde una aproximación algo más concreta, el TS ha identificado conductas de mala fe, de las que pueden destacarse, por reiteradas o especialmente relevantes, las siguientes:

- El escaso número de reuniones, ajustado al mínimo legal, sobre todo si se une a una falta absoluta de concesiones por parte de la empresa, constituye un panorama indiciario de probable violación del deber de buena fe[12].
- El mantenimiento a ultranza de las posiciones iniciales introduce asimismo una grave sospecha de que se ha producido mala fe en la fase de consultas[13]. Como va a expresarse más adelante, las consultas, al menos en cuanto al despido colectivo, deben producirse cuando haya una probabilidad cierta de que haya que adoptar la medida de reestructuración, pero cuando no se haya adoptado todavía una decisión definitiva, sino que haya margen para estudiar otras alternativas o al menos reducir el impacto de la decisión de la empresa.

9 STS de 15 julio 2021 (rc 68/2021).

10 Insistiendo en las concesiones hechas por la empresa, STS de 18 febrero 2022 (rc. 229/2021).

11 En este sentido, STS de 20 marzo 2024 (cit.)

12 Así, STS de 16 septiembre 2015 (cit.)

13 Recalcando que, en el caso concreto, no había sucedido así, STS de 18 febrero 2022 (cit.)

- Es de mala fe una conducta impositiva y amenazadora por parte de la empresa, sobre todo si se produce fuera del marco de las propias consultas y con una clara voluntad de introducir medidas para las que serían necesarias al margen de ellas[14].
- También lo puede ser el cuestionamiento extemporáneo de la legitimación de la otra parte, particularmente cuando en ocasiones anteriores se dio por buena sin ningún tipo de reticencia y no se funda en razones objetivas que pueden justificar esa postura, normalmente de la empresa[15].
- Resulta muy característica y no excepcional la conducta de ofrecer desde el principio una postura como cerrada e inamovible, desde el inicio, con la clara intención de producir una decisión unilateral conduciendo las consultas a un bloqueo. Este tipo de actuaciones por parte de la empresa, que además han sido declaradas lesivas del derecho de libertad sindical en alguna sentencia referida a la negociación colectiva del Tít III ET[16], conforman un panorama claro de violación de la legalidad ordinaria, en concreto del art. 89.1.3. No está de más recodar, a estos efectos, que el Reino de España ha ratificado el Convenio n.º 154 de OIT, de 1981, sobre negociación colectiva, que abre un marco de fomento de la misma al que se sujetan los Estados que lo ratifiquen —arts. 5 y ss.— Los hechos relatados en la referida sentencia del TC constituyen, muy claramente, un caso paradigmático de acción unilateral al margen de la negociación colectiva y de bloqueo deliberado del proceso negociador.

---

14 STS de 20 marzo 2024 (cit.)

15 *Ibid.*

16 En concreto, STC 107/2000, de 7 junio. Es interesante de ella la argumentación que sigue: «para dilucidar si tras el aparente desacuerdo existe una conducta antisindical es inevitable atender a las circunstancias en las que aquél se produjo. Pues bien, como quedó expuesto en el relato de antecedentes, las negociaciones se redujeron a cinco sesiones en el plazo de poco más de dos meses, siendo escasos los hechos acreditados en el procedimiento sobre el desarrollo del proceso negociador; se carece así de elementos de juicio para determinar si realmente aquél tuvo o no un contenido efectivo o si las partes actuaron de buena fe con vistas a alcanzar el acuerdo, extremos todos ellos que, en cualquier caso, pertenecerían al ámbito de la legalidad ordinaria en relación a la ordenación de dicho proceso. Frente a ello, sí consta que finalmente, la empresa realizó una oferta "definitiva e irrevocable" y que concedió unilateralmente un plazo de un mes para su aceptación, a falta de la cual dio por cerrado el proceso negociador y procedió a una revisión salarial cuya fecha de efectividad, precisamente, se correspondió con la que hubiera tenido la que se hubiera negociado en convenio, es decir, 1 de enero. Tanto el Juzgado de lo Social como el Tribunal Superior de Justicia han afirmado que las anteriores circunstancias evidencian que hubo negociación, lo cual excluye implícitamente, a su juicio, que se hubiera querido eludir la intervención sindical en la revisión salarial; frente a esta conclusión, la Federación recurrente alega que sólo hubo una negociación puramente formal por parte de la empresa».

- También ha sido anulada por contraria al deber de buena fe en la fase de consultas la conducta de la empresa de negociar exclusivamente con una representación sindical, con posterioridad a la fase de consultas de modificación sustancial de las condiciones de trabajo, y sobre materias que deberían ser objeto de la misma[17]. Estas negociaciones con organizaciones sindicales minoritarias, pero más «flexibles» para con las pretensiones de la empresa, tienen una profunda raigambre en nuestra tradición de relaciones laborales y han merecido una valoración matizada por parte de la doctrina judicial[18], a veces no del todo concernida con el contenido esencial del derecho fundamental de libertad sindical[19]. Por lo que aquí interesa, y como va a enfatizarse en fase de conclusiones, el contenido esencial del art. 28.1 de la Constitución y el principio de buena fe actúan como amparos legales alternativos y complementarios, cuando se trata de valorar la conducta de las empresas en las mesas de negociación, ya se trate de las fases de consultas o de un procedimiento regulado por el Tít. III ET.
- Otras conductas más o menos conocidas, de las cuales se han ocupado los órganos judiciales ordinarios y el TC, consisten en la negociación «en masa», normalmente mediante ofertas innominadas a las personas trabajadoras, de aceptación libre para ellas, pero que vacían de contenido el derecho de negociación colectiva, porque son incompatibles con los contenidos del convenio vigente, o porque interfieren en el propio proceso de negociación puesto que deberían discutirse en la propia mesa, y en el ámbito propiamente colectivo con las representaciones sindicales o unitarias legitimadas para la negociación, y no fuera de ellas. Sobre ellas, y en particular sobre ofertas en masa que contradicen el convenio, se ha pronunciado el TC en sendos pronunciamientos, SSTC 105/1002 de 1 julio y 225/2021, de 26 noviembre. Y, sobre un caso en el que la empresa negociaba individualmente contenidos propios de la negociación colectiva, hay que hacer referencia a STC 208/1993, de 28 junio, que considera esa conducta amparada en la libertad de empresa salvo que suponga «por su trascendencia una elusión y una suplantación efectiva de la función...atribuida constitucionalmente a los sindicatos y a otras representaciones colectivas de los trabajadores». En el marco de esta doctrina constitucional, y con cita expresa de la misma, este tipo de situaciones han sido objeto

17 STS de 20 marzo 2024 (cit).

18 Es de necesaria cita en esta materia la obra de de Soto Rioja, S., *La libertad sindical negativa*, Consejo Andaluz de Relaciones Laborales (Sevilla, 1998).

19 Por ejemplo, en relación con las formas de adhesión de las personas trabajadoras no afiliadas, asunto interpretado con excesiva flexibilidad a partir de STS de 10 junio 1998 (rc 294/1998).

de pronunciamientos judiciales, en el seno de fases de consultas de medidas de reestructuración empresarial[20].

- En particular, se ha conocido de algunas circunstancias fácticas caracterizadas por la existencia de acuerdos paralelos a las negociaciones en las fases de consultas en los que se debatían contenidos propios de estas. Con cierto exceso concesivo, el TS no ha apreciado mala fe en este tipo de conductas, por la razón de que a la organización demandante se le había permitido intervenir plenamente en las consultas[21]. Esta argumentación, un tanto escueta, habría de ser completada con otra más sustantiva en la que se valorara si, materialmente, las negociaciones paralelas habían suplantado las consultas en un grado tal que estas se hubieran convertido, en realidad, en una mera formalidad. Con todo y desde la perspectiva de la buena fe, la sentencia considera irrelevantes esas negociaciones paralelas. En parecidos términos, otra sentencia considera que la conclusión de acuerdos marco, sin eficacia normativa ni frente a terceros, que se proyectan sobre materias vinculadas a la reorganización productiva en los que no interviene una organización legitimada para actuar en fase de consultas, tampoco evidencian mala fe en la negociación de estas[22].
- Todavía en relación con aspectos subjetivos de las fases de consultas y su valoración desde el prisma del deber de negociar de buena fe, se ha planteado la tesitura de una organización excluida de una reunión en la que se revisaba el contenido del acuerdo en fase de consultas del cual ya había manifestado su posición contraria a la firma. Como quiera que se trataba de una reunión en la que no se producía una negociación sustantiva, sino meramente la revisión de lo acordado, el Tribunal consideró, razonablemente, que no era motivo suficiente para anular la fase de consultas la negativa a que participara esa organización, ni, desde luego, constituía una postura contraria al deber de buena fe[23].
- Diferentes situaciones que han sido valoradas desde el prisma de la buena fe en las fases de consultas podrían haberlo sido también desde la perspectiva de la vulneración concreta de la legalidad ordinaria. Por ejemplo, se ha cuestionado y anulado la postura de la empresa de negarse a retribuir como tiempo de trabajo efectivo el invertido por las personas trabajadoras que son miembros de la comisión negociadora en la fase de consultas[24]. Al margen de que las horas corres-

20 A modo de ejemplo, STS de 12 julio 2023 (rc 6/2023).

21 Por ejemplo, STS de 20 marzo 2024 (cit.)

22 STS de 9 febrero 2024 (rc 208/2021)

23 STS de 12 julio 2023 (cit.)

24 STS de 20 marzo 2024 (cit.)

pondientes a las propias reuniones constituyan claramente tiempo de trabajo desde la perspectiva del Derecho interno y de la UE, puede predicarse de cualquier modo que una postura desproporcionadamente restrictiva de la empresa en el reconocimiento de horas para la preparación de las consultas constituye una práctica de mala fe en la negociación de las mismas.

- En la relación entre la negociación y la huelga se producen interesantes circunstancias que cuestionan la buena fe en el marco de las fases de consultas. Un caso muy conocido se conoció en la STS de 20 abril 2015[25], en la que se anuló la decisión de despido colectivo, fundamentalmente, porque la empresa, en el contexto de una huelga convocada en respuesta al anuncio de un expediente extintivo, había desviado la producción a otros centros de trabajo no afectados por la acción de conflicto. La sentencia, al margen de apelar a la doctrina constitucional que considera lesiva del derecho de huelga la movilidad interna de personas que no se suman a la huelga y a la doctrina del propio TS que califica igualmente en vulneración del art. 28.2 de la Constitución la subcontratación de actividades con otras empresas dentro del mismo grupo para evitar los efectos del conflicto, concluye igualmente que había infringido el deber de negociar de buena fe en la fase de consultas. La decisión de la empresa había incidido de forma directa en las consultas del despido colectivo, al eliminar los efectos nocivos del desabastecimiento que podría sufrir la empresa. Pues, aunque en modo alguno podía afirmarse que el despido colectivo tenía cariz de represalia, sí que había quebrado ciertos equilibrios en la negociación[26].

3. Los deberes informativos de la empresa

Ya se ha expresado que, al margen de configurarse como un deber autónomo, expreso o tácito, en todos los preceptos dedicados a la reorganización productiva, constituye una parte integrante e indisociable de deber de buena fe en la fase de consultas. En efecto, y como ha destacado la doctrina, la información tiene un carácter instrumental para otros derechos de participación como la consulta, y, sobre todo, para la negociación colectiva[27].

---

25 Rc 354/2014.

26 Sobre esta sentencia, Rodríguez Rodríguez, E., «La eficacia de las medidas de acompañamiento en la gestión del cambio: El ejemplo "Coca Cola España"», *Documentación Laboral*, n.° 109, 2017, pp. 165 ss.

27 En este sentido, Garrido Pérez, E., «Representación y participación de los trabajadores en la empresa», en VV. AA., *El Estatuto de los Trabajadores 40 años después*, MTES (Madrid, 2020) pp. 291 ss., en particular en pp. 320 ss.

Como deber autónomo. la normativa del despido colectivo contiene una regulación más o menos detallada, que parte del art. 2.3 de la Directiva 1998/59/CE, que impone a la empresa, a fin de que los y las representantes de las personas trabajadoras puedan formular propuestas constructivas, el de proporcionarles «toda la información pertinente» y el de comunicarles, «en cualquier caso, por escrito: i) los motivos del proyecto de despido; ii) el número y las categorías de los trabajadores que vayan a ser despedidos; iii) el número y las categorías de los trabajadores empleados habitualmente; iv) el período a lo largo del cual está previsto efectuar los despidos; v) los criterios tenidos en cuenta para designar a los trabajadores que vayan a ser despedidos, si las legislaciones o prácticas nacionales confieren al empresario competencias en tal sentido; vi) el método de cálculo de las posibles indemnizaciones por despido distintas a las directivas de las legislaciones o prácticas nacionales».

A su vez, la Directiva 2002/14/CE, en su art. 4, dispone, en relación con la información, así como con la consulta, que abarcará la que verse «sobre las decisiones que pudieran provocar cambios sustanciales en cuanto a la organización del trabajo y a los contratos de trabajo, incluidas las previstas por las disposiciones comunitarias mencionadas en el apartado 1 del artículo 9»[28]. En consecuencia, al margen de las decisiones de despido colectivo y transmisión de empresas, centros de actividad o partes de empresa o de centros de actividad a las que se refiere dicho art. 9.1, es evidente que el art. 4 alude también a las decisiones reguladas en los arts. 40, 41, 44, 47 y 82.3 ET.

Ya en cuanto al sistema interno, los derechos informativos de la representación legal de las personas trabajadoras en cuanto a las situaciones previstas en los preceptos referidos en el artículo anterior se reconocen en el art. 64.,5, cuando expresa, con carácter genérico, que «asimismo, tendrá derecho a ser informado y consultado [el comité de empresa] sobre todas las decisiones de la empresa que pudieran provocar cambios relevantes en cuanto a la organización del trabajo y a los contratos de trabajo en la empresa».

Ahora bien, en cuanto a documentación específica, solo se regula en el despido colectivo y, de forma más escueta, en la suspensión de contratos y reducción de jornada por causas económicas, técnicas, organizativas o de producción. No tanto en el art. 51 ET como en su reglamento de desarrollo, aprobado por RD 1483/2012, de 29 octubre. En aquel, al margen de los aspectos que tienen que consignarse en el escrito a la representación legal de apertura del período de consultas[29], solo se añade que deberá acompa-

28 Art. 9.1: «La presente Directiva no afectará a los procedimientos específicos de información y de consulta contemplados en el artículo 2 de la Directiva 98/59/CE y en el artículo 7 de la Directiva 2001/23/CE».

29 «a) La especificación de las causas del despido colectivo conforme a lo establecido en el apartado 1. b) Número y clasificación profesional de los trabajadores afectados por el despido. c) Número y clasificación profesional de los trabajadores empleados habitualmente

ñarse una memoria explicativa de las causas del despido y de dichos aspectos, así como la documentación contable y fiscal y los informes técnicos que reglamentariamente se determinen. Es, pues, el art. 3 de dicho reglamento el que se refiere de modo específico a la documentación exigible comúnmente a todos los procedimientos de despido colectivo[30], el art. 4, a la que se requiere en caso de alegación de causa económica[31], y el art. 5, en caso de

---

en el último año. d) Periodo previsto para la realización de los despidos. e) Criterios tenidos en cuenta para la designación de los trabajadores afectados por los despidos. f) Copia de la comunicación dirigida a los trabajadores o a sus representantes por la dirección de la empresa de su intención de iniciar el procedimiento de despido colectivo. g) Representantes de los trabajadores que integrarán la comisión negociadora o, en su caso, indicación de la falta de constitución de esta en los plazos legales». Estos aspectos se repiten, con ciertas matizaciones, en el art. 17 del Reglamento, para los expedientes de suspensión y reducción de jornada por causas económicas, técnicas, organizativas o de producción.

30 «1. Cualquiera que sea la causa alegada para los despidos colectivos, la comunicación de inicio del periodo de consultas contendrá los siguientes extremos:
a) La especificación de las causas del despido colectivo, conforme a lo establecido en el artículo 1.
b) Número y clasificación profesional de los trabajadores afectados por el despido. Cuando el procedimiento de despido colectivo afecte a más de un centro de trabajo, esta información deberá estar desglosada por centro de trabajo y, en su caso, provincia y comunidad autónoma.
c) Número y clasificación profesional de los trabajadores empleados habitualmente en el último año. Cuando el procedimiento de despido colectivo afecte a más de un centro de trabajo, esta información deberá estar desglosada por centro de trabajo y, en su caso, provincia y comunidad autónoma.
d) Período previsto para la realización de los despidos.
e) Criterios tenidos en cuenta para la designación de los trabajadores afectados por los despidos.
f) Copia de la comunicación dirigida a los trabajadores o a sus representantes por la dirección de la empresa de su intención de iniciar el procedimiento de despido colectivo.
g) Representantes de los trabajadores que integrarán la comisión negociadora o, en su caso, indicación de la falta de constitución de ésta en los plazos legales.
2. La referida comunicación deberá ir acompañada de una memoria explicativa de las causas del despido colectivo, según lo establecido en los artículos 4 y 5, y de los restantes aspectos relacionados en este apartado, así como, en su caso, del plan de recolocación externa previsto en el artículo 9.
3. Simultáneamente a la entrega de la comunicación a los representantes legales de los trabajadores, el empresario solicitará por escrito de estos la emisión del informe a que se refiere el artículo 64.5.a) y b) del Estatuto de los Trabajadores».

31 «1. En los despidos colectivos por causas económicas, la documentación presentada por el empresario incluirá una memoria explicativa que acredite, en la forma señalada en los siguientes apartados, los resultados de la empresa de los que se desprenda una situación económica negativa.
2. Para la acreditación de los resultados alegados por la empresa, el empresario podrá acompañar toda la documentación que a su derecho convenga y, en particular, deberá aportar las cuentas anuales de los dos últimos ejercicios económicos completos, integradas por balance de situación, cuentas de pérdidas y ganancias, estado de cambios en el patrimonio neto, estado de flujos de efectivos, memoria del ejercicio e informe de gestión o, en su caso, cuenta de pérdidas y ganancias abreviada y balance y estado de cambios en

causa técnica, organizativa o de producción[32]. Por su parte, el art. 18 dispone la documentación necesaria en caso de suspensión de contratos o reducción de jornada por causas económica, técnica, organizativa o de producción[33].

---

el patrimonio neto abreviados, debidamente auditadas en el caso de empresas obligadas a realizar auditorías, así como las cuentas provisionales al inicio del procedimiento, firmadas por los administradores o representantes de la empresa que inicia el procedimiento. En el caso de tratarse de una empresa no sujeta a la obligación de auditoría de las cuentas, se deberá aportar declaración de la representación de la empresa sobre la exención de la auditoría.
3. Cuando la situación económica negativa alegada consista en una previsión de pérdidas, el empresario, además de aportar la documentación a que se refiere el apartado anterior, deberá informar de los criterios utilizados para su estimación. Asimismo, deberá presentar un informe técnico sobre el volumen y el carácter permanente o transitorio de esa previsión de pérdidas basado en datos obtenidos a través de las cuentas anuales, de los datos del sector al que pertenece la empresa, de la evolución del mercado y de la posición de la empresa en el mismo o de cualesquiera otros que puedan acreditar esta previsión.
4. Cuando la situación económica negativa alegada consista en la disminución persistente del nivel de ingresos o ventas, el empresario deberá aportar, además de la documentación prevista en el apartado 2, la documentación fiscal o contable acreditativa de la disminución persistente del nivel de ingresos ordinarios o ventas durante, al menos, los tres trimestres consecutivos inmediatamente anteriores a la fecha de la comunicación de inicio del procedimiento de despido colectivo, así como la documentación fiscal o contable acreditativa de los ingresos ordinarios o ventas registrados en los mismos trimestres del año inmediatamente anterior.
5. Cuando la empresa que inicia el procedimiento forme parte de un grupo de empresas, con obligación de formular cuentas consolidadas cuya sociedad dominante tenga su domicilio en España, deberán acompañarse las cuentas anuales e informe de gestión consolidados de la sociedad dominante del grupo debidamente auditadas, en el caso de empresas obligadas a realizar auditorías, durante el periodo señalado en el apartado 2, siempre que existan saldos deudores o acreedores con la empresa que inicia el procedimiento. Si no existiera obligación de formular cuentas consolidadas, además de la documentación económica de la empresa que inicia el procedimiento a que se ha hecho referencia, deberán acompañarse las de las demás empresas del grupo debidamente auditadas, en el caso de empresas obligadas a realizar auditorías, siempre que dichas empresas tengan su domicilio social en España, tengan la misma actividad o pertenezcan al mismo sector de actividad y tengan saldos deudores o acreedores con la empresa que inicia el procedimiento».

32 «1. En los despidos colectivos por causas técnicas, organizativas o de producción, la documentación presentada por el empresario incluirá una memoria explicativa de las causas técnicas, organizativas o de producción que justifican el despido colectivo, que acredite, en la forma señalada en el siguiente apartado, la concurrencia de alguna de las causas señaladas.
2. El empresario deberá aportar los informes técnicos que acrediten, en su caso, la concurrencia de las causas técnicas, derivadas de los cambios, entre otros, en los medios e instrumentos de producción; la concurrencia de las causas organizativas derivadas de los cambios, entre otros, en el ámbito de los sistemas y métodos de trabajo del personal o en el modo de organizar la producción o la concurrencia de las causas productivas derivadas de los cambios, entre otros, en la demanda de los productos y servicios que la empresa pretende colocar en el mercado».

33 «1. La documentación justificativa que debe acompañar a la comunicación de la apertura del periodo de consultas será la necesaria para acreditar la concurrencia de la causa y que

Por lo tanto, la única regulación completa es la de la documentación que ha de aportarse en caso de despido colectivo, en tanto que, para las medidas del art. 47 o 47 bis, la normativa utiliza de forma supletoria, para lo no regulado en ella, las exigencias previstas para el despido colectivo. Para las demás medidas, habrá que argumentar acerca de las exigencias que se derivan del deber de buena fe, así como, en su caso, acerca de la aplicabilidad supletoria de los preceptos de desarrollo del art. 51 ET.

La doctrina legal que se ha pronunciado sobre los deberes documentales en las fases de consultas de reorganización productiva ha sido bastante significativa. A partir de una primera fase ciertamente titubeante en la que algunos pronunciamientos reconocieron carácter constitutivo a la documentación exigida por la norma reglamentaria, de forma que su no aportación por parte de la empresa implicaba la nulidad del procedimiento de consultas y, por lo tanto, del propio despido colectivo[34], se abrió paso una que puede calificarse como más finalista. De acuerdo con ella, no toda omisión de los requisitos de los arts. 4 y 5 del Reglamento vicia de ineficacia la decisión de la empresa, porque su entrega no puede entenderse como un requisito *ad solemnitatem*. Con esa doctrina, se conjuró cualquier tendencia de interpretar en sus estrictos términos el art. 124.11, párrafo cuarto de la Ley 36/2011, de 10 octubre[35] y se optó por un criterio más sustantivo, centrado en la importancia de la documentación omitida para que la representación de

se trata de una situación coyuntural de la actividad de la empresa.

2. En el caso de que la causa aducida por la empresa sea de índole económica, la documentación exigible será la indicada en el artículo 4, con las siguientes particularidades:

a) Se limitará a la del último ejercicio económico completo, así como a las cuentas provisionales del vigente a la presentación de la comunicación por la que se inicia el procedimiento.

b) En caso de que la causa aducida consista en la disminución persistente del nivel de ingresos ordinarios o ventas, el empresario deberá aportar, además de la documentación prevista en la letra a), la documentación fiscal o contable acreditativa de la disminución persistente del nivel de ingresos ordinarios o ventas durante, al menos, los dos trimestres consecutivos inmediatamente anteriores a la fecha de la comunicación de inicio del procedimiento de suspensión de contratos o reducción de jornada, así como la documentación fiscal o contable acreditativa de los ingresos ordinarios o ventas registrados en los mismos trimestres del año inmediatamente anterior.

3. Cuando se aleguen por la empresa causas técnicas, organizativas o de producción, la documentación presentada por el empresario incluirá una memoria explicativa de dichas causas que acredite la concurrencia de las mismas, aportando los informes técnicos oportunos en los términos señalados en el artículo 5.2».

34 Fase ya claramente superada, bajo la vigencia del RD 1943/2012, en la STS de 20 noviembre 2014 (rc 114/2014). Anteriormente, y en la misma línea, STS de 20 marzo 2013 (rc 81/2012). Haciendo síntesis de la doctrina anterior, STS de 29 septiembre 2015 (rc. 1 /2015).

35 «La sentencia declarará nula la decisión extintiva únicamente cuando el empresario no haya...entregado la documentación prevista en el artículo 51.2 del Estatuto de los Trabajadores...».

las personas trabajadoras pudiera negociar las fases de consultas con pleno conocimiento de causa[36].

Probablemente, desde esta óptica, quizá haya que criticar una flexibilidad excesiva por parte del TS, que ha declarado la validez de fases de consultas en las que las omisiones documentales eran particularmente relevantes. En ese sentido, *vg.*, se ha admitido que ni siquiera es esencial la entrega de las cuentas si la representación de las personas trabajadoras contaba con una información suficiente que le proporcionaba un cabal conocimiento de la situación[37]. Este tipo de afirmaciones pueden parecer, así formuladas, verdaderas peticiones de principios, en unos ámbitos clásicamente caracterizados por una importante asimetría informativa entre las dos partes que se sientan a las mesas de consultas. En ese sentido, debería seguramente optarse por un camino intermedio, que no exigiera con absoluto rigor y siempre la totalidad de los documentos exigidos en la norma reglamentaria, pero que invalidara los procedimientos en los que la empresa se había desviado sustancialmente de esos preceptos.

Sí que se ha destacado, como parece razonable, el mandato de la Directiva 1998/59/CE de que la empresa ha de entregar a la representación legal de las personas trabajadoras «toda la información pertinente»[38]. A partir del cual, se ha afirmado que solo hay incumplimiento cuando falta información trascendente. En ese doble adjetivo —pertinente y trascendente— puede situarse la línea interpretativa del TS, renuente a declarar la insuficiencia informativa a causa de las muy graves consecuencias que acarrea, que consisten en la nulidad de las consultas y del propio despido. Desde ese punto de vista, se ha decantado una jurisprudencia que, en último término, interpreta de forma restrictiva la insuficiencia informativa que produce incumplimiento normativo e infracción del deber de negociar de buena fe. A modo de ejemplo, puede describirse cómo, en casos en los que era manifiestamente imperfecta, incompleta y defectuosa la memoria, o los informes técnicos en caso de extinción por causas económicas, técnicas, organizativas o de producción, tales defectos no conducían a la nulidad del despido, porque el resto de la información entregada y de la prueba permitían suplir y completar sus contenidos[39].

Con todo, el TS apela al «principio de plenitud informativa», conforme al cual la empresa ha de entregar toda aquella información que sea relevante para que la negociación propia de la fase de consultas pueda desarrollarse en pie de igualdad[40]. La doctrina judicial ha expresado una especie de presun-

36 Una recapitulación de doctrina en STS de 7 febrero 2024 (cit.)

37 Así, STS de 29 septiembre 2015 (cit.)

38 *Ibid.*, entre otros muchos pronunciamientos.

39 Por ejemplo, en STS de 7 febrero 2024 (cit.) También, STS de 20 abril 2023 (rc 277/2022).

40 Véase, entre otras, en STS de 18 febrero 2022 (cit.)

ción de suficiencia de la documentación cuando está presente toda la que contempla el Reglamento de despidos colectivos, de tal modo que, en principio, la empresa cumple con el deber de buena fe a este respecto una vez entregada toda ella[41]. Aunque podría infringirse ese deber cuando se omiten otros datos, que, a la vista de las circunstancias, fueran pertinentes en el caso concreto. Pero, como parece razonable, la carga de la prueba sobre la pertinencia de una información no prevista reglamentariamente recae en la representación que la solicita e insiste en que es necesaria para el adecuado curso de las negociaciones[42].

Esa doctrina judicial, expresada de forma predominante en torno a las consultas de despidos colectivos, no puede ser trasladada sin algún que otro matiz cuando se trata de cualquiera de las demás medidas para las que la ley exige las mismas. Ciertamente, la jurisprudencia de casación opta por una aplicación analógica, aunque con limitaciones, de los deberes informativos regulados en cuanto al despido colectivo[43]. Ahora bien, y aquí hay que introducir una coda argumental específica, la información ha de ser suficiente para negociar sobre causas, evitación o reducción de efectos y atenuación de consecuencias, como quieren los arts. 40 y 41 ET. Lo cual pone de manifiesto una diferencia que, desde luego, puede afectar a la información que sea necesaria, porque en el caso del despido colectivo, como va a insistirse, se produce una importante elipsis en cuanto al objeto de las consultas, que no abarca la materia de las causas. Enseguida se vuelve a este extremo particular.

Ya en un ámbito de consideraciones más específicas, y como correlato necesario del ámbito en el que se valoran las causas, cuando se trata de unas consultas en torno a modificaciones sustanciales de condiciones de trabajo, la información económica referente al grupo —sus cuentas consolidadas— no es pertinente, de modo que su denegación no puede implicar transgresión del deber de buena fe previsto en el art. 41 ET[44]. Además, puesto que no es una exigencia impuesta legamente fuera de los cauces de los arts. 47, 47 bis y 51 ET, los datos de la memoria en torno al ámbito de afectación no tienen que constar necesariamente al comienzo de las consultas[45]. Ahora bien, habría que matizar esa doctrina añadiendo que la información debe constar con la suficiente antelación temporal como para que pueda negociarse con pleno conocimiento de causa acerca, sobre todo, de cómo evitar o reducir los efectos de la medida y cómo poner en marcha alternativas necesarias para atenuar sus consecuencias en las personas afectadas.

41 STS de 6 junio 2023 (rc. 237/2021).

42 *Ibid.*

43 Entre otras, STS de 17 julio 2023 (rc 167/2021).

44 STS de 20 marzo 2024 (cit.)

45 STS 6 junio 2023 (cit.)

4. Los contenidos de las consultas

Por muy artificiosa que pueda resultar esta decisión, la ley ha querido que, en las fases de consultas de despidos colectivos, y a diferencia de otras medidas no extintivas, no se negocie sobre las causas de la decisión de la empresa. Por supuesto que la causalidad es una materia totalmente externa a la lógica de la Directiva 1998/59/CE, como subraya la doctrina[46], pero parece obvio que, en el sistema jurídico interno, que ha optado, como otros sistemas europeos[47], por una causalidad más o menos fuerte para los despidos motivados en circunstancias de la empresa, resulta paradójico e incluso poco factible el desarrollo de unas consultas en las que se haga plena abstracción de las causas.

En este sentido, la decisión legal ha dado lugar a una discutible doctrina judicial, revertida lógicamente por el TC, conforme a la que no era posible contestar las causas del despido en proceso individual una vez que la fase de consultas había concluido con acuerdo. La conocida STC 140/2021, de 12 julio, superó esa jurisprudencia claramente incorrecta desde el prisma de la tutela judicial efectiva y generó algo que, si bien no quiso directamente el legislador de 2012, era fácilmente previsible: una fuerte inseguridad jurídica en torno a los despidos producidos sin acuerdo. Pero, al margen de la argumentación del TC —en realidad, muy lejos de ella— el otorgamiento del amparo ha tenido la muy virtuosa consecuencia de realzar la importancia del acuerdo en fase de consultas para recuperar parte de la seguridad jurídica perdida. Desde luego, esa consecuencia está cósmicamente distante de lo pretendido por la reforma de 2012, para la cual la fase de consultas poco más era que la concesión formal que había que hacerle a la normativa de la UE. Pero, bien al contrario, se emparenta mucho mejor con los objetivos de la Directiva y con la exigibilidad de que la empresa se involucre en las negociaciones bajo el paradigma de la buena fe. Es decir, se ha puesto de manifiesto la necesidad, también sentida desde la parte empresarial, de promover legalmente el acuerdo en las consultas del despido colectivo.

En realidad, la postura del TJUE es muy clara: la Directiva se ocupa de todos los despidos que, alcanzando ciertos umbrales numéricos, obedezcan a causas no inherentes a la persona trabajadora. Como se expresa en el asunto *Consulmarketing SpA*[48], «el régimen de protección que debe otorgarse a un trabajador objeto de un despido colectivo improcedente como

---

46 *Vg.*, Sánchez-Urán Azaña, Y. y de Castro Martín, E., «El modelo español de Despido colectivo. Entre adecuación al Derecho de la UE y respuesta a la realidad socioeconómica», *Justicia & Trabajo*, n.º extraordinario, 2024, pp. 65 ss.

47 Véase, sobre el particular, Cabeza Pereiro, J., «Acerca de la protección frente al despido injustificado», *Minerva: Revista de Estudos Laborais*, n.º 4, 2021, pp. 149 ss., en particular pp. 175 ss.

48 Asunto C-652/19, sentencia de 17 marzo 2021.

consecuencia de la inobservancia de los criterios con arreglo a los cuales el empresario debe basarse para determinar qué trabajadores serán despedidos es manifiestamente ajeno a las obligaciones de notificación y consulta que se derivan de la Directiva 98/59. Ni este régimen ni estos criterios de selección están comprendidos en el ámbito de aplicación de dicha Directiva». Desde luego, y dicho en positivo, sí lo está, y conformando su núcleo duro, el deber de consultar «sobre las posibilidades de evitar o reducir los despidos colectivos y de atenuar sus consecuencias». La calificación del despido en términos de las causas y de las consecuencias que se deriven de esa calificación no le importan al Derecho de la UE, pero sí que haya unas consultas con una finalidad expresa, a la que hay que sumar en el Derecho interno, por la lógica del art. 51 ET, la de ponderar la existencia o inexistencia de dichas causas, como elemento consustancial al régimen del despido colectivo.

Dicho en otros términos, y aunque el TS no se haya pronunciado directamente a este respecto, no pueden calificarse como de buena fe unas consultas en las que la empresa se niegue a discutir las causas de su decisión. Si esta afirmación es inequívocamente válida para las demás medidas de reorganización productiva, también lo es para el despido colectivo pese a la decisión literal del art. 51. Es más, la modificación de este precepto producida por la disposición final 8 de la Ley 3/2023, de 28 febrero, de empleo, conforme a la cual el informe de la Inspección de Trabajo y Seguridad Social «se pronunciará sobre la concurrencia de las causas especificadas por la empresa en la comunicación inicial», abunda en la misma dirección. En realidad, ya era sumamente incongruente que el propio art. 51 exigiera que la comunicación de la empresa a la representación legal de las personas trabajadoras incluyese una memoria explicativa de las causas y que luego esa memoria no tuviese ningún reflejo en el contenido de lo negociado. Evidentemente, la causa es parte central de todo el procedimiento y, por lo tanto, no puede estar ausente de la interlocución propia de la fase de consultas. En realidad, habría que matizar la postura del TC y admitir la imposibilidad de impugnar la inexistencia o insuficiencia de los motivos para el despido en los procesos individuales si el acuerdo en fase de consultas se pronuncia explícitamente acerca de los mismos.

Lo cual debe matizarse con una doctrina que ha expresado el TS, en sí misma discutible si se expresa con gran generalidad: el triple objeto de las consultas (causas-evitación o reducción de medidas-atenuación de consecuencias) no es un menú que debe necesariamente consumirse en las fases de consultas[49]. O, dicho en otras palabras, no produce nulidad de la medida ni es ineficaz una fase de consultas en la que se omita parte de dicha tríada, porque no necesariamente procederá negociar sobre sus tres componentes. Sin embargo, tal argumentación debe matizarse desde dos puntos de vista: en primer lugar, hay contenidos que tienen la condición de mínimos en cier-

49 En particular, STS de 20 marzo 2024 (cit.)

tas circunstancias. Un caso claro es el del plan de recolocación, que debe ser ofrecido necesariamente en los casos previstos en el art. 51.10 ET. Tratándose de una obligación legal dicho ofrecimiento, muy difícilmente podrá omitirse su toma en consideración en las reuniones que se desarrollen en las fases de consultas. En segundo, unas consultas en las que se omitan los contenidos propios que la ley les atribuye probablemente delaten una negociación estrictamente formal, en la que una o ambas partes no se hayan implicado con la intención de lograr un acuerdo. Dicho en otros términos, probablemente se haya conculcado el deber de negociar de buena fe, desde el punto de vista de que se han obviado asuntos de necesaria negociación.

Desde otro punto de vista, la lógica de las distintas medidas que se pueden adoptar y la regulación de cada una de ellas condiciona de forma ostensible el contenido de las consultas. Por ejemplo, en el caso de las modificaciones sustanciales de condiciones de trabajo de carácter colectivo, es evidente que las consultas no podrán afectar a ninguno de los mínimos reconocidos en el convenio colectivo vigente, pues este no puede ser modificado por el procedimiento del art. 41[50]. Por lo tanto, el margen de lo negociable en este tipo de decisiones se estrecha considerablemente. No así en el caso de las consultas para la inaplicación del convenio colectivo y para el establecimiento de la regulación alternativa, que precisamente tienen ese objetivo de establecimiento de reglas específicas y, por principio, más flexibles para las empresas que las establecidas en el convenio que se trata de inaplicar. Hay, en este sentido, una correlación lógica entre la medida y el contenido de las consultas.

En el caso de las consultas de despidos colectivos, pueden abordar muy diversos propósitos. Por ejemplo, pueden subsumirse en ellas decisiones de movilidad geográfica o modificación sustancial de condiciones de trabajo —entre otras— negociadas como medidas sociales de acompañamiento al amparo del art. 8 del Reglamento de despidos colectivos[51]. De modo que, cuando en el entorno de unas consultas al amparo del art. 51 ET se planteen, como medidas para reducir los efectos o atenuar las consecuencias de la medida extintiva, pueden negociarse conjuntamente en las mismas o a través de un procedimiento específico amparado, *vg.*, en el art. 40 o 41 ET. En todo caso, cualquiera que sea la opción elegida por la empresa, la doctrina judicial ha precisado que, como es obvio, no resulta necesario apreciar causas nuevas distintas de las del propio despido colectivo[52].

Además, como ya se ha precisado, los contenidos probablemente habrán de ser más amplios cuando se trata de un despido colectivo que afecta a, al menos, cincuenta personas, pues en tal caso la empresa debe ofrecer un

50 *Ibid.*

51 Un ejemplo en STS de22 febrero 2024 (rc. 305/2021).

52 *Ibid.*

plan de recolocación sobre el que, obviamente, habrá que negociar en fase de consultas. Además, con seguridad habrá que negociar acerca de iniciativas de reciclaje profesional y, más en general, otras medidas sociales de acompañamiento de las del art. 8 del Reglamento de despidos colectivos. Por supuesto, todo este elenco de contenidos, o al menos parte de él, también podrá abordarse en el contexto de otras decisiones de reestructuración, a menos que sean incompatibles con su naturaleza —*vg.*, en las consultas de los arts. 41, 40, 82.3 o 47 ET no podrán negociarse más que modificaciones sustanciales, o traslados, o inaplicaciones de convenio, o suspensiones de contrato y reducciones de jornada—. Dicho en otras palabras, las consultas de despidos colectivos tienen la virtualidad de que, a través de las medidas del art. 8.1 del Reglamento, cabe la adopción de cualesquiera de las demás que requieren fase de consultas, pero no viceversa. Sin embargo, no hay óbice para que en las otras se incluyan asuntos de recolocación, de reciclaje profesional, de formación en competencias básicas u otras que no sean incompatibles con la naturaleza de la medida que las ponga en marcha. Por ejemplo, no hay óbice legal para que se intercalen modificaciones sustanciales y traslados, o para que en unas consultas de suspensión o reducción de jornada se atenúen las consecuencias a través de una modificación sustancial de condiciones, o para que en un procedimiento de inaplicación de convenio se opte por una modificación sustancial, entre otras posibilidades.

5. Aspectos temporales de las fases de consultas

A este respecto, de nuevo el régimen legal del despido colectivo, matizado a través de su desarrollo reglamentario y enmarcado en la Directiva 98/59/CE y en la doctrina del TJUE dictada en aplicación de esta, ha producido unas reglas aplicativas más explícitas, cuya traslación a las demás medidas resulta dudosa, al menos en toda su extensión.

En realidad, la normativa interna expresa unos mandatos que, simplemente, se proyectan en aspectos internos a las propias fases de consultas: plazos para la constitución de la comisión negociadora, plazo para el desarrollo de la primera reunión y duración total máxima de aquellas, en función de la medida de la que se trate. En relación con este último asunto, es conocido que la doctrina judicial ha expresado que el vencimiento y exceso en dicha duración prevista no produce la ineficacia de las fases de consultas si las partes, de común acuerdo, deciden una extensión temporal de las mismas. En particular, la falta de perjuicio hacia las personas afectadas y la finalidad de la prórroga centrada en la consecución de un acuerdo justifican una prórroga por el tiempo necesario[53]. Del mismo modo, se admite una duración más

53 En este sentido, STS de 18 marzo 2014 (rc 125/2013) y STS de 24 noviembre 2015 (rc 86/2015).

reducida, ya porque se obtiene un acuerdo con anterioridad o se constata que es imposible el mismo, pese a la buena fe de ambas partes[54].

Otro asunto que ha producido cierta controversia, ya extrínseco a la fase de consultas, es el del plazo de caducidad de quince días para la adopción de la medida después de que hayan finalizado las mismas cualquiera que haya sido el resultado. En realidad, se trata de una cuestión propia del procedimiento de despidos colectivos y suspensión y reducción de jornadas, desarrollada, respectivamente, en los arts. 12.4 y 20.7 del Reglamento aprobado por RD 11483/2012. No existe tal plazo, desde luego, ni en relación con la movilidad geográfica ni con la modificación sustancial de las condiciones de trabajo, ni desde luego en cuanto a la inaplicación de convenios, en cuyo seno la empresa no decide unilateralmente en caso de desacuerdo con la representación de las personas trabajadoras. Se volverá enseguida sobre este tema.

Pero sí que se ha planteado una controversia de indudable interés en relación con la Directiva 1998/59/CE, centrado en discernir el momento en el que debe producirse un período de consultas de despido colectivo. Es una polémica de la que ha conocido el TJUE en varias ocasiones[55], en las que ha dado pautas acerca de las situaciones que deberían obligar a la empresa a iniciar los trámites previstos en la norma de la UE. Las fundamentales afirmaciones que ha formulado, a modo de guía orientativa, son las siguientes:

- La obligación de consultas y notificación nace con anterioridad a la decisión definitiva de la empresa de extinguir contratos de trabajo. Es decir, no cabe que la empresa inicie la consulta con una postura inamovible acerca de la decisión extintiva, sino que la interlocución con la representación social debe servir, como quiere la Directiva, para evitar o reducir los despidos colectivos. En relación con el Derecho interno, esa doctrina entronca de nuevo con el deber de negociar de buena fe, de modo que la empresa no puede iniciar la negociación con una decisión inamovible acerca del despido colectivo y su alcance.
- Antes bien, la empresa deberá ajustarse a las reglas de la norma de la UE desde el momento en el que se adopte una decisión estratégica que le exija plantearse la extinción de contratos de trabajo mediante despido colectivo. Es decir, si la perspectiva del despido colectivo resulta verosímil y tiene una entidad mayor que una hipótesis de futuro, porque ya se han producido unas circunstancias en las que hay que decidir si son necesarias las extinciones de contratos por

54 STS de 20 junio 2011 (rc. 173/2010).

55 Asunto C-44/08, *Akavan*, sentencia de 10 septiembre 2009, asunto C-429/16, *Ciupa*, sentencia de 21 septiembre 2017 y asunto C-589/22, *Resorts Mallorca*, sentencia de 22 febrero 2024.

circunstancias no inherentes a las personas trabajadoras, resulta exigible iniciar el período de consultas, de modo que, en caso de no impulsarlas, se infringirían las obligaciones dimanantes del Derecho de la UE.

- Ese escenario que conduce a los trámites del despido colectivo puede obedecer a la toma de decisiones económicas que no tienen como objeto poner fin a relaciones laborales, pero que probablemente repercutan en el empleo. Es decir, las decisiones corporativas de las entidades empresariales, cuando se destinan a otros objetivos distintos de reducir plantilla, pero de forma casi inevitable conducen a la restructuración de personal, con altas probabilidades de extinción colectiva de contratos, deben producir que se sigan las consultas contempladas en las legislaciones internas que incorporan a los EEMM la Directiva 98/59/CE.
- Ahora bien, debe salvaguardarse la flexibilidad necesaria como para que la empresa pueda mantener una adecuada capacidad para la toma de decisiones relativas a su plantilla. Los inicios prematuros de las consultas, además de menoscabar esa flexibilidad, pueden sembrar inquietudes innecesarias entre la plantilla que no es conveniente provocar. Por consiguiente, si los despidos son solo una probabilidad, no procede abrir el procedimiento previsto en el art. 2 de la norma de la UE.

Así descrita la doctrina del TJUE en torno al carácter temporáneo de las consultas, su traslación a las medidas no extintivas no resulta fácil. Claramente, está vinculada con el deber de negociar de buena fe, como ya ha sido apuntado. Pero también entronca con la proporcionalidad y la progresividad de las medidas que, en Derecho interno, se adoptan en el plano colectivo después de una fase de consultas. Aunque la progresividad no ha sido desde luego contenido de la reforma de 2012, entronca algo más con la reforma de 2021, en concreto en cuanto a la relación entre expedientes temporales de regulación de empleo y despidos colectivos. Desde luego, es un asunto de mucha mayor sutileza el momento en el que, razonablemente, la empresa debería emprender medidas de reorganización productiva no extintiva. Puede postularse que el anuncio de medidas no extintivas en una fecha en el que el despido colectivo es una hipótesis incierta y de futuro pondrá de manifiesto una actuación más proactiva de la empresa, coherente con el deber de buena fe. Es decir, tal vez las situaciones en las que la doctrina del TJUE es contraria a declarar la necesidad de iniciar consultas de despido colectivo son las pertinentes para emprender las dirigidas a esas otras medidas. O, dicho al contrario, cuando la empresa ya ha trascendido esas circunstancias y el despido aparece como una decisión probable que debe tomarse en consideración, tal vez haya que cuestionar la conducta omisiva suya anterior. Porque acaso una actuación más diligente hubiera producido unas circunstancias en las que la hipótesis extintiva no se hubiera planteado, o se hubiera planteado en unos parámetros menos graves.

6. Sobre las consultas que desembocan en desacuerdo

Como ya se ha expresado en cuanto a la caducidad del procedimiento cuando la empresa no comunica su decisión a la empresa y a la representación legal de las personas trabajadoras, los arts. 40 y 41 no contienen un plazo concreto de comunicación de las decisiones de traslado o modificación sustancial de las condiciones de trabajo en caso de desacuerdo en fase de consultas. Pero, sin lugar a dudas, es necesaria y trascendental a los efectos del plazo de caducidad del proceso de conflicto colectivo de impugnación de la medida empresarial.

En este sentido, y casi como petición de principio, el TS ha declarado que la referida comunicación constituye un requisito constitutivo de la validez de las medidas diferentes del despido colectivo y suspensión de contratos y reducción de jornada[56]. No puede exigirse una formalidad determinada, pero ha de poder verificarse el modo y el tiempo en el que la decisión ha llegado a la representación legal y a las propias personas afectadas.

Ahora bien, incluso desde esta perspectiva de análisis, de nuevo hay que concluir que la doctrina del TS adolece de un exceso de flexibilidad. En efecto, ha admitido la comunicación efectuada por correos electrónicos individuales a las personas trabajadoras en los que se ponía en copia al comité de empresa o a la representación de la que se trate[57]. Desde luego, se trata de una postura discutible, que introduce cierto grado de confusión y produce una alta dosis de inseguridad jurídica, en particular cuando la comunicación no le llega de forma correcta a todas las destinatarias, o llega en condiciones dispares o en tiempo distinto. Además, confunde el plano colectivo y el individual de la decisión, que se proyecta en concreto en determinadas personas componentes de la plantilla, con las dificultades que ello arrastra para el planteamiento de una acción colectiva. En este sentido, debería exigirse un mínimo de formalidad, en particular —aunque no sólo— cuando el ET exige expresamente una comunicación, con copia a la autoridad laboral. No parece, desde luego, que proceda enviarle a la autoridad laboral una copia de cada comunicación individual.

7. Reflexión de cierre

Claramente, las fases de consultas previstas en distintos preceptos del ET combinan unos rasgos conjuntos y unas diferencias para cada una de las medidas para las que la norma las establece. Desde luego, son parcialmente asimétricas en caso de desacuerdo, en particular si se contrastan las

56 STS de 20 marzo 2014 (cit.), con cita de doctrina anterior.

57 *Ibid.*

de inaplicación de convenio del art. 82.3 ET con las demás. También lo son en relación con la intervención de la autoridad laboral, que, a través de diversas reformas, desapareció primero para las modificaciones sustanciales de condiciones de trabajo y más tarde para la movilidad geográfica, de modo que solo se mantuvo, aunque modificada y disminuida, para las suspensiones de contratos y reducción de jornada y despidos colectivos, si bien las últimas reformas la han realzado, en particular para los ERTE RED y, en cierto sentido, también para los despidos colectivos. Una especial intervención administrativa se ha generado en torno a la inaplicación de convenios, aunque recluida en el espacio de un arbitraje tripartito.

También son disímiles las consultas, como se ha subrayado, en cuanto a los propios contenidos que se desarrollan en cada una de ellas, así como a las obligaciones formales y documentales de las empresas, más formales y realzadas, sobre todo a causa de la normativa reglamentaria, para las medidas de los arts. 47, 47 bis y 51 ET. E igualmente divergen en cuanto a la duración de los períodos de consulta, más breves en algunos casos, en particular —aunque no solo— cuando se trata de la prórroga de los ERTES, y no en atención a la urgencia de la medida, sino más bien a su entidad y consecuencias más graves para las personas trabajadoras.

Estas diferencias y asimetrías producen que la doctrina judicial de unas no pueda ser aplicada, al menos con carácter general, a las otras. Desde luego, eso es así en particular en cuanto a la jurisprudencia del TJUE, centrada en la lógica de los despidos colectivos, pero también en cuanto a la interna. Un repaso de una y otra, sin perjuicio de innegables argumentos de general aplicación, pone de manifiesto su carácter matizado y enfocado a determinadas decisiones de las empresas.

Ahora bien, es posible trazar también elementos comunes, desde luego no menos importantes. En particular, la finalidad de mantenimiento del empleo, al menos en la medida de lo posible, puede expresarse como el hilo conductor unánime que debe inspirar la interpretación judicial de todas, combinando, con las dosis necesarias, determinados criterios aplicativos, todos ellos compatibles con la consecución de ese fin. En particular, a) la salvaguarda de los derechos de participación de las personas trabajadoras a través de sus representantes, b) el mantenimiento de una razonable flexibilidad interna para que la producción pueda adaptarse a las necesidades cambiantes, c) la transparencia en el intercambio de información para que no existan asimetrías que incrementen la unilateralidad de la empresa en la adopción de decisiones, d) la actuación de todas las partes interesadas de acuerdo con el paradigma de la buena fe, y e) la gestión preventiva de las decisiones de reestructuración de la empresa, siempre con el objetivo de evitar las medidas más drásticas o, en todo caso, atenuar las consecuencias en cuanto ello sea posible.

Y, en el trasfondo de todo este discurso, está el derecho fundamental de libertad sindical, aunque a veces ejercido a través de instancias representativas unitarias. En estas páginas, se ha destacado la relación estrecha que, a través del repaso de la jurisprudencia constitucional, puede trazarse entre libertad sindical y buena fe en la negociación colectiva. En el fondo, cuando se analiza la casuística sobre la buena fe en las fases de consultas, casi siempre está comprometido el derecho fundamental del art. 28.1 de la Constitución.

CAPÍTULO II

EL PERÍODO DE CONSULTAS EN LOS PROCEDIMIENTOS DE DESPIDO COLECTIVO Y DESLOCALIZACIÓN EMPRESARIAL[1]

Emma Rodríguez Rodríguez
Profesora Titular de Derecho del Trabajo y de la Seguridad Social
Universidad de Vigo
Orcid: 0000-0002-0770-0195
emmarodriguez@uvigo.gal

1. La re-configuración de los derechos laborales ante el despido colectivo

La reforma laboral de 2012 incidió de manera especial sobre el despido colectivo[2], lo que ha conllevado una intensa actividad jurisprudencial para

1 Este trabajo se inscribe en el marco del Proyecto de investigación financiado por el Ministerio de Ciencia e Innovación *Negociación colectiva y Diálogo social para una ordenación sostenible del trabajo* (REF.PID2022-137853NB-I00).

2 Ley 3/2012, de 6 de julio, de medidas urgentes para la reforma laboral, BOE de 7 de julio de 2012. Modificación incorpora al Real Decreto Legislativo 2/2015, de 23 de octubre, por el que se aprueba el texto refundido de la Ley del Estatuto de los Trabajadores (BOE de 24 de octubre de 2015). En adelante «ET».

contrarrestar sus efectos, no exenta de polémica. Lo cierto es que la supresión de la autorización administrativa, como requisito legal previo habilitante de este tipo de extinciones colectivas, ha supuesto una importante ampliación del poder unilateral del empresario. De tal forma que los tribunales han intensificado el control de legalidad sobre los despidos colectivos, en muchos casos completando las lagunas que dejó la literalidad de la norma.

Las medidas legislativas adoptadas en nuestro país en los últimos años —especialmente la Reforma Laboral de 2021[3]— han ido en la línea de revertir ese incremento de la unilateralidad empresarial frente a la participación de los trabajadores y sus representantes, lo que supuso que muchas reestructuraciones se llevasen a cabo a través de despidos colectivos, con la consiguiente destrucción de empleo[4]. En este sentido, puede afirmarse que el despido colectivo, tras esta interpretación, actuará como una especie de límite al uso abusivo del poder de dirección plasmado en las modificaciones de condiciones esenciales de trabajo como vía para eludir los procesos de información y negociación con los representantes de las personas trabajadoras.

Además, hay que tener en cuenta que la normativa española debe respetar la Directiva 98/59/CE[5] que impone dos premisas principales a las distintas legislaciones nacionales sobre despidos colectivos. Por un lado, la protección de los trabajadores, a través de su participación en el proceso previo que tenga como finalidad buscar medidas alternativas al despido y, en caso de que no sea posible, ayudas para la readaptación al mercado laboral. Por otro, la Directiva ha establecido un verdadero proceso de negociación colectiva a través del procedimiento de consultas, ya que, de no considerarlo así, decaerían las garantías y eficacia de los acuerdos resultantes tal y como lo ha interpretado el Tribunal europeo en el asunto *Junk*[6]. Y qué decir de los abundantísimos pronunciamientos judiciales del Tribunal de Justicia de la Unión Europea recriminando a la normativa española la transposición defectuosa a la Directiva 98/59/CE. Empezando por el propio concepto, ámbitos objetivo y subjetivo —Asuntos *Rabal Cañas*[7] y *Pujante Rivera*[8]—, y extendiéndose al

---

3 Real Decreto-Ley 32/2021, de 28 de diciembre. BOE de 30 de diciembre de 2021.

4 Reflexiona Romagnoli, U., en «El irresistible ascenso de la licencia para despedir», *RDS*, n.º 71, 2015, pp. 13-24, que se ha producido una «normalización social inimaginable sin la abolición de la estabilidad en el empleo» llegando a compararla con la «mitología del siglo XX sobre "el puesto fijo"» p. 24.

5 Directiva 98/59/CE del Consejo, de 20 de julio de 1998, relativa a la aproximación de las legislaciones de los Estados miembros que se refieren a los despidos colectivos. DO L 225/16.

6 Así, literalmente, lo ha manifestado el propio TJUE en Sentencia de 27 de enero de 2005, C-2005/31.

7 STJUE de 30 de mayo de 2015, C-182/13, asunto C-392/13.

8 STJUE de 11 de noviembre de 2015, asunto C-422/14.

análisis del procedimiento recogido en la norma estatutaria y sus limitaciones temporales —Asunto *UQ* y *Marclean Technologies, S. L. U.*[9]—. Aunque también ha reconocido el buen hacer —al menos en la teoría reglamentaria— del legislador nacional en cuanto a cuestiones procedimentales, en particular, sobre la virtualidad del proceso de consultas con la representación legal de los trabajadores para determinar los criterios de selección de las personas afectadas por el despido colectivo, hasta el punto de que en el asunto *Porras Guisado*[10] legitima que una trabajadora embarazada pueda formar parte de ese elenco de afectados.

La regulación actual no parece haber satisfecho a ninguna de las partes de la relación laboral ya que al eliminar la garantía que suponía la intervención pública, ha trasladado a la esfera de la autonomía de las partes el correcto ejercicio de ese instrumento legal. Sobre todo, el debate se ha producido en torno a la virtualidad de la fase de consultas y la exigencia procedimental del despido colectivo.

2. La relevancia de los derechos de información durante el proceso de consultas de los despidos colectivos

Siguiendo la estela de la Directiva 98/59/CE, desde la Comisión Europea se han aprobado iniciativas e instrumentos de *soft law* para fomentar la participación y cogestión en las reestructuraciones de empleo[11]. Esta apertura a todos los agentes sociales en la gestión del cambio se contempla como una obligación, no sólo por los requisitos documentales que exige la normativa, también porque las orientaciones europeas han puesto el acento en la necesidad de conseguir un consenso interno previo y, en último caso, pactar ayudas de carácter individualizado y personal que permitan la rápida reinserción de los afectados al mercado laboral[12]. Se han descartado otro tipo de medidas como los programas de jubilación anticipada, contrarias a las políticas

9 STJUE de 11 de noviembre de 2020, asunto C-300/19.

10 STJUE de 22 de febrero de 2018, asunto C-103/16.

11 Comunicación de la Comisión —Reestructuraciones y empleo— Anticipar y acompañar las reestructuraciones para desarrollar el empleo: el papel de la Unión Europea (COM/2005/0120 final); Commision staff working paper Restructuring and employment thecontribution of the EU (COM (2008) 419 final). También, Comunicación de la Comisión al Parlamento Europeo, al Consejo, al Comité Económico y Social Europeo y al Comité de las Regiones, de 3 de junio, de 2009, «Un compromiso compartido en favor del empleo» COM (2009) 257 final.

12 *Proposal for a Regulation of the european parliament and of the council on the European Globalisation Adjustment Fund* (EGF), 2018. https://www.eumonitor.nl/9353000/1/j9vvik7m1c3gyxp/vkoy5hc6w9zr.

europeas sobre el retraso de la edad de jubilación[13]. Es decir, se fomenta una gestión de la reestructuración lo más anticipada posible, responsable y eficaz en la búsqueda consensuada de soluciones alternativas al despido, que deben de ayudar a la reinserción laboral de los afectados y, al mismo tiempo, marcan el camino de una posible reforma de la normativa sobre despidos colectivos[14].

En efecto, la finalidad del período de consultas será llegar a un acuerdo que ponga fin a ese conflicto colectivo (art. 7 RDC)[15]. Lo que supone, implícitamente, que ambas partes de la relación laboral conozcan la causa del despido y comprueben y negocien sobre ella[16]. Es un procedimiento ordenado, según la normativa legal y reglamentaria, para alcanzar el acuerdo menos perjudicial para los trabajadores afectados por esa medida de flexibilidad externa, en manos del empresario[17]. Por lo tanto, se trata de una negociación finalista presidido por la negociación de buena fe, lo que supone dedicar un «período mínimo»[18] a la confrontación de ofertas y contraofertas sobre extremos de la propia negociación[19]. En esta línea, el TJUE ha interpretado contrario a esta normativa europea «una consulta que se iniciase cuando ya se haya adoptado una decisión que haga necesarios tales despidos colectivos (porque) no podrá referirse eficazmente al examen de posibles alternativas para intentar evitar estos»[20]. Además, la buena fe exige trasparencia y razo-

---

13 *Green Paper Restructuring and Anticipation of Change, What lessons from the economic crisis?* (COM (2012) 7 final); también, *Employment trends and policies for older workers in the recession, European Foundantion for the improvement of living and working conditions,* 2012.

14 Sáenz Lara, C., *Restructuraciones empresariales y despidos colectivos*, Tirant lo Blanch, Valencia, 2015, pp. 190-191.

15 Real Decreto 1483/2012, de 29 de octubre, por el que se aprueba el Reglamento de los procedimientos de despido colectivo y de suspensión de contratos y reducción de jornada. Modificado por Real Decreto 608/2023, de 11 de julio, por el que se desarrolla el Mecanismo RED de Flexibilidad y Estabilización del Empleo, BOE de 12 de julio de 2023. (En adelante RDC).

16 Blasco Pellicer, A., «Extinción colectiva de trabajo. Despido colectivo y por fuerza mayor». *Revista de Ministerio de Empleo y de Seguridad Social*, n.º 100, 2012, p. 221.

17 «La regulación del despido no es un lugar para soluciones categóricas, sino que exige un equilibrio difícil y frágil entre los intereses contrapuesto», como expone perfectamente Desdentado Bonete, A., «Crisis y reforma del despido: puntos críticos seguidos de algunas propuestas», *Revista de Actualidad Laboral*, n.º 11, 2010, p. 1264.

18 Art. 51.2 ET: 15 días naturales, en empresas de menos de 50 trabajadores y 30, en empresas de cincuenta o más.

19 Por ejemplo, SAN n.º 93/ 2013, de 13 de mayo de 2013; SAN n.º 169/2013, de 4 de julio de 2013; SAN n.º 3/2016, de 18 de enero de 2016.

20 Sentencia del Tribunal de Justicia de las Comunidades Europeas (Sala Cuarta), 10 de septiembre de 2009 (C-44/08), asunto «Akavan Erityisalojen Keskusliitto AEK y otros», apartado 52.

nabilidad, por lo que se oponen a este principio la ocultación de datos relevantes o comportamientos empresariales que buscan presionar de manera inadmisible a los trabajadores[21].

El proceso de despido colectivo presenta una vertiente colectiva y otra individual, cada una con sus requisitos legales específicos[22]. El período de consultas constituye el eje central de la fase colectiva y se inicia con la constitución de la comisión de negociación, en la que estarán representadas ambas partes de la relación laboral. Como consecuencia de los restrictivos cambios introducidos por la reforma laboral de 2012[23], se modificó la norma reglamentaria sobre el procedimiento de despidos colectivos, no sin cierta polémica en su tramitación[24]. Como es sabido, la norma precedente preveía una primera fase en el procedimiento que concluía con una resolución de la autoridad laboral en orden a estimar ajustada a derecho la medida empresarial o no[25].

No obstante, ese «repliegue del intervencionismo administrativo»[26] no elimina la previsión legal de contar con la autorización administrativa preceptiva para continuar con el proceso del despido colectivo, más allá —y con independencia— del acuerdo alcanzado en la fase de consultas. Es decir, la autorización administrativa condicionaba la validez y eficacia de la facultad empresarial porque debía verificar la correspondencia entre las causas y los resultados que se pretendían alcanzar con los despidos. Se llevaba a cabo un control en fase inicial —*ex ante*[27]— del proceso de destrucción de puestos de

21 Por ejemplo, STS de 20 de marzo de 2013, Rec. 81/2012; STS de 28 de enero de 2014, Rec. 46/2013; STS de 25 de junio de 2014, Rec. 273/2013; SAN n.° 132/2013, de 2 de junio de 2013; SAN núm. 127/2014, de 9 julio de 2014.

22 STS de 18 de septiembre de 2013, Recud. 3089/201. Se refiere a la extinción colectiva de los contratos y a la individualización en la ejecución de la sentencia.

23 Sobre la supresión de la autorización administrativa, Cabeza Pereiro, J., «La supresión de la autorización administrativa en los despidos colectivos», *Revista de Derecho Social*, n.° 57, pp. 183-208.

24 La explica San Martín Mazzucconi, C., *El nuevo reglamento de los despidos colectivo. Estudio del Real Decreto 1483/2012, de 29 de octubre, por el que se aprueba el Reglamento de los procedimientos de despido colectivo y de suspensión de contratos y reducción de jornada*, Civitas-Thomson Reuters, 2012, Navarra, p. 11.

25 Normativa derogada: RD 801/2011, de 10 de junio, Orden ESS/487/2012, de 8 de marzo. También, apartados 1, a), 3 y 4 del art. 1 del RD 625/1985, de 2 de abril, por el que se desarrolla la Ley 31/1984, de 2 de agosto, de protección por desempleo. Téngase en cuenta la Disposición Final segunda, Real Decreto 1483/2012, que deroga esa previsión e impone a la empresa el deber de comunicar los despidos a la Entidad Gestora de las prestaciones por desempleo, antes de su efectividad.

26 Cruz Villalón, J., «Alcance y efectos de la reforma legal del despido por causas económicas y empresariales», en AA. VV. (Coord. Cruz Villalón, J.), *Los despidos por causas económicas y empresariales,* Tecnos, Madrid, 1996, pp. 17 y ss.

27 En estos términos tan esclarecedores lo interpretó la doctrina; por todos, Baylos Grau, A., *Deslocalización de empresas y despidos colectivos*, *op. cit.,* pp. 36.

trabajo, lo que sin duda permitía más fácilmente poder restaurar plenamente en su derecho a las personas trabajadoras afectadas, en su caso. La propia Exposición de Motivos del RD Ley 3/2012 insistía en que, a partir de esa norma, la justificación causal que debe aportar el empresario en el proceso de despido colectivo es «mínima» y, es más, el control judicial «debe ceñirse a una valoración sobre la concurrencia de unos hechos». Como había adelantado la Sala cuarta del Alto Tribunal[28], no debía ir «más allá de lo razonable», de tal forma que no supusiese una posible intromisión en el derecho de libertad de empresa del art. 38 CE.

En relación con el requisito de la autorización administrativa, el Tribunal de Justicia se pronunció sobre su conformidad en la legislación helena[29]. En realidad, resolvió un recurso de anulación ante el Consejo de Estado que formula dos cuestiones al Tribunal de Justicia, relativas a la compatibilidad de la legislación griega, en primer lugar, con la Directiva 98/59/CE y, en segundo lugar, con las disposiciones del Tratado en materia de libertad de establecimiento y libre circulación de capitales (arts. 49 y 63 del TFUE, interpretados en relación con el art. 16 de la Carta de los Derechos Fundamentales de la Unión Europea). Según el Tribunal, el hecho de que la normativa nacional se refiera a la autorización administrativa, por sí misma, no supone una contradicción con la Directiva, sino que es la aplicación de esta premisa la que vulnera la norma europea al supeditar totalmente el derecho del empresario a despedir de la norma interna. La resolución judicial pone el acento en la denegación reiterada de la autoridad administrativa sin concreción argumental, y aludiendo sólo a la grave crisis económica y de empleo que sufre el país. *Sensu contrario*, cabría entender que si está debidamente justificada la actividad de control de la autoridad administrativa que tenga encomendadas esas funciones, habrá de considerarse conforme a la normativa europea. En decir, el TJUE, se erige como garante de los derechos de información y consulta de los representantes de los trabajadores e insta al diálogo entre las partes para buscar medidas sociales de acompañamiento que limiten o amortigüen los devastadores efectos de los procesos de despidos colectivos, todo ello en consonancia con el derecho de libertad de empresa, lo que en ningún caso debe implicar obviar directamente el papel de la autoridad laboral y la Inspección de Trabajo como encargados de velar e impulsar el proceso dentro de los límites de la legalidad[30].

En nuestro ordenamiento interno la aplicación de ese modelo de despido colectivo ha suscitado abundantes y diferentes problemas interpretativos sobre los derechos de información y consulta de los trabajadores. Además,

---

28 STS de 8 de julio y 29 de noviembre de 2010.

29 STJUE de 21 de diciembre de 2016, asunto «AGET Iraklis», C-201/15.

30 Al respecto, se proponía ya esto en Rodríguez Rodríguez, E., «El despido frente a la flexibilidad interna», *RDS*, n.º 79, 2017, pp. 37-62.

prevé un exiguo período de consultas en base a la agilidad y rapidez del proceso. En esta línea, la función de la autoridad laboral desaparece hasta el punto de que se le libera de la responsabilidad subsidiaria en la que había recalado su actuación, la de intervenir como mediador en busca del acuerdo de las partes. Siendo estas las bases de aquella nueva norma, la «banalización»[31] de la fase de consultas alcanzó cotas importantes. En concreto, respecto de las obligaciones suscitadas durante el periodo de consultas y el propio objeto de la negociación, es decir, las medidas sociales de acompañamiento, toda vez que se suprime la referencia a las causas motivadoras (art. 51.2 ET).

La normativa interna parece identificar el periodo de consultas y el propio procedimiento de despido colectivo (art. 51.2 ET). Pero, como ha señalado la jurisprudencia, dentro del procedimiento de despido colectivo puede diferenciarse una primera fase de consultas, en las que se proporciona información, y otra que es propiamente la de negociación[32]. Las medidas sociales de acompañamiento, en este contexto, consistirán en alternativas o «paliativos» propuestos por el empresario ante la imposibilidad de mantener ese puesto de trabajo. Bien es cierto que las modificaciones sustanciales de las condiciones de trabajo cuando existan razones técnicas, organizativas o de producción pueden ser causa de una extinción indemnizada solicitada por el trabajador disconforme con las nuevas condiciones laborales (art. 41 ET)[33]. Es decir, este tipo de cambios podrán ser asumidos por el trabajador como alternativa a la pérdida de su empleo, mientras que, si el origen es un despido colectivo, será la empresa la obligada a proponer iniciativas para mitigar los efectos de la medida[34].

El contenido mínimo de la negociación se integrará, principalmente, por las llamadas «medidas sociales de acompañamiento» —MSA—. Con anterioridad, ya el Real Decreto 43/1996, en su art. 6, preveía como contenido mínimo de la solicitud empresarial de reestructuración, la obligación de presentar el denominado «plan de acompañamiento social» —en adelante, PAS[35]—, en empresas de cincuenta o más trabajadores[36]. Como respuesta a

31 CABEZA PEREIRO, J., «La supresión de la autorización administrativa en los despidos colectivos», *op. cit.* p. 185.

32 SAN n.º 169/2013, de 4 de julio de 2013.

33 SAN n.º 108/2013, de 20 de mayo de 2013.

34 TERRADILLOS ORMAETXEA, E., «Las medidas de acompañamiento social y los planes de recolocación externa en los despidos colectivos tras la Reforma de 2012», *Revista de Derecho Social*, n.º 64, 2013, p. 62.

35 También se han referido a él como actividad de recolocación o «outplacement». *Vide* SÁENZ LARA, C., *Restructuraciones empresariales y despidos colectivos*, *op. cit.*, p. 195.

36 Real Decreto 43/1996, de 19 de enero, por el que se aprueba el Reglamento de los Procedimientos de Regulación de Empleo y de Actuación Administrativa en materia de traslados colectivos. BOE de 20 de febrero de 1996. Sobre los orígenes de proceso de despido

la crisis, las primeras normas laborales que llevaron a cabo modificaciones[37] —fundamentalmente la Ley 35/2010 y la Ley 36/2011[38]— también influyeron en el procedimiento de despidos colectivos. Esto dio lugar al Real Decreto 801/2011[39] que exigía entre la documentación iniciadora del procedimiento, la inclusión del PAS (art. 9.2), en las empresas de cincuenta trabajadores o más. De manera específica se refería al contenido de ese plan, diferenciando entre las medidas dirigidas a «evitar o reducir» los efectos del expediente y las que pretendían «atenuar las consecuencias en los trabajadores afectados»[40]. No obstante, «la manifiesta debilidad jurídica»[41] de los PAS no consiguió corregirse, lo que, unido a la profunda reforma del 2012, dio lugar a la norma reglamentaria del 2012. En efecto, según el art. 8 RDC, los periodos de consulta deberán dedicarse a la negociación de medidas con las que «evitar o reducir» los despidos colectivos, pero no sólo. En este sentido será fundamental el papel que le otorga la última reforma a la Inspección de Trabajo y Seguridad Social, sobre el que nos pararemos en el siguiente apartado.

Los cambios introducidos en 2012 pueden considerase sustanciales, hasta el punto de que las actuales MSA, serán negociadas con la empresa y, lo más importante, que la obligación de acordar —no sólo de intentar la negociación— un plan de recolocación externa (en adelante PRE), sólo se prevé cuando el despido afecte a más de cincuenta trabajadores (art. 51.10 ET y 3.2. RD 1483/2012), mientras que con Ley 35/2010 se refería a que las empresas afectadas contasen con una plantilla de cincuenta o más trabajadores. Este cambio de criterio por el que deja de ser relevante el tamaño de la empresa y se fija sólo en la dimensión cuantitativa del despido colectivo, puede valorarse positivamente porque se estima que aumenta las posibili-

colectivo, *vide* ALFONSO MELLADO, C. L., *Proceso de conflicto colectivo. Sistemas alternativos de solución y autonomía colectiva.* Tirant lo Blanch, Valencia, 1993.

37 Ley 35/2010, de 17 de septiembre, de medidas urgentes para la reforma del mercado de trabajo (en adelante Ley 35/2011); la Ley 27/ 2011, de 1 de agosto, sobre actualización, adecuación y modernización del Sistema de Seguridad social; y el Real Decreto-Ley 7/2011, de 10 de junio, de medidas urgentes para la reforma de la negociación colectiva (en adelante RDLey 7/2011), modificaron y desarrollaron reglamentariamente, el último, lo dispuesto en los arts. 47 y 51 ET.

38 Ley 36/2011, de 10 de octubre, reguladora de la Jurisdicción Social. BOE de 11 de octubre de 2011.

39 Real Decreto 801/2011, de 10 de junio, por el que se aprueba el reglamento de los procedimientos de regulación de empleo y de actuación administrativa en materia de traslados colectivos BOE de 14 de junio de 2011. (vigente hasta el 31 de octubre de 2012).

40 Sobre esta norma reglamentaria, MOLERO MANGLANO, C., PEDRAJAS MORENO, A., Y SALA FRANCO, T., *La reforma de los expedientes de regulación de empleo,* Tirant lo Blanch, valencia, 2012.

41 BLASCO PELLICER, A., «La extinción del contrato de trabajo en el RDL 3/2012: aspectos sustantivos, procesales y de Seguridad Social», en AA. VV., *La Reforma Laboral en el Real Decreto- Ley 3/2012,* Tirant Lo Blanch, valencia, 2012, p. 186.

dades de la virtualidad práctica del PRE, y más tras la más reciente Sentencia del Tribunal de Justicia sobre el cómputo del umbral de los trabajadores afectados[42], así como otros pronunciamientos en la misma línea de nuestros tribunales más relevantes en esta materia[43].

En términos generales, nuestra regulación interna reproduce el texto de la Directiva 98/59/CE. De hecho, acoge sus indicaciones escrupulosamente, sin mejorarlas, toda vez que, en cuanto al plazo para la notificación a los representantes, se refiere a las mínimas garantías para las personas trabajadoras (art. 3.2 Directiva). Es más cuestionable la diferencia que existe en la obligatoriedad a la hora de presentar un PRE (art. 50.10 ET y 3.2. RD 1483/2012). Hasta el punto de que podría pensarse en considerarla contraria al art. 2.2 de la Directiva, pues establece distinciones perjudiciales para las personas afectadas por el despido colectivo que, en ningún caso, se contemplan por la norma europea. En realidad, el Estatuto recoge literalmente (art. 51.2 ET) lo dispuesto por la Directiva sobre las «medidas sociales de acompañamiento» (art. 2.2 Directiva). La salvedad prevista respecto de la obligatoriedad de presentar un plan de recolocación, limitándolo a empresas con más de cincuenta trabajadores afectados, es donde radica la diferencia con la disposición europea.

Otra cuestión en la que tenemos que acudir a la norma europea, ante la ausencia de un criterio legal claro en el ordenamiento interno, es si la adopción de las MSA excluye la aplicación del PRE. La Directiva establece que «las consultas versarán, como mínimo, sobre las posibilidades de evitar o reducir los despidos colectivos y atenuar sus consecuencias, mediante el recurso a las medidas sociales de acompañamiento» (art. 2.2). Por lo tanto, las medidas sociales de acompañamiento para evitar o minorar el impacto de la reestructuración empresarial podrán excluirse entre sí, según su finalidad, pero, una vez que se produce el ERE, deberán aportase medidas de readaptación y reconversión[44].

Sobre «el tiempo hábil» durante el que debe llevarse a cabo la negociación, no cabe la interpretación restrictiva según la que lograr un acuerdo antes

42 STJUE de 11 de julio de 2024, C-196/23, asunto *Plamaro.* Recogiendo la interpretación de *Pujante Rivera* y de STJUE de 12 de octubre de 2004, C-55/02, asunto *Comisión /Portugal*, recuerda que para la activación de las garantías del despido colectivo deben ser tenidas en cuenta todas las extinciones laborales ajenas a la voluntad del trabajador.

43 Muy importante en este sentido la argumentación y desarrollo de la SAN de 27 de junio de 2024, rec. 18/2024. Computa todas las extinciones llevadas a cabo durante por la Cruz Roja en un determinado periodo que supera el marco de referencia de los noventa días porque estima que se está produciendo un fraude en la aplicación de las garantías de aplicación que prevé el art. 51 ET, precisamente en aras de eludir el proceso de información y consultas preceptivo. Al respecto, Rojo Torrecilla, E., Blog del autor, http://www.eduardorojotorrecilla.es/2024/07/existencia-de-un-despido-colectivo-de.html (fecha de consulta, 30 de julio de 2024).

44 STJUE de 3 de marzo de 2011, (acumulados C-235/10 a C-239/10), asunto *Claes*.

de la finalización del periodo de consultas, conlleva su finalización precoz [art. 7.6 y art. 28 RDC]. A pesar del principio de celeridad que enarbola la Exposición de Motivos del RDC[45], de nuevo la Directiva, en el art. 2.2, se refiere a las consultas como un requisito inexcusable y en el art. 4.1, establece que entre la solicitud del despido y su materialización debe transcurrir como mínimo un mes. Al margen de que este límite sea recogido de manera expresa por la propia norma reglamentaria (art. 14.2 RDC), se trata de un plazo de *ius cogens*, como reza el tenor literal del art. 51.2 ET que establece una duración «no superior a treinta días naturales, o quince en el caso de empresas de menos de cincuenta trabajadores»[46]. Es cierto que la jurisprudencia ha admitido en algún caso la licitud del acuerdo adoptado antes del término temporal[47].

Además, según el art. 51.4 ET, la ley exige, para la notificación individual a los trabajadores afectados, dos premisas. La primera que se realice respetando los requisitos del art. 53.1 ET, disposición que contempla un preaviso de quince días desde la entrega de la comunicación personal al trabajador hasta la extinción del contrato. Y, en segundo lugar, pero más clarificadora aún, es que deben transcurrir al menos treinta días entre la fecha de la comunicación de la apertura del periodo de consultas a la autoridad laboral y la fecha de efectos del despido. La única posibilidad para permitir una ampliación será cuando el empresario, como beneficiario del límite, renunciase a ese tope temporal[48]. De hecho, no podrá declararse la nulidad del despido por haberse excedido el plazo en las consultas porque sería contrario al principio de buena fe, por los mismos motivos que no respetar la duración mínima de treinta días del período de consultas convierte en nulo el despido[49]. No supone esa consideración el incumplimiento del calendario pactado según

45 Apartado 5, «para imprimir celeridad al procedimiento, sin merma de su confianza, se estipula que el periodo de consultas se entenderá celebrado cuando se alcance un acuerdo entre las partes».

46 Terradillos Ormaetxea, E., «Las medidas de acompañamiento social y los planes de recolocación externa en los despidos colectivos tras la Reforma de 2012», *op. cit.*, p. 70. La misma autora subraya la consideración de «días naturales», sin que se haya previsto su ampliación, *op. cit.*, p. 73.

47 SAN n.º 143/2013, de 11 de julio de 2013, no se aprecian causas de nulidad al haber aportado la empresa en el período de consultas toda la documentación exigida por el art. 51.2 del ET y el RD 1483/2012 y haberse producido verdadera negociación puesto que las partes se cursaron ofertas y contraofertas que concluyeron en acuerdo suscrito por el 64,15 % de la representación legal de los trabajadores e inexistencia de fraude de ley, dolo o abuso de derecho y vulneración de derechos fundamentales.

48 Casas Baamonde, M.ª E., «Mediación, arbitraje y períodos de consultas», *Relaciones Laborales*, n.º 4, 2013.

49 Sáenz Lara, C., *Restructuraciones empresariales y despidos colectivos*, *op. cit.*, p. 143. En los Tribunales, STSJ de Murcia, de 9 de julio de 2012, rec. supl. 3/2012; STSJ de País Vasco, de 4 de junio de 2013, rec. supl. 9/2013.

las exigencias de las disposiciones reglamentarias (art. 7.2, 3, 4 y 5 RDC), si bien será un indicio de ausencia de la buena fe[50].

Finalmente, la efectividad del período de consultas depende de la información completa que se trasmita a todos los intervinientes y afectados por la medida empresarial. Por lo tanto, no es tan relevante que no se aporte un plan industrial, al que se refiere el art. 5 del RDC, sino la ocultación de los datos relevantes[51]. En efecto, no se trata de una enumeración de documentos con valor *ad solemnitatem* y no toda ausencia documental implicará necesariamente la declaración de nulidad, teniendo en cuenta la posible intranscendencia de estos a los efectos que la norma persigue, es decir, proporcionar información que posibilite la debida negociación para alcanzar un acuerdo sobre las medidas paliativas o el despido colectivo, cuando la extinción sea la única posibilidad[52]. En definitiva, la nulidad del proceso de despido colectivo se deriva de la vulneración del principio de buena fe en la negociación, como también por el incumplimiento de materias relacionadas con el derecho de información y consulta directamente[53].

3. La renovada importancia del «control» causal

Finalizado el período de consultas, el empresario debe comunicar a la autoridad laboral su resultado. Según la literalidad del art. 51.2 ET, parece que sólo en el caso de desacuerdo, remitirá las condiciones del despido también a los representantes de los trabajadores. Pero la norma reglamentaria aclara que el resultado de las negociaciones debe ser notificado, aparte de a la autoridad laboral, a los representantes de los trabajadores. Esta regulación se ha considerado *ultra vires*[54], si bien, el despido es un acto de carácter recepticio, lo que convierte la notificación en un requisito ineludible[55]. Con el objetivo de conseguir la prometida celeridad en el procedimiento, la comunicación debe producirse dentro del plazo de caducidad de quince días, desde

50 SÁENZ LARA, C., *Restructuraciones empresariales y despidos colectivos, op. cit.*, pp. 143-144.

51 FJ 17.°, SAN de 12 de junio de 2014.

52 STS de 27 de mayo de 2013, Rec. 78/2012.

53 LILLO PÉREZ, E., «Sobre el ERE de Coca Cola. Causalidad del despido, defensa del puesto de trabajo y defensa del derecho fundamental de huelga», *RDS*, 2015, n.° 71, pp. 183-184. Al respecto, Voto Particular de la STS de 20 de abril de 2015 critica la ausencia de razonamiento alguno sobre la decisión de anular el despido por carencia de la documentación solicitada y sus consecuencias sobre la virtualidad del periodo de información y consultas, lo que la sentencia mayoritaria solventa refiriéndose al principio de economía procesal, al confirmar lo recogido por la sentencia de casación (FJ 6.°).

54 SÁENZ LARA, C., *Restructuraciones empresariales y despidos colectivos, op. cit.*, p. 165.

55 MELLA MÉNDEZ, L., *La formalización del despido disciplinario. Un estudio sobre los requisitos previstos en el Estatuto de los Trabajadores,* Comares, Granada, 1999.

que se haya celebrado la última reunión del período de consultas (art. 51.2). Transcurrido ese plazo, el acuerdo caducará y será ineficaz, de manera que no será posible la comunicación individualizada (art. 12.4 RDC). Ahora bien, la jurisprudencia ha interpretado que se ajusta a la norma, determinar el número exacto de despidos con posterioridad, dentro de los márgenes que se hayan previsto y cuando responda a motivos notificados con antelación a los representantes de los trabajadores[56].

En desarrollo del art. 51 ET, la autoridad laboral se configura como un garante del control de legalidad, aunque con una capacidad mucho más mermada que antes de la reforma de 2012. Le corresponde verificar, a través del servicio público de empleo competente, el cumplimiento de la obligación de prever las MSA y, en su caso, contar con un plan de recolocación. El incumplimiento de la obligación establecida respecto del plan de recolocación o de las MSA asumidas por el empresario, podrá dar lugar a la reclamación de su cumplimiento por parte de los trabajadores, sin perjuicio de las responsabilidades administrativas que procedan —se considera infracción de carácter muy grave (art. 8.3 LISOS)— (art. 51.10 ET).

De manera específica, la norma de desarrollo se refiere a las funciones de la autoridad laboral en dos momentos distintos del procedimiento. Por un lado, el art. 6.1 RDC, obliga a de darle traslado de la copia de comunicación empresarial que inicia el procedimiento, junto con la documentación que se enumera en el art. 3 RDC, donde se obvian las MSA y únicamente se menciona «en su caso, (el) plan de recolocación externa». A la vez, ésta lo remitirá a la a la entidad gestora de la prestación de desempleo y a la Inspección de Trabajo y Seguridad Social (art. 6.3 RDC). La Inspección asume un papel de fedatario sobre el cumplimiento de los requisitos legales durante el periodo de consultas, toda vez que informará a la autoridad laboral sobre la falta de los requisitos exigidos de la comunicación empresarial, quien se dirigirá al empresario. Por su parte, la propia autoridad laboral también controlará que esa comunicación cumple las disposiciones legales y reglamentarias y, en caso de advertir carencias, lo pondrá en conocimiento del empresario, con copia a la Inspección de Trabajo y a los representantes de los trabajadores (art. 6.4. y 5 RDC).

Más incisiva es previsión que encomienda a la autoridad laboral la importante función de velar «por la efectividad del periodo de consultas» (art. 10 RDC). En este sentido se refiere, en primer lugar, a la posibilidad de que intervenga durante el periodo de consultas con advertencias y recomendaciones, pero sin que esto implique la paralización —ni alargamiento— del plazo máximo. En segundo lugar, a instancia de parte o por propia iniciativa, podrá dirigir a las partes propuestas y recomendaciones sobre las MSA y en su caso, sobre la implantación del PRE. Por último, la autoridad laboral realizará

56 SAN 108/104, de 12 de junio.

actividades de mediación, a petición de las partes. Es, en ésta última faceta, más intensa, en la que la normativa española se apoya como abanderada del mandato de la Directiva, pero resulta verdaderamente una mención escasa y poco concreta para una finalidad tan ambiciosa como la de dar efectividad al periodo de consultas[57].

En definitiva, si con la normativa anterior ya se habían planteado las ineficacias de la autoridad laboral a la hora de garantizar el cumplimiento efectivo de los planes sociales de reestructuración[58], lo cierto es que tras la reforma del año 2012 continuaba resultando insuficiente y llamaba la atención que su función se limite al control del cumplimiento del plan de recolocación. Sobre todo, si se tiene en cuenta que los servicios públicos de empleo deberían contribuir activamente a la transición laboral, tal y como ocurre en países de nuestro entorno[59]. De hecho, buena parte de la doctrina crítica con esa regulación expresaban sus recelos por haber convertido a la autoridad laboral en un mero «convidado de piedra» al retrasar su intervención al período de consultas[60].

Pues bien, en el art. 64 y en la Disposición Final 8.ª Dos de la Ley de Empleo[61] se ha modificado el art. 51.2 ET en aras a reforzar el papel de la Inspección de Trabajo. De manera evidente se observa esta intención cuando se añade al contenido del informe preceptivo de la Inspección que, además de verificar el desarrollo correcto del periodo de consultas, «se pronunciará sobre la concurrencia de las causas especificadas por la empresa en la comunicación inicial, y constatará que la documentación

57 Blasco Pellicer, A., «La extinción del contrato de trabajo en el RDL 3/2012: aspectos sustantivos, procesales y de Seguridad Social», *op. cit.,* p. 175, en concreto propone que se le encomiende un papel explícito de mediador en la negociación. También crítica, Terradillos Ormaetxea, E., «Las medidas de acompañamiento social y los planes de recolocación externa en los despidos colectivos tras la Reforma de 2012», *op. cit.,* p. 75.

58 Serrano García, J. M., «El plan social obligatorio para las reestructuraciones empresariales socialmente responsables», *Temas Laborales*, n.º 90, 2009, p. 215. La misma autora, *El plan social en los despidos colectivos,* Lex Nova, Valladolid, 2002.

59 Al respecto, Cabeza Pereiro, J., *Recolocación y colocación: políticas públicas y actores públicos y privados*, Ed. BOE, 2024, pp. 69 y ss. Informe de la OIT «España crecimiento con empleo», 2014, sobre la función de las políticas del mercado de trabajo y los servicios públicos de empleo en el fomento de la recuperación, pp. 103 y ss.

60 Goñi Sein, J. L., «El nuevo modelo normativo de despido colectivo implantado por la Ley de reforma laboral de 2012», *Documentación Laboral*, n.º 95-96, 2012, p. 41. También, Terradillos Ormaetxea, E., «Las medidas de acompañamiento social y los planes de recolocación externa en los despidos colectivos tras la Reforma de 2012», *op. cit.,* p. 75. Resalta que de este modo se incurriría en un vicio del anterior procedimiento que se pone de manifiesto en la Exposición de Motivos del RDC, cual es alcanzar acuerdos entre las partes «a costa de satisfacer indemnizaciones a los trabajadores despedidos por encima de la legalmente prevista», lo que, en definitiva, desnaturaliza el proceso de negociación para intentar evitar o minorar el despido y sus consecuencias.

61 Ley 3/2023, de 28 de febrero. BOE de 2 de marzo de 2023.

presentada por esta se ajusta a la exigida en función de la causa concreta alegada para despedir».

Lo cierto es que la normativa de despidos colectivos ha sido objeto de una intensa judicialización en los últimos años. El proceso se desvirtuó tanto, en algún caso, que el despido colectivo parecía ser una especie de virus contra al que las personas trabajadoras más les valía pactar que ofrecer demasiada oposición. La amplitud de la flexibilidad empresarial ante las modificaciones sustanciales de trabajo había colocado a este proceso extintivo en una especie de explosión controlada. Precisamente la STC 140/2021 vino a incidir en esos despidos colectivos con acuerdos pactados en el período de consultas, pero cuyas causas ETOP no resultaban suficientemente constatadas o eran inexistentes. Esta doctrina judicial ha venido a solventar la situación de «indefensión» en la que podía verse una persona trabajadora que no podía recurrir su despido individual, una vez que el Pleno del Alto Tribunal había declinado toda posibilidad de recurso ante esos acuerdos colectivos (STS de 2 de julio de 2018; rec. 2250/2016)[62].

Las mejoras que ofrece esta nueva regulación están llamadas a revertir en las partes involucradas en procesos tan traumáticos como es un despido colectivo. Así, resulta evidente que pivotan sobre un incremento en seguridad jurídica del proceso de despido colectivo. Hay que recordar, sin embargo, que no resulta vinculante para las partes, ni para una posible intervención judicial posterior. De hecho, recuerda la doctrina, que ni tan siquiera en los procedimientos de oficio contra acuerdos de regulación de empleo por fraude, dolo, coacción o abuso de derecho (art. 148, b) Ley Reguladora de la Jurisdicción Social)[63], se condiciona la resolución a ninguna actuación administrativa previa[64] y que la jurisprudencia más tradicional separa estas circunstancias de la ausencia de causalidad a la hora de estudiar la impugnación de los acuerdos en fase de consultas (STS de 22 de diciembre de 2014, rec. 147/2014), pero la más reciente ha afirmado que «el control judicial va más allá de constatar acreditada la causa esgrimida, toda vez que

62 Sobre estos pronunciamientos en conexión con esta reforma normativa, Terradillos Ormaetxea, E., «El alcance del análisis por parte de la Inspección de Trabajo de la concurrencia de las causas empresariales en los despidos colectivos tras la Ley 3/2023, de Empleo», *Briefs AEDTSS*, 21, Asociación Española de Derecho del Trabajo y de la Seguridad Social, 2023. https://www.aedtss.com/el-alcance-del-analisis-por-parte-de-la-inspeccion-de-trabajo-de-la-concurrencia-de-las-causas-empresariales-en-los-despidos-colectivos-tras-la-ley-3-2023-de-empleo/

63 Ley 36/2011, de 10 de octubre, reguladora de la jurisdicción social. BOE de 11 de octubre de 2011. En adelante LRJS.

64 López Cumbre, L., «El "control" de los despidos colectivos por la inspección de trabajo y seguridad social» *Gómez Acebo Publicaciones*, 10 de marzo de 2023, ,https://www.ga-p.com/publicaciones/el-control-de-los-despidos-colectivos-por-la-inspeccion-de-trabajo-y-seguridad-social/. (fecha de consulta 27 de julio de 2024).

necesariamente ha de extenderse a enjuiciar la razonabilidad, adecuación y proporcionalidad de la medida» (STS 699/2022, de 27 de julio)[65]. Es decir, la puede concluirse que esa referencia normativa se aparta de cariz de «control previo» que tenía la antigua autoridad administrativa. Más bien, con esta reforma el ET se alinea con la previsión del art. 124.2, a) y 11 LJS, lo que otorga virtualidad práctica al proceso de consultas del despido colectivo, al ajustarse a las verdaderas causas de la crisis empresarial. La idea que preside la Directiva 98/59/CE es que las partes de la relación laboral se sienten a tratar esas causas y buscar una solución concertada. Es obvio que nuestra normativa resultaba poco garantista en orden un verosímil proceso de negociación en busca de soluciones si ha de ajustarse a un breve tiempo y, de entrada, la desconfianza sobre las verdaderas causas podría apartar a las partes de una negociación presidida por la confianza mutua. De este modo podrían alcanzarse ambos objetivos y centrarse en las consecuencias del despido colectivo o, incluso, en evitarlo[66]. A la vez, la nueva previsión del 51.2 ET prosigue por la senda que inició el RD Ley 32/2021, de 28 de diciembre, por el que se aprueba la última reforma laboral, y que manifiesta claramente su intención de colocar al despido en la *ultima ratio* de las decisiones a las que acudir ante una crisis empresarial[67].

4. Las deslocalizaciones empresariales como paradigma de la destrucción colectiva de empleo

El Real Decreto 608/2023, de 11 de julio[68], además de desarrollar el mecanismo RED de flexibilidad y estabilización del empleo, previsto en el artículo 47.bis ET, ha introducido novedades relevantes en el reglamento de despidos colectivos, el Real Decreto 1483/2012, de 29 de octubre. Entre los aspectos fundamentales que se modifican del Reglamento destacan (Disposición final

65 Goerlich Peset, J. M.ª, «La nueva regulación del informe de la Inspección de Trabajo en los despidos colectivos: apuntes críticos», *Foro Labos*, 13 de julio 2023, https://www.elforodelabos.es/2023/07/la-nueva-regulacion-del-informe-de-la-inspeccion-de-trabajo-en-los-despidos-colectivos-apuntes-criticos/. (fecha de consulta 27 de julio de 2024).

66 Rodríguez Rodríguez, E., «El despido colectivo frente a la flexibilidad interna», *Revista de Derecho Social*, nº. 79, julio, 2017, pp. 36-73.

67 Terradillos Ormaetxea, E., «El alcance del análisis por parte de la Inspección de Trabajo de la concurrencia de las causas empresariales en los despidos colectivos tras la Ley 3/2023, de Empleo», *Briefs AEDTSS*, 21, Asociación Española de Derecho del Trabajo y de la Seguridad Social, 2023. https://www.aedtss.com/el-alcance-del-analisis-por-parte-de-la-inspeccion-de-trabajo-de-la-concurrencia-de-las-causas-empresariales-en-los-despidos-colectivos-tras-la-ley-3-2023-de-empleo/. (fecha de consulta 28 de julio de 2024).

68 Real Decreto 608/2023, de 11 de julio, por el que se desarrolla el Mecanismo RED de Flexibilidad y Estabilización del Empleo. BOE de 12 de julio de 2023.

3.7), en primer lugar, se introduce la obligación de notificación previa de seis meses en caso de cierre de centro de trabajo.

Así, en primer lugar, las empresas que pretendan proceder al cierre de uno o varios centros de trabajo, cuando ello suponga el cese definitivo de la actividad y el despido de 50 o más personas trabajadoras, deberán notificarlo a la autoridad laboral competente por razón del territorio y al Ministerio de Trabajo y Economía Social, a través de la Dirección General de Trabajo con una antelación mínima de seis meses a la comunicación de inicio del periodo de consultas. En el caso en que no sea posible observar esa antelación mínima, deberá realizarse la notificación tan pronto como lo fuese y justificando las razones por las que no se pudo respetar el plazo establecido.

En segundo lugar, se deberá remitir copia a las organizaciones sindicales más representativas y a las representativas del sector al que pertenezca la empresa, tanto a nivel estatal como de la comunidad autónoma donde se ubiquen el centro o centros de trabajo que se pretenden cerrar. Se añade que la autoridad laboral garantizará el acceso de las partes interesadas al expediente administrativo y, en particular, les remitirá el informe de la Inspección de Trabajo en el momento de su recepción.

La norma entró en vigor el 13 de julio de 2023 y será de aplicación a los procedimientos cuya comunicación empresarial de inicio se produzca después de su entrada en vigor. Los despidos colectivos y expedientes de regulación temporal de empleo que se hubieran iniciado a la fecha de la entrada en vigor de la norma se regirán por la normativa vigente en el momento de su inicio.

Sobre esta normativa y los cambios que introduce debe tenerse en cuenta como punto de partida para esta nueva obligación que no se trata de un supuesto limitado al caso extintivo, exclusivamente, sino ante la pretensión de que puede llegar a realizarse. Esto va en la línea de la STJUE de 22 de febrero de 2024[69] que explícitamente reconoce, en relación con la normativa española que el artículo 2, apartado 1, de la Directiva 98/59/CE, «debe interpretarse en el sentido de que la obligación de consulta que establece nace desde el momento en el que el empresario, en el marco de un plan de reestructuración, se plantea o proyecta una disminución de puestos de trabajo cuyo número puede superar los umbrales de supresión de puestos establecidos en el artículo 1, apartado 1, letra a), de dicha Directiva y no en el momento en el que, tras haber adoptado medidas consistentes en reducir ese número, el empresario tiene la certeza de que va a tener que despedir efectivamente a un número de trabajadores superior a dichos umbrales».

Los componentes de la obligación de preaviso a los que se refiere la norma abarcan, por lo tanto, la intención o pretensión en sentido doble: de cierre

69 STJUE de 22 de febrero de 2024, C589/22, *J. L. O. G., J. J. O. P.* y *Resorts Mallorca Hotels International, S. L.*

de uno o varios centros de trabajo y de que ello suponga el cese de actividad, cuando ello implique el despido de cincuenta o más trabajadores. Se notificará al Ministerio de Trabajo y a la autoridad laboral competente por razón de territorio, notificación que será por medios electrónicos (DA 2.ª RD 1483/2012). También hay que remitir copia a organizaciones sindicales más representativas y a las representativas del sector al que pertenezca la empresa, tanto a nivel estatal como de la comunidad autónoma donde se ubiquen el centro o centros de trabajo que se pretenden cerrar. Y, se realizará con seis meses de antelación a la comunicación del inicio del período de consultas, ahora bien, la propia norma establece una excepción «en el caso en que no sea posible observar esa antelación mínima, deberá realizarse la notificación tan pronto como lo fuese y justificando las razones por las que no se pudo respetar el plazo establecido».

Más allá de la evidente imprecisión de la redacción esa excepción a la regla general y la inseguridad jurídica que podrá acarrear en su aplicación, esta regulación da lugar a varios interrogantes que convendría aclarar en la redacción normativa que corresponda. Por un lado, si tenemos en cuenta que la extinción debe ampararse en una causa objetiva y la jurisprudencia viene entendiendo que se exige que sea real y valorable desde un punto de vista cuantitativo, anticipar las negociaciones seis meses, debe de ir acompañado de la obligación documental de entregar los datos actualizados y previsibles en los que la empresa basa su decisión. Esta obligación se incardina de manera práctica en los derechos de información y consulta que han de presidir el proceso. Esto podría ampararse en el proyecto legislativo de transposición de la Directiva (UE) 1152/2019[70].

Dado que los motivos que ampararon una medida de flexibilidad interna (p.ej. un ERTE), no pueden ser los mismos que justifiquen posteriormente una medida extintiva, deberá entenderse que el proceso paralelo o previo del ERTE podría ser una base de buena fe para reducir parte de ese periodo de negociación. De esta manera se favorecen los mecanismos de flexibilidad interna frente a estos procesos de extinción colectivo. También podría ser importante en este sentido que las reducciones o subvenciones fiscales o de Seguridad Social en estos casos se flexibilizasen, por lo que se propone su devolución plena.

Las consecuencias del incumplimiento de la notificación deberían de contemplarse explícitamente en la normativa y afectar a la calificación de la extinción. Como obviamente no podría hacerse por una norma reglamen-

70 Sobre este proceso legislativo, Ferradans Caramés, C., «La transposición de la Directiva (UE) 2019/1152: mayores garantías para un tiempo de trabajo transparente y previsible en el siglo XXI», *Briefs AEDTSS*, 2, Asociación Española de Derecho del Trabajo y de la Seguridad Social, año.2024. https://www.aedtss.com/la-transposicion-de-la-directiva-ue-2019-1152-mayores-garantias-para-un-tiempo-de-trabajo-transparente-y-previsible-en-el-siglo-xxi/. (fecha de consulta 28 de julio de 2024).

taria, deberá modificarse el art. 51 ET, y el 124 LRJS, sobre la sustanciación de la tramitación procesal. Por otra parte, también debería recogerse en la LISOS, con lo que la inobservancia de este plazo se contemple como infracción específica con sanción concreta. Obviamente, debería atenderse a la calificación de nulidad del proceso de despido colectivo, precisamente en base a la calificación del incumplimiento de los requisitos formales según la reiterada doctrina del Tribunal Supremo y del propio TJUE. Es decir, establecer las consecuencias de su incumplimiento a través de una situación de certidumbre y consecuencias ciertas.

En la redacción del RD debe clarificarse que es preciso comunicar a los trabajadores que pueden verse afectados y a sus representantes legales el inicio del procedimiento. Tal y como ha manifestado la jurisprudencia más reciente en relación con las comisiones *ad hoc*, respecto de las que tampoco parece establecerse taxativamente. No obstante, según el Tribunal Supremo la comunicación de la decisión final de despido colectivo por el empresario a la representación legal de los trabajadores, exigida por el artículo 51.2 del ET, se erige en presupuesto constitutivo de la extinción, de modo que si no existe la comunicación no debe entenderse realizado el despido. Se trata de un auténtico presupuesto para la validez del procedimiento. La comunicación es lógicamente posterior a la finalización del periodo de consultas y en ella el empresario pone en conocimiento de la representación legal de las personas trabajadoras la decisión final adoptada y sus condiciones. La finalidad de la comunicación de la decisión final empresarial a los representantes de los trabajadores es distinta de la que tiene la comunicación de dicha decisión a la autoridad laboral, por lo que esta última comunicación no hace innecesaria la primera. La comunicación por el empresario de su decisión final a los representantes de los trabajadores no solo constituye el presupuesto de la decisión extintiva sino que también es presupuesto constitutivo para el ejercicio de otras acciones, a las que dota de seguridad jurídica, empezando porque solo tras la comunicación de aquella decisión final el empresario puede notificar los despidos individualmente a los trabajadores afectados y solo tras aquella comunicación empieza el cómputo del plazo para impugnar el despido por parte de los sujetos colectivos legitimados.

En definitiva, la omisión de la exigencia de comunicar a la representación legal de los trabajadores la decisión de despido colectivo no es un mero incumplimiento de un deber informativo, sino un requisito esencial para la efectividad primero del despido colectivo, después de los despidos individuales, dotando a la regulación procesal del despido colectivo, en cuanto al ejercicio de dichas acciones, tanto para los trabajadores como para la empresa, de la necesaria e imprescindible seguridad jurídica, al tiempo que facilita el control judicial de las mismas. El hecho de que el periodo de consultas se haya llevado a cabo con la comisión prevista en el artículo 41.4 del ET no exime al empresario de comunicarle la decisión final, pues ambas finalidades se cumplen por igual cuando se ha negociado con los representantes de los trabajadores y cuando se ha negociado con la comisión del artículo 41.4 del ET, que está legitimada activamente para impugnar judicialmente el despido colectivo, por lo que el empleador no está exento de cumplir ese requisito, so pena de la declaración de nulidad del despido colectivo[71].

5. Reflexiones propositivas en torno al empoderamiento de las instituciones implicadas

Efectivamente, la limitación o eliminación de la autorización administrativa y la interpretación tan restrictiva que pone de manifiesto el TJUE en el asunto «Iraklis», en aras de favorecer el derecho a la libertad de empresa como derecho, puede suponer que el despido colectivo se incorpore al elenco de las medidas flexibilizadoras en manos del poder unilateral del empresario. De hecho, en otro asunto reciente[72], el mismo Tribunal de Justicia, de nuevo se pronuncia en contra de la calificación de nulidad del despido ante la ausencia de comunicación a la autoridad laboral del inicio del proceso de consultas, a través del traslado del anuncio realizado a los representantes de los trabajadores, a pesar de que su obligatoriedad se recogía en una norma interna.

En este punto cabe recordar que son muchos los ejemplos de los últimos años en los que la autoridad laboral ha desempeñado importantes acciones para mantener la actividad empresarial a través de planes de inversión pública, aportaciones de ayudas suplementarias para las indemnizaciones o, incluso ha intercedido buscando nuevos compradores de la empresa en crisis[73]. El único límite de esta decisión extintiva colectiva es que deberá adoptarse, en todo caso, tras un periodo de consultas y negociación con los represententes de los trabajadores y comunicación a la autoridad laboral, encaminado a mitigar el impacto adverso sobre los expulsados del mercado laboral. Este control —desde su inicio— de la decisión empresarial constituye, en realidad, la garantía fundamental de los derechos e intereses de los trabajadores afectados y a la recuperación de la empresa en crisis. En esta línea se había pronunciado ya la Sala 3.ª del TS[74] al reconocer con rotundidad que «la reforma laboral

71 STS, Sala de lo Social —Pleno—, de 15 de febrero de 2023, rec. núm. 224/2022.

72 STJUE de 13 de julio de 2023, asunto C-134/22. *MO y SM, actuando en condición de liquidador de G.GmbH.* Un análisis al respecto, Rodríguez Rodríguez, E., «Los derechos de información y control en el proceso de despido colectivo», *Revista de Derecho Social*, n.º 103, 2023, pp. 158-181.

73 Lo explica magistralmente Baylos Grau, A., *Deslocalización de empresas y despidos colectivos, op. cit.,* pp. 37, y a lo largo de su texto explicando supuestos concretos como el de Alcoa, sobre el que puede consultarse, Rodríguez Rodríguez, E., «El caso Alcoa: la declaración de nulidad de despido por la mala fe negocial. "As cubas non se paran". Sentencia n.º 48/2020, de 17 de diciembre, Sala de lo Social Tribunal Superior de Justicia de Galicia», *Revista de Derecho Social*, n.º 92, 2020, pp. 235-250.

74 STS de 2 de noviembre de 2016, Sala de lo Contencioso-Administrativo, rec. n.º 2587/2015.

no ha desapoderado a la Inspección de Trabajo», ni la ha relegado a «un simple servicio encargado de la mera constatación formal y externa de los procesos de despidos colectivos», sino que tienen encomendadas funciones de «análisis pormenorizado de las causas alegadas y de la concurrencia de las circunstancias aducidas por el empresario». De hecho, ¿no es justo esto lo que garantiza la reforma del art. 51.2 ET por la Ley 3/2023?

Más allá de la reciente modificación del art. 51.2 ET que ha reforzado el papel de la Inspección de Trabajo en relación con las causas que motivan un despido colectivo, parece oportuno otorgar un papel más activo a la autoridad laboral, reconociéndolo directamente como sujeto legitimado, más allá del interés de terceros que pueden manifestar, más desde la perspectiva de la lesividad. Podría ser oportuno introducir en la LJS una previsión al efecto, paralela a la que se establece en el caso de impugnación de convenios colectivos en el art. 165 LJS. Se propone, por lo tanto, una redacción que incluya específicamente que están también legitimados a los efectos de impugnar los procedimientos de despido colectivo y la ejecución de su acuerdo los organismos correspondientes de las Comunidades Autónomas.

Además, en torno al emergente problema de las deslocalizaciones empresariales, más allá de medidas en otros ámbitos, (promover el consumo de servicios y productos de proximidad, mejorar las infraestructuras internas, exigir a los productos foráneos las mismas condiciones que los nacionales) es importante ofrecer ayudas, subvenciones o exoneraciones fiscales únicamente a empresas, pero simultáneamente debería aumentar la cogestión de los representantes de los trabajadores y el control de la administración sobre cómo se utilizan esas subvenciones. además, exigir el mantenimiento del empleo so pena de devolución de la subvención o ventaja fiscal. En realidad, se trata de incorporar a esta regulación las previsiones sobre la devolución de las subvenciones públicas en el caso de que incumplimiento del mantenimiento del empleo, como ya existe en normas concretas para sectores como el electro intensivo[75].d

75 Art. 5, aparato 2, Real Decreto-ley 20/2018, de 7 de diciembre, de medidas urgentes para el impulso de la competitividad económica en el sector de la industria y el comercio en España. BOE de 8 de diciembre de 2018: «Se entenderá que los beneficiarios incumplen esta obligación de mantenimiento de la actividad cuando, durante el referido periodo de tres años, incurran en alguno de los siguientes supuestos:
a) Procedan de manera efectiva a reducir en más de un 85 por ciento su capacidad de producción.
b) Se comunique la decisión empresarial de despido colectivo, conforme a lo recogido en artículo 12.1 del Reglamento de los procedimientos de despido colectivo y de suspensión de contratos y reducción de jornada, aprobado por el Real Decreto 1483/2012, de 29 de octubre, y que esta comunicación implique una reducción de más de un 85 por ciento de toda su plantilla».
Lo que se reitera en el Real Decreto 1106/2020, de 15 de diciembre, sobre residuos de aparatos eléctricos y electrónicos, BOE de 21 de febrero de 2015.

CAPÍTULO III

EL PAPEL DE LA AUTORIDAD LABORAL EN EL ACOMPAÑAMIENTO DE LOS INSTRUMENTOS NO EXTINTIVOS DE REGULACIÓN DE EMPLEO[1]

Alexandre Pazos Pérez
Profesor Titular de Derecho del Trabajo y de la Seguridad Social
Universidad de Vigo

1. Introducción

En el contexto de la pandemia se aprueba el RD-ley 8/2020, de 17 de marzo, de medidas urgentes extraordinarias para hacer frente al impacto económico y social del COVID-19, que contiene medidas de gran calado en relación con el mantenimiento del empleo. En este sentido, se incluyó la cláusula de salvaguarda o mantenimiento del empleo durante seis meses desde la fecha de reanudación de la actividad como contraprestación a la reducción de las obligaciones empresariales en materia de contribución al sistema. Posteriormente, aunque se promulgan otras normas[2], hay que destacar el RD-ley 11/2021, de 27 de mayo, por el que se prorro-

---

1 Este estudio es uno de los resultados del proyecto de investigación del Ministerio de Ciencia e Innovación (PID2021-124395OB-I00), *Adaptación y mantenimiento del empleo en el nuevo ecosistema productivo.*

2 RD-ley 9/2020, de 27 de marzo (actualmente derogado); RD-ley 15/2020, de 21 de abril; RD-ley 18/2020, de 12 de mayo; RD-ley 24/2020, de 26 de junio; RD-ley 30/2020, de 29 de septiembre y RD-ley 2/2021, de 26 de enero, que establece que una vez que una empresa haya obtenido una resolución estimatoria en un ERTE de fuerza mayor por impedimento a la actividad se pueda, sin necesidad de tramitar otro nuevo expediente, pasar a aplicar sin solución de continuidad las medidas correspondientes a la situación de limitaciones

gan los Expedientes de Regulación Temporal de Empleo[3] hasta el 30 de septiembre de 2021, como compromiso de mantenimiento del empleo[4]. Durante ese período la fuerza mayor y las causas económicas[5], técnicas, organizativas y de producción legitiman las medidas de suspensión del contrato o de reducción de jornada[6], no pudiendo llevarse a cabo despidos como consecuencia de la crisis provocada por el COVID-19[7], garantizando el mantenimiento del empleo frente a su destrucción[8].

al desarrollo normalizado de la actividad, y viceversa, sin perjuicio de las obligaciones de comunicación y los porcentajes de exoneración que correspondan en cada caso.

3 En adelante ERTE.

4 No es aplicable el compromiso de mantenimiento del empleo a las empresas en las que concurra riesgo de concurso de acreedores. Esa remisión plantea quién debe valorar si concurre el riesgo de concurso de acreedores, porque se pueden dar situaciones contradictorias, dado que será la Autoridad Laboral quien deberá prejuzgar si concurren estas causas en una empresa afectada con el fin de exonerar obligaciones y, posteriormente, será la autoridad judicial, quien deba decidirlo a los efectos generales. No obstante, la Disposición Adicional 44 de la LGSS no contempla dicha excepción, por lo que la condición del mantenimiento del empleo será aplicable plenamente tanto a las empresas en concurso como a las que se encuentren en riesgo de concurso. Blázquez Agudo, E. V., «La cláusula de salvaguarda del empleo. Desarrollo y límites a través de la historia de la normativa laboral covid», *Trabajo y Derecho*, núm. 89, Sección Práctica Jurídica y Despachos Profesionales, 2022, p. 6. Versión digital (LA LEY 4394/2022).

5 Como señala la STS de 14 de mayo de 1998 (RJ 1998/4650) las causas económicas alegadas deben afectar a la empresa en su conjunto. Se debe tratar de una situación de pérdidas o desequilibrios globales, y no en un concreto centro de trabajo. En este sentido, se pueden admitir medidas de flexibilidad en centros que no tengan pérdidas, pero sí las hay en el conjunto de la empresa. La STS de 27 de mayo de 2014 (RJ 2013/7656) indica que esta doctrina no se aplica en el caso de los grupos de empresas mercantiles, en los que se exigirá valorar la situación global del grupo.

6 La STS de 21 de julio de 2003 (RJ 2003/7165) afirma que, si las causas son técnicas, organizativas o de producción, la amortización debe valorarse en el ámbito en que es necesaria la misma, y no con referencia a la totalidad de la empresa. Basta con que se acredite exclusivamente en el espacio en que se ha manifestado la necesidad de suprimir el puesto de trabajo.

7 Hay que tener en cuenta la STJUE de 21 de diciembre de 2016, asunto C-201/15, que declara que un Estado no puede adoptar una medida de privar de la facultad a las empresas de adoptar medidas de despido, de modo que la Directiva 98/59 se vea privada de efecto útil. El TJUE sí admite que consideraciones basadas en el mantenimiento del empleo puedan constituir, en determinadas circunstancias y con sujeción a determinados requisitos, restricciones proporcionadas de la libertad de empresa por razones de interés general. En todo caso, las restricciones deben ser adecuadas y que no vayan más allá de lo necesario. En este sentido, no se puede dejar sin espacio a la libertad de empresa y a la facultad empresarial de extinguir los contratos de trabajo cuando concurren causas estructurales por razones de funcionamiento de la empresa que van más allá de la situación de provisionalidad y temporalidad en que descansan las medidas de ajuste temporal de empleo. González González, C., «La transición de los ERTES a los despidos por necesidades empresariales en las circunstancias extraordinarias de la COVID-19. Causas coyunturales versus estructurales y la incidencia de la libertad de empresa en la limitación del despido», *Revista Aranzadi Doctrinal*, núm. 7, 2021, p. 23. Versión digital (BIB 2021/3946).

8 Arts. 2 y 5 del RD-ley 9/2020, de 27 de marzo, actualmente derogado, tras su tramitación parlamentaria, en los arts. 2 y 5 de la Ley 3/2021, de 12 de abril, por la que se

El art. 40.1 de la Constitución española establece que los poderes públicos realizarán una política orientada al pleno empleo[9] y la suspensión de los contratos es una manifestación positiva del principio de estabilidad, cuando las causas de inejecución de la prestación se estiman temporales[10]. El art. 40.2 encomienda a los poderes públicos fomentar una política que garantice la formación y readaptación profesionales. Asimismo, la Ley de Empleo de 2023 realza la importancia de las políticas activas de empleo, orientadas a la mejora de la empleabilidad y reducción del desempleo[11], al pleno desarrollo del derecho al empleo digno, estable y de calidad, a la generación de trabajo decente, así como a la consecución del objetivo del pleno empleo, de conformidad con lo establecido en los arts. 35 y 40 de la CE y en el marco de la estrategia coordinada para el empleo de la UE. La Ley de Empleo incluye dentro de las políticas activas de empleo las acciones formativas para mejorar la empleabilidad de las personas trabajadoras y facilitar la transición hacia un empleo de calidad y movilidad laboral. Llegados a este punto es necesario destacar la LO 3/2022, de 31 de marzo, de ordenación e integración de la formación profesional, que pretende asegurar las ofertas de formación idóneas con itinerarios formativos individuales y colectivos[12].

Tras la efectividad de los ERTE durante la pandemia, la reforma laboral introducida por el RD-ley 32/2021, de 28 de diciembre, potencia el recurso a mecanismos de flexibilidad interna por las empresas mediante los ERTE, como suspensiones o reducciones de jornada sin existir una prelación o relación jerárquica[13], con la finalidad de mantener el empleo en coyunturas económicas adversas y como alternativa a los despidos objetivos y colectivos por causas económicas, técnicas organizativas o de producción, evitando la

---

adoptan medidas complementarias, en el ámbito laboral, para paliar los efectos derivados del COVID-19.

9 La Declaración de Filadelfia sobre fines y objetivos de la OIT (1994) reconoce la obligación solemne de la OIT de promover programas para lograr el pleno empleo. También la Carta Social Europea (1961) se propone el pleno el empleo y el Tratado UE aspira al pleno empleo, así como el Tratado de Funcionamiento de la UE se propone alcanzar un alto nivel de empleo.

10 González González, C., «La transición de los ERTES ...» *op. cit.*, p. 9.

11 La Ley de Empleo define la empleabilidad en el art. 34 como el conjunto de competencias y cualificaciones transferibles que refuerzan la capacidad de las personas para aprovechar las oportunidades de educación y formación que se les presentan con miras a encontrar y conservar un trabajo decente, progresar profesionalmente y adaptarse a la evolución de la tecnología y de las condiciones del mercado de trabajo.

12 Sempere Navarro, A. V., «Reivindicación de la Ley de Empleo», *Revista Aranzadi Doctrinal*, núm. 8, 2023, pp. 1-24. Versión digital (BIB 2023/2198).

13 La reforma laboral llevada a cabo en el año 2021 proyectó los ERTE para situaciones más estructurales o permanentes, como en situaciones de más crisis, para no coger a las empresas desprevenidas ante una situación semejante a la pandemia del COVID-19.

generación de altos niveles de desempleo[14]. Porque pese a los coletazos de la pandemia, la guerra de Ucrania y la inflación desbocada, lo cierto es que el empleo ha mejorado significativamente en los últimos años. No obstante, actualmente, salvo casos puntuales, no se dan las circunstancias que podrían justificar un recurso intensivo a los ERTE. Durante la pandemia la causa justificativa de la mayoría de los ERTE fue por fuerza mayor, mientras que a partir del año 2022 esta causa es excepcional frente a las causas económicas, técnicas, organizativas o productivas[15]. Asimismo, también se puede apreciar que se producen más suspensiones que reducciones de jornada. Además, en abril de 2022, se ha puesto en marcha el Mecanismo RED que, por ahora, solo se ha concentrado en un sector reducido como el de las agencias de viajes y no ha sido prorrogado en el año 2023. Es un instrumento que ha funcionado porque la mayoría de los trabajadores afectados se han reintegrado en el sector o han transitado hacia otros sectores en un proceso de reconversión profesional, pero no se han transformado en desempleados[16].

Los elementos configuradores de la regulación temporal de empleo son la subsistencia de la relación laboral, con la interrupción de las prestaciones esenciales del contrato de trabajo (trabajo y remuneración), así como la temporalidad y provisionalidad de la medida y de las causas que la justi-

14 En otras ocasiones se ha utilizado el nombre de la flexibilidad interna en vano, invocándolo como propósito, pero sin verdadero afán de desarrollar su potencialidad, facilitando el recurso a la flexibilidad externa bajo la forma de despidos objetivos individuales o colectivos. Fernández Domínguez, J. J., «El Mecanismo RED: un marco estable para preservar el empleo», *Trabajo y Derecho*, núm. 88, Sección Estudios, 2022, p. 3.

15 Se puede destacar el ERTE solicitado por la empresa Freixenet por fuerza mayor vinculado a la sequía, para más de 600 personas trabajadoras, un 80 % de la plantilla, coincidiendo con una situación de emergencia climática en Cataluña. La autoridad laboral catalana (consejería con competencias en materia laboral de la Generalitat) denegó la solicitud al entender que no entraría dentro del concepto de fuerza mayor, porque no es un hecho sobrevenido de manera imprevisible de una causa de fuerza mayor, ni propia ni impropia, y emplaza a la empresa a que, si tiene problemas productivos derivados de la sequía, a negociar un ERTE por causas económicas, técnicas, organizativas o de producción con la representación laboral. La autoridad laboral justifica su decisión en que Cataluña hace más de tres años que sufre sequía y existen otras medidas más adecuadas para afrontar la dificultad productiva, con la reorganización de las condiciones de trabajo mediante un ERTE ETOP, previa consulta con la representación laboral. Sin embargo, en otro caso, la autoridad laboral andaluza autorizó a la cooperativa agroalimentaria Arrozúa a tramitar un ERTE por fuerza mayor por sequía en marzo del año 2022, suspendiendo temporalmente 16 contratos de trabajo. Se les reconoció a las personas trabajadoras una reducción de las cotizaciones sociales en un 90 %, en vez del 20 % previsto para el ERTE ETOP y, además, al tratarse de un ERTE por fuerza mayor, no se exigieron acciones formativas, que se explica por la duración más limitada de los ERTE por fuerza mayor. Molina Navarrete, C., «El impacto del cambio climático en la regulación temporal de empleo: El ERTE Freixenet por sequía ¿fuerza mayor o causa productiva?», *Diario LA LEY*, núm. 10502, Sección Tribuna, 2024, pp. 4-8. Versión digital (LA LEY 17078/2024).

16 Cavas Martínez, F., «La reforma laboral 2021: balance un año después de su entrada en vigor», *Aranzadi digital*, núm. 1/2023, pp. 2-11. Versión digital (BIB 2023/606).

fican, porque la situación de dificultad debe ser coyuntural[17]. En este sentido, el ERTE es una medida temporal que pretende superar una situación coyuntural, excluyendo la posibilidad de tramitar un ERTE si las causas son estructurales[18]. En consecuencia, si la situación es estructural y definitiva no se justifica el ERTE[19], sino en su caso la extinción del contrato[20], aunque no siempre es fácil determinar los parámetros temporales que permitan distinguir la situación coyuntural de la definitiva[21]. La apreciación del carácter coyuntural o estructural de la causa incumbe al empresario, no siendo tal apreciación controlable judicialmente, salvo en el caso de abuso de derecho o fraude de ley, que obviamente no pueden encontrar amparo en una decisión antijurídica[22].

2. Los ERTES y el Mecanismo RED

Las reformas laborales llevadas a cabo en los años 2010 y 2012 introdujeron una serie de cambios de las medidas laborales del art. 47 del ET, con el reconocimiento explícito de la posibilidad de adoptar medidas de reducción de jornada, flexibilización de las causas económicas, técnicas, organizativas o de producción justificativas de estas medidas, así como la agilización de los periodos de consultas y la supresión de la autorización administrativa[23]. Posteriormente, la pandemia del COVID-19 incrementó como nunca el número de personas trabajadoras afectadas por tales medidas de fuerza mayor a nivel mundial, que se mostraron eficaces para atemperar las consecuencias de la pandemia sobre el empleo.

Llegados a este punto, se contempla la necesidad de crear un marco estable, asentado desde la norma, que consiga proporcionar reacciones rápidas en forma de ayudas y protección social ante necesidades urgen-

---

17 González González, C., «La transición de los ERTES ...» *op. cit.*, p. 9.

18 STS de 9 de septiembre de 2020 (núm. recurso 13/2018).

19 No obstante, es posible que, aunque previamente se tramite un ERTE si existen causas nuevas o agravadas se pueda llevar a cabo un despido colectivo. STSJ de Aragón, de 15 de febrero de 2021 (proc. 679/2020).

20 STSJ de Canarias, de 18 de mayo de 2017 (AS 2017/1964).

21 STSJ de Canarias, de 30 de junio de 2016 (AS 2016/2104).

22 González González, C., «La transición de los ERTES ...» *op. cit.*, p. 15.

23 La finalidad es permitir a la empresa prescindir de parte de la plantilla o reducir su jornada laboral durante cierto tiempo, procediendo a su reincorporación en los mismos puestos de trabajo cuando mejore la situación económica, pretendiendo que esos ajustes puntuales no adquieran un carácter definitivo para no destruir puestos de trabajo. Pérez Agulla, S., «Novedades en el ámbito de las infracciones y sanciones administrativas en el orden social», AA. VV., *Interpretación, aplicación y desarrollo de la* última *reforma laboral*, edición núm. 1, LA LEY, 2023, p. 4. Versión digital (LA LEY 1516/2023).

tes y atención adecuada a procesos dinámicos que requieran adaptaciones continuas[24]. En este contexto, la exposición de motivos del RD-Ley 32/2021 hace referencia a un nuevo cauce denominado Mecanismo RED para la adopción de medidas ante situaciones de alcance macroeconómico o sectorial y los ERTES como fórmula alternativa y prioritaria a las extinciones. No obstante, la jurisprudencia viene entendiendo que, acreditadas las causas justificativas de ambas medidas, la opción entre un ERTE o una extinción corresponde al margen de decisión empresarial[25]. Asimismo, hay que tener en cuenta que la Disposición Adicional 6 establece que las personas trabajadoras afectadas por ERTES serán computadas como ocupadas a efectos estadísticos.

De la regulación del Mecanismo RED introducida en el art. 47 bis del ET no se puede extraer un imperativo legal de priorizar los ERTES desplazando al despido. El Mecanismo RED debe ser activado por el Consejo de Ministros[26], quien actuará como gestor único con la capacidad para abrir y cerrar a cualquier nivel las específicas medidas de reconversión o reestructuración[27], lo que hasta ahora solo ha sucedido en el sector de las agencias de viajes, que ha sido autorizada por la autoridad laboral la reducción de jornada o suspensión contractual. La finalidad del Mecanismo RED es «proporcionar a las empresas mecanismos internos para ajustarse ante situaciones de crisis, cambios cíclicos de la demanda o transformaciones de modelo productivo a nivel sectorial, alternativos a la alta temporalidad y las fuertes fluctuacio-

24 Fernández Domínguez, J. J., «El Mecanismo RED...» *op. cit.*, pp. 1-4.

25 Jurado Segovia, A., «La reforma en materia de ERTES (art. 47 ET): Quid novi?», AA. VV., *Interpretación, aplicación y desarrollo de la* última *reforma laboral*, edición núm. 1, LA LEY, 2023, pp. 1-2. Versión digital (LA LEY 1513/2023).

26 El art. 47 bis del ET define el Mecanismo Red como «un instrumento de flexibilidad y estabilización del empleo que, una vez activado por el Consejo de Ministros, permitirá a las empresas la solicitud de medidas de reducción de jornada y suspensión de contratos de trabajo». Se podrá activar a «propuesta conjunta de las personas titulares de los Ministerios de Trabajo y Economía Social, de Asuntos Económicos y Transformación Digital, y de Inclusión, Seguridad Social y Migraciones, previo informe de la Comisión Delegada del Gobierno para Asuntos Económicos». Cuando la modalidad sea sectorial, «las organizaciones sindicales y empresariales más representativas a nivel estatal podrán solicitar a los Ministerios referidos la convocatoria de la Comisión Tripartita del Mecanismo RED. Esta Comisión deberá reunirse en el plazo de quince días desde dicha solicitud y analizará la existencia de los cambios referidos», así como la necesidad de elevar una solicitud de activación del Mecanismo RED sectorial al Consejo de Ministros. Una vez «activado el Mecanismo, las empresas podrán solicitar voluntariamente a la autoridad laboral la reducción de la jornada o la suspensión de los contratos de trabajo». Se iniciará el procedimiento «mediante solicitud por parte de la empresa dirigida a la autoridad laboral competente y comunicación simultánea a la representación de las personas trabajadoras» y se tramitará previo desarrollo del periodo de consultas. En el caso de la modalidad sectorial, «la solicitud deberá ir acompañada de un plan de recualificación de las personas afectadas».

27 Fernández Domínguez, J. J., «El Mecanismo RED...» *op. cit.*, p. 7.

nes del empleo»[28]. Es decir, la finalidad del nuevo mecanismo de flexibilidad y estabilización consiste en proteger el empleo, primar el ajuste temporal de las horas de trabajo, impulsar la estabilidad de las relaciones laborales, de la inversión y del capital humano. Estableciendo medidas en materia de Seguridad Social ante escenarios que puedan hacer necesarias medidas de reestructuración empresarial de una manera sencilla, mediante el acuerdo del Consejo de Ministros sin necesidad de acudir a la figura del RD-Ley[29], sin perjuicio de la ejecución de sus servicios por las comunidades autónomas[30].

Se contemplan dos modalidades del Mecanismo RED. Por un lado, la cíclica, cuando se aprecie una coyuntura macroeconómica general desfavorable que aconseje la adopción de instrumentos adicionales de estabilización, con una duración máxima de un año. Responde a la existencia de circunstancias que, a intervalos más o menos periódicos, impactan sobre la economía para abrir una etapa de recesión o crisis que requiere de actuaciones concretas ordenadas a la reactivación y vuelta a la prosperidad. Se le concede un margen amplio de actuación al Gobierno para utilizar este recurso, dejando abierta su aplicación sin concretar una referencia temporal, ni el grado de generalidad o extensión. Por otro lado, la sectorial, cuando en un determinado sector o sectores de actividad se aprecien cambios permanentes que generen necesidades de recualificación y de procesos de transición profesional de las personas trabajadoras, con una duración máxima inicial de un año y la posibilidad de dos prórrogas de seis meses cada una[31]. Se trata de una modalidad más específica para hacer frente a una situación permanente estructural a través de medidas de ajuste destinadas a cubrir durante un tiempo limitado las necesidades de recualificación y los procesos de transición profesional de las personas afectadas. Transcurrido un año desde la primera activación del Mecanismo RED sectorial, «el Gobierno y las organizaciones sindicales y empresariales más representativas, analizarán la necesidad de adoptar medidas en el ámbito laboral o de la Seguridad Social tendentes a favorecer la transición profesional de las personas trabajadoras que se vean afectadas por el Mecanismo RED en el futuro»[32].

El Mecanismo RED gestionará mediante la creación de un fondo constituido al efecto, sin personalidad jurídica, adscrito al Ministerio de Trabajo

28 Exposición de Motivos del Real Decreto-ley 32/2021, de 28 de diciembre, de medidas urgentes para la reforma laboral, la garantía de la estabilidad en el empleo y la transformación del mercado de trabajo.

29 JURADO SEGOVIA, A., «La reforma en materia de ERTES...» *op. cit.*, p. 12.

30 Disposición final 4.ª del Real Decreto-ley 32/2021, de 28 de diciembre.

31 Como señala el apartado 8 de la Disposición adicional 41.3 de la LGSS, en ambas modalidades el devengo de la prestación no supondrá consumo de cotizaciones previas, ni el tiempo de percepción de la prestación se considerará como consumido de la duración en futuros accesos a la protección por desempleo.

32 Disposición adicional primera del Real Decreto-ley 32/201, de 28 de diciembre.

y Economía Social, una serie de ayudas públicas consistentes en la exoneración de cotizaciones y el acceso a prestaciones de la Seguridad Social, a disposición de las empresas y personas trabajadoras afectadas por las circunstancias que han justificado la activación del Mecanismo RED en cada caso concreto, como apuesta firme de los interlocutores por la flexibilidad interna[33]. El Fondo RED de flexibilidad y estabilización del empleo tendrá como finalidad atender a las necesidades futuras de financiación derivadas de la modalidad cíclica y sectorial del Mecanismo RED en materia de prestaciones y exenciones a las empresas del pago de las cotizaciones a la Seguridad Social, incluidos los costes asociados a la formación. Serán recursos de este Fondo los excedentes de ingresos que financian las prestaciones por desempleo, las aportaciones que se consignen en los Presupuestos Generales del Estado, las aportaciones procedentes de los instrumentos de financiación de la Unión Europea orientados al cumplimiento del objeto y fines del Fondo, así como los rendimientos de cualquier naturaleza que genere el Fondo.

El compromiso de financiación pública que garantiza la operatividad del Mecanismo RED justifica la autorización administrativa, en medio de una evolución ordenada a su postergación, para así poder garantizar el necesario control sobre el procedimiento, así como asegurar que las medidas de flexibilidad interna han sido adoptadas bajo las circunstancias previstas en la norma y que las ayudas públicas se ajustan a la finalidad para la cual han sido contempladas[34].

El art. 47 bis 5 c) del ET contempla la colaboración de la Agencia Española para el Empleo con la Inspección de Trabajo y Seguridad Social en el «desarrollo de actuaciones efectivas de control de aplicación del Mecanismo, mediante la programación de actuaciones periódicas y de ejecución continuada». La Inspección prestará atención a la ausencia de veracidad, inexactitud u omisión de datos o declaraciones responsables proporcionadas por las empresas y sobre la indebida existencia de actividad laboral durante los periodos comunicados por la empresa de suspensión de la relación laboral o reducción de la jornada de trabajo, en los que se hayan aplicado exenciones en la cotización[35]. La Agencia Española para el Empleo debe efectuar un seguimiento para verificar el adecuado cumplimiento de la obligación de impartir la formación y si comprueba algún incumplimiento deberá informar a la TGSS y a la Inspección de Trabajo y Seguridad Social a fin de que puedan exigir la responsabilidad oportuna respecto a las exenciones reconocidas y aplicadas[36].

33 Fernández Domínguez, J. J., «El Mecanismo RED...» *op. cit.*, pp. 1-2.

34 Fernández Domínguez, J. J., «El Mecanismo RED...» *op. cit.*, p. 11.

35 Disposición adicional 45.ª de la LGSS.

36 Apartado 10 de la disposición adicional 44.ª de la LGSS.

El Mecanismo RED debe prever una fecha cierta o garantías para una vuelta a la jornada completa o al restablecimiento del contrato[37]. Cuenta con importantes beneficios en la cotización a la Seguridad Social y otorga un papel protagonista a la formación y la recualificación como forma para mejorar la empleabilidad de las personas trabajadoras. La formación se puede desarrollar en el horario de trabajo o en otro momento, pero deberá respetar los descansos legalmente establecidos y el derecho a la conciliación de la vida laboral, personal y familiar.

La regulación del Mecanismo RED reserva importantes funciones a la Inspección de Trabajo y Seguridad Social y a la Agencia Española para el Empleo, que «colaborarán para el desarrollo de actuaciones efectivas de control de la aplicación del Mecanismo, mediante la programación de actuaciones periódicas y de ejecución continuada». Además, la «Inspección de Trabajo y Seguridad Social tendrá acceso a los datos incorporados mediante procedimientos automatizados y aplicaciones que le permitan conocer los extremos relativos a la aplicación de los Mecanismos, las condiciones especiales en materia de cotización a la Seguridad Social para las empresas y prestaciones correspondientes, con el objetivo de desarrollar las debidas actuaciones de control». Como establece la Disposición adicional 41.5 de la LGSS «durante la aplicación de las medidas de suspensión o reducción, la empresa ingresará la aportación de la cotización que le corresponda, debiendo la entidad gestora ingresar únicamente la aportación de la persona trabajadora, previo descuento de su importe de la cuantía de su prestación». Para el cálculo de la aportación empresarial por contingencias comunes y profesionales se tendrá en cuenta el promedio de las bases de cotización en la empresa afectada de los seis meses naturales inmediatamente anteriores al inicio de cada situación de reducción de jornada o suspensión del contrato, considerando el número de días de alta durante ese periodo de seis meses. Hay que tener en cuenta que como para acceder al Mecanismo RED no es necesario acreditar un periodo previo de carencia, la persona beneficiaria puede no haber completado 180 días de ocupación cotizada en la empresa, en cuyo caso la «base reguladora se calculará en función de las bases correspondientes al periodo inferior acreditado en la misma»[38].

El art. 8.3 de la LISOS se refiere expresamente al Mecanismo RED al considerar como infracción muy grave «proceder al despido colectivo de trabajadores o a la aplicación de medidas de suspensión de contratos o reducción de jornada por causas económicas, técnicas, organizativas o de producción o derivadas de fuerza mayor o del Mecanismo RED en cualquiera de sus modalidades, sin acudir a los procedimientos establecidos en los arts. 51, 47 y 47

37 Nogueira Guastavino, M., «Mecanismos de flexibilidad interna en la reforma laboral», *El Almacén del Derecho*, 2022, en https://almacendederecho.org/mecanismos-de-flexibilidad-interna-en-la-reforma-laboral

38 Disposición adicional 41.3 de la LGSS.

bis del ET». No obstante, también sería recomendable que se hubiese hecho referencia la Mecanismo RED en los art. 7.14 y 8.20 de la LISOS[39].

La resolución favorable del Gobierno funciona como un interruptor que abre la posibilidad de acudir a la autoridad laboral, tanto estatal como autonómica, instando el permiso para aplicar esta medida de flexibilidad interna. Una vez activado el Mecanismo RED y mientras permanezca operativo, las empresas podrán solicitar a la autoridad laboral la reducción de la jornada o la suspensión de los contratos en cualquiera de sus centros de trabajo. La solicitud de la empresa se debe dirigir a la autoridad laboral competente, acompañada de la documentación preceptiva y con simultánea comunicación a la representación legal de las personas trabajadoras. En este sentido, la solicitud habrá de realizarla la propia empresa autorizada para aplicar el Mecanismo RED[40], utilizando el modelo establecido al efecto en la página web o sede electrónica del órgano gestor, en nombre y representación directa de las personas trabajadoras[41]. En el caso de la modalidad sectorial, las acciones formativas constituyen una condición imprescindible para acceder a la exoneración en las cuotas y se tiene que presentar un plan de recualificación de las personas afectadas al ser una exigencia para obtener la autorización[42]. La empresa deberá comunicar el periodo en el cual se va a llevar a cabo la suspensión o la reducción de jornada, la identificación de las personas trabajadoras concernidas y la medida a aplicar a cada una de ellas, precisando el porcentaje máximo de la reducción de la jornada que tiene que quedar situada entre un 10 % y un 70 %, o el número máximo de días de suspensión.

39 El art. 5 del Real Decreto-ley 32/2021, de 28 de diciembre, añade como infracción laboral, un nuevo apartado 14 en el art. 7 de la LISOS, para sancionar las nuevas contrataciones que se realicen durante los ERTE con reducción o suspensión de actividades, produciendo una infracción por cada persona trabajadora contratada. Dicha conducta requerirá la iniciación de un procedimiento sancionador por parte de la Inspección de Trabajo y Seguridad Social, ya que se provoca un perjuicio para las personas trabajadoras afectadas por el ERTE y para los representantes legales de los trabajadores, porque se les priva de la información que les otorga el art. 47.7 d) del ET, de conocer con carácter previo los motivos por los que se llevan a cabo las nuevas contrataciones.

40 La solicitud deberá ser presentada en el plazo de un mes, a computar desde la fecha de la notificación de la resolución de la autoridad laboral en la cual se autorice la aplicación del Mecanismo RED o desde el certificado del silencio administrativo. La prestación será percibida a partir del momento en el cual acaece el hecho causante, es decir, la reducción de jornada o la suspensión del contrato. Si la presentación se realiza fuera de plazo, las consecuencias del retraso no recaerán sobre las personas trabajadoras afectadas, sino sobre la empresa que es la obligada a tramitar la solicitud, que deberá abonar a las personas trabajadoras el importe que hubieran dejado de percibir. Fernández Domínguez, J. J., «El Mecanismo RED...» *op. cit.*, p. 18.

41 Disposición transitoria 8.ª del Real Decreto-ley 32/2021, de 28 de diciembre.

42 Art. 47 bis 3 del ET.

En cuanto a la cuantía de las exoneraciones, los porcentajes son diferentes en la modalidad cíclica, en la que se establece un porcentaje que decrece con el transcurso del tiempo, empezando con un 60 % durante los cuatro primeros meses desde la fecha de activación, siguiendo de un 30 % en los cuatro meses siguientes y de un 20 % durante los cuatro últimos meses. Con respecto a la modalidad sectorial, se aplica una exoneración del 40 % durante toda la duración, siempre y cuando se lleven a cabo las correspondientes acciones formativas.

Recibida la solicitud, la autoridad laboral remitirá su contenido a la Inspección de Trabajo y Seguridad Social para que emita un informe sobre la concurrencia de las circunstancias exigidas y los requisitos legales en cada caso concreto para la aplicación del Mecanismo RED por la empresa solicitante, en el plazo improrrogable de siete días desde la notificación de inicio por parte de la empresa a la autoridad laboral. Existe una pequeña fase de instrucción destinada a efectuar cuantas actuaciones y requerir cuantos informes se consideren necesarios por la autoridad laboral, por lo que se le podrá dar trámite de audiencia a la empresa y a la representación legal de las personas trabajadoras para que puedan alegar otros hechos y pruebas distintas a las aportadas en la solicitud, en el término de un día.

La autoridad laboral deberá resolver en el plazo de siete días a partir de la comunicación de la conclusión del periodo de consultas y el silencio administrativo será positivo, entendiendo autorizas las medidas instaladas de no haber recibido pronunciamiento expreso. Si existe acuerdo en el periodo de consultas, la autoridad laboral procederá a su autorización, quedando la empresa habilitada para proceder a la medida de flexibilidad interna acordada. En caso de que la autoridad laboral aprecie fraude en el acuerdo o el pacto carezca de los requisitos imprescindibles, podrá negar la autorización. Cuando no mediara acuerdo entre las partes en el periodo de consultas, la resolución estimará o desestimará la solicitud en función de que la autoridad laboral pueda deducir que concurre o no en la empresa la situación cíclica o sectorial[43].

Es necesario tener en cuenta que la prestación reconocida en el Mecanismo RED es incompatible con la prestación por desempleo, la prestación por cese de actividad y la renta activa de inserción[44], así como incompatible con la realización de trabajo por cuenta propio o ajena a tiempo completo. Sin embargo, es compatible con la realización de otro trabajo a tiempo parcial, sin deducción de la parte proporcional al tiempo trabajado[45].

43 Fernández Domínguez, J. J., «El Mecanismo RED...» *op. cit.*, p. 12.

44 Disposición adicional 41.1 de la LGSS.

45 Disposición adicional 41.6 de la LGSS.

Por otro lado, el RD-Ley 32/2021 ha preservado, por lo que se refiere a los ERTES por causas económicas, técnicas, organizativas y de producción[46], la exigencia de una comunicación a la autoridad laboral y de un procedimiento de consultas con la representación legal de los trabajadores, independientemente del número de personas trabajadoras de la empresa afectadas por la reducción o por la suspensión. En caso de que la empresa tenga menos de 50 trabajadores, se reduce de 15 a 7 días la duración máxima del periodo de consultas y se reduce de 7 a 5 días el plazo máximo para constituir la comisión negociadora representativa de los trabajadores, a contar desde la fecha de comunicación[47]. Una vez finalizado el periodo de consultas, la comunicación empresarial sobre la decisión adoptada, dirigida a la autoridad laboral y a los trabajadores afectados, deberá incluir expresamente el periodo dentro del cual se va a llevar a cabo la aplicación de estas medidas[48].

Se ha mantenido inalterada la previsión que se refiere al informe preceptivo de la Inspección de Trabajo y Seguridad Social sobre los extremos de la comunicación empresarial relativa al inicio del periodo de consultas, que deberá ser evacuado en el improrrogable plazo de quince días desde la notificación a la autoridad laboral de la finalización del periodo de consultas y quedará incorporado al procedimiento. La Disposición final 8.2 de la Ley 3/2023, de Empleo, ha modificado el apartado 2 del art. 51 del ET estableciendo que en caso de despido colectivo el informe de la inspección, «además de comprobar los extremos de la comunicación y el desarrollo del periodo de consultas, se pronunciará sobre la concurrencia de las causas especificadas por la empresa en la comunicación inicial, y constatará que la documentación presentada por esta

46 En adelante ETOP.

47 Art. 47.3 del ET.

48 Como establece el art. 20.6 del Real Decreto 1483/2012, de 29 de octubre, por el que se aprueba el Reglamento de los procedimientos de despido colectivo y de suspensión de contratos y reducción de jornada, tras la finalización del periodo de consultas en un ERTE ETOP, el empresario comunicará a la autoridad laboral competente el resultado del mismo y comunicará a los representantes de los trabajadores y a la autoridad laboral su decisión sobre la suspensión de contratos o reducción de jornada en el plazo máximo de 15 días a contar desde la fecha de la última reunión celebrada en el periodo de consultas, acompañando las actas de las reuniones celebradas durante el mismo. Si el empresario no comunica la decisión en el plazo establecido, se producirá la terminación del procedimiento por caducidad, sin perjuicio de la posibilidad de iniciar un nuevo procedimiento como señala el art. 20 del Real Decreto 1483/2012. El empresario podrá notificar individualmente a las personas trabajadoras afectadas la aplicación de las medidas de suspensión de contratos o reducción de jornada correspondientes, contemplando los días y el horario concreto afectado por dichas medidas durante todo el periodo que se extienda su vigencia como señala el art. 23 del Real Decreto 1483/2012. Aunque no se dice expresamente, se puede entender que dicha comunicación a la autoridad laboral y a los representantes de los trabajadores es obligatoria para la empresa también en los casos de fuerza mayor. González González, C., «Expedientes de Regulación de Empleo Temporales y otras medidas laborales y de Seguridad Social del Real Decreto-ley 8/2020, de 17 de marzo», *Aranzadi digital*, núm. 1, 2020, pp. 42-47. Versión digital (BIB 2020/9648).

se ajusta a la exigida en función de la causa concreta alegada para despedir». Por tanto, se recupera el rol de intervención de la Inspección de Trabajo que antes iba aparejado a la exigencia de autorización administrativa, sin recobrar, sin embargo, formalmente dicha autorización. La finalidad consiste en ampliar el papel de vigilancia y control de la Inspección de Trabajo en los despidos por causas ETOP, exigiendo que la misma se pronuncie sobre cuestiones trascendentes a efectos de una posible impugnación judicial del despido colectivo.

Durante la ejecución de los ERTES ETOP, en cualquier momento, la empresa podrá comunicar una propuesta de prórroga de la medida. La necesidad de esa prórroga deberá ser tratada en un periodo de consultas de duración máxima de 5 días y la decisión empresarial será comunicada a la autoridad laboral en un plazo de 7 días, surtiendo efectos desde el día siguiente a la finalización del periodo inicial del previo ERTE acometido. También es necesario tener en cuenta que las exenciones asociadas a las suspensiones o reducciones por causas ETOP quedan condicionadas a la realización de acciones formativas por parte de las empresas, independientemente de su tamaño, lo que puede reducir el efecto incentivo de las exoneraciones en las empresas de pequeñas dimensiones[49]. Como establece la Disposición Adicional 44 de la LGSS cuando «no se hayan realizado las acciones formativas a las que se refiere este artículo, según la verificación realizada por la Agencia Española para el Empleo, la Tesorería General de la Seguridad Social informará de tal circunstancia a la Inspección de Trabajo y Seguridad Social para que ésta inicie los expedientes sancionadores y liquidatorios de cuotas que correspondan, respecto de cada una de las personas trabajadoras por las que no se hayan realizado dichas acciones».

Además, cualquiera de las exenciones queda condicionada al mantenimiento del empleo durante los seis meses siguientes a la finalización del periodo de vigencia del ERTE, cuyo incumplimiento conllevará la obligación de reintegrar el importe de las cotizaciones de cada trabajador de cuyo pago resultaron exoneradas, con el recargo y los intereses de demora correspondientes, previa comprobación del incumplimiento y la determinación de los importes a reintegrar por la Inspección de Trabajo y Seguridad Social. En el mismo sentido, la Disposición Adicional 45 señala que corresponde a «la Inspección de Trabajo y Seguridad Social, en el ejercicio de sus competencias, la vigilancia del cumplimiento de los requisitos y de las obligaciones establecidas en relación a las exenciones en las cotizaciones de la Seguridad Social». Por todo ello, la Inspección de Trabajo y Seguridad Social desarrollará acciones de control sobre la correcta aplicación de las exenciones en el pago de las cuotas de la Seguridad Social. De igual forma, el organismo inspector actuará frente a la inobservancia del compromiso del mantenimiento del empleo requerido para los supuestos de ERTE. Ante estas infracciones se encomienda a la Inspección de Trabajo que compruebe los incumplimientos y que determine los importes a reintegrar, teniendo en consideración el recargo y los intereses de demora correspondientes.

49 Jurado Segovia, A., «La reforma en materia de ERTES...» *op. cit.*, p. 13.

En los ERTE de fuerza mayor se mantiene la no exigencia de periodo de consultas con los representantes de los trabajadores, bastando una mera comunicación, pero resultando exigible, con independencia del número de trabajadores afectados, la constatación por parte de la autoridad laboral de la fuerza mayor motivadora de la suspensión contractual o reducción de jornada, pero correspondiendo a la empresa la decisión sobre la reducción o suspensión. Por lo tanto, se mantiene un amplio margen de libre decisión de la empresa a la hora de elegir las medidas apropiadas ante las circunstancias que afectan al funcionamiento de la empresa. No obstante, la autoridad laboral solicitará un informe preceptivo a la Inspección de Trabajo y Seguridad Social, antes de dictar resolución, para que dicho informe se pronuncie sobre la concurrencia de la fuerza mayor. La autoridad laboral dispone de un plazo de 5 días para pronunciarse sobre la concurrencia o no de causa de fuerza mayor y la previsión de que la resolución administrativa surtirá efectos desde la fecha del hecho causante de la fuerza mayor. El art. 47.5 del ET establece que si no se emite la resolución expresa de la autoridad laboral en el plazo señalado, se entenderá autorizado el ERTE. Es la propia resolución administrativa que constata la fuerza mayor la que determinará la fecha hasta la cual tal fuerza mayor habilita al empresario a adoptar las respectivas medidas de suspensión de contratos o reducción de jornada, de modo que en caso de mantenerse en tal fecha la situación de fuerza mayor será necesaria una nueva solicitud de constatación de la misma, no existiendo la posibilidad de una prórroga como sucede cuando existen causas ETOP.

El art. 47.6 del ET indica que la fuerza mayor podrá venir determinada por impedimentos o limitaciones en la actividad normalizada de la empresa que sean consecuencia de decisiones adoptadas por la autoridad pública competente, incluidas aquellas orientadas a la protección de la salud pública.

Tanto en los ERTES ETOP como por fuerza mayor, existe una preferencia por las medidas de reducción de jornada frente a las de suspensión de contratos. La reducción puede ser de entre un diez y un setenta por ciento, computándose sobre la base de la jornada diaria, semanal, mensual o anual. Este instrumento dota de flexibilidad la gestión empresarial reduciendo los costes laborales de la empresa, pero incrementando el gasto público[50], por ello se establecen una serie de requisitos en cuanto a la actuación empresarial dentro de la aplicación del expediente. En este sentido, es necesario destacar que durante la ejecución de cualquier ERTE no podrán realizarse horas extraordinarias, ni establecerse nuevas externalizaciones de actividad, ni concertarse nuevas contrataciones laborales[51].

---

50 Pérez Agulla, S., «Novedades en el ámbito de las infracciones...» *op. cit.*, p. 4.

51 El art. 47.7 d) del ET contempla esas tres exigencias, pero prevé una excepción con respecto a las nuevas contrataciones, en el caso de que las personas en suspensión contractual o reducción de jornada que presten servicios en el centro de trabajo afectado por nuevas contrataciones o externalizaciones no puedan, por formación, capacitación u otras razones objetivas y justificadas, desarrollar las funciones encomendadas a aquellas.

El art. 47.7 del ET precisa la información que se debe trasladar a las autoridades por parte de la empresa, que tendrá que comunicar el periodo dentro del cual se va a llevar a cabo la aplicación de la suspensión del contrato o la reducción de jornada, así como la identificación de las personas trabajadoras incluidas en el ERTE y el tipo de medida a aplicar respecto de cada una de las personas trabajadoras y el porcentaje máximo de reducción de jornada o el número máximo de días de suspensión de contrato a aplicar, con el objetivo de reforzar el control público sobre las medidas de ajuste[52].

La Disposición Final 1 del RD-Ley 2/2022 introdujo la Disposición Adicional 46 de la LGSS en relación con los trabajadores afectados por ERTES por fuerza mayor, reconociendo un régimen más favorable en materia de prestaciones contributivas de desempleo, incluyendo la no exigencia de cotización a efectos de reconocimiento de la prestación, el no consumo de la prestación a ningún efecto y una mejora en la determinación de la cuantía de la prestación del 70 % de la base reguladora[53], a lo largo de todo el periodo de devengo, no existiendo ninguna escala temporal en el importe a percibir[54]. El reconocimiento a los ERTES ETOP podría suponer un estímulo relevante para la conclusión de acuerdos durante los periodos de consulta.

3. El papel de la autoridad laboral

El art. 25 del Real Decreto 1483/2012, de 29 de octubre, por el que se aprueba el Reglamento de los procedimientos de despido colectivo y de suspensión de contratos y reducción de jornada, señala que tendrá la consideración de autoridad laboral competente para la tramitación de regulación de empleo, el órgano que determine la Comunidad Autónoma respectiva, cuando el procedimiento afecte a personas trabajadoras que desarrollen su actividad en centros de trabajo ubicados en su totalidad en el territorio de una Comunidad Autónoma. En las ciudades de Ceuta y Melilla asume esas competencias la Delegación del Gobierno. Cuando el procedimiento afecte a centros de trabajo o personas trabajadoras radicadas en dos o más Comunidades Autónomas, conocerá del procedimiento de regulación de empleo la Dirección General de Empleo del Ministerio de Trabajo, Migraciones y Seguridad Social, salvo que el 85 %, como mínimo, de la plantilla de la empresa radique en el ámbito territorial de una Comunidad Autónoma y existan per-

52 JURADO SEGOVIA, A., «La reforma en materia de ERTES...» *op. cit.*, pp. 5-10.

53 No obstante, como señala el párrafo segundo de la disposición adicional 41.4 de la LGSS «la cuantía máxima mensual a percibir será la equivalente al 225 por ciento del indicador público de rentas de efectos múltiples mensual vigente en el momento del nacimiento del derecho incrementado en una sexta parte».

54 A diferencia de lo que ocurre con la prestación de desempleo, en la cual se reduce el tipo al 60 % partir del día 180.

sonas trabajadoras afectadas en la misma, en cuyo caso la instrucción del procedimiento se realizará ante la autoridad laboral autonómica.

La Disposición Final 8.2 de la Ley 3/2023, de 28 de febrero, de empleo, modifica el apartado 2 del art. 51 del ET sobre despidos colectivos, estableciendo que la comunicación de la apertura del periodo de consultas se realizará mediante escrito dirigido por el empresario a los representantes legales de los trabajadores, una copia del cual se hará llegar a la autoridad laboral. La comunicación a los representantes legales de los trabajadores y a la autoridad laboral deberá ir acompañada de una memoria explicativa de las causas del despido colectivo. Recibida la comunicación, la autoridad laboral dará traslado de la misma a la entidad gestora de las prestaciones por desempleo y recabará, con carácter preceptivo, informe de la Inspección de Trabajo y Seguridad Social que deberá ser evacuado en el improrrogable plazo de quince días desde la notificación a la autoridad laboral de la finalización del periodo de consultas y quedará incorporado al procedimiento. El informe de la inspección, además de comprobar los extremos de la comunicación y el desarrollo del periodo de consultas, se pronunciará sobre la concurrencia de las causas especificadas por la empresa en la comunicación inicial, y constatará que la documentación presentada por esta se ajusta a la exigida en función de la causa concreta alegada para despedir.

4. Conclusiones

El ERTE es una medida temporal que pretende superar una situación coyuntural, excluyendo la posibilidad de tramitar un ERTE si las causas son estructurales. No obstante, no siempre es fácil determinar los parámetros temporales que permitan distinguir la situación coyuntural de la definitiva. La apreciación del carácter coyuntural o estructural de la causa incumbe al empresario, no siendo tal apreciación controlable judicialmente, salvo en el caso de abuso de derecho o fraude de ley, que obviamente no pueden encontrar amparo en una decisión antijurídica

En la actualidad, salvo casos puntuales, no se dan las circunstancias que podrían justificar un recurso intensivo a los ERTE. Durante la pandemia la causa justificativa de la mayoría de los ERTE fue por fuerza mayor, mientras que a partir del año 2022 esta causa es excepcional frente a las causas económicas, técnicas, organizativas o productivas. Asimismo, también se puede apreciar que se producen más suspensiones que reducciones de jornada.

El mecanismo RED, puesto en marcha en abril de 2022, se ha concentrado en un sector reducido como el de las agencias de viajes y no ha sido prorrogado en el año 2023. Es un instrumento que ha funcionado porque la mayoría de los trabajadores afectados se han reintegrado en el sector o han transitado hacia otros sectores en un proceso de reconversión profesional, pero no se han transformado en desempleados. El Mecanismo RED debe ser activado por el Consejo de Ministros, quien actuará como gestor único con la capacidad para abrir y cerrar a cualquier nivel las específicas medidas de reconversión o reestructuración. Además, la reducción de jornada o suspensión contractual debe ser autorizada por la autoridad laboral. Sin embargo, urge la aparición de un desarrollo reglamentario adaptado a los ERTE.

Se contemplan dos modalidades del Mecanismo RED, la cíclica, cuando se aprecie una coyuntura macroeconómica general desfavorable que aconseje la adopción de instrumentos adicionales de estabilización, con una duración máxima de un año, y la sectorial, cuando en un determinado sector o sectores de actividad se aprecien cambios permanentes que generen necesidades de recualificación y de procesos de transición profesional de las personas trabajadoras, con una duración máxima inicial de un año y la posibilidad de dos prórrogas de seis meses cada una. En el caso de la modalidad sectorial, las acciones formativas constituyen una condición imprescindible para acceder a la exoneración en las cuotas y se tiene que presentar un plan de recualificación de las personas afectadas al ser una exigencia para obtener la autorización. La empresa deberá comunicar el periodo en el cual se va a llevar a cabo la suspensión o la reducción de jornada, la identificación de las personas trabajadoras concernidas y la medida a aplicar a cada una de ellas, precisando el porcentaje máximo de la reducción de la jornada que tiene que quedar situada entre un 10 % y un 70 %, o el número máximo de días de suspensión.

En cuanto a la cuantía de las exoneraciones, los porcentajes son diferentes en la modalidad cíclica, en la que se establece un porcentaje que decrece con el transcurso del tiempo, empezando con un 60 % durante los cuatro primeros meses desde la fecha de activación, siguiendo de un 30 % en los cuatro meses siguientes y de un 20 % durante los cuatro últimos meses. Con respecto a la modalidad sectorial, se aplica una exoneración del 40 % durante toda la duración, siempre y cuando se lleven a cabo las correspondientes acciones formativas.

El Mecanismo RED gestionará mediante la creación de un fondo constituido al efecto, sin personalidad jurídica, adscrito al Ministerio de Trabajo y Economía Social, una serie de ayudas públicas consistentes en la exoneración de cotizaciones y el acceso a prestaciones de la Seguridad Social, a disposición de las empresas y personas trabajadoras afectadas por las circunstancias que han justificado la activación del Mecanismo RED en cada caso concreto, como apuesta firme de los interlocutores por la flexibilidad interna. El compromiso de financiación pública justifica la autorización administrativa, para así poder garantizar el necesario control sobre el procedimiento, así como asegurar que las medidas de flexibilidad interna han sido adoptadas bajo las circunstancias previstas en la norma y que las ayudas públicas se ajustan a la finalidad para la cual han sido contempladas.

El art. 47 bis 5 c) del ET contempla la colaboración de la Agencia Española para el Empleo con la Inspección de Trabajo y Seguridad Social en el desarrollo de actuaciones efectivas de control de aplicación del Mecanismo, mediante la programación de actuaciones periódicas y de ejecución continuada. La Agencia debe efectuar un seguimiento para verificar el cumplimiento adecuado de la obligación de impartir la formación y debe informar a la TGSS y a la Inspección de Trabajo en caso contrario.

Para acceder al Mecanismo RED no es necesario acreditar un periodo previo de carencia, la persona beneficiaria puede no haber completado 180 días de ocupación cotizada en la empresa, en cuyo caso la base reguladora se calculará en función de las bases correspondientes al periodo inferior acreditado en la misma.

El art. 8.3 de la LISOS se refiere expresamente al Mecanismo RED al considerar como infracción muy grave proceder al despido colectivo de trabajadores o a la aplicación de medidas de suspensión de contratos o reducción de jornada por causas económicas, técnicas, organizativas o de producción o derivadas de fuerza mayor o del Mecanismo RED en cualquiera de sus modalidades, sin acudir a los procedimientos establecidos en los arts. 51, 47 y 47 bis del ET. No obstante, también sería recomendable que se hubiese hecho referencia la Mecanismo RED en los art. 7.14 y 8.20 de la LISOS.

Por otro lado, la principal diferencia entre los ERTE es que la modalidad de fuerza mayor y la del Mecanismo RED necesitan contar con autorización administrativa, mientras que la modalidad de ERTE por causas económicas, técnicas, organizativas y de producción bastará con un periodo de consultas colectivas, termine o no con acuerdo[55]. No obstante, en los ERTE de fuerza mayor se mantiene la no exigencia de periodo de consultas con los representantes de los trabajadores, bastando una mera comunicación, pero resultando exigible, con independencia del número de trabajadores afectados, la constatación por parte de la autoridad laboral de la fuerza mayor motivadora de la suspensión contractual o reducción de jornada, pero correspondiendo a la empresa la decisión sobre la reducción o suspensión.

La prestación reconocida en el Mecanismo RED es incompatible con la prestación por desempleo, la prestación por cese de actividad y la renta activa de inserción, así como incompatible con la realización de trabajo por cuenta propio o ajena a tiempo completo. Sin embargo, es compatible con la realización de otro trabajo a tiempo parcial, sin deducción de la parte proporcional al tiempo trabajado.

Por último, considero necesario reforzar a la Inspección de Trabajo y Seguridad Social con los medios necesarios para poder garantizar el control de estas medidas de flexibilidad interna y para garantizar un uso correcto de las mismas.

55 Molina Navarrete, C., «El impacto del cambio climático...», *op. cit.*, p. 2.

Bibliografía

Blázquez Agudo, E. V., «La cláusula de salvaguarda del empleo. Desarrollo y límites a través de la historia de la normativa laboral covid», *Trabajo y Derecho*, núm. 89, Sección Práctica Jurídica y Despachos Profesionales, 2022. Versión digital (LA LEY 4394/2022).

Cavas Martínez, F., «La reforma laboral 2021: balance un año después de su entrada en vigor», *Aranzadi digital*, núm. 1/2023. Versión digital (BIB 2023/606).

Fernández Domínguez, J. J., «El Mecanismo RED: un marco estable para preservar el empleo», *Trabajo y Derecho*, núm. 88, Sección Estudios, 2022.

González González, C., «Expedientes de Regulación de Empleo Temporales y otras medidas laborales y de Seguridad Social del Real Decreto-ley 8/2020, de 17 de marzo», *Aranzadi digital*, núm. 1, 2020. Versión digital (BIB 2020/9648).

González González, C., «La transición de los ERTES a los despidos por necesidades empresariales en las circunstancias extraordinarias de la COVID-19. Causas coyunturales versus estructurales y la incidencia de la libertad de empresa en la limitación del despido», *Revista Aranzadi Doctrinal*, núm. 7, 2021. Versión digital (BIB 2021/3946).

Jurado Segovia, A., «La reforma en materia de ERTES (art. 47 ET): Quid novi?», **AA. VV.**, *Interpretación, aplicación y desarrollo de la* última *reforma laboral*, edición núm. 1, LA LEY, 2023. Versión digital (LA LEY 1513/2023).

Molina Navarrete, C., «El impacto del cambio climático en la regulación temporal de empleo: El ERTE Freixenet por sequía ¿fuerza mayor o causa productiva?», *Diario LA LEY*, núm. 10502, Sección Tribuna, 2024. Versión digital (LA LEY 17078/2024).

Nogueira Guastavino, M., «Mecanismos de flexibilidad interna en la reforma laboral», *El Almacén del Derecho*, 2022, en https://almacendederecho.org/mecanismos-de-flexibilidad-interna-en-la-reforma-laboral

Pérez Agulla, S., «Novedades en el ámbito de las infracciones y sanciones administrativas en el orden social», **AA. VV.**, *Interpretación, aplicación y desarrollo de la* última *reforma laboral*, edición núm. 1, LA LEY, 2023. Versión digital (LA LEY 1516/2023).

Sempere Navarro, A. V., «Reivindicación de la Ley de Empleo», *Revista Aranzadi Doctrinal*, núm. 8, 2023. Versión digital (BIB 2023/2198).

PARTE II

MECANISMOS DE PROTECCIÓN SOCIAL Y LABORAL PARA EL MANTENIMIENTO DEL EMPLEO

CAPÍTULO IV

MEDIDAS DE PROTECCIÓN SOCIAL Y DE SOSTENIBILIDAD DEL EMPLEO Y LA ACTIVIDAD VINCULADAS A LA REGULACIÓN TEMPORAL DE EMPLEO

Marta Fernández Prieto
Profesora titular de Derecho del Trabajo y de la Seguridad Social
Universidade de Vigo
ORCID 0000-0002-2371-0174
mfprieto@uvigo.es

1. Aproximación contextual a los mecanismos de ajuste temporal del empleo y las garantías de protección

1.1. Medidas de flexibilidad y regulación del empleo

Las medidas de ajuste temporal del empleo pretenden superar dificultades coyunturales de cierta dimensión en la empresa, sin consecuencias definitivas sobre el contrato de trabajo, cuando existen expectativas fundadas de recuperación del ritmo habitual de producción empresarial. En concreto[1], el art. 47 ET permite, tras la tramitación del correspondiente procedimiento, suspender la prestación de servicios de las personas trabajadoras o reducir su jornada de trabajo entre un 10 y un 70 % de forma temporal. Como regla general, el alcance y duración de estas medidas se adecuarán a la eventual contingencia que se pretende superar.

Hasta la reforma introducida por el RD-ley 32/2021[2], se exigía la concurrencia de «causas económicas, organizativas, técnicas o de producción» o de «fuerza mayor» propia para la adopción de los llamados mecanismos o expedientes de regulación temporal de empleo —más comúnmente, ERTE—. Previamente, y pese a la destrucción masiva de empleo en épocas de crisis destacada por algunos autores[3], las reformas legislativas de 2010[4] y 2012[5] habían manifestado, en sus exposiciones de motivos, su vocación de afianzar los instrumentos de flexibilidad interna en situaciones críticas. En especial, para compatibilizar la necesaria adaptabilidad de las empresas y el mantenimiento del empleo, como opción preferente y menos traumática que los despidos. En 2010, se introdujo, además, la posibilidad de una reducción temporal de jornada —con la consiguiente disminución del ritmo de producción y de trabajo en cómputo diario, semanal, mensual o anual—, junto a las tradicionales medidas de suspensión —que comportaban una paralización completa, aunque temporal, del trabajo en los periodos de referencia—. Y en 2012, se flexibilizó el procedimiento, con supresión, no exenta de críticas, del requisito de autorización administrativa y, en lo que afecta a la Seguridad Social, prórroga de ciertas medidas previstas con un carácter transitorio por la reforma anterior. En particular, del sistema de bonificaciones y reposición de la duración de las prestaciones por desempleo por los días consumidos, hasta un límite máximo de 180 días, en caso de posterior extinción de los contratos por dificultades estructurales.

1 Y sin perjuicio, en caso de concurso, de la aplicación de los arts. 169 ss. LC, aprobada por RD Legislativo 1/2020, de 5 de mayo, cuando las medidas tengan carácter colectivo.

2 RD-ley 32/2021, de 28 de diciembre, de medidas urgentes para la reforma laboral, la garantía de la estabilidad en el empleo y la transformación del mercado de trabajo.

3 Cabeza Pereiro, J., «La metamorfosis de los mecanismos de suspensión del contrato y reducción temporal de jornada en la reforma laboral de 2021», *Revista Galega de Dereito Social*, 2.° ET, núm. 14, 2022, p. 55.

4 Art. 7 del RD-ley 10/2010, de 16 de junio, de medidas urgentes para la reforma del mercado de trabajo, posteriormente tramitado como proyecto de ley y aprobado como Ley 35/2010, de 17 de septiembre.

5 Art. 13 RD-ley 3/2012, de 10 de febrero, de medidas urgentes para la reforma del mercado laboral, sustituido, tras su tramitación como proyecto de ley, por la Ley 3/2012, de 6 de julio.

Los instrumentos de ajuste temporal del empleo se distinguen de otras medidas, que se presentan como definitivas, que pueden adoptarse ante dificultades empresariales estructurales y que producen efectos perdurables en la configuración del contrato —modificación sustancial de las condiciones de trabajo[6] o movilidad geográfica— o incluso determinan su extinción. No es, por ello, procedente acudir al ajuste temporal cuando la situación de la empresa se percibe ya en inicio como definitiva o estructural, supuestos en los que podría apreciarse incluso fraude. Tras la reforma de 2021, se establece expresamente en el art. 47 ET el carácter temporal de los mecanismos de ajuste del empleo.

Aquellas otras medidas estructurales presentan, además, una diferencia adicional con los ERTE, al distinguir, en relación con el procedimiento que ha de seguir el empresario, en función del número de personas trabajadoras afectadas por las medidas puestas en relación con el tamaño de la plantilla de la empresa[7]. También se distinguen de la inaplicación en la empresa de condiciones de trabajo previstas en el convenio colectivo aplicable ex art. 82.3 ET, que pueden afectar, entre otras materias, a la jornada de trabajo. E incluso de la conversión de un contrato a tiempo completo en contrato a tiempo parcial, que, como prevé el art. 12.4.e) ET, tiene carácter voluntario para el trabajador y no se puede imponer de forma unilateral por el empresario.

1.2. La experiencia de los ERTE-COVID como mecanismo de ajuste temporal del empleo y mantenimiento de la actividad productiva

La expansión de la epidemia del coronavirus exigió, desde marzo de 2020, la previsión de distintos planos de actuación adaptados a las circunstancias de la crisis pandémica que derivó en lo que el propio Gobierno identificó como «escudo social» de la pandemia. En síntesis, el conjunto de medidas

6 Que puede afectar a las materias previstas en el art. 41.1 ET, que incluye la «jornada de trabajo» y se puede adoptar por causas económicas, técnicas, organizativas o de producción, relacionadas con la competitividad, productividad u organización técnica o del trabajo en la empresa. Permite adoptar, si concurren las causas exigidas, modificaciones de jornada de carácter indefinido o fuera del intervalo del 10 al 70 % de reducción de la jornada.

7 Sí se contemplan expresamente las suspensiones y reducciones de jornada de carácter colectivo en la legislación procesal laboral, a efectos de utilización de la modalidad especial del proceso de conflictos colectivos (el art. 153 LRJS), así como de la exclusión del recurso de suplicación de las que no alcancen tal carácter (art. 191.2.e). Y también en la legislación concursal, en relación con el régimen a aplicar a los contratos de trabajo, declarado el concurso, respecto de las medidas colectivas en tramitación, que incluye de forma expresa la suspensión de contratos y la reducción de jornada por causas económicas, técnicas, organizativas o de producción de carácter colectivo (arts. 169 ss. LC).

adoptadas en el ámbito social y económico para hacer frente a la COVID-19, entre las que interesa destacar los mecanismos de apoyo a empresas y personas trabajadoras para amortiguar el impacto social derivado de la situación extraordinaria y facilitar la recuperación de la actividad productiva.

En relación con las medidas de gestión temporal del empleo y flexibilidad interna[8], en un primer momento se contempló la posibilidad de activación de los ERTE del art. 47 ET, siguiendo el procedimiento del RD 1483/2012, bien por causas ETOP —como falta de aprovisionamiento por proveedores, descenso de demanda, disminución de clientela...—, o incluso por fuerza mayor, derivada del absentismo de la plantilla que impida la actividad (por enfermedad, cuarentenas o decisiones de la autoridad sanitarias por cautela). También se previó la posibilidad de activación del art. 24.2.b) de la Ley 17/2015, de 9 de julio, del Sistema Nacional de Protección Civil, mediante la declaración de zona gravemente afectada por una emergencia de protección civil.

La Ley 17/2015 ofrecía ya entonces cobertura ante emergencias y catástrofes originadas por causas naturales o por la acción humana. En concreto, para el supuesto de tal declaración de emergencia[9], el art. 24.2 prevé la adopción de medidas laborales —extinciones, suspensiones o reducciones temporales de jornada por causa de la emergencia— y de Seguridad Social junto a otras medidas y en los términos que apruebe el Consejo de Ministros[10]. Además, establece la consideración de situaciones provenientes de

---

8 Sobre el régimen jurídico de los ERTE basados en causas relacionadas con la COVID-19, ampliamente, entre otros, CAVAS MARTÍNEZ, F., «Los Expedientes de Regulación Temporal de Empleo (ERTE) como respuesta a la crisis del COVID-19», en AA. VV. (coord. MEGÍAS BAS, A., RODRÍGUEZ EGÍO, M.ª M.; dir. FERRANDO GARCÍA, F. M.ª), *El escudo social frente a la pandemia. Análisis jurídico y propuestas para una legislación social más justa*, Albacete, Bomarzo, 2021, pp. 11 ss. y «Los expedientes de regulación temporal de empleo por Covid-19. Una apuesta institucional por la preservación del empleo en tiempos de pandemia», *Revista de Estudios Jurídico-Laborales y de Seguridad Social*, núm. 1, 2020, monográfico sobre la Covid-19, pp. 103 ss.; FERRANDO GARCÍA, F. M.ª, «Los expedientes de suspensión de contratos y reducción de jornada derivados del COVID-19: Estudio de las medidas de ajuste temporal orientadas al objetivo prioritario de mantenimiento del empleo», *Revista del Ministerio de Trabajo y Economía Social*, N.º Extra, 249, 2021, pp. 71 ss.; GODINO REYES, M. (coord.), *Expediente de Regulación Temporal de Empleo. Instrumento fundamental en la crisis del COVID-19*, Madrid, Lefebvre, 2021; GONZÁLEZ GONZÁLEZ, C., *ERTE y la transición a los despidos por necesidades empresariales. Consecuencias ante la crisis de la COVID-19*, Cizur Menor (Navarra), Thomson Reuters-Aranzadi, 2020.

9 La emergencia de protección civil se define en su art. 2.5 como «situación de riesgo colectivo sobrevenida por un evento que pone en peligro inminente a personas o bienes y exige una gestión rápida por parte de los poderes públicos para atenderlas y mitigar los daños y tratar de evitar que se convierta en una catástrofe».

10 En este sentido, en los últimos años se han adoptado medidas laborales y de Seguridad Social ante distintas emergencias de protección civil. En 2021, el art. 5 RD-Ley 10/2021, la Orden TES/1223/2021 y la Instrucción de 16 de noviembre de 2021, del SEPE, O. A., declaran provenientes de fuerza mayor las medidas de ajuste del empleo adoptadas como

fuerza mayor de las medidas de ajuste temporal del empleo que tengan su causa directa en la emergencia, con las consecuencias que se derivan del art. 47 ET, junto con la exoneración de la cotización a la Seguridad Social[11] y la percepción de prestaciones de desempleo que traigan causa de tales emergencias[12]. En caso de extinciones de contratos, las indemnizaciones podrían llegar a correr a cargo del FOGASA.

Declarada ya la pandemia y el estado de alarma para la gestión de la situación de crisis sanitaria derivada de la COVID-19 por el RD 463/2020, comienza la sucesión de la legislación de urgencia que ampara la utilización de los ERTE-COVID de forma masiva como mecanismo de flexibilidad interna de las empresas y ajuste temporal de su actividad para favorecer el mantenimiento del empleo frente a la situación de crisis sanitaria y económica. Se pretende con ello evitar que una situación coyuntural, como la entonces existente, produjese un impacto negativo permanente o estructural sobre el empleo y, en definitiva, facilitar la recuperación de la actividad productiva y reforzar la protección de las personas trabajadoras, las empresas, las familias y los colectivos vulnerables.

En particular, para hacer frente al impacto económico y social, tras los RRDD-leyes 6 y 7/2020, se aprueba el 8/2020, que en su capítulo II establece medidas de flexibilización de los mecanismos de ajuste temporal de

consecuencia de la borrasca Filomena y disponen medidas especiales en materia de cotización y protección por desempleo. En 2022, en la Orden TES/443/2022, de 17 de mayo, se prevén medidas laborales y de protección por desempleo de aplicación a zonas afectadas gravemente por emergencias de protección civil como consecuencia de incendios forestales, inundaciones y otros fenómenos de distinta naturaleza contemplados en los Acuerdos del Consejo de Ministros de 24 de agosto, 21 de septiembre y 17 de diciembre de 2021, considerados provenientes de fuerza mayor. Incluso en la actualidad, se aplican aquellas medidas a ERTE vinculados a la situación de fuerza mayor temporal de empresas y personas trabajadoras afectadas por la erupción volcánica de Cumbre Vieja, en la Isla de La Palma (art. 37 RD-ley 4/2024, de julio a diciembre de 2024, en relación con los ERTE prorrogados hasta el 31 de diciembre de 2024 y, previamente, por períodos de seis meses, art. 77 RD-ley 8/2023 —de enero a junio de 2024—, art. 177 RD-ley 5/2023 —de julio a diciembre de 2023— y art. 98 RD-ley 20/2022 —de enero a junio de 2023—).

11 En ese caso, la TGSS «podrá exonerar al empresario del abono de las cuotas de la Seguridad Social y por conceptos de recaudación conjunta mientras dure el periodo de suspensión, manteniéndose la condición de dicho período como efectivamente cotizado por el trabajador» y, si se hubieran satisfecho cuotas correspondientes a tales exenciones, los cotizantes podrán pedir su devolución, con los intereses de demora, recargos y costas correspondientes, procediéndose, en su caso, a la compensación de deudas pendientes que pueda corresponder.

12 Por su parte, «el SEPE podrá autorizar que el tiempo en que se perciban las prestaciones por desempleo [...] que traigan su causa inmediata de las emergencias no se compute a los efectos de consumir los períodos máximos de percepción establecidos. Igualmente, en esos supuestos, se podrá autorizar que reciban prestaciones por desempleo aquellos trabajadores que carezcan de los períodos de cotización necesarios para tener derecho a ellas».

actividad, para agilizar los procedimientos de regulación de empleo, tanto por fuerza mayor, como por causas ETOP. También ofrece cobertura a las empresas —mediante la exoneración en los casos de fuerza mayor entre el 75 y el 100 % de la cuota empresarial de la Seguridad Social, en función de la dimensión de la plantilla de la empresa y siempre que esta se comprometa a mantener el empleo— y a las personas trabajadoras —a través del acceso a la prestación contributiva por desempleo, aunque carezcan del periodo de carencia mínimo, y sin que el periodo de percepción de dicha prestación les compute a efectos de consumir los periodos máximos de percepción legalmente establecidos—. Asimismo, se definen en el art. 22 los supuestos de pérdida de actividad a consecuencia de la COVID-19 que tendrán la consideración de fuerza mayor a efectos de la adopción de estas medidas de ajuste temporal[13], previéndose posteriormente incluso, tras el RD-ley 15/2020, la posibilidad de que la fuerza mayor sea parcial en empresas que realizan tareas esenciales y que no se limite a la parte de actividad no afectada por las condiciones de mantenimiento de la actividad. Ello propició que una gran mayoría de los ERTE durante la pandemia fueran por fuerza mayor.

Las primeras medidas de regulación de empleo fueron posteriormente revisadas por ulteriores normas de urgencia, adaptando también su vigencia a las exigencias del contexto de la pandemia. Para garantizar el mantenimiento del empleo, se introdujo una cláusula de salvaguarda del empleo —con el compromiso de la empresa de mantener el empleo durante el plazo de seis meses desde la fecha de reanudación de la actividad, que se matizó en determinados sectores y se concretó posteriormente por el RD-ley 18/2020[14]—. El RD-ley 24/2020 extiende la salvaguarda del empleo también a los ERTE por causas ETOP y los RRDD-leyes 30/2020 y 2 y 11/2021 disponen que las empresas que reciban las nuevas exoneraciones de cuotas previstas en los mismos[15] quedan sujetas a nuevos períodos de salvaguarda. La necesidad de nuevas prórrogas de las medidas sociales reguladas con anterioridad se aprueba en los RRDD-ley 18/2021 y 2/2022. Más controvertida en la doctrina científica y judicial resultó la interpreta-

13 Primero por la pérdida de actividad a consecuencia del estado de alarma derivado de la COVID-19 y, tras el RD-ley 30/2020, también por nuevas restricciones o medidas de contención sanitaria adoptadas por autoridades españolas o extranjeras.

14 Considera reanudada la actividad con la reincorporación al trabajo efectivo, aun parcial, incluso de una sola persona, y entiende que no hay incumplimiento del compromiso en los casos de despido disciplinario procedente, dimisión, muerte, jubilación o incapacidad permanente total, absoluta o gran invalidez de la persona trabajadora, fin del llamamiento de los fijos-discontinuos, cuando este no suponga un despido sino una interrupción del mismo, y fin de contrato temporal por cumplimiento de la causa o cuando no pueda realizarse de forma inmediata la actividad objeto de contratación.

15 Con un régimen específico para sectores con una elevada tasa de cobertura y una reducida tasa de recuperación de actividad.

ción de la prohibición de despido o extinción, introducida en el art. 2 del RD-ley 9/2020[16] —tramitada posteriormente como Ley 3/2021— y sucesivamente prorrogada[17].

Al finalizar la pandemia, algunas de las medidas previstas en la legislación de urgencia se extendieron a otras situaciones excepcionales, para proteger las consecuencias económicas y sociales de las personas trabajadores y sectores vulnerables, como las consecuencias de la erupción volcánica en la isla de la Palma, en la zona de Cumbre Vieja (RD-ley 2/2022, de 22 de febrero) o de la guerra de Ucrania y el aumento de los costes energéticos (RD-ley 6/2022, de 29 de marzo). En concreto, se conceden ayudas a las empresas y se adoptan garantías para evitar la destrucción de empleo por parte de las empresas beneficiarias de las mismas. Se utilizan, así, los ERTE como mecanismos de ajuste de la actividad con carácter temporal que priorizan el mantenimiento del empleo sobre la extinción de los contratos y el despido.

1.3. Los mecanismos de ajuste temporal de empleo tras el RD-ley 32/2021

La positiva experiencia de los ERTE-COVID[18] propició la incorporación, ex art. 1 RD-ley 32/2021, de importantes novedades en las medidas de flexibilidad interna[19], respaldadas por el acuerdo en el marco del diálogo social[20]. Su objetivo es evitar una destrucción masiva de empleos ante escenarios singulares o generalizados de crisis económica o reconversión sectorial[21].

---

16 Además, en su art. 1 impide tramitar ERTE durante la vigencia del estado de alarma y sus prórrogas en determinados servicios esenciales, como los sanitarios o los centros sociales de mayores, personas dependientes o personas con discapacidad.

17 En concreto, se discutió la improcedencia o nulidad de la extinción del contrato o del despido, al afirmar la cláusula que la fuerza mayor y las causas ETOP en las que se amparan las medidas de suspensión de contratos y reducción de jornada no se podrán entender como justificativas de la extinción ni del despido. La STS de 19 de octubre de 2022, ECLI:ES:TS:2022:3834, unificó doctrina, calificando de improcedentes los despidos que no cumplan la prohibición de despedir, salvo que exista algún dato específico que justifique la nulidad. Esta doctrina fue confirmada por sentencias posteriores.

18 3,5 millones de trabajadores se vieron afectados por un ERTE en el período álgido de la pandemia. Véase Cavas Martinez, F., «La reforma laboral 2021-2022 en España: claves, mitos y realidades, año y medio después de su entrada en vigor», *Anuario Coruñés de Derecho Comparado del Trabajo*, vol. XIV, 2022, p. 87.

19 Ampliamente, Roqueta Buj, R., *Los expedientes de regulación temporal de empleo tras la reforma. ERTE ETOP, FM, COVID-19 y RED*, Valencia, Tirant lo Blanch, 2022.

20 Vila Tierno, F. y Álvarez Cortes, J.C., «Los expedientes temporales de regulación de empleo», *Temas Laborales*, núm. 161, 2022, p. 281 consideran ese respaldo manifestación de su éxito.

21 Como señala Cavas Martinez, F., «La impugnación judicial de las medidas de ajuste temporal de empleo (suspensión del contrato y reducción de jornada)», *Documentación Labo-*

La reforma potencia el ajuste temporal de empleo a través de suspensiones contractuales y reducciones de jornada[22] y trata de priorizar las decisiones empresariales de reducción temporal de la jornada sobre la suspensión, para garantizar un reparto más equitativo de la ocupación y minimizar el impacto económico sobre los trabajadores[23].

Así, por un lado, agiliza y facilita el uso de las medidas ordinarias de gestión —los ERTE tradicionales por causas ETOP o fuerza mayor regulados en el art. 47 ET— y, de forma singular, amplía y mejora la regulación de los ERTE por fuerza mayor temporal en los arts. 47.5 y 6 ET. En la regulación del segundo de los apartados, incluye de forma expresa y con carácter permanente, una fuerza mayor impropia[24], derivada a impedimentos o limi-

---

ral, núm. 127, 2022, pp. 12 s., la promoción y preferencia de las medidas de flexibilidad interna en procesos de reestructuración y crisis empresarial frente a los despidos «es un viejo objetivo que se han marcado, hasta el momento sin éxito, la práctica totalidad de las reformas que ha conocido la normativa laboral en las últimas décadas». El autor destaca la coherencia de su inclusión en una reforma cuyo objetivo principal es combatir la precariedad derivada del abuso de la contratación temporal sin causa. No obstante, los datos no permiten destacar el éxito de la reforma en este ámbito al no haberse producido de forma destacada una situación generalizada de crisis empresarial o dificultades económicas, que justificaría un amplio recurso a tales medidas. En especial, si esos datos se comparan con los de la pandemia. Un sector ciertamente afectado fue el de las agencias de viaje, para el que se activó el Mecanismo RED en abril de 2022. Con todo, no fue prorrogado durante 2023.

22 La prioridad de la regulación temporal de empleo sobre los procedimientos de despido colectivo se desprende de su consideración como «fórmula alternativa y prioritaria a las extinciones» en la exposición de motivos de la norma. Ramos Quintana, M. I., «La flexibilidad interna en la reforma laboral: medidas temporales y permanentes para apoyar a las empresas y sostener el empleo ¿una opción prioritaria frente al despido?», *Trabajo y Derecho*, núm. 87, 2022, Legalteca, versión digital, p. 3/4 incluso señala que esa concepción «obliga a revisar la conocida jurisprudencia establecida por la Sala cuarta del Tribunal Supremo conforme a la cual la empresa, hasta ahora, al poder invocar las mismas causas (ETOP) para optar por un ERTE o por el despido colectivo venía disponiendo de un margen amplio de discreción (entre las últimas, STS 16 de diciembre de 2021, rec. 210/2021)».

23 Art. 47.7.a) ET, que condiciona la prioridad a su propia viabilidad, aunque puede tener consecuencias en las exigencias justificativas que se requieren de la empresa para tramitar el ERTE —y, por remisión, art. 47 bis.5.a) ET respecto de las medidas vinculada al Mecanismo RED—. Y ello frente a la regulación anterior a la reforma, que relegaba al apartado 4 del art. 47 ET la reducción de la jornada «como una fórmula casi subsidiaria», en palabras de de la Puebla Pinilla, A., «El nuevo régimen de reducción de jornada y de suspensión de contratos por causas ETOP y por fuerza mayor. Una apuesta por la estabilidad y la formación en el empleo», *Labos*, vol. 3, núm. extraordinario *La reforma laboral de 2021*, 2022, p. 91. El objetivo no parece, no obstante, que se esté cumpliendo. Al respecto, Cavas Martínez, F., «La reforma laboral 2021-2022 en España...», *op. cit.*, p. 88, que utiliza datos del porcentaje aún superior de trabajadores afectados por suspensión total.

24 Cabeza Pereiro, J., «La metamorfosis de los mecanismos de suspensión...», *op. cit.*, pp. 63 s., que la contrapone a la doctrina de la Sala 3.ª del TS que había considerado

taciones en la actividad normalizada a consecuencia de decisiones adoptadas por la autoridad competente, que presenta visibles similitudes con los ERTE-COVID. La regulación, como antes de la reforma, se remite al procedimiento del art. 51.7 ET, sobre extinción por fuerza mayor, aunque con particularidades, mayores en el caso de fuerza mayor temporal por impedimento o limitación derivada de decisiones de la autoridad pública. Se prevé, además, expresamente, la posibilidad de prorrogar las reducciones de jornada y suspensiones de contratos por causas ETOP, previa comunicación y tramitación de un nuevo período de consultas más abreviado con la representación legal de los trabajadores y comunicación de la decisión a la autoridad laboral. En cambio, en el caso de que se mantenga la fuerza mayor al finalizar el período determinado en el ERTE correspondiente, se deberá solicitar una nueva autorización.

Por otro lado, en cumplimiento del Plan de Recuperación, Transformación y Resiliencia[25], la reforma de la Ley 32/2021 añade un nuevo mecanismo de flexibilidad y estabilización económica en el art. 47.bis ET, el denominado Mecanismo RED[26] de Flexibilidad y Estabilización del Empleo[27]. Se introduce así un marco permanente de carácter reactivo

alguna manifestación del denominado *factum principis* causa diferente de la fuerza mayor y destaca la importancia de la ampliación del ámbito de la fuerza mayor temporal.

25 Véase Componente 23, relativo a las «Nuevas políticas públicas para un mercado de trabajo dinámico, resiliente e inclusivo», reforma núm. 6, sobre «Establecimiento de un mecanismo permanente de flexibilidad interna, estabilidad en el empleo y recualificación de trabajadores en transición».

26 Sobre la introducción de la expresión RED en la denominación de este instrumento emulando la metáfora recurrente del escudo social utilizada durante la pandemia para destacar su función de red social frente a las transiciones, Molina Navarrete, C., *La reestructuración empresarial mediante regulación de empleo. Nuevas normas y prácticas sobre ERTE y despidos colectivos*, La Ley, Madrid, 2024, pp. 128 ss.

27 Con carácter previo a su desarrollo reglamentario y en tanto este se aprobaba, el RD-ley 4/2022, de 15 de marzo, por el que se adoptan medidas urgentes de apoyo al sector agrario por causa de la sequía, completó en su transitoria segunda la regulación de este mecanismo previendo la aplicación, con particularidades, de los capítulos II y III del RPDC (Reglamento de los procedimientos de despido colectivo y de suspensión de contratos y reducción de jornada aprobado por el RD 1483/2012, de 29 de octubre), y constituyó el Fondo RED en su adicional 5.ª. Finalmente, el RD 608/2023, de 11 julio, por el que se desarrolla el Mecanismo RED de Flexibilidad y Estabilización del Empleo, trata de dotar al Mecanismo RED de un régimen jurídico completo, no solo en lo que se refiere al procedimiento para que las empresas puedan aplicar las medidas de reducción de jornada o suspensión de contratos, las competencias sobre su gestión y la gobernanza del mecanismo sino también respecto de las garantías asociadas al Mecanismo RED, a las que se refiere el capítulo III: protección de las personas trabajadoras, beneficios en la cotización a la Seguridad Social de las empresas, acciones formativas y compromiso de mantenimiento del empleo, a que se vinculan las exenciones en la cotización, límites en materia de horas extraordinarias, contrataciones y externalizaciones y acceso a los datos por parte de las instituciones competentes.

frente a situaciones extraordinarias[28], basado asimismo en la experiencia de la pandemia[29]. Su activación requiere la acción política del Gobierno[30], a propuesta de las personas titulares de los ministerios con competencias en Asuntos Económicos, Trabajo y Seguridad Social y previo informe de la Comisión Delegada del Gobierno para Asuntos Económicos. Su objetivo es ofrecer una regulación permanente para preservar el empleo en escenarios excepcionales de crisis cíclicas o sectoriales[31], con impacto macroeconómico negativo, general o en procesos de transición de sectores de actividad, que aconsejen la adopción de instrumentos adicionales de estabilización y, en su caso, de recualificación y protección de las personas trabajadoras durante las transiciones profesionales. En concreto, la activación del mecanismo por acuerdo del Consejo de Ministros no produce por sí mismo un efecto directo. Simplemente, permite a las empresas que puedan estar incluidas en su respectivo ámbito, solicitar de la autoridad laboral competente y, en su caso, adoptar, de forma ya individualizada, tras la tramitación del procedimiento regulado por RD 608/2023[32], ajustes

28 Gimeno Díaz de Atauri, P., «La respuesta anticipada del legislador al riesgo de crisis de empleo: el nuevo mecanismo red de flexibilidad y estabilización del empleo», *Labos*, vol. 3, núm extraordinario sobre *La reforma laboral de 2021*, 2022, p. 99, considera este carácter reactivo uno de los tres principales rasgos del nuevo Mecanismo RED, junto con la vinculación de la protección pública a la formación de las personas trabajadoras afectadas y la posibilidad de sectorialización.

29 Fernández Domínguez, J. J., «El Mecanismo RED: un marco estable para preservar el empleo», *Trabajo y Derecho*, núm. 88, 2022; Mercader Uguina, J. R. y de la Puebla Pinilla, A., «El mecanismo RED de flexibilidad y estabilización del empleo: un marco permanente para la conservación del empleo en situaciones de crisis», en AA. VV. (Dir. Ortiz Castillo, F., Monereo Pérez, J. L., Rodríguez Escanciano, S., Rodríguez Iniesta, G.), *La reforma laboral de 2021: estudio técnico de su régimen jurídico*, Laborum, Murcia, 2022, pp. 407 ss.

30 Véase la crítica a la inconstitucionalidad de esta medida por atribuir únicamente competencias de activación del Mecanismo RED al Consejo de Ministros y no a los consejos autonómicos de gobierno en Cabeza Pereiro, J., «La metamorfosis de los mecanismos de suspensión...», *op. cit.*, pp. 93 ss., pese al reparto de competencias en materia de legislación laboral y ejecución entre el Estado y las CC. AA. ex art. 141.1.7 CE.

31 El Mecanismo RED, en su modalidad sectorial, fue ya activado para las agencias de viaje por Orden/PCM/250/2022, de 31 de marzo, que publica el acuerdo de activación del Consejo de Ministros.

32 Cuya regulación mantiene un evidente paralelismo con el procedimiento de suspensión de contratos y reducción de jornada, regulado por RD 1483/2012, de 29 de octubre, cuyos capítulos II y III se aplicaron transitoriamente al Mecanismo RED, con particularidades y transitoriamente, hasta la entrada en vigor del RD 608/2023 —disposición transitoria segunda del RD-ley 4/2022—, o la finalización de los expedientes iniciados con anterioridad y que, desde entonces, se aplican supletoriamente ex disposición adicional única RD 608/2023. Se trata de un procedimiento híbrido que, aunque con particularidades importantes, coincide en su desarrollo con los expedientes por fuerza mayor temporal del 47.5 ET, pero con el período de consultas previo característico de los ERTE ETOP. Véanse comentarios en Cabeza Pereiro, J., «La metamorfosis de los mecanismos de sus-

temporales de reducción de jornada o suspensión de contratos durante las necesarias transiciones, incluso estructurales y con plan de recualificación. Estas medidas a las que pueden, por tanto, acogerse voluntariamente las empresas que las soliciten, coinciden cualitativamente con las del art. 47 ET. Y, al igual que en los ERTE, se priorizan las medidas de reducción de jornada.

El Mecanismo RED se establece con una doble modalidad. La cíclica pretende dar respuesta a una situación coyuntural general de la economía, que aconseje la adopción de instrumentos adicionales de estabilización. La sectorial, en cambio, responde a procesos de transición, tradicionalmente consideradas de reconversión industrial[33], derivados de cambios estructurales en sectores de actividad que generan necesidades de recualificación. En ambos casos, la duración máxima de activación es de un año, aunque con posibilidad de dos prórrogas de seis meses en la modalidad sectorial.

Sin entrar en las particularidades de cada tipo de ERTE (ETOP, fuerza mayor y Mecanismo RED), entre sus principios comunes[34] se alude a la agilización y simplificación de los procedimientos[35], sin perjuicio de la intensificación de mecanismos de control[36], a la aplicación gradualista de las medidas de gestión, con priorización de las reducciones temporales de jornada sobre las suspensiones, y a medidas diversas de protección del empleo y la actividad, que incluyen estímulos económicos para las empresas y garantías de mantenimiento del empleo y cobertura económica para las personas trabajadoras afectadas.

---

pensión...», *op. cit.*, pp. 99 ss. Especialmente discutida resulta la necesidad de probar el perjuicio para la empresa, después de activado el mecanismo y pese a la coyuntura macroeconómica negativa habilitante.

33 Cruz Villalón, J., «El Sistema RED de regulación temporal de empleo», *Los Briefs de la Asociación Española de Derecho del Trabajo y de la Seguridad Social. Las claves de 2022*, Madrid, Grupo editorial Cinca, 2022., pp. 85 ss.

34 Ampliamente sobre los mismos, Cavas Martínez, F., «El refuerzo de los expedientes de regulación temporal de empleo en la reforma laboral de 2021», *Revista del Ministerio de Trabajo y Economía Social, Serie Trabajo*, núm. 152, 2022, pp. 129 ss.

35 Se recortan plazos, se convierten en dispositivos ciertos trámites, se prevé la dotación de procedimientos automatizados de comunicación empresarial de medidas, períodos y personas afectadas comunes para diversas entidades gestoras y se posibilita la adaptación del ERTE a circunstancias concurrentes, sin necesidad de negociar o solicitar autorización para un nuevo ERTE, para su prórroga antes de la finalización del ERTE o la afectación y desafectación de personas trabajadoras, previa información a la representación legal de las personas trabajadoras y comunicación tanto al SEPE como a la TGSS. Incluso se amplía la efectividad de las declaraciones responsables para facilitar el acceso de las empresas a beneficios, como la exención en la cotización.

36 A cargo tanto de la Inspección de Trabajo y de la Seguridad Social como de las entidades gestoras (TGSS y SEPE).

1.4. Las medidas de protección del empleo vinculadas a su regulación temporal

Los mecanismos de ajuste temporal del empleo pretenden reestructurar la actividad de la empresa sin afectar el vínculo contractual. Cada persona trabajadora solo podrá verse afectada por una de las medidas durante la aplicación de un ERTE, sin que puedan combinarse reducción de jornada y suspensión del contrato respecto de la misma. Sí se permite la afectación o desafectación de personas trabajadoras en supuestos de alteración de las causas justificativas de las medidas o una variación en el porcentaje de reducción de jornada, previo cumplimiento de las correspondientes obligaciones de información[37].

Para proteger el empleo es preciso establecer, durante la situación de transición temporal generada, mecanismos de apoyo a empresas y trabajadores no solo para amortiguar el impacto económico y social que la situación puede generar sino también para facilitar la ulterior recuperación de la actividad y la capacitación de las personas afectadas. Se ofrecen, así, diversas garantías para las personas trabajadoras y la empresa y un régimen especial de cobertura social, con un elevado componente de financiación pública y socialización parcial de costes, que es, en buena medida la clave del éxito de la gestión temporal del empleo[38].

Por una parte, para garantizar la estabilidad y seguridad en el empleo, el legislador trata de utilizar el tiempo vacante y promover acciones formativas para las personas trabajadoras afectadas por suspensiones o reducciones temporales de jornada amparadas en los arts. 47 y 47 bis ET, para facilitar su adaptación a cambios estructurales y la adquisición de la cualificación requerida durante las transiciones laborales. Las empresas pueden desarrollar acciones formativas para la mejora de las competencias profesionales y la empleabilidad de los trabajadores afectados e impulsar[39], en concreto, acciones dirigidas a atender necesidades formativas reales de las empresas y la adquisición de competencias digitales o incluso de recualificación, aunque no tengan relación con la actividad de la empresa. La formación trata de integrarse así, como «pieza medular»[40], en la dinámica habitual de la gestión de la regulación temporal del empleo como instrumento facultativo para las empresas, sin perjuicio de la exigencia a las empresas de un plan de recualificación de las personas afectadas en la modalidad sectorial (art. 47 bis.3 ET). Se concibe como un instrumento idóneo para mejorar las aptitudes laborales

37 Arts. 47.7.c) y 47 bis.5.a) ET.

38 Molina Navarrete, C., *La reestructuración empresarial..., op. cit.*, pp. 473 ss.

39 Introducida también por el art. 1 RD-ley 32/2021.

40 Fernández Ramírez, M., «Anatomía jurídica del Mecanismo RED de flexibilidad y estabilización en el empleo», *Iuslabor*, núm. 2, 2022, p. 70.

de las personas afectadas, recualificarlas o fortalecer sus competencias digitales y evitar así la destrucción de empleo característica de crisis anteriores[41]. Estas acciones formativas se han de desarrollar, conforme a la disposición adicional vigesimoquinta ET, a través de cualquiera de los tipos de formación previstos en la LOFP, en la LSFPE[42] o, lo que plantea más dudas, «a través de cualquier otro sistema de formación acreditada». Y pueden desarrollarse durante la aplicación de la medida de regulación temporal de empleo o en tiempo de trabajo, respetando, en todo caso, los descansos legalmente establecidos y la conciliación.

Las personas cubiertas por un Mecanismo RED se consideran colectivo prioritario para el acceso a las iniciativas de formación del sistema de formación profesional para el empleo en el ámbito laboral, sin distinción a estos efectos entre las modalidades cíclica o sectorial[43]. Se prevén también estímulos económicos para las empresas. En concreto, un incremento de crédito para la financiación de la formación programada por las empresas, que concreta el art. 9.7 LSFPE y varía en función del tamaño de la empresa[44]. La integración de la formación incluso se exige como requisito para acceder a exoneraciones de cuotas en los ERTE ETOP y el Mecanismo RED. La fiscalización de su realización compete al SEPE, previa comunicación por parte de la TGSS, sin perjuicio del informe preceptivo sobre la formación programada que debe emitir la representación legal de los trabajadores ex art. 9 LSFPE y de su derecho de información y consulta[45] y de la apertura del correspondiente expediente por parte de la Inspección.

También se establecen garantías para evitar la sustitución total o parcial de las personas afectadas por una regulación temporal de empleo[46]. Así, durante la aplicación efectiva de un ERTE o del Mecanismo RED no podrán, con carácter general, realizarse horas extraordinarias, establecer nuevas externalizaciones de la actividad, ni concertar nuevas contrataciones, sean directas

41 Una formación que puede ser calificada de «prospectiva», en el sentido de concebida no solo para adaptar la cualificación del trabajador a las necesidades actuales de su puesto, sino para la adquisición de competencias que le permitan desempeñar funciones propias de puestos de trabajo distintos, incluso inexistentes, por el momento, en la empresa o en el sector. Véase Villalba Sánchez, A., *El derecho a recibir formación de la empresa para una transición digital justa*, Aranzadi, Madrid, 2024, pp. 124 ss., que, *de lege ferenda*, propone hacer preceptiva la oferta de acciones formativas, al menos en las empresas de mayor dimensión.

42 Respectivamente, Ley Orgánica 3/2022, de 31 de marzo, de ordenación e integración de la Formación Profesional y Ley 30/2015, de 9 de septiembre, por la que se regula el Sistema de Formación Profesional para el empleo en el ámbito laboral

43 Art. 47 bis.5.b) ET.

44 Villalba Sánchez, A., *El derecho a recibir formación de la empresa...*,

45 Ibid. pp. 129 ss.

46 Arts. 47.7.d) y 47 bis.5.a) ET, 52 RPDC y 22 RD 608/2023.

o indirectas. Se contempla, no obstante, la excepción de que las personas trabajadoras afectadas por el ajuste temporal de empleo no puedan, por formación, capacitación u otras razones objetivas y justificadas, desarrollar las funciones encomendadas. La empresa deberá, en estos casos, informar al respecto previamente a la representación legal de las personas trabajadoras. También se permite la celebración de contratos formativos siempre que la persona contratada no sustituya funciones o tareas realizadas habitualmente por las personas afectadas.

Pero, además, la reforma laboral de los mecanismos de ajuste temporal del empleo se complementa con una modificación de la LGSS por el art. 3 RD-ley 32/2021[47]. Ni la suspensión ni la reducción generan para las personas trabajadoras afectadas derecho a indemnización alguna, pero sí beneficios de protección social para garantizar cobertura a las mismas[48]. Para las personas afectadas por un ERTE, se prevé el acceso a prestaciones de desempleo, si reúnen las condiciones y requisitos legalmente exigidos para ello. Los requisitos de acceso se atenúan en los expedientes de regulación temporal de empleo por fuerza mayor por la nueva disposición adicional cuadragésima sexta LGSS.

La reforma introduce, asimismo, un mecanismo de protección social similar para las personas trabajadoras afectadas por la aplicación del nuevo Mecanismo RED en la disposición adicional cuadragésima primera LGSS. En este caso, se reconoce una prestación social específica, equivalente a la prestación por desempleo. Sin perjuicio del desarrollo reglamentario de esta disposición, el abono de la prestación del Mecanismo RED requiere solicitud colectiva por la empresa, de acuerdo con las normas establecidas en la disposición adicional. Su reconocimiento compete al SEPE, aunque la prestación se financia con cargo al Fondo RED de Flexibilidad y Estabilización del Empleo.

Ya en relación con la cotización de las empresas afectadas, el nuevo art. 153 bis LGSS prevé su obligación de ingreso de la aportación empresarial en los supuestos de reducción de jornada o suspensión de contrato. Con todo, en la disposición adicional cuadragésima cuarta LGSS se incluyen exenciones voluntarias en la cotización aplicable a los mecanismos de regulación temporal de empleo y al Mecanismo RED, supeditadas a un compromiso de man-

47 Sobre las reformas de Seguridad Social vinculadas a ERTE y Mecanismo RED, de forma muy sintética, García Romero, B., «Las reformas de Seguridad Social previstas en el Plan de Recuperación, Transformación y Resiliencia», en AA. VV., *Empleo y protección social. XXXIII Congreso Anual de la Asociación Española de Derecho del Trabajo y de la Seguridad Social. Ponencias*, Ministerio de Trabajo y Economía Social, Madrid, 2023, pp. 279 s.

48 Sobre el régimen de protección social de los ERTE COVID, de la Puebla Pinilla, A. y Gimeno Díaz De Atauri, A., «Crisis laboral COVID-19 y protección social. Panorama general de la protección por desempleo en tiempos de emergencia sanitaria», *Trabajo y Derecho*, núm. 81, 2021.

tenimiento del empleo durante los seis meses siguientes a su finalización y, salvo en los ERTE por fuerza mayor, al desarrollo de acciones formativas[49]. Se establecen, además, requisitos, condiciones y porcentajes diferentes, en los distintos supuestos y se permiten modificaciones en los porcentajes de exención de los Mecanismos RED por el Consejo de Ministros.

Por su parte, la nueva disposición adicional cuadragésima segunda LGSS, introducida también por la Ley 32/2021, prevé el desarrollo reglamentario de un procedimiento único para comunicar al SEPE y la TGSS el inicio y finalización de los períodos de suspensión y reducción temporal de la jornada de los trabajadores afectados, con el objeto de simplificar las cargas administrativas de las empresas y que la comunicación pueda surtir efecto frente a la totalidad de las competencias de ambas instituciones.

Posteriormente, el RD-ley 13/2022[50] añade una prestación para la sostenibilidad de la actividad para las personas trabajadoras autónomas de sectores de actividad afectados por el Mecanismo RED en las nuevas disposiciones adicionales cuadragésima octava y novena LGSS, para las modalidades cíclica y sectorial, respectivamente.

2. Medidas de Seguridad Social para las empresas: la exención voluntaria en la cuota empresarial

El efecto positivo de la existencia de estas ayudas económicas a las empresas en forma de exoneraciones de cuotas a la Seguridad Social en situaciones anteriores de crisis[51], muchas veces necesarias para el mantenimiento de la actividad productiva, ha llevado al legislador a ofrecer la exención voluntaria sobre la cuota empresarial como opción permanente a disposición de las empresas que adopten medidas de regulación temporal del empleo, condicionada a la adquisición de ciertos compromisos y obligaciones como contrapartida. La reforma laboral de los mecanismos de ajuste temporal del empleo del RD-ley 32/2021, incluido el nuevo Mecanismo RED, se comple-

49 Previamente, ya el RD-ley 18/2021 había vinculado acciones formativas a un régimen más generoso de exenciones, priorizando las dirigidas a atender las necesidades formativas reales de las empresas y los trabajadores e incluyendo las vinculadas a adquisición de competencias digitales, así como otras dirigidas a recualificar a las personas trabajadoras, aunque no tengan relación directa con la actividad desarrollada en la empresa.

50 RD-ley 13/2022, de 26 de julio, por el que se establece un nuevo sistema de cotización para los trabajadores por cuenta propia o autónomos y se mejora la protección por cese de actividad.

51 Como precisa DE LA PUEBLA PINILLA, A.: «El nuevo régimen de reducción de jornada y de suspensión de contratos ...», *op. cit.*, p. 93 ya en la crisis financiera de 2008 y no solo durante la pandemia de la COVID-19.

menta, así, para las empresas, con la posibilidad de aplicar los porcentajes de exención en la cotización que recoge la nueva disposición adicional cuadragésima cuarta LGSS.

La obligación de la empresa de ingresar a la Seguridad Social las cuotas correspondientes a la aportación empresarial se mantiene en los supuestos de reducción temporal de jornada o suspensión temporal del contrato de trabajo, sea por decisión del empresario en virtud de los arts. 47 o 47 bis ET o por resolución judicial en procedimiento concursal[52]. A diferencia del despido colectivo, se mantiene incluso para la empresa en caso de que se cause la prestación por desempleo o la nueva prestación de protección social específica de los Mecanismos RED. En estos casos, la entidad gestora de la prestación asume únicamente el ingreso de la aportación de la persona trabajadora, una vez descontada dicha cantidad del importe de su prestación[53].

En concreto, la cuota empresarial se calcula de acuerdo con los criterios del art. 153 bis LGSS, también para los conceptos de recaudación conjunta. A estos efectos, se toman como bases de cotización por contingencias comunes y profesionales el promedio de las bases respectivas de los seis meses naturales inmediatamente anteriores al mes previo al del inicio de cada situación, en función del número de días de alta de la persona trabajadora en la empresa en el respectivo período. En caso de reducción temporal de jornada, las bases se minoran en atención a la jornada no realizada. No obstante, si se ha causado alta en la empresa en el mes previo o en el mismo mes del inicio de la situación, se computarán para el cálculo del promedio las bases de cotización del mes respectivo en la empresa[54].

Determinada la cuota, el beneficio de la exención no opera *ope legis* sino que las empresas que lo deseen pueden solicitar voluntariamente acogerse a tal beneficio si cumplen las condiciones y requisitos exigidos para ello, entre los que se encuentra un compromiso, en todo caso, de mantenimiento en el empleo así como el desarrollo por las empresas de las acciones formativas previstas en la disposición adicional vigesimoquinta ET, destinadas a las personas trabajadoras afectadas por la suspensión o la reducción temporal de la jornada, no requeridas en los ERTE por fuerza mayor.

---

52 No se aplican, no obstante, las normas de cotización correspondientes a situaciones de incapacidad temporal, descanso por nacimiento y cuidado de menor, y riesgo durante el embarazo y la lactancia natural durante la suspensión ni, respecto de la jornada de trabajo no realizada, durante la reducción temporal de jornada.

53 Art. 273.2 LGSS y disposición adicional cuadragésima primera LGSS.

54 El art. 153 bis LGSS, incorporado por el RD-ley 32/2021, fue modificado por la disposición final 4.5 del RD-ley 1/2023, de 10 de enero, de medidas urgentes en materia de incentivos a la contratación laboral y mejora de la protección social de las personas artistas, para incluir esta importante precisión cuya omisión eliminaba en estos casos la obligación de cotización al dejar la base de cotización reducida a cero.

Frente a las exoneraciones de la pandemia, probablemente por motivos de financiación, no es una exoneración completa, sino que el porcentaje de exención aplicable a la aportación empresarial por las distintas contingencias y conceptos de recaudación conjunta depende del tipo de ERTE y de la causa que justifica su aplicación. Tampoco se contemplan, como regla general, exoneraciones para las personas trabajadoras reactivadas o desafectadas[55], sin perjuicio de la habilitación al Consejo de Ministros para su establecimiento.

Los porcentajes extremos de exención se reservan el mínimo a los ERTE por causas ETOP, incluidas sus prórrogas —20 %— y el máximo a los ERTE por fuerza mayor temporal, también los derivados de decisiones adoptadas por la autoridad pública competente, incluidas las orientadas a la protección de la salud pública, que impliquen limitaciones o impedimentos en la actividad productiva de la empresa —90 %—. Los supuestos de fuerza mayor temporal, previstos en los apartados 5 y 6 del art. 47 ET, son los únicos que no exigen, además, como requisito *sine qua non p*ara la aplicación de la exención, el desarrollo de las acciones formativas.

A los ERTE RED corresponden porcentajes intermedios de exención, si bien es cierto que se prevé la posibilidad genérica de que el Consejo de Ministros promueva las modificaciones legales necesarias para variar los porcentajes de las exenciones, atendiendo a la coyuntura macroeconómica general o de sector. Al requerir «las modificaciones legales necesarias», parece exigirse, más allá de la iniciativa del Consejo de Ministros, para la alteración del porcentaje, una norma con rango de ley, aunque la medida se limite a atender la situación coyuntural que requiere la adopción de las medidas. Y, aunque la posibilidad de modificación se redacta con carácter general, la atención a la coyuntura macroeconómica general o sectorial exigida parece vincular la posibilidad de forma más estrecha a los Mecanismos RED en sus dos modalidades, cíclica y sectorial. Con todo, la exigencia de una modificación legal no haría necesaria siquiera su previsión.

En concreto, los porcentajes de exención que corresponden por aplicación del Mecanismo RED en su modalidad cíclica son del 60-30-20 %, por períodos cuatrimestrales computables desde el mes siguiente al acuerdo de activación del propio mecanismo por el Consejo de Ministros. Por tanto, aunque la exoneración no puede comenzar antes de la fecha de inicio de la aplicación de la medida, tras la tramitación del procedimiento correspondiente, la aplicación del porcentaje correspondiente a los primeros cuatro meses, de mayor porcentaje de reducción, finalizará el último día del cuarto mes posterior a la fecha de activación del mecanismo, con independencia del tiempo durante el que pueda percibirse, aplicándose a continuación durante los cuatro meses siguientes el 30 % de reducción. Además, el porcentaje corres-

55 De la Puebla Pinilla, A.: «El nuevo régimen de reducción de jornada y de suspensión de contratos ...», *op. cit.*, pp. 93 s.

pondiente al tercer cuatrimestre desde la activación, de menor exención, se extinguirá con el transcurso de la duración máxima de un año prevista en el art. 47 bis.1.a) ET.

En esta modalidad cíclica, el porcentaje de exoneración aplicable no solo depende, por tanto, de la duración del ERTE, sino del momento en que se solicite, perdiéndose parte del tramo de mayor protección durante la tramitación de la solicitud de la empresa. Con todo, el último párrafo del apartado primero de la disposición adicional cuadragésima cuarta LGSS habilita expresamente al Consejo de Ministros a establecer exenciones en la cotización debida respecto de los trabajadores reactivados, tras los períodos de suspensión del contrato o de reducción de la jornada. Parece que, en este caso, sin necesidad de modificación legal.

El porcentaje aplicable a la modalidad sectorial de los ERTE RED del art. 47. bis.1.b) ET será del 40 % durante todo el período que resulte de aplicación la medida de ajuste temporal —máximo inicial de un año con posibilidad de hasta dos prórrogas de seis meses cada una—.

Por lo demás, y ya en general respecto de todas estas exoneraciones vinculadas a la regulación temporal del empleo, no se aplican las reglas previstas en los apartados 1 y 3 del art. 20 LGSS para la adquisición y mantenimiento de beneficios en la cotización. No se requiere, pues, para que la empresa pueda optar a la exención estar al corriente del pago de sus obligaciones con la Seguridad Social. Tampoco se produce la pérdida automática de los beneficios por falta de ingreso de cuotas en el plazo reglamentario. Parece presumirse, en estos casos, una falta de negligencia por la empresa, que justifica la no privación de la exoneración que agravaría su situación económica negativa y dificultaría el mantenimiento del empleo que sirve de justificación a la exención.

Las exenciones se aplican, a instancia de la empresa, por la TGSS[56]. Las empresas deben presentar las comunicaciones y declaraciones previstas en el apartado 5 de la disposición adicional cuadragésima cuarta LGSS mediante la trasmisión de los datos requeridos a través del Sistema RED de la Seguridad Social. En concreto, se requiere previa comunicación de la identificación de las personas trabajadoras, período de la suspensión o reducción de jornada y declaración responsable, por código de cuenta de cotización en el que figuren de alta trabajadores adscritos a los centros afectados y mes de devengo.

La declaración responsable debe hacer referencia a la existencia, mantenimiento y vigencia de los ERTE —incluida, en su caso, la obtención de

56 Y se financian con aportaciones del Estado a cargo de los presupuestos de las entidades que gestionan las respectivas cotizaciones —Seguridad Social, mutuas colaboradoras, SEPE y Fondo de Garantía Salarial, respecto de las exenciones que, en cada caso, correspondan—.

la resolución de la autoridad laboral, expresa o por silencio positivo— y al cumplimiento de los requisitos exigidos para la aplicación de la exención —el compromiso de la empresa de realización de las acciones formativas reguladas en la disposición adicional vigesimoquinta ET, salvo en el caso de ERTE por fuerza mayor temporal, que no requieren tal compromiso para beneficiarse de la exención, y, se entiende, el compromiso de mantenimiento del empleo—. Las declaraciones responsables deben presentarse antes de solicitar el cálculo de la liquidación de cuotas correspondiente al periodo de devengo de cuotas sobre las que tengan efecto. En concreto, la declaración sobre el compromiso de realización de acciones formativas debe presentarse antes de solicitar la liquidación de cuotas correspondiente al período de devengo de las primeras cuotas sobre las que tenga efectos la declaración, aplicándose las exenciones en otro caso únicamente a las liquidaciones que se presenten con posterioridad, pero no a los períodos ya liquidados, aunque la declaración se presente en el plazo reglamentario de la liquidación correspondiente.

Para controlar el cumplimiento de los requisitos y obligaciones de las exenciones, la disposición adicional cuadragésima quinta LGSS prevé expresamente el deber de vigilancia de la Inspección de Trabajo y de Seguridad Social de la veracidad, inexactitud u omisión de los datos o declaraciones responsables proporcionadas por las empresas o por cualquier otra información utilizada para el cálculo de las liquidaciones de cuotas, y sobre la indebida existencia de actividad laboral durante los períodos de suspensión o reducción temporal de la jornada en los que se hayan aplicado exenciones en la cotización. En caso de incumplimiento, tramitará los expedientes sancionadores y de liquidación de cuotas que correspondan.

Además, para fiscalizar la realización de las actividades formativas a las que se refiere la disposición adicional vigesimoquinta ET[57] y el cumplimiento de los requisitos exigidos en relación con las personas que han sido objeto de exención, el apartado 8 de la disposición adicional cuadragésima cuarta LGSS prevé la comunicación por la TGSS al SEPE de tales personas en los supuestos de ERTE por causas ETOP y modalidades cíclica o sectorial del Mecanismo RED. Las acciones formativas pueden desarrollarse durante la aplicación de la reducción de la jornada o la suspensión del contrato o en

57 Acciones formativas para la mejora de las competencias profesionales y la empleabilidad de las personas trabajadoras, priorizándose las dirigidas a atender las necesidades formativas reales de las empresas y las personas trabajadoras, incluyendo las vinculadas a la adquisición de competencias digitales, así como las que permitan la recualificación de las personas trabajadoras, aunque no tengan relación directa con la actividad desarrollada en la empresa. Debe tenerse en cuenta, a estos efectos, que en el caso de activación de la modalidad sectorial del Mecanismo RED, cuando las empresas solicitan reducción de la jornada o suspensión de los contratos de trabajo en cualquiera de sus centros de trabajo, el art. 47 bis.3 ET exige que la solicitud a la autoridad laboral vaya acompañada de un plan de recualificación de las personas afectadas.

tiempo de trabajo, respetando en todo los descansos legalmente establecidos y el derecho a la conciliación laboral, personal y familiar. En todo caso, conforme a lo dispuesto en el art. 50.3 RPDC y 20.3 RD 608/2023[58], deben desarrollarse antes de que transcurran seis meses desde la finalización del periodo de vigencia del ERTE o del Mecanismo RED.

El SEPE debe verificar la realización de las acciones formativas, conforme a los requisitos exigidos. Si no se han realizado tales acciones, la TGSS ha de informar a la Inspección para que inicie los expedientes de infracción y liquidación que correspondan respecto de cada una de las personas trabajadoras afectadas. En caso de constatarse la falta de formación, la empresa debe ingresar el importe de las cotizaciones exoneradas en relación a la persona trabajadora respecto de la cual se hayan incumplido las acciones formativas, con el recargo y los intereses de demora que correspondan, en la cuantía fijada por la Inspección. No estará obligada al reintegro la empresa cuando haya puesto a disposición de las personas afectadas las acciones formativas y estas no las hayan realizado.

La misma obligación de reintegro de las cotizaciones exoneradas, con recargo e intereses de demora se impone, también previa comprobación y determinación de su importe por la Inspección, en caso de incumplimiento de la obligación de mantenimiento de empleo durante los seis meses siguientes a la finalización del ERTE o del Mecanismo RED en relación con la persona trabajadora afectada a la que se condicionan también los beneficios en la cotización[59]. No se consideran, no obstante, incumplimientos las extinciones derivadas de despido disciplinario declarado procedente, dimisión, muerte, jubilación o incapacidad permanente total, absoluta o gran invalidez de la persona trabajadora[60], fin del llamamiento por interrupción de la actividad en contratos fijos-discontinuos o, en el caso de contratos temporales formaliza-

58 Ambos en redacción dada por el RD 608/2023.

59 Arts. 47.7.e) y 47.bis.5 ET, apartado 10 de la disposición adicional cuadragésima cuarta LGSS y arts. 51 RPDC y 21 RD 608/2023, los dos últimos en redacción dada por el RD 608/2023. El compromiso vincula a la empresa durante los seis meses siguientes a la finalización del periodo de vigencia del expediente de regulación temporal de empleo, lo que incluye las prórrogas que hayan podido aplicarse, y se refiere a las personas trabajadora afectadas. En coherencia con ello, los efectos del incumplimiento del compromiso quedan también limitados al reintegro de la cotización de la persona afectada de cuyo pago se hubiese exonerado la empresa. Se superan así las dificultades interpretativas de la normativa COVID. La vinculación de la exoneración de cuotas con el compromiso de mantenimiento del empleo no solo se contempló en la legislación de urgencia durante la pandemia, sino incluso antes. Véase, la regulación más rigurosa de la disposición adicional cuarta del RD-ley 16/2014, de 19 de diciembre, por el que se regula el programa de Activación para el Empleo, derogada por el RD-ley 32/2021.

60 Respecto de la incapacidad permanente, cuando resulten gravosos para la empresa los debidos ajustes razonables ex STJUE de 18 de enero de 2024, asunto Ca Na Negreta, C-631/22, ECLI:EU:C:2024:53.

dos de acuerdo con el art. 15 ET, finalización de la causa o imposibilidad de realización de forma inmediata de la actividad objeto de contratación.

Una exigencia de mantenimiento material del puesto de trabajo puede resultar más compleja en el caso de activación de la modalidad sectorial del Mecanismo RED, en especial en supuestos de recualificación profesional[61]. Debe, no obstante, entenderse que las medidas de ajuste temporal deben adoptarse en supuestos de reconversión de la empresa y el puesto de trabajo, pero no respecto de empleos que sea necesario extinguir, sin perjuicio de las acciones formativas que puedan adoptarse en caso de despido colectivo para facilitar la recolocación de las personas afectadas en otra empresa y sector de la actividad.

Por lo demás, la exención aplicada en ningún caso perjudica a las personas trabajadores, para quienes el período se considera efectivamente cotizado a todos los efectos.

3. Medidas de protección social para las personas trabajadoras afectadas

Durante la suspensión de los contratos de trabajo, los trabajadores no tienen derecho a salario ni a indemnizaciones y, en el caso de reducción temporal de su jornada, ven reducida su jornada y, proporcionalmente, su salario, en los mismos términos de reducción porcentual. Para paliar la merma salarial que suponen ambas medidas de ajuste temporal del empleo, se ha permitido tradicionalmente el acceso de las personas afectadas a los beneficios relativos a la protección por desempleo, más allá de la pérdida del empleo, a quienes vean suspendido su contrato o reducida su jornada ordinaria de trabajo. De forma expresa, se remiten a la suspensión temporal de contrato o reducción temporal de jornada adoptadas al amparo del art. 47 o en virtud de resolución judicial en un procedimiento concursal los arts. 262 apartados 2 y 3, respecto del objeto de la protección por desempleo y la distinción entre desempleo total y parcial, y 267.1 letras b).1.° y c) LGSS, en relación con la consideración de situaciones legales de desempleo en el nivel contributivo. Para el acceso a la protección, como regla general, además de la concurrencia de la situación legal de desempleo, deberán reunirse los requisitos exigidos para el nacimiento, en cada caso, del derecho a las prestaciones. Tras la reforma acometida por el RD-ley 32/2021, se flexibilizan los requisitos en algunos supuestos[62] y, para la cobertura en caso de adopción de medi-

61 En este sentido, GIMENO DÍAZ DE ATAURI, P., «La respuesta anticipada del legislador al riesgo de crisis de empleo...», *op. cit.*, p. 106.

62 Nuevamente, se tiene en cuenta la relajación de requisitos durante la pandemia para la percepción de los beneficios sociales asociados a ajustes temporales de empleo, que resultó necesaria en un contexto de elevada temporalidad y precariedad en el mercado de

das de regulación temporal vinculadas a la activación del Mecanismo RED, se regula, adicionalmente, en la nueva disposición adicional cuadragésima primera LGSS[63], el acceso a una prestación específica[64] y de diferente naturaleza[65], con un trato más favorable y similitudes con la protección por desempleo prevista para los ERTE por fuerza mayor, tras la reforma del RD-ley 2/2022.

Pese a la percepción de la prestación y la consideración expresa como «situación legal de desempleo» de las suspensiones y reducciones adoptadas en el marco de ERTE del art. 47 ET, la disposición adicional sexta RD-ley 32/2021 prevé el cómputo de las personas a las que se aplican medidas de regulación temporal del empleo de los arts. 47 y 47 bis ET como ocupadas a efectos estadísticos[66]. Es cierto que en estas situaciones de suspensión o reducción temporal de jornada se mantiene la vigencia del vínculo contractual e incluso, si la empresa solicita exoneraciones en la cotización, existe un compromiso de mantenimiento del empleo de las personas afectadas por las medidas durante los seis meses siguientes a la finalización del período de vigencia del ajuste temporal de empleo.

3.1. Protección por desempleo para las personas trabajadoras afectadas por un ERTE del art. 47 ET

Respecto de la prestación a percibir por las personas trabajadoras en el caso de los ERTE del art. 47 ET, el apartado 7.e) del precepto se remite al art. 267 LGSS y sus normas de desarrollo, es decir, tanto las que regulan

---

trabajo, para ampliar el colectivo de personas protegidas, sin vincular las entonces prestaciones por desempleo de ERTE COVID-19 a cotizaciones previas. En este sentido y sobre su justificación durante la pandemia, Cavas Martínez, F., «El refuerzo de los expedientes de regulación temporal de empleo...», *op. cit.*, pp. 106 s.

63 Cuya entrada en vigor se demora al 30 marzo 2022, de acuerdo con la disposición final octava del RD-ley 32/2021.

64 Incompatible con la prestación o subsidio por desempleo o por cese de actividad, así como con la renta activa de inserción y las demás prestaciones de Seguridad Social, salvo que fueran compatibles con el trabajo suspendido o reducido por el Mecanismo RED.

65 Gala Durán, C., «La protección por desempleo contributiva: ¿la reforma pendiente?», en AA. VV., *Empleo y protección social. XXXIII Congreso ..., op. cit.*, p. 125 señala que no es una prestación de Seguridad Social —no está en la lista del art. 42 LGSS— aunque curiosamente se haya incluido en la LGSS. No requiere carencia previa ni consume cotizaciones previas ni periodo de desempleo.

66 Así se hizo ya con los afectados por ERTE COVID-19 por el Instituto Nacional de Estadística, siguiendo criterios de la Oficina Estadística de la Unión Europea (EUROSTAT). Al respecto, Gimeno Díaz de Atauri, P., «La respuesta anticipada del legislador al riesgo de crisis de empleo...», *op. cit.*, p. 107, n. 28.

cuestiones como el acceso, conservación, duración, cuantía, suspensión, extinción, incompatibilidades... de la protección por desempleo, como, en relación a la tramitación, el art. 22 del RD 625/1985, que establece las normas aplicables a estos supuestos en relación con las obligaciones de comunicación de la empresa a la entidad gestora de las prestaciones por desempleo y los datos que deben constar en la resolución de la autoridad laboral, o la disposición adicional segunda RD 1483/2012, en relación con la acreditación de la situación legal de desempleo y la comunicación que debe efectuar la autoridad laboral ex art. 267.3 LGSS y acompañar del informe de la Inspección.

Por tanto, además de la adopción del acuerdo de suspensión del contrato o reducción de la jornada en el correspondiente procedimiento, con observancia de la normativa vigente, se deben cumplir los requisitos generales de acceso y conservación de la protección, incluida, en el caso de acceso a la prestación contributiva de desempleo, la carencia previa —exigible solo en el caso de ERTE ETOP— y teniendo en cuenta la incompatibilidad general con la realización de otra actividad por cuenta propia o ajena a tiempo completo o con la percepción de una pensión incompatible con el trabajo. La duración de la prestación dependerá del tiempo que dure la medida de que se trate y, salvo en los ERTE por fuerza mayor, del tiempo cotizado por la persona trabajadora. El tiempo en el que la persona trabajadora en ERTE esté percibiendo prestaciones por desempleo no computa como periodo cotizado a efectos de causar una prestación futura. Y la cuantía de la prestación, en el caso de los ERTE ETOP será la general del 70 % de la base reguladora los primeros 180 días y el 60 % en adelante, con aplicación de los topes máximo (225 % - 200 % - 175 %) y mínimo (107 % - 80 %), aplicables tomando como referencia el IPREM y según corresponda, en función de la existencia de hijos a cargo o no. La cuantía se percibirá en la parte proporcional a las horas de desempleo, en el caso de los ERTE de reducción de jornada.

En relación con la vinculación entre el art. 47 ET y la prestación por desempleo contributiva, se han destacado por la doctrina algunas incoherencias. Por ejemplo, la cotización por la contingencia de desempleo durante la suspensión o reducción temporal de la jornada, pese a la falta de cómputo de esa cotización para generar un nuevo derecho a la prestación y la no reposición de la prestación consumida, con el correspondiente perjuicio para el trabajador, frente a una futura prestación por pérdida involuntaria del trabajo[67].

La disposición adicional cuadragésima sexta LGSS incorpora importantes mejoras en relación con la protección social de las personas trabajadoras en

67 GALA DURÁN, C., «La protección por desempleo contributiva: ¿la reforma pendiente?», *op. cit.*, p. 124, que considera defendible la reposición por la concurrencia de la causa justificativa de la medida, la mayor aceptación por las personas trabajadoras afectadas y la necesidad de preservar el empleo existente, aunque considera que la reposición tiene sentido como medida de choque temporal frente a una grave crisis económica, pero no como medida permanente, por su coste económico.

los ERTE por fuerza mayor. Esas particularidades resultan coherentes con el mejor trato que reciben los ERTE en la exoneración de cotizaciones, pero la diferenciación con los ERTE ETOP no resulta fácil de justificar[68]. En particular, se prevé la no exigencia de carencia mínima para el acceso a la prestación, la falta de consumo de las cotizaciones efectuadas, así como la aplicación del porcentaje del 70 % durante toda la vigencia de la medida, sin perjuicio de las cuantías máximas y mínimas del art. 270.3 LGSS.

A los efectos de la percepción de la protección por desempleo, en el caso de los ERTE, para acreditar la situación legal de desempleo, la autoridad laboral debe comunicar a la entidad gestora de las prestaciones la decisión empresarial de reducción o suspensión, con indicación de la fecha de notificación de la decisión a la autoridad laboral, la causa de la situación legal de desempleo, las personas trabajadoras afectadas, si el desempleo es total o parcial, el plazo por el que se producirá la suspensión o reducción de jornada y, en su caso, el número de horas de reducción y el porcentaje que supone respecto a la jornada diaria ordinaria de trabajo[69].

Asimismo, se establecen para el empresario obligaciones de comunicar tanto las medidas adoptadas y la información necesaria para el reconocimiento de la prestación —ámbito de aplicación, identificación de la empresa y personas trabajadoras afectadas, tipo de medida, período de aplicación, fechas, porcentaje de reducción...— como las variaciones[70] que se produzcan, y antes de su efectividad, a la entidad gestora de la prestación. La empresa deberá, además, comunicar mensualmente a la entidad gestora de las prestaciones por desempleo, en los términos previstos en el art. 22.3 RD 625/1985, los periodos de actividad e inactividad de todas las personas afectadas por la suspensión o la reducción de jornada. El incumplimiento de la obligación de comunicación de las medidas y sus variaciones se tipifica como infracción grave en el art. 22.13 LISOS.

Por lo demás, en caso de que la decisión empresarial que acuerda el ajuste temporal de empleo por causas ETOP sea objeto de impugnación judicial por la persona trabajadora y la medida se declare injustificada, la sentencia deberá declarar también, tal y como prevé el art. 47.3 ET, la

68 Cabeza Pereiro, J., «La metamorfosis de los mecanismos de suspensión...», *op. cit.*, pp. 91 s. califica la diferenciación de arbitraria. Frente al argumento del papel de la fase de consultas en los ERTE ETOP, que pueden facilitar una mayor tendencia al acuerdo, para trasladar costes al SEPE, el autor entiende que la autoridad laboral puede iniciar el procedimiento de oficio. Más justificable puede parecer la exoneración de cotizaciones por el carácter exógeno de la fuerza mayor.

69 Disposición adicional segunda RD 1483/2012.

70 El contenido de la comunicación se concreta en el art. 22 RD 625/1985. El art. 298 h) LGSS concreta la obligación del empresario de comunicar a la entidad gestora de la prestación por desempleo, las variaciones que se produzcan en relación con los días de suspensión o reducción de la jornada o el porcentaje de reducción con carácter previo a su efectividad.

inmediata reanudación del contrato de trabajo y el pago de los salarios dejados de percibir hasta entonces o, en su caso, el abono de las diferencias que procedan respecto de la prestación de desempleo percibida, sin perjuicio del reintegro del importe de la prestación a la entidad gestora. Tras la reforma laboral 2021, se hace además referencia expresa al ingreso de las diferencias de cotización a la Seguridad Social. Cuando la decisión empresarial afecte a un número de personas trabajadoras igual o superior a los umbrales previstos para el despido colectivo, puede también interponerse conflicto colectivo. Asimismo, la decisión puede ser impugnada por la autoridad laboral a petición de la entidad gestora de la prestación, si se aprecia la obtención indebida de prestaciones de desempleo por parte de las personas trabajadoras, por inexistencia de la causa motivadora de la situación legal de desempleo[71].

En relación con la protección asistencial de desempleo, la reforma acometida por el RD-ley 2/2024[72] con vistas a su simplificación, reconduce el acceso y los tipos de subsidio de desempleo en el art. 274.1 LGSS a dos supuestos: agotar una previa prestación contributiva —con una duración mínima de trescientos sesenta días cuando el beneficiario es menor de cuarenta y cinco años— o hallarse en situación legal de desempleo sin cotización suficiente para causar prestación contributiva, pero con una cotización mínima de noventa días.

Por tanto, parece que, en principio, quedan protegidas las personas afectadas por ERTE ETOP por el subsidio asistencial de desempleo, tanto en caso de no acreditar la carencia suficiente para el acceso a la prestación contributiva —pero sí la mínima de noventa días— como de haber agotado la prestación de desempleo antes de finalizar la medida de ajuste temporal.

---

71 Sobre las diversas vías procesales de impugnación de los acuerdos, decisiones empresariales y resoluciones de la autoridad laboral en relación con las distintas modalidades de ERTE (ETOP, fuerza mayor y Mecanismo RED), Cavas Martinez, F., «La impugnación judicial de las medidas de ajuste temporal de empleo...», *op. cit.*, pp. 14 ss. En relación con el Mecanismo RED, aunque no se mencionan expresamente los cauces a seguir ni en el art. 47 bis ET ni en la LRJS, considera aplicables los cauces para la impugnación judicial de los ERTE.

72 Art. 2.4 RD-ley 2/2024, de 21 de mayo, por el que se adoptan medidas urgentes para la simplificación y mejora del nivel asistencial de la protección por desempleo, y para completar la transposición de la Directiva (UE) 2019/1158 del Parlamento Europeo y del Consejo, de 20 de junio de 2019, relativa a la conciliación de la vida familiar y la vida profesional de los progenitores y los cuidadores, y por la que se deroga la Directiva 2010/18/UE del Consejo. Véase un análisis crítico del nivel asistencial antes de la reforma en Tortuero Plaza, J. L., «La protección por desempleo asistencial y otras políticas de protección por desempleo», en AA. VV., *Empleo y protección social. XXXIII Congreso ..., op. cit.*, pp. 149 ss. Sobre la mejora del nivel asistencial de desempleo en la norma de urgencia, véase Quintero Lima, M.ª G., «La reforma del desempleo asistencial contenida en el Real Decreto-ley 2/2024: un breve recorrido», *RGDTSS*, núm. 68, 2024, pp. 345 ss., en especial.

No obstante, debe tenerse en cuenta el art. 274.2 LGSS que, en redacción dada por el RD-ley 2/2024[73], exige, además de la concurrencia de una de las dos situaciones requeridas para el acceso al subsidio, en la fecha de solicitud «no tener derecho a la prestación contributiva por desempleo, no encontrase en supuesto de incompatibilidad y carecer de rentas propias, o bien, alternativamente, acreditar responsabilidades familiares».

No plantea problemas la exclusión del nivel asistencial en el caso de los ERTE por fuerza mayor, al eliminar la disposición adicional cuadragésima sexta LGSS la exigencia de una cotización mínima en este caso para el acceso a la prestación de desempleo y, en consecuencia, tener derecho las personas afectadas a prestación de desempleo, que brinda una protección más completa. Tampoco la carencia de rentas o la acreditación, en su caso, de responsabilidades familiares, al tratarse de un nivel asistencial de protección.

Sin embargo, debe analizarse el nuevo régimen de incompatibilidades previsto en el art. 282.3, tras la indicada reforma. Sin perjuicio del resto de incompatibilidades previstas en el art. 282 LGSS respecto de la prestación y subsidio de desempleo —trabajo por cuenta propia y prestaciones contributivas económicas—, en relación con el trabajo por cuenta ajena, la regla general, es la compatibilidad parcial y temporal del subsidio, que pasa a denominarse «complemento de apoyo al empleo», hasta un máximo de ciento ochenta días. El subsidio o complemento se puede compatibilizar con uno o varios contratos por cuenta ajena a tiempo parcial e incluso con la posibilidad de iniciar una relación laboral a tiempo completo o parcial, en los términos y conforme a la escala prevista en el art. 282.3 LGSS[74]. En este

73 Art. 2.4 RD-ley 2/2024, de 21 de mayo, por el que se adoptan medidas urgentes para la simplificación y mejora del nivel asistencial de la protección por desempleo, y para completar la transposición de la Directiva (UE) 2019/1158 del Parlamento Europeo y del Consejo, de 20 de junio de 2019, relativa a la conciliación de la vida familiar y la vida profesional de los progenitores y los cuidadores, y por la que se deroga la Directiva 2010/18/UE del Consejo. Véase un análisis crítico del nivel asistencial antes de la reforma en Tortuero Plaza, J. L., «La protección por desempleo asistencial y otras políticas de protección por desempleo», en AA. VV., *Empleo y protección social. XXXIII Congreso ..., op. cit.*, pp. 149 ss. Sobre la mejora del nivel asistencial de desempleo en la norma de urgencia, véase Quintero Lima, M.ª G., «La reforma del desempleo asistencial contenida en el Real Decreto-ley 2/2024: un breve recorrido», *RGDTSS*, núm. 68, 2024, pp. 345 ss., en especial.

74 Véase un análisis minucioso de la compatibilidad del trabajo y el complemento de apoyo al empleo en Miñarro Yanini, M., «La nueva regulación del subsidio por desempleo ex Real Decreto-Ley 2/2024: una modificación en clave de mejora (con parcial sensación de *déjà vu*)», *Revista de Trabajo y Seguridad Social. CEF*, núm. 482, pp. 17 ss., que destaca la fijación de porcentajes descendentes del complemento no solo a medida que avanza temporalmente la percepción del mismo, sino también en atención al trimestre en el que se encuentra la persona beneficiaria en relación con el inicio del subsidio, primando la compatibilidad con el trabajo desde el inicio de la percepción del subsidio y, lo que la autora considera más paradójico aún, cuanto menor es la jornada trabajada. De forma expresa, la autora pone énfasis en la naturaleza asistencial del subsidio, que lo vincula a la cobertura de situaciones de imperiosa necesidad. Con todo, la reforma ha apostado claramente por

último caso, la suspensión[75] de la nueva relación laboral que, en su caso, haya originado el complemento de apoyo al empleo, suspenderá también la percepción del complemento, sin perjuicio de la posibilidad de reanudación del subsidio —ya sin compatibilidad con el trabajo—, a solicitud del interesado, si acredita los requisitos correspondientes de situación legal de desempleo, inscripción como demandante de empleo y carencia de rentas o responsabilidades familiares. Se podrá, incluso, mantener el complemento si, al tiempo de la suspensión de aquella nueva relación laboral que lo justificó, la persona afectada conservara otra relación laboral, reajustando su cuantía.

No obstante, a continuación, el precepto declara la incompatibilidad del complemento con el desempeño de un empleo por cuenta ajena en dos supuestos que afectan a ajustes de empleo. El primero, que alguna doctrina justifica como cautela frente al fraude[76], cuando la nueva contratación sea efectuada por empresas que tengan autorizado expediente de regulación de empleo en el momento de la contratación. Algunos autores matizan que el expediente debe entenderse temporal y vinculado a los ERTE por fuerza mayor o derivados del Mecanismo RED, no a los despidos colectivos o a los ERTE ETOP, que no precisan autorización[77]. No se entiende, no obstante, la justificación para permitir la compatibilidad cuando la nueva contratación sea efectuada por una empresa inmersa en un ERTE ETOP. Además, debe tenerse en cuenta la prohibición general de concertar nuevas contrataciones laborales, aplicable al período de aplicación del expediente tanto en los casos del art. 47 como del art. 47 bis ET, con la única salvedad de que las personas afectadas por las medidas de ajuste temporal «no puedan, por formación, capacitación u otras razones objetivas y justificadas, desarrollar las funciones encomendadas» a las nuevas contrataciones[78]. Estando prohibida con carácter general la posibilidad de nuevas contrataciones, no parece precisa la prevención frente al fraude en este supuesto para desincentivar a las personas perceptoras de subsidios de desempleo acceder a una contratación laboral que es meramente excepcional. La incompatibilidad del subsidio

favorecer la empleabilidad inmediata y mediante empleos no precarios del perceptor del subsidio, permitiéndole compatibilizar su salario con un complemento de apoyo al empleo temporal y parcial, que decrece a medida que se consume subsidio y penaliza la menor parcialidad de la jornada de trabajo realizado.

75 También su extinción o la interrupción de la actividad fija-discontinua.

76 Miñarro Yanini, M., «La nueva regulación del subsidio por desempleo...», *op. cit.*, p. 18.

77 Álvarez Cuesta, H., «La protección social a través de la "reforma" de los subsidios de desempleo para una transición justa climática», *Revista de Estudios Jurídico Laborales y de Seguridad Social*, núm. 8, 2024, p. 70 respecto de la reforma llevada a cabo por el no convalidado RD-Ley 7/2023.

78 Arts. 47.7.d) y 47 bis.5.a) ET y 52 RPDC y 22 RD 608/2023 que, de forma expresa, permiten la celebración de contratos formativos siempre que la persona contratada no sustituya funciones o tareas realizadas habitualmente por las personas afectadas.

con un nuevo empleo en empresas con regulación temporal de empleo, por tanto, aunque no plantea en sí misma problemas de justificación, tiene un efecto muy residual.

Más problemático resulta el segundo supuesto de incompatibilidad del subsidio, que no estaba previsto en el previo RD-ley 7/2023, no convalidado por el Congreso, pero que se introdujo en el RD-ley 2/2024. El nuevo art. 282.3 LGSS no considera aplicable la compatibilidad del subsidio con el trabajo a «las relaciones laborales suspendidas en virtud de expediente de regulación de empleo o del Mecanismo RED», que impide el acceso al subsidio en caso de suspensiones adoptadas en virtud de los arts. 47 y 47 bis ET. La incompatibilidad parece justificada en los supuestos de ERTE por fuerza mayor o vinculados a un Mecanismo RED, que se asocian a una prestación de desempleo o de otra naturaleza, pero equivalente y que incluso mejora la protección por desempleo. En estos casos se prevé expresamente la incompatibilidad de estas prestaciones con la prestación y el subsidio de desempleo en el art. 282.6. Pero puede dejar sin cobertura a personas afectadas por ERTE ETOP, que no reúnan los requisitos de acceso a la prestación contributiva de desempleo o hayan agotado su duración y continúen con su contrato en suspenso. En estos casos, es lógico que el subsidio no opere a modo de complemento de apoyo al empleo, que es lo que regula el art. 282.3, pero debería permitirse compatibilizar la situación de suspensión con el subsidio como prestación asistencial vinculada a una situación legal de desempleo, si se reúnen los requisitos de carencia de rentas o responsabilidades familiares, en su caso, exigidos. Aunque la norma debería ser matizada por el legislador, su interpretación sistemática y teleológica debería permitir la compatibilidad.

Además, la incompatibilidad del subsidio en este caso se limita a las suspensiones. No menciona los ajustes temporales mediante reducción temporal de jornada entre un 10 y un 70 % de la jornada, con análoga reducción de salario, que pueden causar situaciones de desempleo parcial vinculadas también a ajustes temporales de empleo. El subsidio no sería compatible con las medidas de protección social vinculadas a ERTE por fuerza mayor o al Mecanismo RED *ex* art. 282.6 LGSS. Pero nada impide que pueda percibirse, si se cumplen los demás requisitos de acceso, en caso de reducción de jornada derivada de ERTE ETOP. Es cierto que este supuesto, como el de las suspensiones, no parecía incluirse en el ámbito del art. 282.3, limitado, de acuerdo con el primer párrafo del art. 282.3, bien a supuestos de acceso al subsidio por desempleo manteniendo uno o varios contratos a tiempo parcial, bien en relación con quienes, siendo beneficiarios de un subsidio, inicien una relación laboral a tiempo completo o parcial. No se comprende por qué el RD-ley 2/2024 dejó fuera de la compatibilidad «las relaciones laborales suspendidas en virtud de expediente de regulación de empleo o del Mecanismo RED».

3.2. Protección social para las personas trabajadoras afectadas por la aplicación del Mecanismo RED

En cuanto a la prestación para las personas trabajadoras afectadas por la aplicación del nuevo Mecanismo RED[79], la disposición adicional cuadragésima primera LGSS requiere solicitud colectiva por la empresa, en representación de las personas beneficiarias, en los términos previstos en la norma[80] y sin perjuicio de su desarrollo reglamentario. La prestación se vincula a la aplicación de la medida de ajuste temporal —suspensión contractual o reducción temporal de la jornada—, pudiendo la empresa presentar la solicitud en el plazo de un mes desde la notificación de la resolución de la autoridad laboral que autorice la aplicación de la medida o de la certificación del silencio administrativo, positivo en este caso. En caso de que la empresa presente la solicitud fuera de ese plazo, aunque el derecho a la prestación nacerá el día de la solicitud, la empresa será responsable del abono de los importes que le habrían correspondido a la persona afectada desde el primer día de aplicación de la suspensión o reducción. No se ha previsto, no obstante, para ese supuesto, como habría sido deseable, el alta de pleno derecho[81].

En la solicitud, deberá constar la identidad de esas personas, la naturaleza de la medida aprobada por la autoridad laboral y, en caso de reducción de jornada, el porcentaje máximo de reducción autorizado. Se requiere haber iniciado la relación laboral o societaria afectada y que da acceso a la prestación, en todo caso, antes de la aprobación del acuerdo de activación del Mecanismo RED. También se exige inscripción de la persona trabajadora ante el servicio público de empleo competente. No se precisa, en cambio, acreditar un periodo mínimo de cotización previo a la Seguridad Social ni la prestación consume cotizaciones previamente efectuadas a efectos de una futura prestación de desempleo.

La oportunidad de no consumir cotizaciones previas durante la percepción de la prestación fue puesta de manifiesto ya en los ERTE vinculados a la crisis de 2008. Esos procedimientos finalizaron, en muchos casos, con la extinción del contrato y sin posibilidad de generar una nueva prestación, al haber consumido ya los trabajadores la prestación por desempleo generada con sus cotizaciones durante la vigencia de la regulación temporal de empleo. El

79 Incluidas, además de las personas trabajadoras por cuenta ajena afectadas, quienes tengan la condición de socias trabajadoras de cooperativas de trabajo asociado y de sociedades laborales incluidas en el Régimen General de la Seguridad Social o en algunos de los regímenes especiales que protejan la contingencia de desempleo.

80 La solicitud colectiva fue introducida durante la pandemia por el art. 3 RD-ley 9/2020.

81 Así lo pone de manifiesto Cabeza Pereiro, J., «La metamorfosis de los mecanismos de suspensión...», *op. cit.*, p. 106.

RD-ley 10/2010 amplía los incentivos para trabajadores y empresarios vinculados a estas medidas[82]. Entre ellos, prevé, en caso de extinción posterior del contrato por causas ETOP o procedimiento concursal, el derecho de reposición de las prestaciones de desempleo vinculadas a medidas previas de regulación temporal de empleo, con ciertos límites y teniendo en cuenta los días consumidos[83].

Instada la solicitud, su reconocimiento se realiza por resolución del titular de la Dirección General del SEPE, aunque la prestación se financia con cargo al Fondo RED de Flexibilidad y Estabilización del Empleo, adscrito al Ministerio de Trabajo y Economía Social[84], que financia también los costes derivados de la activación del Mecanismo RED en relación con los beneficios en la cotización y los gastos asociados a la formación[85]. La dotación efectiva se acuerda por el Consejo de Ministros[86].

82 Establece, en concreto, un sistema de reposición de las prestaciones de desempleo y prevé bonificaciones en las cotizaciones empresariales.

83 En relación con la reposición de prestaciones, se reconoce a las personas afectadas por ajustes temporales de empleo cuyo contrato se extinga, posteriormente, por ERE, despido objetivo por causas ETOP o resolución judicial en procedimiento concursal, el derecho a la reposición de la duración de la prestación contributiva por igual número de días que hubiera percibido la prestación vinculada a la anterior regulación temporal de empleo, con unas condiciones temporales y una duración máxima.

84 Previsto en el art. 47 bis.6 ET y constituido por la disposición adicional quinta del RD-ley 4/2022, de 15 de marzo, por el que se adoptan medidas urgentes de apoyo al sector agrario por causa de la sequía. Su régimen jurídico, fuentes, gestión y administración se regula en el capítulo IV del RD 608/2023.

85 De conformidad con el art. 26 RD 608/2023, el Fondo se podrá nutrir en cada ejercicio, entre otros, de excedentes de ingresos que financian las prestaciones contributiva y asistencial de desempleo hasta su importe máximo —descontadas tanto las prestaciones abonadas, como las cotizaciones y las bonificaciones de fomento del empleo aportadas por el SEPE a la TGSS—, excedentes de las aportaciones de las empresas con beneficios por despidos colectivos que afecten a trabajadores de cincuenta o más años en los términos previstos en la disposición adicional decimosexta de la Ley 27/2011, de 1 de agosto —deducidos los costes de las medidas de reinserción laboral para el colectivo afectado—, aportaciones de los Presupuestos Generales del Estado para financiar las exenciones de las cotizaciones, aportaciones de los instrumentos de financiación de la Unión Europea para gastos subvencionables de acuerdo con su normativa y rendimientos generados por el propio fondo. No obstante, de acuerdo con la disposición transitoria segunda RD 608/2023, la gestión del fondo se iniciará una vez se haya producido la primera dotación y su primer presupuesto se incluirá en los Presupuestos Generales del Estado, dentro del presupuesto del SEPE, cuando las disponibilidades financieras de TGSS, del SEPE y la situación financiera de la Seguridad Social lo permitan. Hasta tanto, los gastos de formación, exenciones de la cotización y prestaciones se financian con cargo a los recursos financieros de las entidades competentes en la ejecución del Mecanismo RED (con cargo a los presupuestos de la Seguridad Social, mutuas, SEPE y Fondo de Garantía Salarial).

86 Su gestión financiera y administración se realizará a través del SEPE en los términos previstos en el art. 25 RD 608/2023 y su gobernanza, de acuerdo con los arts. 29 y 30, se encomienda, principalmente, a un Comité de Gestión y a una Comisión Social de Seguimiento.

La cuantía de la prestación es, durante todo el periodo de percepción, del 70 % de una base reguladora calculada de forma similar a la de la prestación de desempleo[87]. Se fija, no obstante, un único tope mensual máximo del 225 % del IPREM, incrementado en un sexto, con independencia de la existencia o no de hijos a cargo, aunque en la cuantía proporcional en el trabajo a tiempo parcial. No se fija, en cambio, un límite mínimo, aunque probablemente no sea necesario al corresponder su cuantía durante todo el período de percepción al 70 % de la base reguladora y calcularse esta en atención a periodos de cotización acreditada. Las reglas de cotización durante la aplicación de las medidas son similares a las del art. 273 LGSS.

El período de percepción de la prestación se corresponde, en principio, con la duración de la aplicación de la medida —sustituida, en su caso, por el pago de la empresa—, pero con la limitación de la vigencia del Mecanismo RED activado y de sus límites temporales máximos —un año para la modalidad cíclica y un año con posibilidad de dos prórrogas de seis meses cada una en la modalidad RED sectorial—. Puede, no obstante, extinguirse antes, si se causa baja en la empresa o por sanción impuesta conforme a la LISOS. Y también suspenderse, si concurre una causa de suspensión contractual distinta del Mecanismo RED. Cuando la situación de crisis, general o de sector, se demore en el tiempo, deberá recurrirse a mecanismos complementarios de protección social[88].

Por lo demás, el tiempo de percepción de la prestación no tiene la consideración de periodo de ocupación cotizado. No obstante, a efectos del acceso a una futura prestación de desempleo, el período de seis años a que se refiere el artículo 269 LGSS, se retrotraerá, en su caso, por el tiempo equivalente al que el trabajador hubiera percibido la citada prestación, aplicándose así la técnica del paréntesis.

En cuanto al régimen de incompatibilidades, al margen de lo previsto en el art. 282.3 y 6 LGSS, en relación con prestaciones y subsidios de desempleo, se prevé la imposibilidad de percibir simultáneamente prestaciones derivadas de dos o más Mecanismos RED, sin que se impida, en cambio, de forma expresa, percibir dos o más prestaciones derivadas de un mismo Mecanismo RED, por ejemplo, en supuestos de pluriempleo en que las empresas afectadas puedan acogerse a la activación de un mismo mecanismo, cíclico o

87 En función del promedio de las bases de los 180 días anteriores, salvo que el período de ocupación cotizada sea inferior, en cuyo caso se computarán únicamente las bases del período inferior acreditado. Debe tenerse en cuenta, a estos efectos, que, a diferencia de la prestación por desempleo, no requiere una carencia mínima previa.

88 Castro Surís, E., «Protección de la Seguridad Social en caso de ERTE RED alternativa al desempleo», en AA. VV., *Empleo y protección social. Comunicaciones del XXXIII Congreso Nacional de la Asociación Española de Derecho del Trabajo y de la Seguridad Social*, Ministerio de Trabajo y Economía Social, Madrid, 2023, pp. 867 s.

sectorial, lo cual parece difícilmente justificable[89]. También se establece la incompatibilidad de la prestación con la realización de trabajo por cuenta propia o por cuenta ajena a tiempo completo, pero no con el realizado a tiempo parcial, sin que en este supuesto se deduzca de la prestación la parte proporcional al tiempo trabajado. Dada la situación de crisis habilitante del Mecanismo RED, y sin perjuicio de la finalidad de conservación del empleo, parece comprensible, de forma destacada en la modalidad cíclica, que se trate de fomentar la recualificación o, en su caso, la recolocación preventiva, al menos parcial, de los trabajadores afectados por las medidas.

Son tantas las similitudes con la prestación de desempleo que se considera razonable aplicar analógicamente, para temas no previstos en la regulación de la prestación del Mecanismo RED, la normativa más exhaustiva, legal y reglamentaria, sobre la protección por desempleo. En este sentido, se ha cuestionado incluso la necesidad de dotar de una prestación específica, más allá de la intención de simular una diferencia que en la práctica no es tan grande o de una específica financiación de la prestación, a través del Fondo RED, en la medida que no está vinculada a la previa cotización por desempleo. Sin embargo, no parece un argumento suficiente[90].

3.3. Prestaciones para la sostenibilidad de la actividad

Por su parte, el RD-ley 13/2022[91] introdujo sendas prestaciones para la sostenibilidad de la actividad para las personas trabajadoras autónomas de sectores de actividad afectados por el Mecanismo RED en las modalidades cíclica y sectorial, que se regulan en las nuevas disposiciones adicionales cuadragésima octava y novena LGSS, modificadas por el RD-ley 14/2022[92]

---

89 En este sentido, Gimeno Díaz de Atauri, P., «La respuesta anticipada del legislador al riesgo de crisis de empleo...», *op. cit.*, p. 108. Cabeza Pereiro, J., «La metamorfosis de los mecanismos de suspensión...», *op. cit.*, p. 105 n. 29 considera que puede tratarse de un lapsus de la norma, sin que se haya pretendido limitar el acceso a dos o más prestaciones cuando concurran situaciones de pluriempleo o pluriactividad por cuenta ajena.

90 Ampliamente, Cabeza Pereiro, J., «La metamorfosis de los mecanismos de suspensión...», *op. cit.*, p. 108. También menciona la posibilidad de una emulación del exitoso sistema alemán, que, respecto del *Kurzarbeit*, genera un subsidio estatal diferenciado del paro forzoso.

91 RD-ley 13/2022, de 26 de julio, por el que se establece un nuevo sistema de cotización para los trabajadores por cuenta propia o autónomos y se mejora la protección por cese de actividad.

92 RD-ley 14/2022, de 1 de agosto, de medidas de sostenibilidad económica en el ámbito del transporte, en materia de becas y ayudas al estudio, así como de medidas de ahorro, eficiencia energética y de reducción de la dependencia energética del gas natural.

y que en su gestión y financiación están más vinculadas a la prestación por cese de actividad[93].

En ambas modalidades y con una regulación poco ordenada, compleja y confusa, además de unos requisitos comunes para todos los autónomos, se exigen unos requisitos adicionales a aquellos cuyas empresas tengan trabajadores asalariados, que también se aplican, a diferencia de los primeros, a socios de sociedades de capital, cooperativistas de trabajo asociado o autónomos que ejerzan su actividad conjuntamente. Asimismo, existen requisitos comunes para autónomos individuales y estos.

Los requisitos comunes de los autónomos son más estrictos en la modalidad sectorial, que además de los exigidos en la modalidad cíclica —alta en el régimen especial que corresponda, cumplimiento de las obligaciones tributarias y de Seguridad Social, no prestar servicios en otra actividad en la que no se hayan adoptado las medidas del art. 47 bis ET (salvo en caso de pluriactividad y con los límites previstos en la norma), no percibir una prestación de cese de actividad o para la sostenibilidad, ni haber cumplido la edad ordinaria de jubilación, salvo falta de carencia suficiente para causar la pensión—, añade un período de carencia mínima para acceder a la prestación por cese de actividad y la suscripción del compromiso de actividad. Ciertamente, la diferencia notable frente a la modalidad cíclica es la exigencia de una cotización mínima. El compromiso de actividad, aunque parece asociarse con la necesidad de reconversión, es necesario para la inscripción en los servicios públicos requerida para la percepción de la prestación ex art. 299.1.c) LGSS. Con todo, la modalidad sectorial se vincula de forma estrecha a la prestación de cese de actividad.

Existen también requisitos comunes para autónomos, socios de sociedades de capital, cooperativistas de trabajo asociado o autónomos que ejerzan su actividad conjuntamente, tengan o no trabajadores a su servicio. En todo caso, se exige, para acceder a la prestación, una reducción de ingresos o ventas del 75 % en los dos trimestres anteriores respecto de los obtenidos en ejercicios anteriores[94], sin que en ese período sus rendimientos netos mensuales alcancen la cuantía del salario mínimo o de la base por la que viniera cotizando, si fuera menor. De nuevo, en la modalidad sectorial se añaden, además, requisitos relativos a la necesidad de presentar un proyecto de inversión y actividad a desarrollar y participar en el plan de recualificación presentado para los trabajadores asalariados, vinculado el primero a la capitalización de la prestación y coherentes ambos con la necesidad de reconversión del sector.

---

93 Sobre la regulación de autoempleo en el marco del Mecanismo RED y la protección social del trabajo autónomo, Molina Navarrete, C., *La reestructuración empresarial..., op. cit.*, pp. 499 ss.

94 Reducción que coincide con la prevista en el art. 331.1.b) LGSS para las situaciones legales de cese de actividad por fuerza mayor.

En cuanto a los requisitos adicionales, exigidos a quienes tengan a su servicio trabajadores asalariados, se refieren no solo a la autorización de la autoridad laboral, necesaria para aplicar el Mecanismo RED a los trabajadores de la empresa, sino también a la necesidad de que las medidas afecten al 75 % de la plantilla y al cumplimiento de las obligaciones laborales vinculadas a las medidas adoptadas, incluido el pago de salarios.

La cuantía de la prestación, en la modalidad cíclica, es el 50 % de la base reguladora del tramo 3 de la tabla reducida aplicable a autónomos, repartiéndose por mitades entre trabajador y entidad gestora la cotización al régimen especial que corresponda[95]. Distinta, pues, de la cuantía general prevista para la prestación de cese de actividad en el art. 339 LGSS —el 70 % aplicable al promedio de las bases de cotización de los doce meses anteriores a la situación de cese—, aunque se contempla su reducción al 50 % en determinados supuestos en los que se produce reducción de jornada o suspensión de actividad en determinados porcentajes o suspensión por fuerza mayor. Y su duración es de tres meses, prorrogables por períodos trimestrales, hasta el máximo de un año, si tiene trabajadores asalariados a su servicio. Si no los tiene, la duración será la prevista en la solicitud con el tope de seis meses, aunque con posibilidad excepcional de tres prórrogas de dos meses cada una.

En cambio, la prestación en la modalidad sectorial es de pago único y se calcula aplicando un 70 % a una base reguladora determinada en función del promedio de las bases de cotización de los doce meses anteriores al acuerdo de activación. Su duración difiere, según tenga o no trabajadores a su servicio. En el primer caso, estará vinculada al tiempo de vigencia del Mecanismo RED con el límite de la duración de la prestación por cese de actividad que le correspondería, en función del tiempo cotizado, ex art. 338.1 LGSS. En el segundo, se tendrán en cuenta los periodos de cotización ex art. 338. El pago de la cotización a la Seguridad Social se determinará atendiendo a la base reguladora de la prestación y se repartirá por mitades entre entidad gestora y autónomo.

En la modalidad cíclica, la prestación no consume las cotizaciones previas realizadas al sistema de protección por cese de actividad, que no se tienen en cuenta para causar la prestación. El tiempo de percepción no se descontará tampoco de la duración de la prestación de cese de actividad en futuros accesos a la misma. Ese tiempo tendrá la consideración de alta a efectos del acceso a una prestación de cese de actividad, y las cotizaciones efectuadas durante ese período se tendrán en cuenta para el reconocimiento de un derecho posterior. Nada se prevé al respecto en la modalidad sectorial, vinculada a la carencia previa, que, parece, consumirá las cotizaciones computables

95 El pago de la cotización es responsabilidad del autónomo, a quien la entidad gestora deberá abonar el importe de la cuota a su cargo para su ingreso a la Seguridad Social, junto con la cuota del propio autónomo.

y descontará el tiempo de percepción de una futura prestación por cese de actividad.

Entre las obligaciones que se imponen al autónomo, se incluye la de incorporarse a la actividad cuando se acuerde el levantamiento de las medidas adoptada en el Mecanismo RED —o cuando finalice el derecho a la prestación si no tiene trabajadores a su servicio—, mantenerse en el desarrollo de la actividad al menos seis meses consecutivos[96] y estar al corriente en las cotizaciones a la Seguridad Social de los trabajadores de la empresa. En el caso de la modalidad sectorial, se exige capitalizar la prestación al servicio de una actividad de autoempleo, invertir la prestación en una actividad económica o profesional como trabajadores autónomos o en una aportación al capital social de una entidad mercantil de nueva constitución o constituida en los doce meses anteriores, para poseer el control efectivo de la misma. Esta particularidad evidencia incluso una diferente naturaleza entre las prestaciones de ambas modalidades, centrada en la modalidad cíclica en ofrecer una garantía mínima protección social al autónomo y potenciando en la modalidad sectorial claramente la sostenibilidad de la actividad empresarial. La capitalización, en este caso, no es una opción para la persona en situación de autorregulación de empleo.

En cuanto a la gestión de la prestación, exige previa solicitud de la persona interesada ante la Mutua colaboradora con la que tenga cubierta la protección de cese de actividad o, en su caso, el Instituto Social de la Marina. Su financiación se hace con cargo a la cotización por cese de actividad.

Los autónomos económicamente dependientes pueden acceder a la prestación en ambas modalidades si la empresa de la que dependen está afectada por un mecanismo amparado por el artículo 47 bis. El trabajador deberá acreditar una reducción del 50 % de los ingresos durante dos trimestres fiscales, así como rendimientos netos no superiores al SMI o a su base de cotización y, en su caso, estar incluido en el plan de recualificación propuesto por la empresa. No podrá desarrollar otro trabajo. En la modalidad sectorial, deberá estar incluido en el plan de recualificación presentado por la empresa.

96 Castro Surís, E., «Protección de la Seguridad Social en caso de ERTE RED ...», *op. cit.*, pp. 875 s. pone de manifiesto la mayor complejidad, en caso de trabajadores autónomos, de la compatibilidad de las prestaciones al requerirse el mantenimiento en activo durante seis meses tras la percepción de la prestación, que le exigirá elegir entre la prestación de sostenibilidad y la de cese de actividad.

CAPÍTULO V

LA LABOR DE ACOMPAÑAMIENTO DE LAS ADMINISTRACIONES PÚBLICAS PARA LA MEJORA DE LA EMPLEABILIDAD DE LAS PERSONAS TRABAJADORAS. ESPECIAL ATENCIÓN A LAS SITUACIONES DE TRANSICIÓN PROFESIONAL

Rosa Rodríguez Martín-Retortillo
Profesora Titular de Derecho del Trabajo y de la Seguridad Social
Universidade de Vigo

1. Las políticas de empleo ante las debilidades del mercado de trabajo

En el año 2020, la pandemia del Covid-19 generó la necesidad de dar respuesta a los efectos económicos y sociales desencadenados por la crisis sanitaria. En julio de ese mismo año, la Unión Europea creó un instrumento de recuperación excepcional, conocido como *Next Generation EU*, dotado con 750.000 millones de euros, para hacer frente a los desafíos que había generado.

En el marco de esos fondos europeos, el Mecanismo de Recuperación y Resiliencia es un instrumento creado con el fin de financiar a los Estados miembros, mediante la puesta a disposición de un ingente volumen recursos económicos, que se materializa a través de ayudas y préstamos, para favorecer el crecimiento económico y la creación de empleo a raíz del Covid-19.

En el caso de España, la herramienta para poner en marcha este Mecanismo es el Plan de Recuperación, Transformación y Resiliencia aprobado por el Gobierno de España en el año 2021[1], estructurado en torno a diez grandes políticas palanca, de las que interesa —a los efectos de este trabajo— la número VIII, relativa a «la nueva economía de los cuidados y políticas de empleo», y, en particular, su Componente 23, sobre «nuevas políticas públicas para un mercado de trabajo dinámico, resiliente e inclusivo».

Para ejecutar este Plan, el Gobierno aprobó el Real Decreto-Ley 36/2020, de 30 de diciembre[2]. Los objetivos que busca son «avanzar hacia una España más verde, más digital, más cohesionada desde el punto de vista social y territorial, y más igualitaria»[3]. Además, está inspirado en la Agenda 2030 y los Objetivos de Desarrollo Sostenible de Naciones Unidas, fundamentalmente en el objetivo 8 (trabajo decente y crecimiento económico) y el objetivo 10 (reducción de las desigualdades).

En este inusual escenario generado con la pandemia, se asiste a un fenómeno determinante de respuesta a situaciones de crisis, en el que se promueve la salvaguarda y mantenimiento del empleo frente a las alternativas extintivas. Los expedientes de regulación temporal de empleo (ERTEs) pasan a un primer plano, frente a los despidos colectivos (EREs), que venían siendo el recurso habitual en situaciones de dificultad. A estos efectos, interesa poner de manifiesto una serie de datos. De acuerdo con información publicada por el Ministerio de Trabajo[4], el pasado año 2023 hubo un total de 181.139 personas trabajadoras afectadas por fenómenos de regulación de empleo (de las cuales 144.634 estuvieron afectadas por un ERTE y 36.505

1 Aprobado en Consejo de Ministros de 27 de abril de 2021 (*Boletín Oficial del Estado* de 30 de abril). Aprobado por el Consejo de Asuntos Económicos y Financieros de la Unión Europea (ECOFIN) el 13 de julio de 2021. Accesible en: https://www.mites.gob.es/es/plan_recuperacion/que_es/index.htm#:~:text=Plan%20de%20Recuperaci%C3%B3n%2C%20Transformaci%C3%B3n%20y%20Resiliencia%20(PRTR)&text=En%20el%20marco%20del%20MRR,13%20de%20julio%20de%202021.

2 *Boletín Oficial del Estado*, núm. 341, de 31 de diciembre de 2020.

3 Accesible en https://www.lamoncloa.gob.es/temas/fondos-recuperacion/Documents/160621-Plan_Recuperacion_Transformacion_Resiliencia.pdf

4 Accesible en https://www.mites.gob.es/es/estadisticas/condiciones_trabajo_relac_laborales/REG/welcome.htm#

por un ERE). Estas medidas fueron más numerosas en empresas de entre 50 y 249 trabajadores/as y el sector más afectado fue el de la industria. El uso de estos instrumentos ha tendido a reducirse con el paso del tiempo, también por irse logrando mejores datos en el mercado de trabajo (se ha pasado de una tasa de paro 16,13 % al cierre del año 2020, a una del 11,27 % en el segundo trimetre de 2024)[5]. Por ejemplo, en el año 2022, hubo un total de 294.702 personas trabajadoras afectadas por fenómenos de regulación de empleo (de las que 270.487 estuvieron en ERTE y 24.215 en ERE). Y en el año 2021, un total de 603.399 personas (559.737 en ERTE y 43.662 en ERE). Lo elevado de las cifras en estas anualidades, obedece a las medidas activadas por el Gobierno, en tiempos de pandemia y postpandemia, con el fin de garantizar el empleo.

Si se consultan datos previos al año 2020, la tendencia en el uso de estas medidas de flexibilidad era diferente, tendía al alza con el paso del tiempo. Por ejemplo, en 2017, afectaron a un total de 57.497 personas (36.648 en ERTE y 20.813 en ERE). En 2018, a un total de 72.896 personas (52.939 en ERTE y 19.957 en ERE). Y en el 2019, a un total de 88.927 (58.056 en ERTE y 30.871 en ERE).

2. La gestión pública en los supuestos de transición profesional: ERTEs y EREs

2.1. El papel de la autoridad laboral

La respuesta empresarial ante situaciones de crisis se ha caracterizado por un diferente protagonismo de las medidas de flexibilidad —interna o externa— previstas en nuestra legislación, fundamentalmente ERTEs y EREs, que se acompañan de una intervención pública de mayor o menor intensidad, como así se desprende de su propia denominación: «expedientes de regulación».

En lo que respecta a los ERTEs, la intervención de la autoridad laboral tiene una incidencia diversa, en función de la causa que motive el ERTE. En el caso de causas objetivas o ETOP (art. 47, apdos. 1-4, y apdo. 7, del ET), no se exige autorización de la autoridad laboral, sino comunicación del inicio del procedimiento y apertura simultánea del período de consultas. Sí se exige, en esta modalidad, que la autoridad laboral recabe informe preceptivo de la Inspección de Trabajo y de Seguridad Social. Tras la finalización del período de consultas, la empresa notificará a las personas trabajadoras y a la autori-

5 Instituto Nacional de Estadística (INE). Accesible en https://www.ine.es/prensa/epa_tabla.htm

dad laboral su decisión. Es decir, el papel que se le otorga es esencialmente informativo, sobre el inicio y fin del expediente.

En el caso de los ERTEs por fuerza mayor (art. 47, apdos. 5 y 6, del ET), es exigible que la autoridad laboral constate la existencia de fuerza mayor, pues es una forma de garantizar el correcto uso de esta figura, ya que no hay período de consultas. El matiz radica en que, en el caso de la fuerza mayor clásica o propia (art. 47.5 del ET), se exige que la autoridad laboral solicite informe preceptivo a la Inspección de Trabajo y de Seguridad Social, mientras que en la fuerza mayor impropia (art. 47.6 del ET), el informe es facultativo. Se entiende así, en este último supuesto, porque esta causa de fuerza mayor viene dada por una decisión de la autoridad gubernativa, lo que dota a esta figura de un importante respaldo público.

La presencia de la autoridad laboral también es significativa en los ERTEs encuadrados en el Mecanismo RED (en sus modalidades cíclica y sectorial), regulados en el art. 47 bis del Estatuto de los Trabajadores y desarrollados por el Real Decreto 608/2023, de 11 de julio. La normativa prevé que, una vez activado el Mecanismo, las empresas podrán solicitar voluntariamente a la autoridad laboral la reducción de la jornada o la suspensión del contrato. Se debe tener en cuenta que, en la modalidad sectorial, dicha solicitud debe ir acompañada del plan de recualificación de las personas afectadas. Un aspecto, sin duda, que pone énfasis en la materia formativa. En el procedimiento del Mecanismo RED, se exige que la autoridad laboral recabe informe preceptivo de la Inspección de Trabajo y de la Seguridad Social. Finalmente, si hay acuerdo en el período de consultas, autorizará la medida y, si no, se pronunciará estimando o desestimando la solicitud empresarial.

Por lo que respecta a los despidos colectivos o EREs (art. 51 del ET), la norma otorga un papel relevante a la autoridad laboral, pese la ausencia de autorización administrativa, que se eliminó con la reforma laboral de 2012[6]. Si bien la reforma laboral de 2021[7] no recuperó esta posibilidad, dado que fue fruto de un acuerdo entre patronal y sindicatos, ello no supuso necesariamente debilitar el papel de la autoridad laboral, ya que la incidencia de lo público se ha reforzado en otros aspectos. En primer lugar, con la Ley 3/2023, de Empleo[8], que se refiere al informe de la Inspección de Trabajo y de la Seguridad Social. Este informe ya estaba previsto con anterioridad, pero la novedad viene dada por su contenido. La nueva redacción del art. 51 señala que «el informe de la inspección, además de comprobar los extremos de la

---

6 Art. 18.3 del Real Decreto-ley 3/2012, de 10 de febrero, de medidas urgentes para la reforma del mercado laboral.

7 Aprobada por el Real Decreto-ley 32/2021, de 28 de diciembre, de medidas urgentes para la reforma laboral, la garantía de la estabilidad en el empleo y la transformación del mercado de trabajo.

8 *Boletín Oficial del Estado*, núm. 51, de 1 de marzo de 2023.

comunicación y el desarrollo del periodo de consultas, se pronunciará sobre la concurrencia de las causas especificadas por la empresa en la comunicación inicial, y constatará que la documentación presentada por esta se ajusta a la exigida en función de la causa concreta alegada para despedir». En segundo lugar, el refuerzo en materia de despidos colectivos se encuentra en el RD 608/2023, de 11 de julio[9], que desarrolla el Mecanismo RED y modifica el RD 1483/2012. Esta norma establece el deber de notificación previa a la autoridad laboral con seis meses de antelación (al inicio del período de consultas), en supuestos de cierre de uno o varios centros de trabajo, cuando ello suponga el cese definitivo de la actividad y el despido afecte a 50 o más personas trabajadoras.

Por último, también en el marco de los despidos colectivos, la norma atribuye a la autoridad laboral un papel más activo, cuando así proceda, al establecer que «la autoridad laboral velará por la efectividad del periodo de consultas pudiendo remitir, en su caso, advertencias y recomendaciones a las partes que no supondrán, en ningún caso, la paralización ni la suspensión del procedimiento. Igualmente (...), la autoridad laboral podrá realizar durante el periodo de consultas, a petición conjunta de las partes, las actuaciones de mediación que resulten convenientes con el fin de buscar soluciones a los problemas planteados por el despido colectivo. Con la misma finalidad también podrá realizar funciones de asistencia a petición de cualquiera de las partes o por propia iniciativa». Así sucedió, por ejemplo, en el conocido caso Alcoa, en el que se enjuiciaba el despido colectivo de 524 trabajadores/as de la planta de San Cibrao en Cervo (Lugo), que fue declarado nulo por el Tribunal Superior de Justicia de Galicia, en su sentencia de 17 de diciembre de 2020[10], posteriormente confirmada por el Tribunal Supremo en su sentencia de 28 de octubre de 2021[11]. En ese conflicto, la autoridad laboral gallega llegó a realizar hasta diez advertencias a la empresa durante el período de consultas, que revelaron la falta de voluntad negociadora de Alcoa a lo largo de todo el proceso.

Todo ello, por supuesto, sin perjuicio de la intervención reforzada que se prevé para el despido colectivo en casos de fuerza mayor, de acuerdo con el art. 51.7 del ET, la cual debe ser constatada por la autoridad laboral.

Todo lo que se acaba de exponer se refiere al papel que la ley atribuye a la autoridad laboral. Por lo que respecta al recurso a estos instrumentos de flexibilidad, su incidencia ha variado con el paso del tiempo, marcado por un importante componente político. Como es conocido, ante la crisis económica de hace dos décadas —acentuada en los años 2012 y siguientes—, la reforma laboral aquel momento se caracterizó por dos elementos: facilitar

9 *Boletín Oficial del Estado*, núm. 165, de 12 de julio de 2023.

10 Núm. de recurso 48/2020.

11 Núm. de recurso 54/2021.

las extinciones de los contratos (a través de la eliminación de la autorización administrativa en el caso de los despidos colectivos, y abaratando la indemnización por despido improcedente de 45 a 33 días por año), y por ser una reforma impuesta. *A sensu contrario*, en la crisis generada como consecuencia de la pandemia del Covid-19, la tendencia fue otra: se limitó la posibilidad de despedir (*ex.* art. 2 del Real Decreto-Ley 9/2020), priorizando la figura del ERTE, y se aprobó la reforma laboral de 2021, que fue fruto del diálogo social.

Por otro lado, en el uso de estos instrumentos, la comunicación entre Administraciones es un aspecto a mejorar. Piénsese que las diferencias vienen dadas, fundamentalmente, en la parte de tramitación o ejecución a nivel autonómico, o en la disparidad de criterios para constatar la fuerza mayor ante la falta de una definición de la misma en los arts. 47 y 51 del Estatuto.

2.2. La distribución competencial entre Administraciones y la gestión multinivel en las transiciones profesionales

En el apartado anterior se ha mencionado el papel de la autoridad laboral en el procedimiento correspondiente a ERTEs y EREs, Sin embargo, interesa analizar la incidencia que tiene la Administración en la importante necesidad de formación —reforzada en los últimos tiempos— de las personas trabajadoras afectadas por estas medidas.

Ello exige delimitar, en primer lugar, el ámbito de las competencias estatales y las autonómicas, tanto en materia de empleo *stricto sensu*, como en cuestiones de formación.

En nuestro sistema de fuentes, la Constitución española contiene el punto de partida en esta materia en su art. 149.1.7.°, al establecer que el Estado tendrá la competencia exclusiva en materia de legislación laboral; sin perjuicio de su ejecución por los órganos de las Comunidades Autónomas.

Por su parte, la Ley 3/2023, de Empleo, señala entre los principios rectores de la política de empleo, los de «colaboración institucional y coordinación entre la Agencia Española de Empleo, los Servicios Públicos de Empleo Autonómicos y las demás Administraciones públicas con competencias en la materia, en el marco de la Estrategia Española de Apoyo Activo al Empleo y la Estrategia coordinada para el empleo de la Unión Europea, promoviendo la cohesión y el equilibrio territorial y garantizando la igualdad de acceso a las políticas activas de empleo a cualquier persona en todo el Estado»[12]. Esta norma señala que, en el ámbito de competencia estatal, corresponde al Gobierno la planificación de la política de empleo a desarrollar por la Agencia Española de Empleo y los servicios públicos de empleo de ámbito autonó-

12 Art. 5, letra c).

mico. También, la aprobación de los proyectos de normas con rango de ley y la elaboración y aprobación de las disposiciones reglamentarias en relación con la intermediación y colocación en el mercado de trabajo, fomento de empleo, protección por desempleo, formación en el trabajo, así como el desarrollo de dicha ordenación. Igualmente, la gestión y control de las prestaciones por desempleo[13].

Esta norma también dispone que, en su ámbito territorial, corresponde a las Comunidades Autónomas el desarrollo de la política de empleo, el fomento del empleo y la ejecución de la legislación laboral y de los programas y medidas que les hayan sido transferidos, así como de los programas comunes que se establezcan, conjuntamente con el desarrollo y diseño de los programas propios adaptados a las características territoriales. Por último, indica que corresponde a las Corporaciones Locales, en el marco de sus competencias, la colaboración y cooperación con las demás administraciones para el logro de los objetivos del artículo 4 y demás contenidos en la legislación de referencia, siendo de especial relevancia el desarrollo de la dimensión local de la política de empleo[14]. Como ejemplo de esta dimensión autonómica, el Estatuto de Autonomía de Galicia señala que corresponde a la Comunidad Autónoma gallega la ejecución de la legislación del Estado, entre otras materias, en la laboral, asumiendo las facultades, competencias y servicios que, en este ámbito, y a nivel de ejecución, ostenta actualmente el Estado respecto a las relaciones laborales, sin perjuicio de la alta inspección de éste[15].

En cuanto a la tramitación de los expedientes de regulación de empleo, la llevarán a cabo diferentes organismos en función de quién sea la autoridad laboral competente en cada caso, lo que dependerá de si los/as trabajadores/as que desarrollen su actividad están adscritos a centros de trabajo ubicados en su totalidad en un ámbito provincial, lo estén a lo largo del territorio de una Comunidad Autónoma, o estén presentes en dos o más CC. AA. En este sentido, las diferentes CC. AA. proporcionan sus propios medios de tramitación, para cumplir con las exigencias legales. A modo de ejemplo, en el caso de Galicia, de conformidad con la disposición adicional sexta de la Ley 4/2019, de 17 de julio, de administración digital de Galicia[16], se establecen los modelos normalizados aplicables en la tramitación del procedimiento. Así se establece en la Orden de la Consellería de Empleo e Igualdade, de 28 de abril de 2022 por la que se regula el procedimiento, se aprueba y se da publicidad al modelo de solicitud de ERTE derivado de la activación del

13 Art. 6.

14 Art. 7.

15 Art. 29.1.

16 *Diario Oficial de Galicia*, núm. 141, de 26 de julio de 2019.

Mecanismo RED de Flexibilidad y Estabilización del Empleo (código de procedimiento TR820I)[17].

Desde el punto de vista de la distribución de las mencionadas competencias, destaca, en materia de empleo, el Título II de la Ley de Empleo, sobre «La Agencia Española de Empleo y servicios de empleo», que contiene tres capítulos de especial interés. El primero, el de «la Agencia Española de Empleo» (arts. 18-22); el segundo sobre «los servicios públicos de empleo de las Comunidades Autónomas» (arts. 23 y 24); y el tercero, sobre «Las entidades colaboradoras de los servicios públicos de empleo» (arts. 25-27).

Si bien se delimitan y perfilan las diferentes funciones que pueden asumir, la materia competencial no se debe observar únicamente desde un punto de vista vertical (Estado-CC.AA.-otras entidades), sino también horizontal (por ejemplo, entre distintos Ministerios). Buen ejemplo de ello, son las competencias en materia de formación profesional para el empleo[18], distribuidas entre el Ministerio de Trabajo y Economía Social y el Ministerio de Educación y Formación Profesional[19]. A este respecto, el Ministerio de Trabajo tiene competencia, entre otras cuestiones, en lo relativo a las convocatorias de formación de oferta para ocupados cuando estas acciones formativas no estén ligados a los certificados de profesionalidad y estén vinculadas al catálogo de acciones formativas del Servicio Público de Empleo Estatal. Mientras, el Ministerio de Educación tiene competencia en la formación profesional de desempleados y la formación profesional de ocupados, incluyendo las convocatorias nacionales y las autonómicas, cuando éstas respondan a formación vinculada a los certificados de profesionalidad.

En todo caso, las Comunidades Autónomas son las competentes, en su respectivo ámbito territorial, para la gestión de la formación profesional para el empleo en su conjunto.

Por otra parte, en cuanto a la señalada dispersión territorial, una práctica habitual tras el Covid, ha sido incentivar la formación, ya sea a través de subvenciones, o de acuerdo con las exoneraciones en las cuotas empresariales a la Seguridad Social previstas por la ley.

Por ejemplo, esta última práctica viene configurada por ley en materia de Mecanismo RED. Este instrumento se activó únicamente en el sector de las agencias de viajes (entre el 1 de abril y el 31 de diciembre de 2022). Las empresas que podían solicitar la aplicación de las medidas de reduc-

---

17 *Diario Oficial de Galicia*, núm. 88, de 6 de mayo de 2022.

18 Accesible en Formación Profesional para el empleo. Ministerio de Trabajo y Economía Social (mites.gob.es)

19 Real Decreto 499/2020, de 28 de abril, por el que se desarrolla la estructura orgánica básica del Ministerio de Trabajo y Economía Social, y Real Decreto 498/2020, de 28 de abril, por el que se desarrolla la estructura orgánica básica del Ministerio de Educación y Formación Profesional.

ción temporal de jornada y suspensión de contratos de trabajo propias de ese Mecanismo fueron las que su actividad se correspondiera con los siguientes códigos de la Clasificación Nacional de Actividades Económicas (CNAE-2009): 7911 —actividades de las agencias de viajes; 7912—actividades de los operadores turísticos; y 7990 —otros servicios de reservas y actividades—. Su activación permitió incentivar, mediante exoneraciones a la Seguridad Social, las acciones formativas para contribuir a la recuperación del sector (en concreto, las exenciones en la modalidad sectorial eran de un 40 %), condicionadas al mantenimiento del empleo en un período de seis meses tras la finalización del ERTE. De acuerdo con datos del Ministerio de Trabajo, «las agencias de viaje llegaron a tener el 77 % de sus afiliados protegidos en ERTE durante el momento álgido de la pandemia»[20].

Una posible experiencia futura de aplicación del Mecanismo RED se puede dar en otro sector, como es el de la automoción. Recientemente, en la empresa Ford, está proyectada la fabricación de un nuevo modelo de coche en su planta de Almussafes (Valencia), lo que genera dudas sobre los volúmenes, la plantilla necesaria, o cuándo saldrá al mercado. Por ello, los sindicatos han planteado la posibilidad de solicitar la activación del Mecanismo RED para el sector de la automoción, que se haría efectiva en 2025. Actualmente, se ha acordado un despido colectivo que afecta a 626 personas, y un ERTE rotativo que alcanzará a 996.

En cuanto a las exoneraciones, el art. 47.7, letra d), del Estatuto, establece que las empresas que desarrollen las acciones formativas a las que se refiere la disposición adicional vigesimoquinta, a favor de las personas afectadas por el expediente de regulación temporal de empleo, tendrán derecho a un incremento de crédito para la financiación de acciones en el ámbito de la formación programada. Indica también que los beneficios en materia de cotización vinculados a los expedientes de regulación temporal de empleo, de carácter voluntario para la empresa, estarán condicionados, asimismo, al mantenimiento en el empleo de las personas trabajadoras afectadas con el contenido y requisitos previstos en la Ley General de la Seguridad Social.

De acuerdo con datos de la Fundación Estatal para la Formación en el Empleo (FUNDAE)[21], en la actualidad (verano 2024) se están impartiendo un total de 50.230 cursos, de los cuales 48.444 son de formación bonificada, y 1.786 de formación subvencionada.

20 Nota de prensa del Ministerio de Trabajo. Publicada el 29/03/2022. Accesible en: https://www.inclusion.gob.es/documents/20121/1338501/Nota+de+prensa_4235-4592.pdf/6fe5cc18-5c63-a042-1e2e-44b2cc35c525?t=1648561585000

21 https://www.fundae.es/publicaciones/datos-a-dia-de-hoy?reportPath=A_DiadeHoy

2.3. Tipos de programas de formación de las personas en procesos de transición profesional

De acuerdo con la normativa[22], la impartición de formación corresponde: a las empresas que lleven a cabo acciones formativas para sus propios/as trabajadores/as; a las Administraciones Públicas competentes en materia de formación profesional para el empleo; y a las entidades de formación, públicas o privadas, acreditadas y/o inscritas en el Registro Estatal de Entidades de Formación[23] (junto con los Registros Autonómicos), que integran el Sistema Nacional de Empleo (SNE).

En el caso de la formación programada por las empresas, esta debe estar relacionada con la actividad empresarial. Además, las empresas dispondrán de anualmente de un «crédito de formación» que se traduce en bonificaciones en las cotizaciones empresariales a la Seguridad Social.

Por otro lado, para atender las necesidades no cubiertas por la formación programada por las empresas para sus trabajadores/as, la oferta formativa para trabajadores/as ocupados —entre los que se incluyen personas en ERTE—, están: 1) los programas de formación sectoriales (para un determinado sector); 2) los programas de formación transversales (varios sectores de la actividad económica); y 3) los programas de cualificación y reconocimiento profesional. Las Administraciones Públicas, garantizarán esta formación, que se realizará por entidades de formación acreditadas y/o inscritas. Asimismo, las personas desempleadas podrán participar en la oferta formativa para trabajadores/as ocupados, al igual que los trabajadores autónomos y de la economía social[24].

En el caso de la formación orientada a personas desempleadas, las Administraciones Públicas programarán, una oferta formativa ajustada tanto a las necesidades formativas individuales, como a las necesidades del sistema productivo. Así, las Comunidades Autónomas, en sus respectivos ámbitos de gestión, y el Servicio Público de Empleo Estatal en las ciudades de Ceuta y Melilla, incluirán en sus programaciones acciones formativas dirigidas a cubrir las necesidades formativas detectadas por los servicios públicos de empleo en los itinerarios personalizados de inserción y en las ofertas de empleo, con el objetivo prioritario de lograr la inserción o reinserción laboral de los trabajadores desempleados en aquellos empleos que requiere el mer-

22 Como así sintetiza el Ministerio de Trabajo en su portal institucional, https://www.mites.gob.es/es/Guia/texto/guia_4/contenidos/guia_4_10_1.htm#

23 https://www.sepe.es/HomeSepe/Personas/formacion/Registro-Estatal-Entidades-Formacion.html. La mencionada inscripción debe ser previa a la impartición de formación.

24 En este caso, en los programas de formación sectoriales y transversales.

cado de trabajo[25]. Como se ha mencionado, la impartición de las acciones formativas se realizará por entidades de formación acreditadas y/o inscritas.

Por otro lado, en cuanto a las modalidades de impartición, la formación proporcionada puede ser presencial, telemática o mixta. Para este último caso, si lo que se pretende es impartir formación en el trabajo, las entidades de formación tienen que cumplir como requisito estar inscritas en las especialidades incluidas en el Catálogo de Especialidades Formativas[26]. De acuerdo con datos de FUNDAE[27], de los cursos que se están realizando en la actualidad (verano de 2024), el 84,1 % se hacen en modalidad de teleformación, el 14,9 % presencial, y el 1 % mixta.

En la actualidad, también según información de FUNDAE[28], de los 50.230 cursos que se están impartiendo, 48.444 son de formación en las empresas; 1.218 se corresponden con Planes de Formación; y 568 son de programas específicos. Además, al mayor parte de los cursos tiene lugar en la Comunidad de Madrid (17.221 cursos). En el caso de Galicia, se están impartiendo 1.969 cursos. La mayor parte de los contenidos formativos que se proporcionan, se corresponden con los diez siguientes: inglés; dirección y gestión bancaria en general; prevención de riesgos laborales en general; habilidades personas e interpersonales en el entorno laboral; conocimiento de la empresa, cultura de empresa; seguridad alimentaria, manipulación y control de alimentos en general; prevención de la marginación escolar y social; francés; habilidades directivas; y gestión de recursos humanos en general.

Por último, en lo que respecta al apoyo institucional sobre orientación en materia de empleo, en el marco del Plan de Recuperación Transformación y Resiliencia, se debe mencionar la creación de una Red de 20 Centros Públicos de Orientación, Emprendimiento, Acompañamiento e Innovación para el Empleo (Red COE)[29]. Está compuesta por veinte centros públicos: uno por cada Comunidad Autónoma y Ciudad Autónoma, y un Centro Estatal. Se regulan en el art. 8.5 de la Ley 3/2023, de 28 de febrero, de Empleo, que señala que constituyen el soporte especializado del Sistema Nacional de Empleo dirigido a reforzar la dinamización y planificación en materia de orientación, emprendimiento e innovación para el empleo. Los centros de la Red COE son espacios de innovación y experimentación para el fortaleci-

25 https://www.mites.gob.es/es/Guia/texto/guia_4/contenidos/guia_4_10_1.htm#

26 https://www.sepe.es/HomeSepe/Personas/formacion/centros-entidades-teleformacion.html

27 https://www.fundae.es/publicaciones/datos-a-dia-de-hoy?reportPath=A_DiadeHoy

28 https://www.fundae.es/publicaciones/datos-a-dia-de-hoy?reportPath=A_DiadeHoy

29 https://www.sepe.es/HomeSepe/es/Personas/encontrar-trabajo/plan-recuperacion-transformacion-resiliencia/activacion-empleo.html

miento e integración de la igualdad de oportunidades en el diseño, desarrollo y evolución de las políticas públicas de apoyo a la activación para el empleo[30].

En este sentido, el respaldo institucional se observa en iniciativas como la llevada a cabo por el SEPE y FUNDAE, que han impulsado una plataforma de formación gratuita, que denominada «Digitalízate»[31], y que se orienta al desarrollo profesional y personal de trabajadores/as y Pymes.

De todos modos, se debe señalar que también en materia formativa hay una importante dispersión respecto de lo que sucede en cada CC. AA, ya que cada una tiene su programa de formación, que es diferente entre unas y otras.

2.4. La labor de la Administración en el seguimiento de las acciones formativas: el SEPE y la Inspección de Trabajo y Seguridad Social

El seguimiento de las acciones formativas por parte de los centros de formación se hace, en primer lugar, por parte de los funcionarios de las Direcciones Provinciales del Servicio Público de Empleo Estatal. A ellos corresponde efectuar acciones de comprobación sobre el adecuado funcionamiento y desarrollo de los cursos formativos. Pueden solicitar documentación a los centros formativos, e incluso llegar a anular alumnado si se acredita que no se ha realizado la formación por parte de alguna persona, o un concreto curso por irregularidades.

No obstante, cuando se detectan incumplimientos que entran en el terreno de las infracciones laborales, entra en juego otro organismo: la Inspección de Trabajo y de la Seguridad Social. El Real Decreto Legislativo 5/2000, sobre Infracciones y Sanciones en el Orden Social (LISOS)[32], regula las infracciones en materia de empleo correspondientes a los empresarios y a las entidades de formación o aquellas que asuman la organización de las acciones de formación profesional para el empleo programada por las empresas. En esta norma, se tipifican las infracciones en leves, graves o muy graves (arts. 14-16). Asimismo, regula las infracciones en materia de Seguridad Social, y contempla como infracción muy grave incurrir los empresarios, las entidades de formación o aquellas que asuman la organización de las acciones formativas programadas por las empresas, en el falseamiento de documentos o en la simulación de la ejecución de la acción formativa, incluida la teleformación, para la obtención o disfrute indebido de bonificaciones en materia de formación profesional para el empleo (art. 23.1, letra h).

30 *Ibidem.*

31 https://espanadigital.gob.es/lineas-de-actuacion/digitalizate-plus

32 *Boletín Oficial del Estado*, núm. 189, de 8 de agosto de 2000.

Por tanto, en caso de detectarse incidencias en las actuaciones realizadas el técnico de la Dirección Provincial del SEPE dará traslado a la Inspección de Trabajo y Seguridad Social para que inicie la instrucción del expediente de conformidad con el procedimiento administrativo especial en esta materia, sin perjuicio de las responsabilidades que puedan concurrir. Además, se deberá comunicar a la Unidad de seguimiento y control de acciones formativas, el traslado de las actuaciones a la Inspección de Trabajo y Seguridad Social a fin de tener constancia de las mismas[33].

En concreto, como pone de manifiesto FUNDAE[34], el Servicio Público de Empleo Estatal realiza las siguientes actuaciones de comprobación:

- Visitas de seguimiento de los grupos formativos comunicados, en el lugar de impartición durante su realización, en las cuales se recogen evidencias físicas y entrevistas a los responsables, alumnos y formadores y se comprueba que la realización de la acción formativa es acorde a lo comunicado.
- Requerimientos de documentación justificativa de la realización de las acciones formativas y PIF.

Actualmente, se ha desplegado una ingente cuantía de fondos europeos destinados a formación, lo que posibilita la realización de gran cantidad de cursos. Son necesarios unos estándares claros sobre el perfil de las personas formadoras, la selección del alumnado, o la calidad y utilidad de la formación que se preste en cada caso. Todo ello, hace de esa trazabilidad un elemento fundamental, basado en la colaboración entre SEPE e Inspección de Trabajo.

3. Las políticas en materia de formación y refuerzo de la empleabilidad

El Estatuto de los Trabajadores contempla una serie de derechos y obligaciones en materia formativa en materia de ERTEs y EREs. Por un lado, el art. 47.7, d), párrafo segundo, del ET, señala que las empresas que desarrollen las acciones formativas a favor de las personas afectadas por el expediente de regulación temporal de empleo, tendrán derecho a un incremento de crédito para la financiación de acciones en el ámbito de la formación programada.

Por su parte, en relación con los despidos colectivos, el art. 51, apartados 2 y 10, del Estatuto de los Trabajadores, dispone que «la empresa que lleve a cabo un despido colectivo que afecte a más de cincuenta trabajadores

33 https://www.fundae.es/docs/default-source/empresas/documentos/report_instrucci%C3%B3n-syc-fpe-2019-1-4-2019-firmadas.pdf

34 https://www.fundae.es/atencionusuario/faq

deberá ofrecer a los trabajadores afectados un plan de recolocación externa a través de empresas de recolocación autorizadas. Dicho plan, diseñado para un periodo mínimo de seis meses, deberá incluir medidas de formación y orientación profesional, atención personalizada al trabajador afectado y búsqueda activa de empleo».

A partir de esta base normativa, se tratarán, brevemente, las principales líneas de actuación en las políticas de formación en estos ámbitos.

3.1. Políticas para personas en ERTE

Los Servicios Públicos de Empleo contemplan una serie de actuaciones destinadas al refuerzo de formación y empleabilidad de las personas trabajadoras o en ERTE[35]. Existen diversas iniciativas de formación que tienen por finalidad la recualificación profesional de los trabajadores/as en riesgo de inadaptación, todas ellas orientadas a la transformación digital, ecológica y productiva.

Sus líneas de acción son las siguientes:

Uno de los aspectos que más impacto está teniendo en nuestros días, es el relativo a la digitalización. En este sentido, se han publicado convocatorias de propuestas de subvención para la adquisición de nuevas competencias esta materia. Su ámbito subjetivo alcanza a trabajadores/as del sector del turismo y a las personas desempleadas o en ERTE. La duración media de estas acciones es de 65 horas, como señala FUNDAE.

Otra posibilidad viene dada por la financiación de formación a través de microcréditos. Se dirige a los mismos tipos de trabajadores que la acción anterior, pero en este caso la persona beneficiaria recibe una subvención directa con fines de formación en capacidades pertinentes para los sectores ecológico, digital y otros sectores estratégicos[36].

Otra línea tiene que ver con la identificación de los ámbitos necesitados de formación, a través de la participación activa de los sujetos interesados. Se habla de «detección de necesidades en materia de capacidades». Desde FUNDAE se indica que «una investigación basada en una encuesta realizada en al menos 23 sectores productivos proporcionará respuestas eficaces a las demandas de formación y recualificación profesional del mercado laboral, incluidas las capacidades ligadas a la transición digital y la transición ecológica. También se anticiparán los cambios y se responderá a la demanda potencial de mano de obra cualificada»[37].

35 https://www.sepe.es/HomeSepe/es/Personas/encontrar-trabajo/plan-recuperacion-transformacion-resiliencia/transformacion-digital.html

36 https://blog.fundae.es/aprendizaje-permanente/2024/02/08/600-euros-formacion/

37 https://www.sepe.es/HomeSepe/es/Personas/encontrar-trabajo/plan-recuperacion-transformacion-resiliencia/transformacion-digital.html

Más allá de estas acciones, destacan otras como la iniciativa de Formación Programada por las Empresas y Permisos Individuales de Formación[38], en el que las empresas dispondrán de un crédito adicional de diferente cuantía según su tamaño: de 1 a 9 personas trabajadoras: 425 € por persona; de 10 a 49 personas trabajadoras: 400 € por persona; de 50 o más personas trabajadoras: 320 € por persona.

De manera genérica, se convocan ayudas de formación para trabajadores afectados por ERTE[39] (no limitadas a la materia digital, como antes se trató). Estas convocatorias se hacen por el SEPE y FUNDAE, y buscan financiar programas de formación destinados a la recualificación de personas trabajadoras, de cualquier sector, que hayan estado o estén en situación de ERTE. Estos programas formativos pueden ser de la empresa o de una entidad de formación, y tendrán una duración mínima de 40 horas. En todo caso, se trata de programas de ámbito estatal, adjudicados por concurrencia competitiva.

Por otra parte, con el Real Decreto-Ley 36/2020 se recogió una nueva figura de colaboración público-privada: los Proyectos Estratégicos para la Recuperación y Transformación Económica (PERTE)[40]. Los criterios para declarar un PERTE son: contribución al crecimiento económico y al empleo; e importancia cuantitativa o cualitativa[41]. Hay aprobados doce proyectos estratégicos en el marco de esta figura.

También son muy interesantes los programas orientados a colectivos concretos, con un componente de género. Es el caso del Programa de alfabetización digital de mujeres contratadas en el marco del Programa de Fomento del Empleo Agrario (PROFEA)[42]. La brecha digital se acentúa en el ámbito rural, debido a la ya existente brecha territorial, por lo que la adquisición de competencias digitales es un elemento clave a la hora de dotar de mayores oportunidades a mujeres que se encuentran o se han encontrado contratadas en el Plan de Fomento del Empleo Agrario.

---

38 https://www.fundae.es/convocatorias/convocatoria-ertes---la-formaci%C3%B3n-tu-mejor-apoyo

39 https://www.fundae.es/convocatorias/convocatoria-ertes---la-formaci%C3%B3n-tu-mejor-apoyo

40 Art. 8.

41 https://planderecuperacion.gob.es/como-acceder-a-los-fondos/pertes#:~:text=Los%20PERTE%20son%20proyectos%20de,transversales%20a%20las%20diferentes%20administraciones.

42 https://planderecuperacion.gob.es/noticias/conoce-programa-alfabetizacion-digital-mujeres-rurales-programa-fomento-empleo-agrario-PROFEA-prtr

3.2. Políticas para personas desempleadas

Además de las acciones que se acaban de indicar, interesan las iniciativas llevadas a cabo o en ámbitos o para colectivos específicos de desempleados/as que pueden interesar también a quienes han perdido su empleo por un ERE (en referencia las medidas de flexibilidad a las que se alude en este trabajo). Estas iniciativas son gestionadas por las Comunidades Autónomas. A modo de ejemplo, en el caso de Galicia, por la Xunta.

Resultan de especial interés, las siguientes:

La oferta formativa del Centro de Nuevas Tecnologías de Galicia (CNTG)[43]. Este centro tiene como objetivo principal contribuir a la formación de todo el conjunto de personas que quiera prepararse para dar respuesta a los retos y proyectos que asuman las empresas de Galicia en el ámbito de las nuevas tecnologías y la sociedad de la información.

Por su parte, la Consellería de Emprego promueve una serie de programas de empleo destinados a favorecer la contratación de personas demandantes[44]. Los programas de empleo vigentes en la actualidad es la siguiente:

1. Acciones de fomento de empleo con las entidades locales para la realización de obras o servicios de interés general y social
2. Contratación temporal de personas en situación o riesgo de exclusión social perceptoras de la RISGA
3. Programa APROL Rural
4. Programas de cooperación con organismos intermedios Sistema Nacional de Garantía Juvenil
5. Programas de cooperación
6. Programas de formación y empleo
7. Programas integrados de empleo de Galicia
8. Ofertas de empleo público

43 https://emprego.xunta.gal/portal/es/11-demandantes/demandantes-sp/467-otra-formacion-de-interes.html

44 https://emprego.xunta.gal/portal/es/11-demandantes/demandantes-sp/475-programas-publicos-de-empleo.html#programas-duales-de-formacion-y-empleo

4. El fomento de la formación de las personas trabajadoras en ERTE desde la perspectiva de la contratación pública

Regularmente, se convocan subvenciones para la formación de trabajadores que hayan estado o estén afectados por ERTE[45]. Con esta fórmula se pretende incentivar la acción formativa, para beneficiar tanto a las empresas —lo que les permite cubrir los costes de formación—, como a las personas trabajadoras —que se capacitan en nuevas tareas o perfeccionan competencias previamente adquiridas—. Con estas convocatorias, se busca financiar programas de formación destinados a la recualificación de personas trabajadoras que hayan estado o estén incluidas en expedientes de regulación temporal de empleo.

Para ello, se debe consultar la Plataforma de Contratación del Sector Público[46]. En ella se incluyen de forma automática las licitaciones, en las que el órgano de contratación indica que la fuente de financiación es el Plan de Recuperación, Transformación y Resiliencia[47].

Se trata de convocatorias nacionales, basadas en la concurrencia competitiva. Entre las más recientes, están las que tienen por objeto ofrecer un servicio de formación destinado a la recualificación de personas trabajadoras que hayan estado o estén Descripción afectadas por un Expediente de Regulación Temporal de Empleo (ERTE).

En esta Plataforma, la preparación y presentación de ofertas se realizará haciendo uso exclusivamente de la Herramienta que a tal efecto pone a disposición la Plataforma de Contratación del Sector Público a los licitadores. De media, las que se convocan contemplan un plazo de ejecución de 24 meses, desde la formalización del contrato.

La normativa de referencia es, por un lado, la Directiva 2014/24/EU sobre Contratación Pública, y la Ley 9/2017, de 8 de noviembre, de Contratos del

---

45 https://www.sepe.es/HomeSepe/es/que-es-el-sepe/comunicacion-institucional/noticias/detalle-noticia?folder=/SEPE/2022/Enero/&detail=Convocatoria-de-subvenciones-a-la-formacion-a-trabajadores-que-hayan-estado-o-esten-afectados-por-expedientes-de-regulacion-temporal-de-empleo-ERTE

46 https://contrataciondelestado.es/wps/portal/!ut/p/b1/nY_LboMwFES_JR8Q-doGx1maR4DI5lGDg71BqE-iAlVVddGvr1NI21Tq7EY6OqNBDtkt9qGYYbZHPXLL-Dk9jx_Tuoyvl-7YEKRVHB9yAlzTBIhMuo7Il0rQySPWI_BLBPxtcD9ISOPAHE3NdJEBFPkhkR0OISPsCtyYsB7YDcKkjSj2FKrozo8ca9XWGcEADJIIfZ_9nxb1EAz6zN_UvaYSLIfyrLCSFITbn76o6YxoBGOreWg2m6s40pyLCAuoeBpBERqWIDtFCAT_Fpf5Oj-i2b086XqW4bQV38UuCa8!/dl4/d5/L2dJQSEvUUt3QS80SmtFL1o2X0JTODhBQjFBMDAzVTgwQTZRUUM5RDAyMDkz/?nID=Z6_4EOCCFH208S3D02LDUU6HH2082&cID=Z6_4EOCCFH208S3D02LDUU6HH2082

47 https://planderecuperacion.gob.es/como-acceder-a-los-fondos/convocatorias/BDNS/602123/convocatoria-erte-fondos-mrr

Sector Público[48]. A través de la contratación pública, se garantiza la igualdad en la concurrencia a las convocatorias, así como la transparencia en su adjudicación, bajo parámetros objetivos.

Por otra parte, la contratación pública estratégica puede hacer mucho por fomentar que las empresas sean socialmente responsables en materia de empleo, al tener en cuenta en los criterios para adjudicar los contratos aspectos sociales o, en ciertas ocasiones las prohibiciones para contratar (como hace el art. 71 de la Ley de Contratos, como en el caso de no cumplir con la cuota de reserva del 2 % de personas con discapacidad o la carencia de Plan de Igualdad, en ambos casos, en empresas de más de cincuenta personas trabajadoras, que están obligadas por ley a contar con uno). En el caso de las personas vulnerables, las acciones formativas adquieren una importancia fundamental, debido a la necesidad de potenciar su empleabilidad y recualificación. De este modo, su presencia y oportunidades en el mercado laboral serán más igualitarias, y para ello, todos/as debemos ser conscientes de la importancia de poner a su disposición instrumentos de formación que les hagan social, laboral y económicamente autosuficientes.

5. Conclusiones

En los procesos de transición profesional relativos a ERTEs y EREs, el papel de las Administraciones Públicas es fundamental, ya sea como ente informado, como sujeto supervisor, o, en ciertos casos, como sujeto con competencias decisorias. No obstante, sea una u otra la función que asume la autoridad laboral, esta se caracteriza por su dimensión multinivel, en atención al ámbito geográfico en el que tenga que actuar en cada caso. Más allá del papel que le otorga la ley, existe un componente de dispersión en los criterios seguidos por las CC. AA., ya sea en la propia gestión de los ERTEs por las diferentes autoridades laborales (piénsese en el propio concepto de fuerza mayor), ya sea en lo relativo a los concretos programas formativos, lo que hace que se generen discordancias entre unos territorios y otros.

En el marco de esas figuras de flexibilidad laboral, fruto de los últimos cambios legislativos —como la adición de una nueva disposición adicional 25.ª en el Estatuto de los Trabajadores, tras la reforma operada por el Real Decreto-Ley 32/2021— la formación ha vuelto a cobrar un especial protagonismo. No obstante, sigue sin establecerse una obligación vinculada a la formación de las personas trabajadoras. Simplemente, de manera voluntaria, se vincula a beneficios o incentivos, y a compromisos de mantenimiento del empleo por parte de las empresas, so pena de perder esa exoneración por cada trabajador/a respecto del que se incumpla.

48 *Boletín Oficial del Estado*, núm. 272, de 9 de noviembre de 2017.

Una de las reflexiones que plantea este tema, es el aspecto de la financiación de estos beneficios, ya que la tendencia es promoverlas, pero la duda es cómo hacerlo en clave de sostenibilidad del sistema, ya que el coste de esas acciones lo asume el sector público.

También, cabe reflexionar sobre la efectividad de la formación que se oferta, que es muy amplia. Se ha puesto de manifiesto que la mayor parte de la formación se realiza en la modalidad telemática, lo que dificulta la valoración de su impacto, o su adecuado aprovechamiento por parte de los destinatarios.

Por último, la contratación pública estratégica puede jugar un importante papel para favorecer que las empresas sean socialmente responsables en materia de empleo. Además de visibilizar la importancia de las cláusulas sociales, actualmente se promueven, en el marco del Plan de Recuperación, Transformación y Resiliencia, convocatorias nacionales, en régimen de concurrencia competitiva, vinculadas a la formación de personas trabajadoras en situación de ERTE, lo que sin duda pone de manifiesto el compromiso de los poderes públicos con la mejora de habilidades y competencias de las personas en el mundo del trabajo.

CAPÍTULO VI

LA PRIORIZACIÓN DE ACCIONES FORMATIVAS REALES COMO MECANISMO EFECTIVO EN LA ADQUISICIÓN DE COMPETENCIAS PARA EL MANTENIMIENTO Y MEJORA DE LA EMPLEABILIDAD DE LAS PERSONAS TRABAJADORAS AFECTADAS POR EXPEDIENTES TEMPORALES DE REGULACIÓN DE EMPLEO

Irene Dozo Mougán
Profesora Ayudante doctora
Universidade de Vigo
idozo@uvigo.gal

1. La mejora de la formación y recualificación de la población. Objetivo a conseguir para avanzar hacia un tejido productivo eficiente

1.1. Breve contextualización

La interrupción de la crisis sanitaria ocasionada por el Covid-19 en el ámbito de las relaciones laborales supuso importantes medidas de política económica orientadas a mantener el mercado de trabajo. Uno de los instrumentos más significativo en la salvaguarda del empleo fueron los expedientes temporales de regulación de empleo (ERTE´s). Es decir, la apuesta por medidas de flexibilidad interna en detrimento de mecanismos de flexibilidad externa como herramientas de ajuste de actividad para evitar despidos[1].

Ciertamente, la situación económica a día de hoy difiere de manera considerable del alcance de la paralización del tejido productivo durante el período de la pandemia. La reforma laboral del 2021 o el programa europeo de inversiones y reformas financiados con los fondos Next Generation de la Unión Europea han sido medidas clave para hacer frente a las consecuencias de la crisis sanitaria[2]. La evolución actual del empleo[3] o incluso las propias cifras de personas afiliadas a ERTE´s[4] son un reflejo del buen quehacer en la gestión del crecimiento de la economía y del aumento de la productividad del país.

---

1 Art. 22-28 Real Decreto-ley 8/2020, de 17 de marzo, de medidas urgentes extraordinarias para hacer frente al impacto económico y social del COVID-19, BOE de 18 de marzo de 2020.

2 Actualización del Programa de Estabilidad 2020-2025. Este documento puede consultarse en la siguiente dirección electrónica: https://cpage.mpr.gob.es/ (página web consultada: 31/08/2024).

3 Según el «Informe Estatal del Mercado de Trabajo 2024. Datos 2023», Observatorio de las Ocupaciones del Servicio Público de Empleo, la economía española en volumen del PIB fue de 2,5 %, la población ocupada asalariada se situó en 18.035.500 personas con un crecimiento absoluto anual de 664.000 y relativo del 3,82 %, la tasa de actividad en el cuarto trimestre de 2023 fue de 58,99 % (superior a la de 2022 que fue de 52,52 %), la tasa de empleo en el cuarto trimestre de 2023 fue de 52,05 (superior a la de 2022 que fue de 50,99 %) y la tasa de paro en el cuarto trimestre de 2023 fue de 11,76 % (inferior a la del 2022 que fue de 12,87 %)

4 La evolución del número de personas afiliadas a ERTE´s ha ido disminuyendo exponencialmente a lo largo del período 2022 hasta la actualidad. Si bien es cierto que durante este período han existido picos de aumento en los datos recabados, estos han sido coyunturales y no han supuesto una contradicción en la tendencia decreciente de las personas trabajadoras afectadas por la suspensión (total o parcial) de contratos de trabajo. Esta información puede consultarse en la siguiente dirección electrónica: https://www.seg-social.es/wps/portal/wss/internet/EstadisticasPresupuestosEstudios/Estadisticas/EST8/22bf-b5ae-8eba-4c44-a258-93a26194e11b (página web consultada: 31/08/2024).

No obstante, la mera implementación de medidas normativas de contención a la destrucción de empleo no puede por sí solo resolver los problemas estructurales de los que puede adolecer la economía de un Estado. Los ERTE´s o la creación del Mecanismo RED han ayudado a la reducción del desempleo, pero es preciso que estos instrumentos se acompañen de otras iniciativas que permitan corregir las debilidades estructurales del mercado de trabajo y conseguir un tejido productivo justo y sostenible que sea capaz de abordar los retos e incertidumbres futuras. Sin duda alguna, entre las medidas que destacan para el impulso del progreso económico se encuentra de manera significativa la mejora de la formación y cualificación de la población. En este sentido, así lo establece *el Informe 2050 España*[5] que contempla entre los desafíos a tener en cuenta en el medio y largo plazo para la consecución de un crecimiento económico continuo y sostenido, la mejora de la formación del capital humano. Entre las cuestiones que el Informe 2050 identifica como asignaturas pendientes en relación con el ámbito formativo se encuentra el alto volumen de jóvenes que abandonan la educación postobligatoria y la repercusión que esto tiene en el mercado de trabajo. La rigidez de los itinerarios formativos o la obsolescencia de sus contenidos son algunas de las causas que se deben tener en cuenta para solventar el fracaso escolar en esta prematura etapa educativa.

El Informe 2050 no solo pone el foco de atención en las debilidades de la formación anterior a la vida laboral, sino que también, hace ahínco en la necesidad de impulsar la mejora de las competencias profesionales de las personas a lo largo de su vida laboral con independencia de su formación y cualificación. Los datos actuales evidencian un bajo nivel de competencias básicas como la comprensión lectora o las habilidades matemáticas con respecto a la media de la UE. A lo que cabe añadir la baja formación de la población española en capacidades transversales o también denominadas *softskills* —conocimiento de idiomas extranjeros, el dominio de herramientas digitales, la capacitación financiera o las cada vez más demandadas en el mercado de trabajo y que tienen que ver con la versatilidad del candidato, su creatividad, adaptación, trabajo en equipo, etc.—. No cabe duda que la necesidad de mejorar las capacidades profesionales va acompañada del aprendizaje a largo de toda la vida. El impulso a la formación continua es sinónimo de una economía avanzada capaz de responder eficazmente a los retos futuros que plantea la transformación digital y el cambio climático, pero también de un mercado de trabajo configurado por un capital humano que permita un desarrollo económico próspero y equitativo.

5 Oficina Nacional de Prospectiva y Estrategia de Gobierno de España (Coord.), *España 2050. Fundamentos y propuestas para una Estrategia Nacional de Largo Plazo*, Ministerio de Presidencia, Madrid, 2021, pp. 123-165.

La aprobación de la Ley Orgánica 3/2022, de 31 de marzo, de ordenación e integración de la Formación Profesional[6] o la elaboración de la Ley 3/2023, de 28 de febrero, de Empleo[7], quizás, son algunas de las medidas normativas más visibles que ya se han llevado a cabo para la mejora de la formación profesional. En todo caso, lo que se persigue con este trabajo es realizar una profundización de las diversas actuaciones que se han tomado para fortalecer el sistema formativo de la fuerza trabajo, no tanto entrar a valorar la Formación Reglada, sino principalmente la formación profesional para el empleo en el ámbito laboral a través de la instrumentación de las políticas de empleo, principalmente, de las políticas activas de empleo.

1.2. El alcance de los actuales instrumentos de las políticas de empleo en relación con la formación de las personas trabajadoras

El artículo 35 CE contempla el derecho a la formación profesional. Si bien es cierto que, específicamente, no menciona este principio como tal, este sí se encuentra implícito en la redacción del precepto[8]. El derecho al trabajo, a la libre elección de la profesión, a la promoción o incluso a una remuneración suficiente, indiscutiblemente, va ligado a la formación y cualificación que tenga la persona trabajadora. Lo contrario supondría la no adecuación de la realidad del mercado laboral a las competencias profesionales de la fuerza de trabajo, y también, la contraposición a lo estipulado en el propio artículo 40 CE, pues se estaría negando no solo la promoción de políticas que garanticen la formación profesional, sino también la no contribución de los poderes públicos a un progreso social y equitativo[9].

El Plan de Recuperación, Transformación y Resiliencia español (PRTR) aprobado en junio de 2021 con motivo del acogimiento al Plan de Recuperación para Europa Next Generation ha sido un factor clave en la adopción de medidas que potencien el crecimiento y la productividad, avanzando hacia

6 BOE de 1 de abril de 2022.

7 BOE de 1 marzo de 2023.

8 Art. 35.1 CE: «*todos los españoles tienen el deber de trabajar y el derecho al trabajo, a la libre elección de profesión u oficio, a la promoción a través del trabajo y a una remuneración suficiente para satisfacer sus necesidades y las de su familia, sin que en ningún caso pueda hacerse discriminación por razón de sexo*».

9 Art. 40 CE: «*1. Los poderes públicos promoverán las condiciones favorables para el progreso social y económico y para una distribución de la renta regional y personal más equitativa, en el marco de una política de estabilidad económica. De manera especial realizarán una política orientada al pleno empleo 2. Asimismo, los poderes públicos fomentarán una política que garantice la formación y readaptación profesionales; velarán por la seguridad e higiene en el trabajo y garantizarán el descanso necesario, mediante la limitación de la jornada laboral, las vacaciones periódicas retribuidas y la promoción de centros adecuados*».

una España Verde, Digital, sin brechas género, cohesionada e inclusiva. En el marco del PRTR, y bajo el amparo del Componente número 23, ya se han llevado a cabo diversas medidas entre las que sin duda destaca la adopción de la Ley 3/2023, y su posterior desarrollo normativo a través de diferentes instrumentos legislativos. La Ley 3/2023 tiene entre sus finalidades la mejora del capital humano y la intensificación de las políticas de empleo que promuevan la recualificación de las personas trabajadoras hacia las competencias que requiera el mercado de trabajo. A este respecto, la nueva Ley de Empleo identifica la formación de las personas como una de sus claves para la creación de empleos estables y de calidad, capaces de afrontar los cambios actuales y venideros que necesita el modelo productivo[10]. Un buen ejemplo de ello es la inclusión de la formación en el trabajo como un instrumento específico de las políticas activas de empleo[11]. Es más, la formación se posiciona como uno de los elementos vertebradores entre los diversos derechos que posee cualquier persona trabajadora ocupada o desempleada demandante de los servicios públicos de empleo, como pueden ser la elaboración de un itinerario individualizado, que los contenidos formativos sean desarrollados con perspectiva de género o el derecho de las personas ocupadas a consolidar su derecho a la formación y a la promoción profesional ante las compañías en las que ejercen sus funciones[12]. Con todo, los principales mecanismos en el desarrollo de medidas específicas en formación en el trabajo se encuentran en la planificación y coordinación de la política de empleo: la Estrategia Española de Apoyo Activo al Empleo y el Plan Anual para el Fomento del Empleo Digno[13]. La Estrategia de Apoyo Activo al Empleo fue adoptada aun cuando la Ley anterior de Empleo estaba vigente[14], de ahí que el período temporal que contempla abarque los años 2021 al 2024[15]. Sin embargo, y aunque en su contenido plasma los objetivos estratégicos de la Ley del 2015, los principios inspiradores y la visión estratégica de sus políticas no difieren de las actuaciones contempladas en la Ley 3/2023. Así, se debe tener presente que la Estrategia se adoptó en un momento crucial, marcado por las consecuencias económicas de la pandemia y enfocado a una recuperación de la economía con una capacidad más resiliente e innovadora, por lo tanto, con

10 Camas Roda, F. «Empleabilidad-Formación tras la Ley 3/2023, de 28 de febrero de Empleo», *Empleo y protección social, XXXIII Congreso Anual de la AEDTSS, Ponencias, Cuenca 25 y 26 de mayo de 2023,* Ministerio de Trabajo y Economía Social Subdirección General de Informes, Recursos y Publicaciones, Madrid, 2023, pp. 49-75.

11 Art. 33 de la Ley 3/2023.

12 Art. 35 de la Ley 3/2023.

13 Art. 11 al 13 de la Ley 3/2023

14 Real Decreto Legislativo 3/2015, de 23 de octubre, por el que se aprueba el texto refundido de la Ley de Empleo, BOE de 24 de octubre de 2015.

15 Real Decreto 1069/2021, de 4 de diciembre, por el que se aprueba la Estrategia Española de Apoyo Activo al Empleo 2021-2024, BOE de 7 de diciembre de 2021.

la misma idiosincrasia que las actuales herramientas normativas. Es más, a lo largo de su contenido, la Estrategia hace hincapié en el déficit formativo de la población ante los cambios profesionales que acarrea la transformación digital, y se posiciona como uno de los principales mecanismos de impulso para el desarrollo de un mejor conocimiento de las herramientas digitales[16]. Asimismo, también es de referencia en lo dispuesto en la Estrategia 2021-2024 la especial vinculación que realiza entre las acciones formativas y las personas trabajadoras en situación de ERTE´s, visionándolo como una oportunidad de adquirir nuevas competencias —principalmente digitales— para aquellos trabajadores que se encontrarían empleados en sectores de difícil recuperación con posterioridad a la crisis sanitaria. Ciertamente, ello puede ponerse en relación con el artículo 44 de la Ley 3/2023 que, expresamente, indica la importancia de realizar actuaciones de recolocación especializadas para los trabajadores afectados por procesos de reestructuración empresarial, lo que conlleva la elaboración por parte de las empresas de un plan de recolocación externo que debe contener entre sus medidas la formación profesional[17] o incluso medidas sociales de acompañamiento que pueden materializarse en acciones formativas o de reciclaje profesional[18]. El precepto de la Ley de Empleo parece estar enfocado a las personas perjudicadas por expedientes temporales de empleo (ERE´s), pero debe plantearse que la reestructuración empresarial puede venir de la mano de transformaciones en el sistema productivo, por lo que interconecta directamente con lo dispuesto en el artículo 47 ET sobre los ERTE´s y, especialmente con el artículo 47 ET bis acerca del Mecanismo RED[19]. El ET dispone que tanto los ERTES por causas económicas, técnicas, organizativas, productivas o de fuerza mayor, así como en los ERTE´s RED, las empresas podrán desarrollar acciones formativas que priorizarán la mejora de los conocimientos en competencias digitales y la recualificación en necesidades formativas reales, aunque no guarden relación con la actividad de la empresa. En cambio, la opcionalidad empresarial se invierte en la modalidad sectorial del Mecanismo RED que obliga a acompañar su solicitud de un plan de recualificación. Prácticamente, en cualquiera de las formulaciones de ERTE´s, la formación es un elemento a tener en cuenta, aunque en algunas modalidades se encuentre más reforzada su posición que en otras.

Por otra parte, y en cuanto al segundo de los instrumentos principales en la puesta en práctica de la política de empleo es el recién aprobado Plan

16 Eje 2 de los Objetivos estructurales de la Estrategia.

17 Art. 51 ET y art. 9 del Real Decreto 1483/2012, de 29 de octubre, por el que se aprueba el Reglamento de los procedimientos de despido colectivo y de suspensión de contratos y reducción de jornada, BOE de 30 de octubre de 2012.

18 Art. 8 RD 1483/2012.

19 Cabeza Pereiro, J., «La nueva dimensión de la intermediación laboral», *Revista de Estudios Jurídico Laborales y de Seguridad Socia*l, n.º 6, 2023, pp. 46-62.

Anual para el Fomento del Empleo Digno 2024[20]. El Plan Anual focaliza específicamente su marco estratégico en las necesidades detectadas una vez analizado el balance del mercado laboral del año 2023. A este respecto, no solo pone atención a la transformación tecnológica, sino también ya suena en mayor medida la inclusión de la economía verde en el mercado de trabajo y los desafíos que presenta el envejecimiento de la población ante el déficit de cambio generacional, pero también ante la creación de nuevos puestos de trabajo relacionados con el sector de cuidados. Ante situación, el Plan Anual apuesta por mejorar el conocimiento de la población en los sectores estratégicos que serán objeto de transición con el fin de incrementar la empleabilidad y la inserción laboral[21].

Finalmente, para terminar de referenciar los mecanismos más significativos en el ámbito de la formación para el empleo en el ámbito laboral se debe mencionar la Ley 30/2015 reguladora del sistema de formación profesional para el empleo[22] cuyo objeto es regular el Sistema Nacional de las Cualificaciones y Formación Profesional para mejorar la empleabilidad de los trabajadores a lo largo de la vida, promover las competencias profesionales y contribuir a mejorar el tejido productivo[23]. Para ello, se establecen varias iniciativas de formación, particularmente, la formación programada por las empresas, la oferta formativa para trabajadores ocupados y la oferta formativa para los trabajadores desempleados[24]. Obviamente, todas estas acciones son enfocadas desde las políticas activas de empleo, en las que además se cuenta con la coordinación y apoyo de las organizaciones empresariales y sindicales más representativas, las CC. AA., estructuras paritarias y otros organismos vinculados a la materia. De esta manera, la detección de necesidades es más efectiva y adaptada a sectores, colectivos y ámbitos territoriales[25].

---

20 Resolución de 15 de julio de 2024, de la Secretaría de Estado de Trabajo, por la que se publica el Acuerdo del Consejo de Ministros de 2 de julio de 2024, por el que se aprueba el Plan Anual para el Fomento del Empleo Digno 2024, BOE de 18 de julio de 2024.

21 Eje 2 del Objetivo estratégico del Plan Anual 2024.

22 Ley 30/2015, de 9 de septiembre, por la que se regula el Sistema de Formación Profesional para el empleo en el ámbito laboral, BOE de 10 de septiembre de 2015.

23 Art. 1 y 2 de la Ley 30/2015.

24 Art. 8 de la Ley 30/2015.

25 Art. 5 de la Ley 30/2015.

2. La transformación del mercado de trabajo y las necesidades formativas

2.1. Formación o empleabilidad ¿cuál es el concepto clave?

La Ley 3/2023 confiere un papel destacado al concepto de empleabilidad. El propio Preámbulo de la Ley pone de relieve la importancia de este específico término como elemento transversal y aglutinador de la política de empleo. Y este mismo reflejo es continuado a lo largo de todo el articulado de la Ley que inserta la empleabilidad en su marco de ordenación y regulación, y lo establece como un objetivo prioritario de las políticas activas[26]. Ahora bien, para poder entender el importante valor que le confiere la nueva política de empleo, es preciso definir lo que se considera como empleabilidad. La Ley 3/2023 lo define como «*conjunto de competencias y cualificaciones transferibles que refuerzan la capacidad de las personas para aprovechar las oportunidades de educación y formación que se les presenten con miras a encontrar y conservar un trabajo decente, progresar profesionalmente y adaptarse a la evolución de la tecnología y de las condiciones del mercado de trabajo*»[27].

La empleabilidad es un concepto que va más allá de la mera intermediación laboral. Las personas usuarias de los servicios públicos tienen como derecho y deber mejorar la empleabilidad y, en cualquier caso, aumentar o adquirir competencias básicas en comunicación oral y escrita, así como en habilidades tecnológicas-digitales[28]. Por tanto, la actividad de inserción o recolocación sin más fundamento que la mera colocación queda en un segundo plano para priorizar la mejora de la capacitación profesional y potenciar la creación de empleos de calidad que se adapten a la transformación del tejido productivo[29].

El objetivo de la empleabilidad es extenso, no solo en lo que se refiere a su propósito, sino también a los sujetos destinatarios, que va más allá de las personas demandantes de los servicios públicos de empleo y se extiende a todas las personas por igual. Una de las razones de esta inclusión mayoritaria radica en la exigencia de que las competencias profesionales adquiridas en los itinerarios formativos sean las adecuadas a los requerimientos del mer-

26 Art. 31.2 de la Ley 3/2023.

27 Art. 3 b) y 34 de la Ley 3/2023.

28 Art. 38 de la Ley 3/2023.

29 Fernández Prieto, M., «Empleabilidad e intermediación laboral: novedades y alcance en la Ley 3/2023», *Revista Justicia & Trabajo*, n.º extraordinario, 2023, pp. 25-53.

cado de trabajo[30]. Pero también puede que otro de los motivos se encuentre en reivindicar el papel de los servicios públicos de empleo como uno de los organismos competentes en la adquisición de competencias educativas-profesionales, aunque siendo necesario la inscripción en dicho organismo para poder ser beneficiario de los servicios garantizados en la Ley, con lo que se retorna al objeto y finalidad de la norma[31].

Definitivamente, la empleabilidad se configura como un elemento integrador en la configuración de las políticas activas, pues el mismo, se encuentra incorporado en todas y cada una de las acciones que deben de llevar a cabo los servicios públicos de empleo. En este contexto, la empleabilidad parece erigirse como el factor clave en la transformación y mejora del mercado de trabajo.

No obstante, se debe tener presente la nota esencial que acarrea la empleabilidad entorno al concepto de formación. Así pues, la finalidad de la empleabilidad es la mejora de las competencias y capacidades profesionales de la población. Es decir, no se puede comprender un término sin el otro, lo contrario no entraría dentro de la lógica de un mercado de trabajo actualizado[32]. Es por ello por lo que la Ley de Empleo también concede a la formación profesional un papel relevante en su marco normativo y, específicamente, en las actuaciones que deben ser garantizadas a los usuarios por sus servicios. De este modo, la formación se encuentra presente desde la elaboración del perfil individualizado del demandante —se tendrá en cuenta su capacitación formativa-profesional—, en la tutorización y asesoramiento —facilitar su formación y mejorar la empleabilidad—, y en la elaboración de un itinerario personalizado —detallará entre otras cuestiones, las propuestas de actividades formativas acordes a su perfil y a las exigencias del mercado[33]—. Aunque la a Ley de Empleo identifica las actuaciones de los servicios públicos, realmente, su implementación y desarrollo corre a cargo del Real Decreto 438/2024 que es la norma responsable de desarrollar la Cartera Común de los Servicios del Sistema Nacional de Empleo[34].

Al igual que la norma que desarrolla, el RD 438/2024 establece un precepto exclusivo para definir ciertos conceptos que son relevantes para la política de empleo. Algunos de ellos ya se encuentran identificados en la

30 Camas Roda, F. «Empleabilidad-Formación tras la Ley 3/2023, de 28 de febrero de Empleo», *Empleo y protección social, XXXIII Congreso Anual de la AEDTSS, op, cit.*, pp. 49-75.

31 Art. 34-36 de la Ley 3/2023.

32 Art. 34 de la Ley 3/2023: «*(...) la empleabilidad debe producir un ajuste dinámico entre las competencias propias y las demandadas por el mercado de trabajo*».

33 Art. 56 de la Ley 3/2023.

34 Real Decreto 438/2024, de 30 de abril, por el que se desarrollan la Cartera Común de Servicios del Sistema Nacional de Empleo y los servicios garantizados establecidos en la Ley 3/2023, de 28 de febrero, de Empleo, BOE de 1 de mayo de 2024.

Ley de 2023 como es el caso de la empleabilidad, pero otros sí alcanzan determinación normativa por primera vez como en el supuesto de la formación en el trabajo: «*marco de todas las iniciativas y acciones de formación no vinculadas al Catálogo de Estándares de Competencias de naturaleza laboral que se programen y desarrollen para la formación a lo largo de la vida de toda persona trabajadora, ocupada o desempleada, que tengan por finalidad mejorar su cualificación, recualificación y adaptación profesionales y facilitar la libre elección de profesión u oficio y la promoción profesional, sin que puedan sufrir ningún tipo de discriminación*»[35].

El RD 438/2024, además definir la formación profesional en el empleo también le confiere un papel relevante, al incluir su contenido en todas las fases del proceso de acompañamiento de los servicios de empleo a las personas usuarias[36]. Un buen ejemplo es que en el diseño del plan de actuación individualizado se debe incluir un itinerario formativo que contendrá todas «*las acciones de formación que resulten adecuadas para la mejora de competencias y cualificación profesional de la persona usuaria o, en su caso, para su formación continuada y actualización permanente para adaptarse a las necesidades de transformación productiva o a los cambios paulatinos en la forma de trabajo y a las exigencias de nuevas competencias, teniendo en cuenta la formación específica disponible en cualquiera de los sistemas*»[37].

La Ley de 3/2023 y los instrumentos de planificación que coordinan la política de empleo centran su objeto y finalidad en mejorar la empleabilidad, y lo eleva a un derecho y deber de las personas demandantes de los servicios de empleo. Verdaderamente, y al igual que el derecho a la formación, la empleabilidad entra dentro del ámbito del artículo 35 CE. Ahora bien, la formación, y especialmente, la formación profesional en el trabajo no puede quedar eclipsada por un concepto que no podría subsistir sin su existencia.

2.2. Adaptación de las competencias profesionales a la transformación del mercado de trabajo

La formación en el trabajo debe ser ajustada a las necesidades individuales de cada persona, pero también debe ser programada conforme las necesidades del sistema productivo. Y, en este sentido, la Ley 30/2015 identifica tres tipologías concretas de iniciativas de formación profesional[38]. La primera, la

35 Art. 3 k) del RD 438/2024.

36 Art. 13 del RD 438/2024.

37 Art. 14.3 a) del RD 438/2024

38 Si bien es cierto que el texto del artículo se nombran específicamente 3 iniciativas formativas, el art. 8 del RD 30/2015 también contiene apartado d) para referirse a otras iniciativas de formación profesional.

formación programada por las empresas que tiene como destinatarios a sus propios empleados y deberá guardar relación con su propia actividad. La propia empresa es la encargada de cubrir la financiación de acuerdo a un baremo de porcentajes mínimos que, sobre el coste total de la formación, se establecen normativamente en función de su tamaño[39]. La segunda iniciativa es la oferta formativa de las administraciones competentes para personas ocupadas que no esté vinculada al Catálogo Nacional de Estándares Competencias Profesionales, y que se encuentran constituidas por programas sectoriales y transversales. La finalidad de esta oferta formativa es cubrir o complementar la formación programada por las empresas con el objeto de poder atender a la transformaciones y requerimientos del sistema productivo, pero también, para impulsar la mejora de la profesionalidad de los trabajadores a través de la promoción en el trabajo[40]. Y, finalmente, la tercera acción formativa se corresponde con la llevada a cabo por las administraciones competentes para personas desempleadas, que tampoco se encuentre vinculada al Catálogo Nacional de Estándares Competencias Profesionales y que incluya programas de formación dirigidos a cubrir necesidades detectadas por los servicios públicos de empleo. Y, para este fin, se tendrá en cuenta los resultados obtenidos de las actividades garantizadas por los servicios de empleo[41].

Evidentemente, de las tres iniciativas formativas referenciadas anteriormente, la empresa es el órgano mejor posicionado para determinar las nuevas capacidades o competencias que en un futuro inmediato requerirán sus trabajadores a fin de seguir logrando una mayor competitividad. Pero ello no significa que los servicios de empleo no tengan la capacidad para identificar las necesidades actuales y previstas que contribuyan a la incorporación de nuevas tecnologías o de la economía verde en el sistema productivo de las empresas. A este fin, los servicios de empleo se valen de mecanismos de detención de las necesidades del mercado de trabajo para ofrecer competencias formativas adecuadas y de calidad a los usuarios de sus servicios[42].

Uno de los mecanismos es el Catálogo de Especialidades Formativas cuyo objeto es regular la estructura, contenido y ordenación de la oferta formativa profesional para el empleo en el ámbito laboral —formal y no formal—, pero también regular su propio procedimiento de actualización y que de esta manera, el sistema formativo no caiga en obsolescencias o inoperatividades[43]. Esto último, quizás, sea la nota más determinante en la configuración

39 Art. 9 de la Ley 30/2015.

40 Art. 10 de la Ley 30/2015.

41 Art. 11 de la Ley 30/2015.

42 Art. 23 del RD 438/2024.

43 Orden TMS/283/2019, de 12 de marzo, por la que se regula el Catálogo de Especialidades Formativas en el marco del sistema de formación profesional para el empleo en el ámbito laboral, BOE de 14 de marzo de 2019.

del Catálogo, a pesar de que la gestión de la actualización se transfiera al Servicio Público de Empleo como organismo encargado de la prospección e identificación de necesidades formativas[44]. Y he aquí el segundo de los mecanismos, el Informe de prospección y detección necesidades formativas elaborado anualmente por el Observatorio de las Ocupaciones[45].

El Informe de prospección se elabora mediante una metodología que se compone de varias líneas de trabajo que evalúan y analizan la situación de mercado, el estudio de sus tendencias, la prospectiva a corto y medio plazo de las actividades económicas y de las ocupaciones y una función de seguimiento permanente de detección. En la elaboración del Informe se tienen en cuenta multitud de elementos que van desde indicadores procedentes de las bases de datos del Sistema Nacional de Empleo, hasta estimaciones, encuestas, datos de los portales de empleo o las opiniones de expertos pertenecientes a organizaciones sindicales y empresariales, administración pública, centros formativos y colegios profesionales. En cuanto al contenido del Informe, identifica las familias profesionales que cuentan con mejor perspectiva de empleo en un corto y medio plazo[46]. A partir de ahí, y especificando las áreas profesionales de cada familia se determinan en bloques diferenciados las necesidades formativas detectadas en competencias técnicas y transversales o también denominadas *softskills.* Pero, además, el Informe también aporta las tendencias y previsiones del mercado de trabajo para cada familia profesional, lo que conlleva que su contenido sea pormenorizado y constructivo.

Actualmente, y de acuerdo con el Informe, son diecisiete las familias profesionales con mejor perspectiva de empleo: administración y gestión, agraria, artes gráficas, comercio y marketing, edificación y obra civil, fabricación mecánica, hostelería y turismo, industrias alimentarias, informática y comunicaciones, instalación y mantenimiento, madera, mueble y corcho, química, sanidad, seguridad y medioambiente, servicios socioculturales y a la comunidad, textil, confección y piel, transporte y mantenimiento de vehículos. Primeramente, y en todas ellas, la uniformidad en el criterio de la identificación de las carencias en competencias técnicas deviene principalmente de la adaptación a las transformaciones tecnológicas. La automatización, la robotización, la digitalización, las nuevas aplicaciones informáticas, la adaptación a la Industria 4.0, la ciberseguridad, la realidad virtual, el Big Data son múltiples de las necesidades formativas que condicionan la cobertura de vacantes en la mayoría de las ocupaciones de las

44 Art. 5 de la Orden TMS/283/2019 y art. 4 de la Ley 30/2015.

45 El informe actual corresponde con el año 2023. Esta información puede consultarse en la siguiente dirección electrónica: https://www.sepe.es/HomeSepe/que-es-el-sepe/que-es-observatorio/deteccion-necesidades-formativas/necesidades-formativas/ver-resultados.html?documentType=prospecciones& (página web consultada: 31/08/2024)

46 Para la identificación de las ocupaciones que mejor perspectiva de empleo ofrecen se tienen en cuenta aquellas que representan un alto porcentaje de los contratos registrados, en concreto para el Informe 2023, suponía el 30,53 % de la contratación de 2022.

diecisiete familias profesionales. Pero también, la economía verde irrumpe con fuerza en las necesidades técnicas con competencias como, por ejemplo: nuevos materiales, sostenibilidad, energías renovables, eficiencia energética, huella hídrica, agricultura ecológica, nuevos cultivos o tecnología limpia. Aunque no siempre las necesidades formativas que se precisan cubrir vienen de la mano de ocupaciones emergentes, este sería el caso de la familia profesional agraria, que también requiere de trabajadores con un perfil no tan técnico pero que, por sus dificultades físicas, meteorológicas y sus bajos salarios tienen una difícil cobertura. Otros sectores, como el de las artes gráficas, competencias técnicas encaminadas al reciclaje del sector, transitando a la comunicación gráfica y a la cobertura de ocupaciones emergentes como la de técnico en gestión ambiental o la planificación de procesos gráficos. En cuanto a uno de los sectores más castigados por la crisis sanitaria, hostelería y turismo, las predicciones son de crecimiento, pero existen carencias en competencias tan importantes como *small data* y *big data*, gestión redes sociales, posicionamiento web o incluso conocimientos especializados en dietética, nutrición o alérgenos, lo que puede suponer un estancamiento de la evolución del sector.

En segundo lugar, las necesidades formativas en competencias transversales se dividen en conocimientos de idiomas, ofimática y TIC, conocimientos jurídicos, conocimientos financieros, funcionamiento de las Administraciones Públicas y otras. Las necesidades formativas en competencias transversales varían según la tipología de la familia profesional. En este sentido, administración y gestión, hostelería y turismo y transportes y mantenimiento de vehículos requieren un nivel de idiomas alto, pero otras como agraria, instalación y mantenimiento o madera mueble y corcho se decantan por un nivel básico de conocimiento en otras lenguas. Lo mismo sucede con conocimientos financieros y legales, administración y gestión, comercio y marketing y edificación y obra civil precisan conocimientos actualizados en la normativa tributaria, de prevención de riesgos o legislación mercantil pero que no precisan transportes y mantenimiento de vehículos o textil y confección. Finalmente, y en relación con las necesidades *softskills*, están muy presentes en todas y cada una de las áreas y familias profesionales. El trabajo en equipo, la tolerancia, la gestión de la frustración, la paciencia, la polivalencia, la adaptación al cambio, la comprensión de documentos, las habilidades sociales, etc. son múltiples de las necesidades generales detectadas en la gran mayoría de las ocupaciones profesionales y que cada vez la empresa le adjudica un valor mayor.

El diagnóstico realizado por el Observatorio es un buen referente para analizar la programación de las acciones formativas demandas por la rápida evolución del mercado de trabajo y que está incidiendo en muchos perfiles profesionales. Esto es un reto que se debe trasladar no solo a los organismos públicos de empleo, sino también a la población en general y a los trabajadores en particular, en su deber de construcción de una sociedad más avanzada, moderna, igualitaria y sostenible.

3. La implementación de las políticas activas de empleo en los procedimientos de reducción o suspensión temporal de contratos de trabajo

Las políticas activas de empleo son el instrumento primario para la mejora de la empleabilidad de las personas trabajadoras. La materialización de las políticas de empleo se lleva a cabo a través de la aplicación de programas de orientación, intermediación, empleo, asesoramiento y, por su puesto, formación. La eficacia de las políticas de empleo va a incidir en la adaptación y evolución que en cada momento requiera el tejido productivo, facilitando la transición productiva a una economía avanzada y sostenible[47]. Sobre este particular, los expedientes reguladores de empleo también son objeto de las políticas activas, por lo que debe valorarse las acciones de formación profesional en el ámbito del empleo y la incidencia en la mejora de la empleabilidad de las personas afectadas por suspensión o reducción contractual.

En primer lugar, se debe precisar qué acciones formativas son destinatarias las personas incluidas en un expediente temporal de regulación de empleo. La problemática aparece en la clasificación que realiza la Ley 30/2015 y, que, posteriormente, también continúan el RD 438/2024 por el que se desarrolla la Cartera Común de Servicios y el Plan Anual para el Fomento del Empleo Digno 2024. En principio, la dificultad no es aparente en las acciones programadas por las empresas, pues los destinatarios son los propios trabajadores, aunque los mismos se encuentren en suspensión contractual[48]. Tampoco supone discusión que las acciones o programas formativos de las empresas se vinculen a la actividad que desarrolla la misma, o como la lógica indica, a las actividades formativas que puedan suponer un cierto alejamiento de la actividad principal, por ser preciso un reciclaje profesional para la viabilidad de la compañía. Es más, las empresas que desarrollen una iniciativa empresarial en el momento de un ERTE o de un Mecanismo RED tendrán derecho al incremento del crédito financiero, así como beneficios en materia de cotización[49]. Ahora bien, la cuestión es si las personas afectadas por ERTE´s también pueden ser beneficiarias tanto de las iniciativas formativas para ocupados como aquellas para desempleados. El Real Decreto 649/2017 que desarrolla la Ley 30/2015 aclara esta cuestión y dispone que las personas destinatarias de las iniciativas formativas de las empresas podrán par-

47 Real Decreto 1069/2021, de 4 de diciembre, por el que se aprueba la Estrategia Española de Apoyo Activo al Empleo (...), *op. cit.*

48 Art. 9.1 de la Ley 30/2015.

49 Art. 9.7 Ley 30/2015: «a) De 1 a 9 personas trabajadoras: 425 euros por persona; b) De 10 a 49 personas trabajadoras: 400 euros por persona; c) De 50 o más personas trabajadoras: 320 euros por persona»; Disposición Adicional cuadragésima cuarta del Real Decreto Legislativo 8/2015, de 30 de octubre, por el que se aprueba el texto refundido de la Ley General de la Seguridad Social, BOE de 31 de octubre de 2015; art. 50 RD 1483/2012.

ticipar en la oferta formativa desarrollada para los trabajadores ocupados. En lo referente a la oferta formativa para las personas desempleadas, el RD 649/2017 estipula la necesidad de estar inscrito en los servicios públicos de empleo, lo que no debería suponer ningún contratiempo a las personas afectas por un ERTE, con independencia que tengan derecho o no a la prestación por desempleo[50]. Por otra parte, no debe olvidarse que las personas que se encuentren en cualquiera de las modalidades del Mecanismo RED son consideradas como colectivo prioritario[51], aunque esta disposición suele también extenderse a las restantes tipologías de ERTE´s[52].

Asimismo, tampoco debe de obviarse el importante papel que tienen los interlocutores sociales en la gestión de las actividades formativas durante el periodo de reducción de jornada o suspensión de contratos. La negociación colectiva es esencial durante el proceso del período de consultas, no solo en la implantación de actividades formativas por parte de las empresas, sino también que el contenido de las mismas sea útil y provechoso para las personas trabajadoras. El diálogo social debe primar entre sus peticiones la recualificación de la plantilla, pues se debe tener presente que en los ERTES ordinarios no existe ninguna disposición normativa que obligue a las empresas a suscribir programas para la mejora de las competencias profesionales de sus trabajadores, de ahí los incentivos financieros y de cotización que normativamente se estipulan. Con todo, el artículo 44 de la Ley 3/2023 establece la actividad de colocación especializada en los procesos de reestructuración empresarial, lo que conecta con las situaciones de suspensiones y reducciones. En otras palabras, la empresa tiene la obligación de realizar un plan de recolocación externa que, entre otros aspectos, debe incluir formación. Sin embargo, la remisión del artículo 44 de la Ley de Empleo al artículo 51.10 ET, circunscribe la obligatoriedad de creación del plan de recolocación cuando la medida afecte a más de cincuenta trabajadores. Al contrario que los ERE´s, el procedimiento de los ERTE´s será aplicable a cualquiera que sea el número de personas afectadas y el número total de personas trabajadoras. Ello implica la dicotomía de si el plan de recolocación debe elaborarse con independencia del número de trabajadores afectados por el ERTE. En principio, la referencia expresa del artículo 44 de la Ley 3/2023 al 51.10 ET parece contemplar que el plan de recolocación externa solo será compatible cuando la reducción o la suspensión repercuta en más de cincuenta personas, lo contrario, supondría incluir una desigualdad entre las personas trabajadoras afectadas por ERTE y por ERE. No obstante, aquellas suspensiones que comprendan la afectación de menos personas que

50 Art. 5 del RD 649/2017, de 3 de julio, por el que se desarrolla la Ley 30/2015, de 9 de septiembre, por la que se regula el Sistema de Formación para el Empleo en el ámbito laboral, BOE de 5 de julio de 2017.

51 Art. 47 bis 5b) del ET.

52 Información suministrada por la Dirección Xeral de Formación e Cualificación para o Emprego, Consellería de Emprgo, Comercio e Migración, Xunta de Galicia

la establecida normativamente pueden solventar el obstáculo con la intervención de los servicios públicos de empleo. El artículo 44 de la Ley de Empleo permite que la actividad de colocación especializada sea desarrollada directamente por el personal de los servicios de empleo, bien se de oficio o a instancia de las personas afectadas por reestructuraciones empresariales[53].

Por su parte, el Mecanismo RED en la modalidad sectorial contiene disposiciones más precisas en lo referente a la participación de la empresa en actividades formativas, ya que, señala la necesidad de elaborar un plan de recualificación. Contrariamente, el plan de recualificación no aparece estipulado en la modalidad cíclica del Mecanismo RED, pero ello no es óbice para que se apliquen las mismas disposiciones que las contempladas en los ERTE´s ordinarios.

En segundo lugar, en cuanto las iniciativas formativas para trabajadores ocupados y desempleados se debe realizar un análisis comparativo entre las cifras actuales de los expedientes reguladores temporales de empleo y las iniciativas que promueven los servicios públicos. En este particular, las últimas estadísticas de ERTE´s muestran que casi dieciocho mil personas se encuentran afiliadas a los mismos. De estas cifras, el noventa por cien de los trabajadores afectados es con motivo de ERTE´s ordinarios y el restante diez por ciento debido a ERTE´s por fuerza mayor. A día de hoy, los datos estadísticos no muestran ningún trabajador inmerso en las modalidades de Mecanismo RED[54]. La actividad económica más perjudicada es la industria manufacturera con casi doce mil personas en expediente de regulación. Por detrás, le siguen la actividad económica de hostelería con un poco más de dos mil doscientos trabajadores y el comercio al por mayor-reparación de vehículos de motor con mil doscientas. Las restantes actividades se encuentran bastante por debajo del volumen de personas afectadas que las ya referenciadas, rondando entre la franja de seiscientas y cien trabajadores en suspensión o reducción de jornada, y, entre las mismas, se encuentran las actividades administrativas y servicios auxiliares, información y comunicaciones, construcción, actividades profesionales, científicas y técnicas, transporte y almacenamiento, otros servicios, la agricultura, ganadería, silvicultura y pesca, las actividades sanitarias y los servicios sociales y las actividades artísticas, recreativas y de entretenimiento. Y, por último, existe un último bloque cuyos valores numéricos son residuales por el escaso número de personas afectadas[55].

---

53 Cabeza Pereiro, J., *Recolocación y colocación: políticas públicas y actores públicos y privados*, Agencia Estatal Boletín Oficial del Estado, Madrid, 2024, pp. 110-120.

54 La información corresponde a los últimos datos oficiales correspondientes al mes de mayo de 2024. Información obtenida de la siguiente dirección electrónica: https://www.seg-social.es/wps/portal/wss/internet/EstadisticasPresupuestosEstudios/Estadisticas/EST8/22bfb5ae-8eba-4c44-a258-93a26194e11b (página web consultada: 31/08/2024).

55 Entre estas actividades están: industrias extractivas, suministro de energía eléctrica y gas, actividades financieras, etc.

Si se tiene en cuenta las iniciativas formativas, tanto para personas ocupadas como para personas demandantes de empleo, las mismas son extensas, heterogéneas, con opción de diversas modalidades de impartición y, sobre todo, con múltiples variedades de especialización en cada sector productivo. La convocatoria para la concesión con cargo al ejercicio presupuestario 2024 de subvenciones públicas para la ejecución de programas de formación en el ámbito estatal, dirigido prioritariamente a las personas ocupadas contempla una extensión de programas formativos muy amplia que abarca desde cursos para la adquisición de competencias muy específicas —microbiología lácteos, infografía animada en 3D Studio Max, asesoramiento financiero europeo, técnica vocal y repertorio para cantantes líricos, etc.— a ocupaciones más comunes que precisan de ciertas habilidades con una formación más modesta —conducción de carretillas elevadoras, elaboración y conservación de alimentos, coctelería, etc.—. Los cursos de idiomas —preferiblemente inglés— también están presentes en la convocatoria, conviviendo con cursos de prevención de riesgos laborales en actividades como construcción, sector del metal o agricultura. Pero, sobre todo, predominan los cursos en competencias digitales y ecología en todos y cada uno de los sectores y actividades económicas.

Por otro lado, es reseñable la existencia de planes de formación de ámbito estatal dirigidos a la capacitación para el desarrollo de las funciones relacionadas con el diálogo social y la negociación colectiva[56]. Si bien, esta tipología específica de formación tiene destinatarios específicos, pues la finalidad de la misma en la capacitación de personas vinculadas con organizaciones sindicales y asociaciones empresariales de ámbito estatal. Finalmente, y en último término, las personas demandantes de los servicios de empleo también pueden acceder a cursos gratuitos de duración muy corta y centrados en el ámbito digital —AWS Developtmente Tools services overwiw, Using Amazon GameLift FleetiIQ for game serves, AWS Game Tech starter pack, etc.[57]—.

Pero además a todo lo referenciado anteriormente, se debe incorporar a la oferta formativa de trabajo en el ámbito del empleo, los programas formativos que ofrecen los servicios de empleo autonómicos. Las comunidades autónomas disponen de cursos en distintas modalidades de familias profesionales —agraria, industrias alimentarias, energía y agua, administración y gestión, transporte y mantenimiento de vehículos, informática y comuni-

56 Resolución de 21 de diciembre de 2023 de la Dirección General del Servicio Público de Empleo Estatal por el que se aprueba, por el procedimiento de trámite anticipado la convocatoria para la concesión de subvenciones destinadas a la financiación de planes de formación de ámbito estatal, dirigidos a la capacitación para el desarrollo de las funciones relacionadas con el diálogo social la negociación colectiva.

57 Información obtenida en la siguiente dirección electrónica: https://www.fundae.es/ (página web consultada: 31/08/2024).

caciones, etc.— que además también contienen módulos transversales en materias como igualdad, sensibilización medioambiental o idiomas[58].

Definitivamente, las personas afectadas por ERTE´s o Mecanismos RED pueden ser destinatarias de la múltiple oferta formativa dispensada por los servicios de empleo. Los módulos y cursos están clasificados según la actividad económica, lo que permite adecuar la situación de la persona en el ámbito del empleo a sus necesidades profesionales. Es decir, permite la recualificación de los trabajadores afectados y no afectados por suspensión al ámbito competencial de la actividad de la empresa, pero también al reciclaje de sus capacidades y habilidades profesionales. No obstante, sí llama la atención la ausencia de programas específicos para este colectivo de personas. Aunque, es verdad que se destinó una convocatoria estatal a la recualificación de personas trabajadoras que estuvieran en ERTE, la misma fue en el ejercicio presupuestario 2022-2023, cuando los ecos de la pandemia estaban presentes y se necesitaba una atención más pormenorizada a las personas afectadas por la suspensión de contratos.

No obstante, y haciendo referencia a los planes de recolocación de los que los trabajadores afectados por ERTE, se puede mencionar el supuesto de la comunidad autónoma de Galicia. En este territorio existe una oferta formativa anual, proporcionada por Clústeres y ofertada por el Servicio de Emprego de Galicia en las que los destinatarios, dependiendo del sector implicado, pueden optar por la formación que más consideren pertinente. Por ejemplo, el Clúster del Naval Gallego ofrece programas formativos de recolocación en iniciación solidworks, delineación naval o gestión de proyectos; el clúster en industrias del metal de Galicia dispone de formación en soldadura TIG avanzada, piloto de drones, liderazgo de personas en proyectos tecnológicos, etc.; la mejora de la capacitación en el Clúster de automoción gallega se dirige a robótica, Big Data, ciberseguridad, logística, entre otros; el Clúster de energías renovables de la comunidad autónoma enfoca sus medidas en energías renovables, biogás, biomasa, etc[59]. Estos son algunos del muestrario de las iniciativas de mejora de las competencias profesionales en los planes de recolocación empresarial en la comunidad de Galicia, pero que también es de considerar que lo mismo suceda, sino igual de manera semejante, en el resto del territorio.

---

58 Información obtenida de la siguiente dirección electrónica: https://emprego.xunta.es/diplos/#/ (página web consultada: 31/08/2024).

59 Información dispensada por el servicio de Orientación Laboral del Servicio Público de Emprego de Galicia, Consellería de Empregro, Comercio e Emigración, Xunta de Galicia.

4. Breve reflexión

La empleabilidad y la formación son conceptos intrínsecos que no pueden considerarse por separado. La mejora de la capacitación y adquisición de competencias profesiones es el instrumento esencial ante las constantes trasformaciones que demanda el sistema productivo. En este contexto, las políticas activas de empleo deben ser un mecanismo básico y eficaz en el acompañamiento de la transición laboral, la adaptación a las nuevas tecnologías, a la economía verde y a las nuevas necesidades que están apareciendo en sectores esenciales como el de cuidados.

En este sentido, la formación es clave en todas las etapas a lo largo de la vida de una persona, y específicamente, en momentos en los cuales se puedan encontrar en una situación de ERTE. Las empresas tienen el deber de programar acciones formativas útiles que lleven a incrementar el valor añadido de las personas durante una situación que puede ser traumática ante la incertidumbre de la viabilidad o no de la empresa. Pero también los trabajadores deben tener la conciencia de aprovechar la formación y no caer en el ostracismo sensibilizándose con la posibilidad de aprovechar este período para mejorar sus competencias.

Desde el punto de vista de la oferta formativa, esta es extensa, heterogénea y especializada, adaptándose a multitud de perfiles profesionales. Ahora bien, no se puede negar el importante papel que tiene el personal de los servicios de empleo. La elaboración de un perfil individualizado, la orientación o tutorización son servicios esenciales en la mejora de la empleabilidad. Y mucho más, cuando existe tal pluralidad de propuestas formativas. No se puede negar las ventajas que ofrece una cartera amplia de acciones o programas, pero sí se puede atribuir una cierta crítica debido a la sensación de saturación y solapamiento de contenidos que promueve la oferta formativa. Asimismo, la multiplicidad de organismos y agentes incluidos en la organización de las iniciativas de mejora de la formación, el desarrollo de herramientas digitales que no permiten una búsqueda intuitiva de los cursos, la ausencia de un sistema de clasificación práctico que permita encontrar la necesidad que precisa específicamente la persona trabajadora son algunas de las dificultades que se perciben en la mejora del sistema de formación profesional en el ámbito laboral. Ante esto, la figura del orientador laboral se vuelve elemental en la mejora de conseguir una mejora en la empleabilidad de la persona usuaria. Y más aún, si el demandante pertenece a un colectivo vulnerable o de atención prioritaria. Desde un punto de vista práctico, es casi imposible que personas pertenecientes a colectivos de migrantes, de exclusión social o que sufran ciertas discapacidades puedan acceder, informarse o inscribirse sin la ayuda presencial de los servicios de empleo.

CAPÍTULO VII

PROMOVIENDO LA IGUALDAD EN EL EMPLEO: LA NEGOCIACIÓN COLECTIVA DE MEDIDAS DE INCLUSIÓN LABORAL DE LAS PERSONAS LGTBI EN LAS EMPRESAS

María Belén Fernández Docampo
Profesora Titular de Derecho del Trabajo y Seguridad Social
Universidade de Vigo
ORCID 0000-0002-9869-5503

1. El colectivo LGTBI como colectivo de atención prioritaria de la política de empleo

El art. 50 de la vigente Ley 3/2023, de 28 de febrero, incluye entre los «colectivos de atención prioritaria para la política de empleo» a las «personas LGTBI», entre las que cita, en particular, a las trans. Las razones, como se encarga de apuntar el propio precepto, son «sus especiales dificultades para el acceso y mantenimiento del empleo y para el desarrollo de su empleabilidad». En esa condición, el colectivo será objeto de «programas específicos» destinados al fomento de su empleo, con el objetivo de promover una atención específica hacia sus integrantes en lo que atañe a la «planificación, diseño y ejecución de las políticas de empleo», cuya adopción corresponde a los poderes públicos competentes —Estado y Comunidades Autónomas— de acuerdo con los preceptos constitucionales y estatutarios, así como con los compromisos asumidos en el ámbito de la Unión Europea y en la Estrategia Española de Apoyo Activo al Empleo[1]. La condición de colectivo prioritario de la política de empleo determinará, además, el establecimiento de objetivos cuantitativos y cualitativos con perspectiva de género, que deberán preverse simultáneamente a su identificación. La evolución de tales objetivos se evaluará periódicamente en el seno de la Conferencia Sectorial de Empleo y Asuntos Laborales a los efectos de proseguir con las mismas acciones o adaptarlas a la finalidad del empleo. Por otra parte, a fin de garantizar lo que se conoce como una «atención integral» a dichos colectivos de atención prioritaria, la Ley 3/2023 ordena el fortalecimiento de la «coordinación con los servicios sociales», poniéndose en marcha a tal efecto «los mecanismos e instrumentos jurídicos» necesarios para ello. Por otra parte, teniendo en cuenta las especiales circunstancias de los referidos colectivos, se ordena al «Sistema Nacional de Empleo», en sus distintos niveles territoriales y funcionales y de manera coordinada y articulada, asegurar el diseño de «itinerarios individuales y personalizados de empleo» que se ajusten al «perfil profesional» de las personas destinatarias y de sus «necesidades específicas». Si fuese necesario para el cumplimiento de tal finalidad, los servicios públicos de empleo habrán de combinarse con los servicios sociales antes mencionados para ofrecer una mejor atención a estas personas mediante protocolos de combinación aprobados a tal fin[2]. En cualquier caso, y al margen de las concretas medidas previstas para los referidos colectivos en la Ley 3/2023, la propia norma en el art. 50, los califica de «colectivos vulnerables»[3].

En el contexto del empleo, un colectivo vulnerable se refiere a un grupo de personas que debido a diversas características y circunstancias particulares presentan mayores dificultades y desventajas que otras para el acceso y progresión en el mundo laboral, agravándose su situación, la mayoría de las veces, en momentos en los que las circunstancias socioeconómicas se presentan más desfavorables[4]. Tales circunstancias o características pueden derivarse de distintos factores, entre otros, sociales, culturales, económicos, físicos y de identidad, factores que cuando concurren en un individuo pueden generar una eventual discriminación, exclusión o explotación laboral, de ahí,

1 En el párrafo primero del art. 50.1 de la Ley 3/2023 están perfectamente descritos todos estos objetivos.

2 Sobre todas estas cuestiones, tanto la inclusión de la perspectiva de género en los objetivos cualitativos y cuantitativos, la coordinación con los servicios sociales y los itinerarios personalizados, véase art. 50.2 de la Ley 3/2023.

3 Véase art. 50.1 Ley 3/2023, párrafo segundo.

4 Bascón Marín, J., «La política activa de empleo y los colectivos vulnerables en un contexto de escasez de oportunidades de empleo», *Cuadernos de Gobierno y Administración Pública*, núm. 10-1, 2023, p. 2.

precisamente, su vulnerabilidad. En lo que se refiere al colectivo LGTBI, aunque su realidad es muy heterogénea, las circunstancias de partida *diferentes* que lo colocan en una situación más dificultosa y desventajosa en el mundo laboral que otros individuos son, concretamente, su orientación sexual y su identidad sexual. La orientación sexual hace referencia «a la capacidad o aptitud de cualquier persona de sentir una profunda atracción emocional, afectiva y sexual y tener relaciones íntimas y sexuales con individuos diferentes o del mismo sexo, o de más de un sexo»[5]. Por su parte, la identidad sexual alude al «sentimiento profundo, interno e individual de cada persona sobre su género que puede coincidir o no con el sexo que le fue asignado en el momento del nacimiento»[6]. Cuando tal coincidencia no se produce, se trata de una persona transexual, quedando la intersexualidad referida a las realidades sexuales físicas que no pueden asimilarse totalmente al paradigma hombre o mujer[7]. Con esto no se pretende simplificar ni obviar la heterogeneidad antes aludida. Ni, por supuesto, toda la complejidad existente detrás de la delimitación del colectivo[8]. Entre otras razones, porque no es esa la finalidad de este trabajo. Lo único que se pretende con las definiciones anteriores es fijar una base meridianamente clara de la que partir para entender los grupos de personas incluidos bajo las siglas LGTBI, en cuanto colectivo de atención prioritaria en el marco del empleo.

Bajo estas consideraciones, la realidad diferente del colectivo LGTBI en comparación con el estándar social tradicional y mayoritario es una obviedad que en el contexto del principio de igualdad y no discriminación precisa de las correspondientes intervenciones normativas. De hecho, el mismo día de la publicación en el BOE de la Ley 3/2023, el 1 de marzo de 2023, también fue publicada oficialmente una ley transversal que tiene en cuenta las particularidades de este grupo de personas, así como de sus familias, con la finalidad de garantizar y promover su derecho a la igualdad real y efectiva en los distintos ámbitos de la vida en sociedad. A saber, la Ley 4/2023, de 28 de febrero, para la igualdad real y efectiva de las personas trans y para la garantía de los derechos de las personas LGTBI, esto es, lesbianas, gais, trans, bisexuales e intersexuales. Como cualquier otra ley transversal, su contenido

---

5 *Cfr.* Cabeza Pereiro, J., Lousada Arochena, J. F. y Núñez-Cortés Contreras, P., *Igualdad y diversidad en las relaciones laborales,* Tirant lo Blanch, Valencia, 2022, p. 229.

6 *Idem.*

7 Para la definición de intersexualidad y cualquiera de las anteriores —orientación sexual e identidad sexual—, puede consultarse el art. 3 de la Ley 4/2023.

8 Sobre la referida problemática y sus distintas aristas, véase Arrúe Mendizábal, M., «El derecho a la identidad sexual/género y a la libertad de expresión de género. Los avances en la protección sociolaboral de las personas trans», *Revista de Trabajo y Seguridad Social.* CEF, núm. 473, 2023, pp. 129 ss. De hecho, como afirma la propia autora, «sería deseable unificar el término empleado, siendo tal vez más adecuado optar por las siglas LGTBIQ, que son las empleadas por la Unión Europea (UE) en el primer marco estratégico dirigido específicamente a luchar contra la discriminación de este colectivo».

incide en distintos sectores del ordenamiento jurídico, entre ellos, el civil, el administrativo, el sanitario, el educativo y, también, el social, cuyas disposiciones se añaden a las menciones sobre política de empleo que para el colectivo contiene la Ley 3/2023. Es en el preámbulo de la Ley 4/2023 donde se refieren, con datos, algunas de las discriminaciones padecidas por estas personas, tanto a nivel europeo como en el plano interno, que el legislador tilda de «notables». Algunas de sus cifras son las siguientes: «en España, el 42 % de las personas LGTBI se han sentido discriminadas en el último año. A menudo, la discriminación se convierte en agresión: el 8 % de las personas LGTBI en España han sido atacadas en los últimos 5 años. A menudo, esa discriminación se traslada a las aulas, dado que más de la mitad de las personas menores LGTBI sufre acoso escolar». Estos datos, apunta el preámbulo, han sido extraídos de la Federación Estatal de Lesbianas, Gais, Trans, Bisexuales, Intersexuales y más[9]. Una especial referencia dentro del colectivo reciben las personas trans, sobre lo que el preámbulo de la Ley 4/2023 indica que su situación en España es «preocupante» toda vez que «el 63 % de las personas trans encuestadas (...) manifiesta haberse sentido discriminadas en los últimos doce meses», siendo la discriminación en algunos ámbitos, como el laboral, especialmente elevada, de hecho, «el 34 % asegura haber sido discriminadas en este ámbito». Otros espacios que también preocupan son el de la salud y los servicios sociales, «el 39 % explica que han sido discriminadas por el personal sanitario o de los servicios sociales» y el educativo, afirmando «el 37 % (...) que ha sufrido discriminación en el ámbito escolar». Las dificultades de los trans también se manifiestan especialmente en el momento de acceso al empleo —un 42 % de las personas trans encuestadas afirma haber sufrido discriminación estando en búsqueda activa de empleo— y en general sufren mayores tasas de desempleo. El único estudio sobre esta cuestión que menciona el preámbulo de la Ley 4/2023 es uno de hace ya varios años, 2012, de la Universidad de Málaga, en el que se apuntaba que «la tasa de paro de las personas trans era de más del 37 % —frente al 26 nacional en ese año—, aunque el mismo informe advertía que la situación podría ser más grave. Una de cada tres personas encuestadas vivía con menos de 600 euros al mes y casi la mitad (un 48 %) había ejercido la prostitución. En ocasiones, la discriminación se manifiesta de la manera más cruel: el 15 % de las personas trans encuestadas ha sufrido ataques físicos o sexuales en los últimos años».

9 Se trata de una ONG estatal de carácter laico, laicista, feminista, apartidista y ansindicalista que agrupa a más de 50 entidades LGTBI+ de todo el territorio español y que tiene por finalidad trabajar por la diversidad afectivo-sexual, familiar y de género, así como por la lucha contra el VIH y SIDA. Para mayor información, puede consultarse su página web https://felgtbi.org/

2. La diversidad como causa de vulnerabilidad laboral y social

Volviendo a la Ley 3/2023, es evidente que el grupo de personas LGTBI no conforma en exclusiva el único colectivo de atención prioritaria para la política de empleo, lo cual, por otra parte, no es ninguna novedad. La existencia de grupos de individuos con especiales dificultades para el acceso y mantenimiento del empleo fue, desde siempre, objeto de especial atención por el legislador y, además, desde su consideración inicial, en tendencia creciente. De hecho, se ha pasado de los cinco grupos existentes en la primera Ley de Empleo de 1980[10], hasta los 20 de la vigente[11], pasando por los ocho de las normas intermedias, la Ley 56/2003[12] y el RDL 3/2015[13]. Ahora bien,

---

10 Ley 51/1980, de 8 de octubre, básica de empleo (BOE de 17 octubre 1980). De conformidad con su art. 10, los colectivos de atención prioritaria de las políticas de empleo eran los siguientes: «jóvenes demandantes de primer empleo, trabajadores perceptores de las prestaciones de desempleo, mujeres con responsabilidades familiares, trabajadores mayores de cuarenta y cinco años de edad y personas con discapacidad» (en la primera redacción, el término utilizado era el de «minusválidos»). Para estas personas, señalaba el referido precepto, el Gobierno adoptaría programas destinados al fomento de su empleo, por tratarse de personas «con dificultades de inserción en el mercado de trabajo», para lo que se comprometía a ofrecer, a las empresas que los contratasen y a los propios trabajadores directamente, una serie de beneficios.

11 Según su art. 50.1 son los siguientes: «personas jóvenes especialmente con baja cualificación, personas en desempleo de larga duración, personas con discapacidad, personas con capacidad intelectual límite, personas con trastornos del espectro autista, personas LGTBI, en particular trans, personas mayores de cuarenta y cinco años, personas migrantes, personas beneficiarias de protección internacional y solicitantes de protección internacional (...), personas víctimas de trata de seres humanos, mujeres con baja cualificación, mujeres víctimas de violencia de género, personas en situación de exclusión social, personas gitanas, o pertenecientes a otros grupos poblacionales étnicos o religiosos, personas trabajadoras provenientes de sectores en reestructuración, personas afectadas por drogodependencias y otras adicciones, personas víctimas del terrorismo, así como personas cuya guardia y tutela sea o haya sido asumida por las Administraciones públicas, personas descendientes en primer grado de las mujeres víctimas de violencia de género y personas adultas con menores de dieciséis años o mayores dependientes a cargo, especialmente si constituyen familias monomarentales y monoparentales, entre otros colectivos de especial vulnerabilidad, que son de atención prioritaria en las políticas activas de empleo, u otros que se puedan determinar en el marco del Sistema Nacional de Empleo. Asimismo, los programas específicos y las medidas de acción positiva se reforzarán en los supuestos en que se produzcan situaciones de interseccionalidad».

12 Ley 56/2003, de 16 de diciembre, de empleo (BOE de 17 diciembre 2003).

13 RDL 3/2015, de 23 de octubre, por el que se aprueba el texto refundido de la Ley de Empleo (BOE de 24 octubre 2015). Más allá de ciertas adaptaciones o cambios, por ejemplo, de «perceptores de prestaciones de desempleo» (Ley 51/1980) a «parados de larga duración» (RDL 3/2015), a los cinco colectivos iniciales, se han sumado las «personas con responsabilidades familiares —no solo las mujeres—, en situación de exclusión social e inmigrantes», tal y como se incluyen en el art. 30.1 del RDL 3/2015.

al margen de su número, lo cual no deja de ser un dato relevante, en lo que aquí interesa, especialmente, es que las personas LGTBI, junto con muchos de los otros grupos incorporados como «novedades puras»[14] de la vigente disposición, presentan, frente a los tradicionales, un mayor grado de vulnerabilidad, si se permite la graduación del calificativo, pues se trata no solo de una vulnerabilidad de carácter laboral, por lo tanto, centrada en su empleabilidad, sino también de una vulnerabilidad de carácter social. Mientras que la vulnerabilidad laboral suele identificarse con personas de difícil inserción en el mercado de trabajo, pero sin especial riesgo de exclusión social, por lo menos como categoría general, la vulnerabilidad social se caracteriza por situar a sus integrantes en una posición de partida de difícil inserción en la sociedad como consecuencia de los rasgos o circunstancias personales o familiares que presentan, lo que implica, inevitablemente, dificultades para integrarse laboralmente. Entre los colectivos más representativos de grupos con especial vulnerabilidad laboral pueden citarse los jóvenes, los parados de larga duración y las mujeres. Entre los segundos, los grupos con vulnerabilidad social, han de mencionarse muchos de los relacionados en el art. 50.1 de la Ley 3/2023: población gitana o perteneciente a otros grupos étnicos o religiosos, personas afectadas por drogodependencias, personas con diversidad funcional, sensorial y/o cognitiva, personas excluidas socialmente, etcétera[15]. Y también, como no, el colectivo LGTBI. De este segundo grupo se ha afirmado que sus condiciones —características físicas, su ideología, orientación sexual, su origen social, origen étnico...— los hacen «especialmente sensibles a la posibilidad de acceder al mercado de trabajo»[16]. Las razones, fundamentalmente, la discriminación que padecen por pertenecer a colectivos que en base a las construcciones sociales tradicionales y mayoritarias son diferentes y diversos, de ahí su rechazo por la sociedad y también por la clase empresarial, pues las empresas, como parte del sistema, no son ajenas a los prejuicios sociales. Dicho en otros términos, es evidente que sobre todos estos grupos recae «un estigma anticipado que les dificulta su incorporación al mercado de trabajo»[17].

---

14 Así califica estas inclusiones Pérez Del Prado, D., «La Ley 3/2023. Principales novedades», *Revista Labos*, Vol. 4, núm. extraordinario «Tormenta de reformas», 2023, p. 94.

15 Sobre la diferenciación entre vulnerabilidad laboral y vulnerabilidad social, en lo que se refiere a colectivos de atención prioritaria de las políticas de empleo, véase el interesante estudio de Garrido Pérez, E., «Promoción y protección del empleo de colectivos de atención prioritaria», en AA. VV., *40 Años de propuestas jurídicas sobre empleo, negociación colectiva y solución de conflictos laborales en Andalucía, XL Jornadas Universitarias andaluzas de Derecho del Trabajo y Relaciones Laborales* (Coord. Monereo Pérez, J. L.), Consejo Andaluz de Relaciones Laborales, Sevilla, 2024, pp. 42 ss.

16 Morales Ortega, J. M., «Colectivos de atención prioritaria: ¿realmente son una prioridad de nuestra política de empleo?», *Trabajo, Persona, Derecho, Mercado. Revista de Estudios sobre Ciencias del Trabajo y Protección Social*, núm. extraordinario 1 (monográfico), 2023, p. 124.

17 De nuevo, Morales Ortega, J. M., «Colectivos de atención prioritaria: ¿realmente son una prioridad...», *op. cit.*, p. 124.

Las afirmaciones anteriores traen a colación el tópico de la diversidad y su significado en cuanto hacer valer y potenciar las diferencias derivadas del libre desarrollo de la personalidad de los individuos, como una manifestación de su dignidad como personas, sin que ello suponga ningún obstáculo para su desarrollo personal, su vida en la sociedad y su progreso profesional, que comprende no solo la inclusión laboral, sino que esta sea también de calidad[18]. Pero el respeto a la diversidad no solo lo es en beneficio individual. El potencial humano, social y económico, por lo tanto colectivo, que supone la diversidad de las plantillas ya ha sido reconocido de forma expresa en el V AENC[19], precisamente, con ocasión del colectivo LGTBI. Con esa finalidad, se incorpora, por primera vez, un capítulo dedicado a la «Diversidad. LGTBI» en el que las organizaciones empresariales y sindicales recuerdan ese potencial, al tiempo que ordenan a los negociadores que incorporen en los convenios colectivos disposiciones para conseguir los siguientes objetivos: la promoción de plantillas heterogéneas; la creación de espacios de trabajo inclusivos y seguros; favorecer la integración y la no discriminación al colectivo LGTBI en los centros de trabajo; y asegurar que los protocolos de acoso y violencia en el trabajo contemplen la protección de las personas LGTBI en el ámbito laboral. Probablemente, en la inclusión de esta cláusula algo habrá tenido que ver que solo tres meses antes se hubiese aprobado la Ley 4/2023 con su finalidad de garantizar y proteger el «derecho a la igualdad real y efectiva» de las personas LGTBI y sus familias. Precisamente, en el art. 15.1 de la referida norma, se impone una nueva obligación a las empresas de más de cincuenta personas trabajadoras que deberán contar con un «conjunto planificado de medidas y recursos para alcanzar la igualdad real y efectiva de las personas LGTBI, que incluya un protocolo de actuación para la atención del acoso o la violencia contra las personas LGTBI». Tales medidas, continúa señalando el precepto, deberán ser «pactadas a través de la negociación colectiva y acordadas con la representación legal de las personas trabajadoras». El plazo para diseñar tales disposiciones se fija en doce meses desde la entrada en vigor de la ley, esto es, el 2 de marzo de 2024. Sin embargo, la obligación ha quedado suspendida, mientras no se apruebe su desarrollo reglamentario, pendiente de aprobación por el Consejo de Ministros a día de hoy. En cualquier caso, el impacto de la norma se atisba importante, ya que a diferencia de lo que sucede con los planes de igualdad ordenados en la Ley Orgánica 3/2007, lo que se exige literalmente a las empresas de determinada dimen-

18 Morales Ortega, J. M., «Colectivos de atención prioritaria: ¿realmente son una prioridad...», *op. cit.*, p. 125.

19 V Acuerdo para el Empleo y la Negociación Colectiva para los años 2023, 2024 y 2025, suscrito el 10 mayo de 2023, de una parte, por la Confederación Española de Organizaciones Empresariales (CEOE) y la Confederación Española de la Pequeña y Mediana Empresa (CEPYME), y de otra por las Confederaciones Sindicales de Comisiones Obreras (CC.OO.) y de la Unión General de Trabajadoras y Trabajadores de España (UGT) (BOE de 31 mayo 2023).

sión en el art. 15.1 de la Ley 4/2023 es pactar y acordar con la representación legal de sus trabajadores dichas medidas, incluido el protocolo de atención del acoso y de la violencia. En lo que se refiere a los planes de igualdad de la Ley Orgánica 3/2007, su art. 45 dispone que las disposiciones «dirigidas a evitar cualquier tipo de discriminación laboral entre mujeres y hombres» deberán negociarse, *y en su caso* acordarse con los representantes legales de los trabajadores en la forma que se determine en la legislación laboral. Sobre la redacción de la Ley 4/2023 ya se ha afirmado que supone una «revisión de nuestro modelo de negociación colectiva (...) lo que lleva a plantearse si esta nueva obligación exige a las empresas alcanzar necesariamente un acuerdo con la representación legal, debiendo resolver qué ocurre ante un bloqueo negocial en la adopción de estas medidas»[20]. Por ahora, el proyecto de RD existente solo precisa el contenido mínimo que habrán de contener las medidas planificadas en los convenios colectivos o acuerdos de empresa que se aprueben. El referido contenido se incluye en un anexo de la norma reglamentaria.

3. La empleabilidad y los colectivos de atención prioritaria

3.1. La empleabilidad como concepto central de la Ley 3/2023

Las razones por la que se señalan colectivos de atención prioritaria para la política de empleo son sus «*especiales dificultades* para el acceso y el mantenimiento de sus empleos y el desarrollo de su empleabilidad». Como ya se explicó con anterioridad, así se reconoce en la propia Ley 3/2023, en el apartado d) de su art. 3, cuando define sus conceptos básicos y que van a ser objeto de atención en la norma. Con todo, el significado de la existencia de estos colectivos no puede llegar a comprenderse del todo sin el de *empleabilidad*, también definido en su art. 3, apartado b), en cuanto «conjunto de competencias y cualificaciones transferibles que refuerzan la capacidad de las personas para aprovechar las oportunidades de educación y formación que se les presenten con miras a encontrar y conservar un trabajo decente, progresar profesionalmente y adaptarse a la evolución de la tecnología y de las condiciones del mercado de trabajo». Por otra parte, en este contexto, es muy importante tener en cuenta que la finalidad de cualquier ordenación

20 NIETO ROJAS, P., «El complicado entramado normativo de planes de igualdad y protocolos en las empresas. Algunas reflexiones sobre protocolos anti-acoso y de gestión de la diversidad», *Revista Labos*, Vol. 4, número extraordinario «Tormenta de reformas», 2023, p. 139.

normativa sobre empleo de un país no puede ser la reducción del desempleo, ni tampoco la creación de empleo, pues una ley no tiene capacidad para incidir en un mercado de trabajo sometido al juego del Derecho del trabajo y la libertad empresarial de contratación[21]. Su objetivo —el de la vigente Ley 3/2023, como de cualquiera de las anteriores— pasa por la creación y ordenación de las condiciones que favorezcan la empleabilidad en la población de un país. Es a partir de ahí, al hilo de las medidas que se instrumenten a tal efecto, donde la legislación puede influir de forma más o menos positiva en el mercado de trabajo, en los niveles de empleo y en los de desempleo. Incluso, aun cuando tales disposiciones puedan ser consideradas de *soft law* frente al carácter más incisivo del Derecho positivo. Con todo, más o menos obligatorias, ha de buscarse que tales medidas conformen una base sólida y decisiva con repercusión entre la demanda y oferta de empleo[22]. El art. 1 de la Ley 3/2023, en su párrafo segundo, no deja lugar a dudas sobre su finalidad: la presente Ley «tiene por objetivo promover y desarrollar la planificación, coordinación y ejecución de la política de empleo y garantizar el ejercicio de los servicios garantizados y la oferta de una adecuada cartera de servicios a las personas o entidades demandantes de los servicios públicos de empleo, a fin de contribuir a la creación de empleo y reducción del desempleo, mejorar la empleabilidad, reducir las brechas estructurales de género e impulsar la cohesión social y territorial».

Tras las consideraciones anteriores, puede afirmarse, por lo tanto, que la finalidad primordial de la Ley 3/2023 es, desde una perspectiva general, la mejora de la empleabilidad tanto de las personas desempleadas como de las ya ocupadas. Desde una perspectiva más particular, sus designios pasan por la articulación de aquellos mecanismos, servicios, estructuras y actuaciones que propicien la inserción laboral de determinados colectivos con especiales problemas de ocupación[23].

En lo que se refiere a la empleabilidad, concepto central de la Ley 3/2023[24], su propia exposición de motivos[25], después de erigirla como «elemento

21 Citando a Cruz Villalón, J., así lo pone de manifiesto Garrido Pérez, E., «La Ley 3/2023 de empleo: alcance y dimensiones estratégicas a favor de la empleabilidad», *Trabajo, Persona, Derecho, Mercado, Revista de Estudios sobre Ciencias del Trabajo y Protección Social*, Monográfico 2024, p. 37.

22 Esta idea, aunque con otra terminología, en Garrido Pérez, E., «La Ley 3/2023 de empleo: alcance y dimensiones estratégicas...», *op. cit.,* p. 37.

23 Garrido Pérez, E., «La Ley 3/2023 de empleo: alcance y dimensiones estratégicas...», *op. cit.,* p. 38.

24 Como se ha destacado por algún autor, «aunque la utilización de este concepto no es una novedad en nuestras políticas de empleo, lo cierto es que nunca antes se le había prestado tanta atención ni se le había dado tanto protagonismo», Pérez del Prado, D., «La Ley 3/2023. Principales novedades...», *op. cit.,* p 87.

25 Apartado III.

nuclear de la política de empleo», precisa que se configura como un «derecho y un deber de las personas demandantes de los servicios públicos de empleo» en desarrollo de los derechos contemplados en el art. 35 de la CE[26]. En este sentido, su efectividad no puede quedar al libre arbitrio de sus destinatarios, sino que para garantizarla, instrumenta una serie de herramientas basadas en diferentes evidencias a las que solo con posterioridad habrá de unirse la actitud de las personas consiguiendo fomentar así su proactividad[27].

Por otro lado, en lo que atañe a los colectivos con especiales problemas de ocupación, es obvio que la Ley 3/2023 se refiere a los grupos calificados como de atención prioritaria para la política de empleo, lo que va a exigir, programas y medidas específicas que desarrollen su empleabilidad de manera específica frente a las disposiciones de carácter general, tanto en lo que se refiere a su planificación como en lo referido a su diseño y ejecución[28]. Dicho en otros términos, se trata, en definitiva, de que se incorporen «planes de acción, que faciliten y garanticen el acceso al mercado de trabajo de tales colectivos y, al mismo tiempo, se aseguren una serie de objetivos básicos de esta nueva ley como son la empleabilidad de las personas demandantes de empleo y el desarrollo de la actividad profesional mediante la ocupación de un trabajo digno, decente y de calidad»[29], cumpliendo así con la definición normativa de la política de empleo que contiene el art. 2.2 de la Ley 3/2023 y con sus objetivos, en particular, el previsto en el apartado b) de su art. 4. A saber, la creación de empleos de calidad y estables que faciliten la transición hacia un mercado de trabajo más eficiente y que garantice el bienestar

26 Téngase en cuenta la importancia del art. 35.1 de la CE en cuanto reconoce a todos los españoles el «deber de trabajar y el derecho al trabajo, a la libre elección de profesión u oficio, a la promoción a través del trabajo y a una remuneración suficiente para satisfacer sus necesidades y las de su familia, sin que en ningún caso pueda hacerse discriminación por razón de sexo».

27 Como se dispone en el apartado III de la exposición de motivos de la Ley 3/2023, «para garantizar la efectividad de dicho derecho-deber y fomentar la proactividad de las personas demandantes de servicios de empleo, la Ley establece la creación de herramientas de apoyo a la toma de decisiones para la mejora de la empleabilidad de las personas basadas en evidencias estadísticas, y establece también la existencia de las tasas de empleabilidad, intermediación y cobertura, elaboradas en el seno del Sistema Nacional de Empleo y del Diálogo Social. A la utilización de las mencionadas herramientas, se unirá la valoración de la actitud de las personas, habida cuenta el desarrollo efectivo de aquellas acciones de empleabilidad recomendadas, prestando especial atención a la eliminación de sesgos y estereotipos de cualquier índole, especialmente de género, edad y discapacidad».

28 Algo similar afirma Garrido Pérez, E., cuando señala que de «la pertenencia a uno de los colectivos mencionados como de atención prioritaria se deriva, como ineludible efecto, la obligación de los servicios públicos de empleo de diseñar y programar acciones y medidas específicas que mejoren la empleabilidad de tales personas de manera preferente a otras generales iniciativas y respecto de otras personas en desempleo», «La Ley 3/2023 de empleo: alcance y dimensiones estratégicas...», *op. cit.,* p. 50.

29 *Cfr.* Morales Ortega, J. M., «Colectivos de atención prioritaria en la Ley de Empleo: ¿el camino hacia un mercado de trabajo inclusivo?», *NET 21*, número 12, 2023, p. 1.

económico de las personas trabajadoras, «de acuerdo con sus circunstancias individuales y familiares». Por otra parte, como indica el propio art. 50.1 de la Ley 3/2023, los programas específicos y las medidas de acción positiva para colectivos de atención prioritaria se reforzarán en los supuestos en que se produzcan situaciones de interseccionalidad, lo cual, por tratarse de una situación relativamente frecuente, ha de ser valorado positivamente, el menos en el plano teórico[30].

3.2. Las dificultades de empleabilidad del colectivo LGTBI

Todo lo anterior pone de manifiesto la directa relación entre empleabilidad y colectivos destinatarios, en especial, los que presentan dificultades para el acceso y mantenimiento del empleo, de ahí su consideración de colectivos de atención prioritaria para la política de empleo. En lo que se refiere a su enumeración e identificación en la Ley 3/2023, con anterioridad ya se refirió la ampliación de su número en comparación con las normativas precedentes. No obstante, valorar esta extensión solo cuantitativamente, llevaría a una autocomplacencia engañosa, ya que la mejoría en comparación con la relación previa sería solo testimonial[31]. Más allá de su número y consideración, si lo que se quiere es una atención especializada, pero sobre todo personalizada e individualizada, tal y como proclama la propia Ley 3/2023 entre sus objetivos[32], hay que identificar, sobre todo, los problemas concretos de empleabilidad de las personas que conforman tales colectivos. Es obvio que todos los grupos tienen como denominador común un difícil acceso y mantenimiento al mercado de trabajo, pero es evidente que no por las mismas razones. Cada grupo tiene su particularidad. Por ejemplo, nada tiene que ver la problemática de empleo de las personas con trastornos del espectro autista de la que presentan los desempleados de larga duración. Ni tampoco la que padecen las personas jóvenes con baja cualificación frente a la que ostentan las beneficiarias de protección internacional. Ni, por supuesto, todas las difi-

30 Así lo afirma Morales Ortega, J. M., «Colectivos de atención prioritaria en la Ley de Empleo: ¿el camino hacia...», *op. cit.*, p. 5.

31 El calificativo de «testimonial» es utilizado por Morales Ortega, J. M., «Colectivos de atención prioritaria en la Ley de Empleo: ¿el camino hacia...», *op. cit.*, p. 1.

32 En concreto, el apartado e) del art. 4 de la Ley 3/2023 que incluye entre los objetivos de la política de empleo, la «atención especializada de colectivos prioritarios para las políticas de empleo y la eliminación de cualquier clase de discriminación asegurando políticas adecuadas de incorporación laboral dirigidas a los citados colectivos». Esta idea en Morales Ortega, J. M., que califica de «planteamiento intachable» la «atención personalizada e individualizada» que plantea la LE, sobre lo que dispone que su «aplicación práctica, al menos si se toma como referente la dinámica existente hasta el momento, puede ser de ciencia ficción», «Colectivos de atención prioritaria en la Ley de Empleo: ¿el camino hacia...», *op. cit.*, p. 6.

cultades relacionas con el empleo y la inserción laboral que sufre el colectivo LGTBI. Es más, dentro del propio colectivo, como ya se dijo previamente, las diferencias son muchas, habida cuenta su heterogeneidad. Pero lo más preocupante es que la Ley 3/2023 tampoco identifica las posibles razones, lo que va a poner a los servicios públicos de empleo en la difícil tesitura de delimitar previamente las dificultades de empleabilidad de cada grupo destinatario para poder diseñar a continuación los programas y actuaciones más adecuados a sus necesidades, teniendo en cuenta, además, que de la pertenencia a un único grupo no siempre se extraen unos rasgos generales o comunes de dificultad de integración que se pueden a afrontar a través de programas de atención personalizada. Y peor aún, una misma persona puede pertenecer o compartir rasgos de más de un colectivo[33].

De hecho, cualquiera que sea la medida específica que se planifique o que se adopte por parte de las instituciones públicas, la justificación siempre ha sido cumplir con el principio de igualdad y no discriminación, pues la premisa de partida es que todos los colectivos referidos sufren algún tipo de discriminación. Sin embargo, como es conocido, las medidas antidiscriminatorias existentes hasta el momento no han conseguido favorecer la inserción de estos grupos en el mercado de trabajo[34]. Por otra parte, cualquiera que sea la acción de política que se adopte, los parámetros de constitucionalidad vigentes —finalidad legítima y proporcionalidad— exigen su adecuación a la desigualdad de la situación, lo que, normalmente supone una medida temporal, mientras persista la situación de desventaja[35]. Sin embargo, mayormente, tales medidas «se han visto reducidas a la necesaria e imprescindible, pero en ningún caso suficiente, cláusula antidiscriminatoria»[36].

Ya en lo que se refiere en particular a las razones de la difícil empleabilidad que afecta al colectivo LGTBI, huelga decir que la discriminación antes aludida les afecta especialmente[37], en una sociedad plagada de estereotipos y patrones sociales dominantes[38]. Incluso, no es extraño que tal discrimina-

---

33 Garrido Pérez, E., «La Ley 3/2023 de empleo: alcance y dimensiones estratégicas...», *op. cit.*, p. 50.

34 Literalmente, Morales Ortega, J. M., «Colectivos de atención prioritaria en la Ley de Empleo: ¿el camino hacia...», *op. cit.*, p. 1.

35 Otra vez, Garrido Pérez, E., «La Ley 3/2023 de empleo: alcance y dimensiones estratégicas...», *op. cit.,* pp. 50-51.

36 *Cfr.* Morales Ortega, J. M., «Colectivos de atención prioritaria en la Ley de Empleo: ¿el camino hacia...», *op. cit.*, p. 1.

37 Así se expresa en el documento de la OIT, *La discriminación en el trabajo por motivos de orientación sexual e identidad de género: Resultados del proyecto PRIDE de la OIT*, Servicio de Género, Igualdad y Diversidad de la OIT, https://www.ilo.org/es/media/6321/download; p. 1.

38 Cabeza Pereiro, J. «Empleo y personas LGTBI. Sinergias entre dos leyes simultáneas», en AA. VV., *Igualdad y discriminación LGTBI* (Coord. Cabeza Pereiro, J., Cardona Rubert, B. y Sáez Lara, C.), Tirant lo Blanch, Valencia, 2024, p. 4 (en prensa, ejemplar electrónico).

ción llegue, en ocasiones, a manifestarse de forma explícita en el propio proceso selectivo apelando a la falta de correspondencia entre la expresión de género, representada por la indumentaria, la voz o las maneras y la identidad de género legal de la persona candidata, lo que sucede en particular con las personas transexuales, que son, de todo el colectivo LGTBI, las que se enfrentan a las formas más severas de discriminación, llegando, incluso, en algunos casos, a ser excluidas del empleo formal[39]. La especial situación de discriminación que padecen las personas trans, en todas sus acepciones[40], ha provocado que la Ley 4/2023, le dedique una parte importante de su contenido, con un título independiente y separado del resto del colectivo LGTBI[41]. El propio TC en su Sentencia 67/2022, de 2 de junio, trajo a colación tal complejidad al disponer que «acudir al término trans asume un cierto riesgo de imprecisión técnica, porque puede incluir una amplia diversidad de situaciones (transexuales hombres y mujeres, personas no binarias, travestis, queer, personas de género fluido, asexuales, polysexuales) quienes definen su género como *otro*»[42]. Dejando al margen la problemática particular de las personas trans, ciertas preguntas invasivas sobre la vida privada, aficiones o situación familiar de la persona entrevistada, deberían ser evitadas en cualquier proceso selectivo, sin embargo, todavía a día de hoy se siguen planteando. Por otra parte, situaciones extremas como las referidas en algunos países en los que las personas candidatas tienen, o por lo menos tenían que demostrar su feminidad o masculinidad para poder ser aceptadas en el lugar de trabajo y que su contribución fuera apreciada, no deberían nunca haber existido[43]. Sobre el colectivo LGTBI, es muy representativa alguna afirmación encontrada en la doctrina en la que se refleja una realidad bastante incoherente, al tiempo que un panorama no especialmente alentador, tanto si se acude a la discriminación en general, como en particular, a la laboral. A saber, que «pese a ser mayor la aceptación social, la discriminación sufrida por este colectivo también va en aumento»[44].

39 OIT, *La discriminación en el trabajo por motivos de orientación sexual e identidad de género..., op. cit.,* p. 2.

40 Para una primera aproximación sobre la complejidad del término trans, véase Arrúe Mendizabal, M., «El derecho a la identidad sexual/género y a la libertad de expresión de género...», *op. cit.,* pp. 130 ss.

41 En concreto, a las personas trans, en exclusiva, la Ley 4/2023 les dedica uno de los títulos de los 4 en los que se estructura la norma. En concreto, el título II, bajo la rúbrica «Medidas para la igualdad real y efectiva de las personas trans».

42 Fundamento jurídico 3. Un interesante comentario de esta Sentencia en Castro Surís, E., «La nueva Ley de Empleo a la luz de la STC 67/2022: no discriminación por identidad de género», *Revista Justicia & Trabajo*, núm. extraordinario, septiembre 2023, pp. 111 ss.

43 OIT, *La discriminación en el trabajo por motivos de orientación sexual e identidad de género..., op. cit.,* p. 2.

44 *Cfr.* Morales Ortega, J. M., «Discriminación, diversidad e inclusión LGBTI+ en los entornos laborales: un análisis de la responsabilidad social empresarial y de la negociación colectiva», *Noticias Cielo*, núm. 4, 2022, p. 1.

En los supuestos anteriores, el referido rechazo suele justificarse en la falta de adecuación de la persona candidata a la imagen estándar y proyección corporativa de la empresa, lo que pone de manifiesto la ausencia de diversidad y de integración de la misma en muchas entidades mercantiles, habida cuenta los prejuicios sobre la identidad y orientación sexual de sus responsables[45]. Por tales razones, es habitual en estas personas la no manifestación de su identidad y orientación sexual, sacrificando, por lo tanto, el libre desarrollo de la personalidad a cambio de la búsqueda de un empleo. El miedo a la denuncia, precisamente, por el temor a hacer visible la diferencia[46], provoca, por otra parte, la invisibilización de esta problemática, lo que supone un *hándicap* para su posible solución y con ello lograr la inserción laboral del colectivo. Por lo tanto, no es extraño que muchas de ellas opten por acudir al autoempleo o al emprendimiento, pero también, lo que es peor, a la autosegregación laboral. La autosegregación como respuesta al rechazo sistemático de la inclusión laboral del colectivo en determinados sectores provoca en parte la segmentación horizontal del mercado de trabajo en relación con el colectivo LGTBI que implica que su inserción laboral quede limitada a sectores y profesiones respetuosos con las diferencias[47]. Es lo que se conoce como entornos o contextos «más LGBT friendly» frente a otros «más hostiles». En este sentido, puede hablarse de reductos con fácil reflejo territorial y con determinadas variables sociodemográficas que se creen más o menos respetuosas con la diversidad sexual[48]. Algún autor también los ha calificado de puestos de trabajo LGTBIzados[49].

Con o sin autosegregación, el trato diferente que padecen estos colectivos en el ámbito laboral produce, también, menor productividad y mayor absen-

---

45 Cabeza Pereiro, «Empleo y personas LGTBI. Sinergias entre dos leyes simultáneas», en AA.VV., *Igualdad y discriminación LGTBI..., op. cit.,* p. 4.

46 Como se describe en el informe de la OIT citado en este trabajo, en «Hungría, Argentina y Sudáfrica, muchos trabajadores y trabajadoras LGBT expresaron su reticencia a realizar una queja formal, por las potenciales pérdidas económicas que podían derivarse de la pérdida del empleo si el/la empleador/a entraba en conocimiento de su orientación sexual o identidad de género, o por falta de confianza en el modo en que las quejas podrían manejarse», *La discriminación en el trabajo por motivos de orientación sexual e identidad de género..., op. cit.,* p. 2.

47 Morales Ortega, J. M., «Colectivos de atención prioritaria en la Ley de Empleo: ¿realmente son una prioridad...», *op. cit.,* p. 125. La ocultación de la orientación sexual y el hecho de encaminarse hacia sectores o profesiones con un entorno laboral más tolerante, también es destacado por Sáez Lara, C., «Orientación e identidad sexual en las relaciones de trabajo», *Revista Trabajo, Persona, Derecho, Mercado,* núm. 5, 2022, p. 46.

48 AA.VV., *Las personas LGTBI en el* ámbito *del empleo en España: hacia espacios de trabajo inclusivos con la orientación sexual e identidad y expresión de género (*Dir. GABRIEL, C. y coord. HERRANZ, D.), Instituto de la Mujer y para la Igualdad de Oportunidades (IMIO), Madrid, 2017, p. 25.

49 Morales Ortega, J. M., «Discriminación, diversidad e inclusión LGTBI+ en los entornos laborales...», *op. cit.,* p. 2.

tismo[50], lo cual es del todo lógico, en un contexto de renuncia de derechos amparada bajo un falso paraguas de autonomía, libertad y de derecho a la intimidad del individuo[51]. Es evidente que esta realidad oculta discriminaciones que precisamente por su ocultación no pueden salir a la luz falseando las estadísticas. Cuando esta situación se agudiza, en particular, cuando se trata de espacios de trabajo poco cercanos o poco afines, se presenta lo que se ha calificado como «barrera preventiva» identificada como un real temor a «salir del armario» en el trabajo para evitar con ello situaciones discriminatorias —las más extremas, el *mobbing* y el despido—, con toda la problemática que de ello se deriva, en particular, en el contexto psicosocial. Tal situación ha llegado a ser calificada como «alineación» como consecuencia de una «discriminación estructural» que provoca «la incapacidad para las personas LGTBI de desarrollar plenamente su identidad personal en los entornos laborales» generando una vivencia constante de «no ser y no expresarse como sí mismos, como realmente son»[52].

Por otra parte, las dificultades de obtención de un empleo conllevan directamente falta de estabilidad y precariedad laboral, en el sentido de contratos laborales precarios, pero también, y en no pocas ocasiones, la ausencia de condiciones de trabajo dignas, y que no solo afecta al trabajo por cuenta ajena, sino también al trabajo por cuenta propia[53]. Emerge de nuevo aquí la autosegregación antes referida, en otra de sus manifestaciones más evidentes y más graves. Hablar de condiciones de trabajo dignas es hablar de condiciones de trabajo justas y habida cuenta la diferencia de trato hacia el colectivo son muchas las ocasiones en las que se constata una sobrecualificación en relación con los puestos de trabajo que desempeñan, en particular, si otra vez se trata de personas trans[54]. Esta situación conlleva, además, la

---

50 Morales Ortega, J. M., «Discriminación, diversidad e inclusión LGTBI+ en los entornos laborales...», *op. cit.,* p. 2.

51 En el año 2017, el Instituto de la Mujer ya aludía a esta realidad: «La intención de buscar unos determinados sectores productivos por sus características más amigables con orientaciones de género LGBT es una práctica que se deriva de una estructuración del mercado de trabajo desigual, el cual produce discriminación al limitar las opciones laborales de estos perfiles (...) sin embargo, en el discurso, esta práctica no es definida de por sí y habitualmente como una forma de discriminación sino como una opción personal asumida voluntariamente», *cfr.* AA. VV., *Las personas LGTBI en el* ámbito *del empleo en España..., op. cit.,* pp. 30-31. El juego del derecho a la intimidad es destacado por Morales Ortega, J. M., «Discriminación, diversidad e inclusión LGTBI+ en los entornos laborales...», *op. cit.,* p. 2.

52 AA.VV., *Las personas LGTBI en el* ámbito *del empleo en España..., op. cit.,* pp. 25-26.

53 Al respecto, véase Cabeza Pereiro, J., «Empleo y personas LGTBI. Sinergias entre dos leyes simultáneas», en AA. VV., *Igualdad y discriminación LGTBI..., op. cit.,* pp. 4-5.

54 De nuevo, Cabeza Pereiro, J., «Empleo y personas LGTBI. Sinergias entre dos leyes simultáneas», en AA. VV., *Igualdad y discriminación LGTBI..., op. cit.,* p. 5, en alusión al siguiente informe: AA. VV., *Estudio exploratorio sobre la inserción laboral de las personas trans,* Dirección General de Diversidad Sexual y Derechos LGTBI-Ministerio de Igualdad, Madrid, 2022.

limitación de su formación y ascenso y promoción profesional, afectando a su capacidad para mejorar habilidades y competencias. Realmente, esta situación de discriminación afecta a toda la vigencia de la relación de servicios, más allá de lo que se refiere a condiciones estrictamente laborales. Otros aspectos, tales como, «la vestimenta, la utilización de los cuartos de baño o las relaciones sociales dentro del entorno productivo son motivo de conflicto y de rechazo, y, en consecuencia, de hostigamiento y persecución»[55].

Además de los efectos negativos que se producen en el ámbito profesional, estas circunstancias generan en la persona que las padece consecuencias emocionales, psicológicas y físicas, independientemente de su origen, ya sea empresarial, del personal de la empresa o de terceros —clientes y consumidores—. Y todo ello en el escenario de digitalización actual que facilita y agrava toda esta situación.

4. La negociación colectiva de medidas y recursos destinados a la promoción de la orientación y la diversidad sexual en las empresas

Según el comportamiento de las empresas hacia el colectivo LGTBI, algún autor las clasifica de la siguiente manera: en primer lugar, están aquellas que niegan la existencia de discriminación y, cuando ocurre, lo consideran como hechos aislados y puntuales, por lo tanto, no ven necesario adoptar medidas específicas. En segundo lugar, están las que, basadas en posturas heterosexistas y heteronormativas, pueden vulnerar los derechos de los trabajadores LGTBI, a quienes incluso consideran provocadores, usando como argumento que afectan la buena imagen de la empresa. En tercer lugar, están las empresas que lideran un cambio de tendencia, especialmente las grandes y las multinacionales, que adoptan la diversidad y la inclusión como principios rectores de su actuación[56].

Las soluciones para poner fin a estas situaciones pueden provenir de distintos frentes. De entrada, a través de la puesta en marcha de políticas de inclusión y diversidad mediante las técnicas y acciones que se consideren más adecuadas y que pueden ser muchas y muy variadas[57]. Por citar tan solo algunas, a través de acciones de formación y sensibilización sobre diversidad e inclusión para todos los empleados, con especial capacitación en prácticas

55 Cabeza Pereiro, J., «Empleo y personas LGTBI. Sinergias entre dos leyes simultáneas», en AA. VV., *Igualdad y discriminación LGTBI..., op. cit.,* p. 5,

56 Morales Ortega, J. M., «Discriminación, diversidad e inclusión LGBTI+ en los entornos laborales...», *op. cit.,* pp. 1-2.

57 Cabeza Pereiro, J., «Empleo y personas LGTBI. Sinergias entre dos leyes simultáneas», en AA. VV., *Igualdad y discriminación LGTBI..., op. cit.,* p. 14.

inclusivas y en el manejo de situaciones de discriminación o acoso sobre los mandos. También, fomentando la creación de grupos de recursos para empleados LGTBI y sus aliados, proporcionando así un espacio seguro para compartir experiencias y ofrecer apoyo mutuo. Igualmente, promoviendo una cultura corporativa que celebre la diversidad, incluyendo la representación LGTBI en comunicaciones internas, eventos y campañas de marketing. A la par, a través de la creación de canales confidenciales y seguros para que los empleados LGTBI puedan reportar casos de discriminación o acoso y establecer procedimientos claros para abordar y resolverlos de manera justa y eficiente. Por último, asociarse con organizaciones externas que promuevan los derechos LGTBI para obtener asesoramiento y certificaciones de inclusión y participar en redes empresariales y foros sobre diversidad e inclusión para compartir buenas prácticas y aprender de otras empresas. Se trata, como no, de invocar el compromiso social de las empresas a través de sus códigos éticos[58]. Ahora bien, todo lo anterior es importante, pero no suficiente. La actuación pública de la Administración se vuelve fundamental a través de las distintas políticas que «deben orquestarse para la consecución de una mejor inclusión y diversidad en las empresas»[59].

Con todo, sin desatender cualquiera de las acciones anteriores, a estos efectos son muy pertinentes las disposiciones obligatorias contenidas en la Ley 3/2023 y en la Ley 4/2023, en algunos casos en forma de acciones positivas. Al respecto, como se ha visto y reiterado en las páginas anteriores, hay que tener muy en cuenta la finalidad de la Ley 4/2023 que es «garantizar y promover el derecho a la igualdad real y efectiva» del colectivo LGTBI y de sus familias. Por otra parte, el apartado f) de su art. 3, aporta la definición de acción positiva, con su triple característica de temporalidad —en tanto subsistan las situaciones de discriminación o de desventaja—, razonabilidad y proporcionalidad[60]. La inclusión de acciones positivas, entre otros ámbitos en el laboral, emerge como una de las prioridades de la Estrategia Estatal

---

58 Nieto Rojas, P., «El complicado entramado normativo de planes de igualdad y protocolos en las empresas...», *op. cit.,* p. 139.

59 *Cfr.* Cabeza Pereiro, J., que apela al cuidado y reflexión, para evitar que las propuestas sean aprobadas sin un aparente análisis previo, como ha sucedido con el establecimiento de modelos de cuotas de contratación para personas LGTBI, pues es una técnica que seguramente tiene problemas de adaptación a estos colectivos, «Empleo y personas LGTBI. Sinergias entre dos leyes simultáneas», en AA. VV., *Igualdad y discriminación LGTBI..., op. cit.,* p. 14.

60 Al respecto, Cabeza Pereiro, J., «Empleo y personas LGTBI. Sinergias entre dos leyes simultáneas», en AA. VV., *Igualdad y discriminación LGTBI..., op. cit.,* pp. 15-16. Las medidas de acción positiva se definen en dicho art. 3 f) como aquellas «Diferencias de trato orientadas a prevenir, eliminar y, en su caso, compensar cualquier forma de discriminación o desventaja en su dimensión colectiva o social. Tales medidas serán aplicables en tanto subsistan las situaciones de discriminación o las desventajas que las justifican y habrán de ser razonables y proporcionadas en relación con los medios para su desarrollo y los objetivos que persigan».

para la inclusión social de las personas trans, tal y como ordena el art. 52.2 de la Ley 4/2023[61]. En otros preceptos de la Ley 4/2023 —en concreto, arts. 4 y 5— se ordena a los poderes públicos adoptar las medidas necesarias para la protección de esas personas y de sus familias, para proporcionales todo el reconocimiento y apoyo institucional, a través de distintas medidas. En lo que se refiere a las políticas públicas de empleo del colectivo, en el art. 14, también de la Ley 4/2023, se ordena a las Administraciones Públicas, en el ámbito de sus competencias, tener en cuenta el «derecho de las personas a no ser discriminadas por razón de las causas previstas en esta Ley». Para el cumplimiento y puesta en marcha de este mandato son varias las medidas dispuestas por el legislador. Todas son importantes, pero a los efectos pretendidos en este trabajo, procede detenerse en una de ellas en particular, la contenida en su apartado e), en cuanto ordena impulsar «a través de los agentes sociales, así como mediante la negociación colectiva, la inclusión en los convenios colectivos de cláusulas de promoción de la diversidad en materia de orientación sexual, identidad sexual, expresión de género y características sexuales y de la diversidad familiar y de prevención, eliminación y corrección de toda forma de discriminación de las personas LGTBI, así como de procedimientos para dar cauce a las denuncias». No es extraño que dicha previsión legal lo haya sido en cumplimiento de la línea marcada por el V AENC y su llamada a la diversidad, precisamente, en relación con el colectivo LGTBI[62]. Como se vio en páginas anteriores, el V AENC apela a los convenios colectivos como el instrumento adecuado para fomentar la diversidad de las plantillas, aprovechando el beneficio colectivo que ello conlleva[63]. En un escenario marcado por la heterosexualidad, la intervención convencional será muy necesaria, en particular, en el ámbito sectorial, por los beneficios que pueda proyectar sobre las PYMES que se reconocen tolerantes a la diversidad negando mayoritariamente las manifestaciones de discriminación por orientación sexual. Sin embargo, la realidad es bien diferente, comenzando por la general ausencia de acciones de sensibilización sobre diversidad sexual[64].

---

61 La Estrategia estatal para la inclusión social de las personas trans es «el instrumento principal para el impulso, desarrollo y coordinación de las políticas y los objetivos generales establecidos en este título en el ámbito de la Administración General del Estado», «su elaboración, seguimiento y evaluación corresponderá al Ministerio de Igualdad» y su aprobación «corresponderá al Consejo de Ministros» (art. 52.1 de la Ley 4/2023).

62 Así lo defiende, Álvarez Cuesta, H., «Los planes de igualdad y el papel de la negociación colectiva en la Ley 4/2023», en AA. VV., *Igualdad y discriminación LGTBI..., op. cit.,* p. 5.

63 Capítulo XIV: Diversidad. LGTBI.

64 Al respecto, Agra Viforcos, B., «*La orientación sexual de los trabajadores en la negociación colectiva*», *Revista Crítica de Relaciones de Trabajo-Laborum*, núm. 10, 2024, p. 46.

No obstante, en el ámbito de la negociación colectiva empresarial, la «medida estrella»[65] de la Ley 4/2023 es el conjunto planificado de medidas y recursos que deberán acordar todas las empresas de más de cincuenta personas trabajadoras para alcanzar la igualdad real y efectiva de las personas LGTBI, que habrán de incluir un protocolo de actuación para la atención de conductas constitutivas de acoso y violencia, tal y como ordena su art. 15.1. A la espera de la aprobación definitiva por el Consejo de Ministros del proyecto de norma reglamentaria, de acuerdo con el compromiso asumido en el Acuerdo tripartito de 26 de junio de 2024[66], se entiende que el propósito del legislador es la inclusión del colectivo LGTBI entre los destinatarios de las medidas pactadas en la negociación colectiva para garantizar su igualdad real y efectiva en el ámbito laboral.

Dejando de lado cuestiones que se resuelven, con mayor o menor detalle, en el proyecto normativo existente a día de hoy, tales como, la cuantificación del número de personas trabajadoras de la empresa y el procedimiento para la negociación de las medidas planificadas[67], y a la espera de su aprobación por el Consejo de Ministros, basta por ahora referir, siquiera brevemente, por dónde debe discurrir el contenido de las medidas planificadas. Al respecto, son dos las notas que deben destacarse en el referido proyecto. A saber, la libertad de los negociadores y su contenido transversal. En primer lugar, se menciona la libertad porque ni el art. 15 de la Ley 4/2023, ni el proyecto de RD, acota el sentido de las medidas que negocien y se pacten, pudiendo acordarse, por lo tanto, todas aquellas que contribuyan a alcanzar el objetivo pretendido, la igualdad real y efectiva de las personas LGTBI en las empresas, esto es, en el ámbito laboral. No obstante, sin menoscabar un ápice dicha libertad, el propio proyecto de RD contiene un anexo con un conjunto mínimo de tales medidas —anexo I—, que incluye un protocolo frente al acoso y violencia donde se identifiquen prácticas preventivas y mecanismos de detección y de actuación del mismo, lo que ha de ajustarse a lo dispuesto en el anexo II. Entre las medidas contenidas en el anexo I, todas ellas con la vista puesta en la creación de un contexto favorable a la

65 Así sido calificada por Álvarez Cuesta, H., «Los planes de igualdad y el papel de la negociación colectiva en la Ley 4/2023», en AA. VV., *Igualdad y discriminación LGTBI..., op. cit.,* p. 5.

66 Acuerdo, de 26 de junio de 2024, para la implementación de medidas para la igualdad y no discriminación de las personas LGTBI en las empresas, firmado por la Ministra de Trabajo, CCOO, UGT, CEOE y CEPYME, que tiene por único objetivo el compromiso de las partes firmantes de aprobar en el marco del diálogo social el «reglamento por el que las empresas de más de cincuenta personas trabajadoras tendrán que contar con un conjunto planificado de medidas y recursos para alcanzar la igualdad real y efectiva de las personas LGTBI+, incluyendo un protocolo de actuación para la atención del acoso o la violencia contralas personas LGTBI+».

67 Para una primera interpretación del proyecto de RD, véase Álvarez Cuesta, H., «Los planes de igualdad y el papel de la negociación colectiva en la Ley 4/2023», en AA. VV., *Igualdad y discriminación LGTBI..., op. cit.,* pp. 4 ss.

diversidad y a avanzar en la erradicación de la discriminación de las personas LGTBI por razones de orientación y diversidad sexual y expresión de género o características sexuales, se incluyen las siguientes: medidas sobre el acceso al empleo, sobre la clasificación y formación profesional, sobre formación, sensibilización y lenguaje, sobre la creación de entornos laborales diversos, seguros e inclusivos, sobre permisos y beneficios sociales, para terminar, con el régimen disciplinario.

En cuanto a la transversalidad de las medidas acordadas y planificadas en el ámbito laboral, tal y como se exige expresamente en el art. 7 del proyecto de norma reglamentaria, parece hacer referencia a su «incorporación con carácter general a lo largo de todos los apartados convencionales y su aplicación en cualquiera de las condiciones laborales»[68], lo que, encuentra su primigenia manifestación en el propio contenido del anexo I en el que las cláusulas tendentes a la erradicación de la discriminación han de proyectarse desde el mismo proceso de selección, pasando por todas las condiciones laborales, e integrarse, además, en el régimen disciplinario.

Son otras muchas cuestiones las que también ordena el proyecto de reglamento. A algunas ya se ha hecho mención en páginas anteriores. Otras atienden a la estructura de las medidas, que será diferente según exista o no convenio colectivo de ámbito superior a la empresa, su vigencia, el seguimiento de su cumplimiento, su evaluación y la revisión. Quedan algunos espacios sin concretar, tales como, el procedimiento de denuncia y la posibilidad de establecer una comisión paritaria, en los supuestos en los que las medidas que se pacten no estén ubicadas en el texto de un convenio colectivo, en los que habría que atender a su propio procedimiento de denuncia y ultraactividad[69].

5. Conclusión

El carácter parcial de este trabajo es evidente. De entrada, porque se trata de un primer acercamiento a una temática específica: la negociación colectiva de cláusulas convencionales para lograr la igualdad real y efectiva de las personas LGTBI, con el objetivo de promover su inclusión laboral en un contexto de discriminación por su identidad y orientación sexual. En segundo lugar, porque lo ideal es que se hubiese aprobado, cuando menos, la norma reglamentaria de desarrollo del artículo 15.1 de la Ley 4/2023, que ordena a las empresas de más de 50 personas trabajadoras a implementar un conjunto

68 Álvarez Cuesta, H., «Los planes de igualdad y el papel de la negociación colectiva en la Ley 4/2023», en AA. VV., *Igualdad y discriminación LGTBI..., op. cit.,* pp. 14 s.

69 También lo advierte Álvarez Cuesta, H., «Los planes de igualdad y el papel de la negociación colectiva en la Ley 4/2023», en AA. VV., *Igualdad y discriminación LGTBI..., op. cit.,* p. 14.

planificado de medidas y recursos para alcanzar dicha igualdad, incluyendo un protocolo de actuación para situaciones de acoso y violencia.

Bajo estas consideraciones, surgen muchas dudas. Una de ellas es la relación entre la previsión del artículo 15.1 de la Ley 4/2023 y los planes de igualdad de la Ley Orgánica 3/2007, especialmente en cuanto a si estos últimos deberían ampliar su alcance para convertirse en planes de gestión de la diversidad. Algunos expertos en la materia han negado esta extensión, aunque eso no debería implicar que el colectivo LGTBI quede excluido de recibir atención específica en dichos planes[70]. Si fuera así, sería fundamental realizar un diagnóstico previo de la situación del colectivo afectado. Sin embargo, la normativa vigente, ni siquiera en el proyecto de Real Decreto pendiente en la actualidad de aprobación, hace referencia a este aspecto[71]. El derecho a la intimidad de las personas LGTBI en las empresas parece justificar esta ausencia. La solución podría provenir de la obtención de respuestas sobre situaciones reales mediante encuestas anónimas y voluntarias[72].

Al margen de la planificación del art. 15.1 de la Ley 4/2023, sirva por ahora el contenido de su art. 14 e) como elemento decisivo para impulsar una negociación colectiva hasta el momento escasamente innovadora en esta materia, las más de las veces limitada a la previsión de cláusulas genéricas de igualdad y no discriminación, pues no parece que el colectivo LGTBI figure entre sus prioridades, a veces, por la negativa de la patronal a entrar en una problemática para ella inexistente y otra por entender suficiente la cláusula antidiscriminatoria general[73]. Con las diferencias cuantitativas evidentes, es probable que la evolución de esta temática deba seguir etapas similares a las que ha recorrido el principio de igualdad y prohibición de discriminación por razón de sexo, que todavía tiene camino por avanzar en el ámbito convencional. Las ventajas para el colectivo LGTBI serían numerosas. Los agentes sociales, sin depender de la intervención estatal, tendrían la oportunidad de mejorar la situación laboral de este grupo, asegurando su inclusión en el mercado de trabajo en condiciones de igualdad con el resto de los trabajadores. No se debe olvidar que la igualdad de oportunidades y la promoción de la diversidad son fundamentales para el desempeño de un trabajo en condiciones justas y dignas.

---

70 Nieto Rojas, P., «El complicado entramado normativo de planes de igualdad y protocolos en las empresas...», *op. cit.,* p. 140.

71 Sobre la necesidad e importancia del diagnóstico, Nieto Rojas, P., que lo considera en la «base de toda batería de medidas antidiscriminatorias», *cfr.* «El complicado entramado normativo de planes de igualdad y protocolos en las empresas...», *op. cit.,* p. 140.

72 Álvarez Cuesta, H., «Los planes de igualdad y el papel de la negociación colectiva en la Ley 4/2023», en AA. VV., *Igualdad y discriminación LGTBI..., op. cit.,* p. 19.

73 Álvarez Cuesta, H., «Los planes de igualdad y el papel de la negociación colectiva en la Ley 4/2023», en AA. VV., *Igualdad y discriminación LGTBI..., op. cit.,* pp. 25-26.

En fin, lo que aquí se destaca se sitúa en el núcleo de la Ley 4/2023, pero no se olvide su directa relación con la Ley 3/2023. Una y otra persiguen objetivos esencialmente compatibles y, en cuanto a las políticas de empleo, orientaciones muy próximas. En lo que se refiere al colectivo LGTBI y su situación ante el mercado de trabajo, la capacidad de integrarse correctamente en él y mejorar en sus perspectivas y en su desarrollo profesional deben partir de unas premisas que ponen de relieve unas especiales dificultades de acceso y permanencia en sus ocupaciones[74].

74 Esto último en Cabeza Pereiro, J., «Empleo y personas LGTBI. Sinergias entre dos leyes simultáneas», en AA. VV., *Igualdad y discriminación LGTBI..., op. cit.,* p. 1.

CAPÍTULO VIII

UN ANTES Y UN DESPUÉS EN LA TUTELA JUDICIAL DE LOS DERECHOS SOCIALES: EL REINTEGRO DE LA PRESTACIÓN POR DESEMPLEO PARCIAL INDEBIDAMENTE PERCIBIDA POR ERROR DE LA ADMINISTRACIÓN A LA LUZ DE LA RECIENTE JURISPRUDENCIA DEL TRIBUNAL SUPREMO

Antonio Megías-Bas
Profesor Ayudante Doctor
Derecho del Trabajo y de la Seguridad Social
Universidade de Vigo

ÍNDICE:

1. Introducción

La reforma laboral de diciembre de 2021[1] se fundamenta en cuatro pilares principales: a) la reestructuración del sistema de contratación laboral con el

1 Real Decreto-ley 32/2021, de 28 de diciembre, de medidas urgentes para la reforma laboral, la garantía de la estabilidad en el empleo y la transformación del mercado de trabajo. BOE 30 diciembre 2021.

objetivo de reducir la temporalidad y fomentar la estabilidad en el empleo; b) la restitución del equilibrio en la negociación colectiva, fortaleciendo la negociación sectorial y recuperando la ultraactividad indefinida de los convenios; c) la mejora de las condiciones de trabajo en las contratas y subcontratas; y d) el fortalecimiento de los expedientes de regulación temporal de empleo (ERTE), siguiendo el modelo de los ERTE-COVID[2], que demostraron su efectividad durante la crisis sanitaria al mantener operativas a numerosas empresas y negocios mediante ayudas públicas y conservar millones de puestos de trabajo[3].

La promoción de la flexibilidad interna, con el objetivo de sustituir los despidos en tiempos de crisis empresarial, ha sido una meta constante y, hasta ahora, no alcanzada por la mayoría de las reformas laborales de las últimas décadas. Este objetivo es también el que persiguió el RDL 32/2021 mediante la reformulación de los tradicionales e infrautilizados ERTE y la creación del Mecanismo RED de Flexibilidad y Estabilización de Empleo. La intención es convertir el ajuste temporal de empleo, a través de suspensiones contractuales y reducciones de jornada, en el principal instrumento de reestructuración empresarial para enfrentar crisis económicas o reconversiones sectoriales, evitando la destrucción masiva de puestos de trabajo, tanto fijos como temporales, que ha caracterizado épocas anteriores. En el renovado marco de relaciones laborales derivado de la reforma de 2021, cuyo principal objetivo es combatir la precariedad asociada al abuso de la contratación temporal sin justificación, es plenamente coherente el impulso de medidas de flexibilidad interna. Estas medidas permiten a las empresas ajustar la extensión e intensidad del trabajo, que se busca cada vez más estable, adaptándolo a circunstancias económicas o productivas que alteren el normal desarrollo de su actividad.

La remodelación de los ERTE se articula mediante dos vías principales. Primero, se modifica el art. 47 del Estatuto de los Trabajadores (ET) para agilizar e incentivar los ERTE por causas económicas, técnicas, organizativas o de

---

2 De manera exhaustiva, sobre el régimen jurídico de los ERTE fundamentados en causas relacionadas con la COVID-19: Cavas Martínez, F., «Los Expedientes de Regulación Temporal de Empleo (ERTE) como respuesta a la crisis del COVID-19», en VV. AA.: El escudo social frente a la pandemia. Análisis jurídico y propuestas para una legislación social más justa. Albacete, Bomarzo, 2021, pp. 11-38; y «Los expedientes de regulación temporal de empleo por Covid-19. Una apuesta institucional por la preservación del empleo en tiempos de pandemia», en *Revista de Estudios Jurídico-Laborales y de Seguridad Social*, núm. 1, 2020, monográfico sobre la Covid-19, pp. 103-145. Asimismo, Ferrando García, F. M.ª, «Los expedientes de suspensión de contratos y reducción de jornada derivados del COVID-19: Estudio de las medidas de ajuste temporal orientadas al objetivo prioritario de mantenimiento del empleo», *Revista del Ministerio de Trabajo y Economía Social*, n.º Extra, 249, 2021, pp. 71-98.

3 En este sentido, véase: Cavas Martinez, F., «La impugnación judicial de las medidas de ajuste temporal de empleo (suspensión del contrato y reducción de jornada)». *Documentación Laboral*, 2022, n.º 127, p. 12.

producción (ETOP) y por fuerza mayor temporal, proponiéndolos como una alternativa prioritaria a los despidos. Segundo, se introduce un nuevo art. 47 bis en el ET para crear una nueva variante de ERTE, el Mecanismo RED de Flexibilidad y Estabilización en el empleo, cumpliendo así con uno de los compromisos del Plan de Recuperación, Transformación y Resiliencia. Este plan, dentro de su Componente 23, relativo a las «Nuevas políticas públicas para un mercado de trabajo dinámico, resiliente e inclusivo», establece la reforma número 6 sobre el «Establecimiento de un mecanismo permanente de flexibilidad interna, estabilidad en el empleo y recualificación de trabajadores en transición»[4].

La experiencia positiva acumulada durante la crisis sanitaria provocada por la COVID-19 en cuanto a la utilización incentivada de la reducción de jornada y la suspensión de contratos, como métodos para evitar despidos por razones empresariales, ha llevado a incorporar algunas de estas soluciones en las medidas ordinarias de gestión contenidas en el art. 47 ET. Además, el legislador ha decidido consolidar su apuesta por la flexibilidad interna, dotándola de un marco extraordinario pero estable, que podrá ser activado por el Consejo de Ministros ante coyunturas macroeconómicas adversas o para enfrentar procesos sectoriales de transición que requieran iniciativas de recualificación profesional[5].

De este modo, el Mecanismo RED gestionará, a partir de la creación de un Fondo específico, una importante batería de ayudas públicas, que incluirán la exoneración de cotizaciones y el acceso a prestaciones de Seguridad Social. Estas ayudas estarán disponibles para las empresas y trabajadores afectados por las circunstancias que justifiquen su activación en cada caso concreto.

---

4 La Ley 3/2023, de Empleo, explícitamente preserva la distinción entre políticas activas y pasivas de empleo. Aunque el art. 2 evita referirse a las políticas pasivas, su importancia es evidente no solo para efectos competenciales, sino también para resaltar que el desempleo constituye una de las prestaciones fundamentales del sistema de Seguridad Social, aunque con características muy específicas. Además, las diferencias entre políticas activas y pasivas tienden a difuminarse, lo cual es necesario para que las políticas pasivas de empleo se conviertan en un elemento clave dentro de las políticas activas de empleo. En este sentido: Cabeza Pereiro, J., «La Ley 3/2023, de empleo: marco general de buen gobierno». *Revista justicia & trabajo*, 2023, n.° 1, p. 8.

5 En las estructuras de gobierno y gestión de las políticas de empleo, la Ley de Empleo 3/2023 ha optado por un cierto continuismo respecto a la normativa anterior, sin introducir grandes cambios. No obstante, se reconoce una clara mejora en las reglas que regulan la relación institucional entre las entidades públicas y privadas encargadas de gestionar las políticas activas de empleo y la protección por desempleo. Asimismo, se observa una mejora en la coordinación entre estas entidades y otras entidades de la Seguridad Social o de gestión de prestaciones, subsidios y ayudas relacionadas directa o indirectamente con las políticas de empleo. La transformación del organismo autónomo SEPE en la Agencia Española de Empleo parece una opción razonable a la luz de las nuevas tendencias legislativas sobre organización pública, y probablemente le confiera mayor flexibilidad y agilidad en su funcionamiento. En este sentido: Cabeza Pereiro, J., «La Ley 3/2023, de empleo: marco general de buen gobierno». *Revista justicia & trabajo*, 2023, no 1, p. 23.

Si bien cada modalidad de ERTE presenta características particulares, el RDL 32/2021 establece principios comunes aplicables a todos ellos. Entre los referidos principios destaca la implementación de mecanismos amplios de protección social para las personas trabajadoras afectadas por un ERTE. Esta protección se divide en dos tipos: las prestaciones de desempleo para los ERTE regulados en el art. 47 ET y una prestación social específica, similar a la prestación por desempleo, en el marco del Mecanismo RED, a las que se hace referencia a continuación.

2. El desempleo parcial por reducción de jornada: algunas ideas

El art. 45.1 ET aborda la suspensión del contrato por «fuerza mayor temporal» (letra i)[6] y por «causas económicas, técnicas, organizativas o de producción» (letra j)[7]. Los arts. 47 y 47 bis del mismo texto legal regulan ambas causas de suspensión, permitiendo a las empresas reducir temporalmente la jornada laboral de los trabajadores o suspender temporalmente los contratos mediante distintos procedimientos o ERTE.

Respecto al procedimiento para suspender o reducir la jornada de trabajo, independientemente del número de trabajadores de la empresa y de las personas afectadas por la reducción o suspensión, comenzará con una notificación a la autoridad laboral competente y la apertura simultánea de un periodo de consultas con la representación legal de los trabajadores. Este periodo no deberá exceder los quince días, salvo en el caso de empresas con menos de cincuenta empleados, donde se reducirá a un máximo de siete días. La consulta se realizará a través de una única comisión negociadora y, si hay varios centros de trabajo, se limitará a los centros implicados en el procedimiento.

Por otra parte, el art. 262.1 del Real Decreto Legislativo 8/2015, de 30 de octubre, por el que se aprueba el texto refundido de la Ley General de la

6 La causa de fuerza mayor temporal puede estar determinada por impedimentos o restricciones en la actividad normal de la empresa, como resultado de decisiones tomadas por la autoridad pública competente, incluidas aquellas destinadas a la protección de la salud pública.

7 En relación con las suspensiones o reducciones de jornada debido a causas ETOP de carácter temporal, el precepto legal proporciona una definición específica de estas. Así, se establece que existen causas económicas cuando los resultados de la empresa reflejan una situación económica negativa, como en casos de pérdidas actuales o previstas, o una disminución persistente del nivel de ingresos ordinarios o ventas. En particular, se considerará que la disminución es persistente si durante dos trimestres consecutivos el nivel de ingresos ordinarios o ventas de cada trimestre es inferior al registrado en el mismo trimestre del año anterior. Por otro lado, se consideran causas técnicas cuando se producen cambios en los medios o instrumentos de producción; causas organizativas, cuando hay modificaciones en los sistemas y métodos de trabajo del personal o en la forma de organizar la producción; y causas productivas, cuando se presentan alteraciones en la demanda de los productos o servicios que la empresa ofrece en el mercado.

Seguridad Social (LGSS)[8] establece que se considera situación legal de desempleo protegible aquella en la que las personas, estando en condiciones y deseando trabajar, pierden su empleo o ven reducida su jornada ordinaria de trabajo debido a las circunstancias previstas en el art. 267 del mismo texto legal. Para que esta protección se aplique, el trabajador debe estar incluido dentro del ámbito subjetivo de beneficiarios delimitado en el art. 266. De este modo, el sistema de Seguridad Social español cubre tanto la contingencia de desempleo total, que se refiere al cese del trabajador, ya sea de manera definitiva o temporal, en la actividad que estaba desempeñando con la consecuente pérdida del salario, como el desempleo parcial, que ocurre cuando, de manera estrictamente temporal, se reduce al trabajador su jornada ordinaria de trabajo en al menos un tercio, con la correspondiente reducción proporcional del salario (art. 267.1 c LGSS en relación con el art. 47 ET).

Esta protección, por tanto, puede ser total, cuando la persona trabajadora cesa en la actividad que venía desarrollando, o parcial, cuando vea reducida temporalmente su jornada diaria ordinaria de trabajo, entre un mínimo de un 10 % y un máximo de un 70 %, cuando el salario sea objeto de análoga reducción.

La protección por desempleo busca amparar a las personas trabajadoras que se enfrentan a la pérdida de empleo, la suspensión del contrato o la reducción de la jornada laboral, ofreciendo apoyo a través de prestaciones contributivas y asistenciales según las circunstancias específicas de cada persona trabajadora. Por consiguiente, las prestaciones son el conjunto de medidas establecidas por el sistema para abordar situaciones de necesidad protegidas, detalladas en el art. 42.1 LGSS. Algunas compensan el aumento de gastos y otras la disminución de ingresos. En la modalidad contributiva, las prestaciones económicas cumplen la función de sustituir las rentas del trabajo activo, con el objetivo ideal de lograr una cobertura total de sustitución. Por otro lado, en el caso de las prestaciones no contributivas, su función principal es garantizar un mínimo de subsistencia.

3. El reintegro de prestaciones indebidamente percibidas. Referencia especial a los supuestos de desempleo parcial

Los trabajadores y demás personas que hayan recibido indebidamente prestaciones de la Seguridad Social están obligadas a devolver su importe, tal y como dispone el art. 55.1 LGSS[9]. En atención a la redacción literal, se

8 BOE 31 octubre 2015.

9 La obligación de reintegrar las prestaciones de Seguridad Social percibidas indebidamente tiene similitudes con el cuasi-contrato de cobro de lo indebido, regulado en los

impone la obligación de devolver las prestaciones que se hayan recibido de manera indebida, sin tener en cuenta de quién es la responsabilidad que provoca el reintegro de la prestación. No obstante, como se verá a continuación, la jurisprudencia reciente ha modificado su criterio al respecto cuando se trata de un error de la Administración donde la persona afectada ha actuado con buena fe. Además, si dicha percepción indebida se ha producido con la colaboración de un tercero, este será responsable subsidiario de la obligación, a menos que demuestre buena fe (art. 55.2 LGSS).

Por otra parte, respecto al procedimiento contemplado en el art. 146 de la Ley 36/2011, de 10 de octubre, reguladora de la jurisdicción social (LJS)[10] sobre la revisión de actos declarativos de derechos, como norma general, la Entidad Gestora no puede revisar unilateralmente los actos en perjuicio de los beneficiarios, sino que debe solicitar la revisión del acto y el reintegro ante la jurisdicción social, acción que prescribe a los cuatro años desde la fecha de reconocimiento de la prestación[11]. Esta regla tiene excepciones cuando la percepción indebida se debe a errores materiales o aritméticos[12], o a omisiones o inexactitudes en las declaraciones de la persona beneficiaria[13]. En tales casos, la Entidad Gestora puede actuar por sí misma dentro del marco procedimental del Real Decreto 148/1996, de 5 de febrero, por el que se regula el procedimiento especial para el reintegro de las presta-

---

artículos 1895 y siguientes del Código Civil. Según lo establecido en el art. 1895 CC, «cuando se recibe alguna cosa que no había derecho a cobrar y que por error ha sido indebidamente entregada, surge la obligación de restituirla». En otras palabras, basta con que se produzca un pago sin causa para que surja la obligación de devolverlo, sin que pueda considerarse la existencia de una *causa donandi* u otra causa relevante que exima de dicha obligación de reintegro.

10 BOE 11 octubre 2011.

11 Art. 146 LJS y STS (Social) 952/2021, de 29 de septiembre, FJ 4.

12 Este supuesto tiene una larga tradición y, en el ámbito administrativo, tiene su correspondencia en el artículo 109.2 Ley 39/2015, cuyo texto, a su vez, y como ha señalado la doctrina no hace sino recoger lo establecido en el artículo 1266 C.c., a cuyo tenor «el simple error de cuenta solo dará lugar a su corrección». Véase Jiménez-Asenjo Gómez, E., «La revisión de oficio, en relación con el reintegro de prestaciones indebidas en materia de Seguridad Social». *Tribuna social: Revista de seguridad social y laboral,* 1995, n.° 52, p. 42.

13 Este supuesto, tiene su fundamento en permitir a la Administración salvar el error padecido, como consecuencia del incumplimiento, por parte del beneficiario de la prestación, de sus deberes de veracidad, lo que permite al artículo 146 LJS actuar como corrector del rigor general, con el que el LJS trata a la Administración de la Seguridad Social. Como pone de manifiesto Delgado Sainz, F. J. en «La modalidad procesal de la Seguridad Social, Actualidad Laboral», n.° 33, septiembre, 1992. Para la doctrina, esta excepción debe ser interpretada de forma restrictiva, puesto que una aplicación extensiva podría colocar a los beneficiarios en una situación de indefensión. Véase Baylos Cruz, A., Cruz Villalón, J. y Fernández López, M.F., *Instituciones de Derecho Procesal Laboral*, Trotta, Madrid, 1995, p. 386.

ciones de la Seguridad Social indebidamente percibidas[14], permitiendo a la Administración de la Seguridad Social modificar el importe de la prestación y reclamar el reintegro[15]. Ciertamente, se trata de dos supuestos de naturaleza distinta, donde las consecuencias no deben ser idénticas. En el primer supuesto puede existir, o no, intencionalidad defraudatoria por parte de la persona administrada, mientras en el segundo, es el elemento central. Continuando con lo manifestado en el art. 1897 CC, «el que de buena fe hubiera aceptado un pago indebido de cosa cierta y determinada, sólo responderá de las desmejoras o pérdidas de ésta y de sus accesiones, en cuanto por ellas se hubiese enriquecido. Si la hubiese enajenado, restituirá el precio o cederá la acción para hacerlo efectivo». En tal sentido, no se debe devolver la totalidad de lo percibido sino solo la parte indebida. Sin embargo, se debe recordar que las relaciones entre particulares no tienen idéntica naturaleza que las que se realizan entre Administración y administrado donde a la Administración hay que exigirle un plus de responsabilidad al ostentar una situación de garante sobre los derechos de las personas administradas.

Además, la Administración puede acudir al art. 80 del Real Decreto 939/2005, de 29 de julio, por el que se aprueba el Reglamento General de Recaudación, que establece otro procedimiento para recuperar las prestaciones indebidamente percibidas, aplicable únicamente cuando no se puede utilizar el del RD 148/1996 o cuando, iniciado este, no se han podido realizar las deducciones necesarias para cancelar la deuda en su totalidad[16].

---

14 Véase también: Orden de 18 de julio de 1997 para el desarrollo del Real Decreto 148/1996, de 5 de febrero, por el que se regula el procedimiento especial para el reintegro de las prestaciones de la Seguridad Social indebidamente percibidas. https://www.boe.es/buscar/act.php?id=BOE-A-1997-16981

15 El art. 146.1 LJS prescribe que las Entidades, órganos u Organismos gestores, así como el Fondo de Garantía Salarial, no tienen la facultad de revisar por sí mismos sus actos declarativos de derechos en perjuicio de los beneficiarios. En su lugar, deben solicitar la revisión ante el Juzgado de lo Social competente, presentando la demanda correspondiente contra el beneficiario del derecho reconocido. No obstante, el apartado 2 manifiesta que Se exceptúan de lo dispuesto en el apartado anterior las siguientes situaciones: a) La corrección de errores materiales o de hecho y los aritméticos, así como las revisiones motivadas por la detección de omisiones o inexactitudes en las declaraciones del beneficiario, y la reclamación de las cantidades que, en su caso, se hubieran percibido indebidamente por tales motivos; b) Las revisiones de los actos relacionados con la protección por desempleo y el cese de actividad de los trabajadores autónomos, siempre que se realicen dentro del plazo máximo de un año desde la resolución administrativa o del órgano gestor que no haya sido impugnada, sin perjuicio de lo dispuesto en el artículo 147; y, c) La revisión de los actos de reconocimiento del derecho a una prestación de muerte y supervivencia, cuando esté motivada por la condena al beneficiario, mediante sentencia firme, por la comisión de un delito doloso de homicidio en cualquiera de sus formas, cuando la víctima fuera el sujeto causante de la prestación. Esta revisión podrá efectuarse en cualquier momento, así como la reclamación de las cantidades que, en su caso, hubiera percibido por tal concepto.

16 STS (Social) de 14 de mayo de 2009, recud. 2165/2008, FJ.3.

En lo que se refiere a la prestación por desempleo, hay que advertir que pueden ser revisadas directamente por la Agencia Española de Empleo (AEE, anteriormente denominada Servicio Público de Empleo Estatal, SEPE)[17]. La Agencia Española de Empleo puede exigir la devolución de cantidades indebidamente percibidas y el reintegro de prestaciones cuyo pago es responsabilidad del empresario (art. 295 LGSS y art. 33 Real Decreto 625/1985, de 2 de abril, por el que se desarrolla la Ley 31/1984, de 2 de agosto, de Protección por Desempleo). Sin embargo, la AEE también puede recurrir al procedimiento del art. 146 LJS cuando la Ley no permite la autotutela, respetando el plazo de prescripción de cuatro años[18]. Es decir, la obligación de reintegrar puede surgir a partir de un acto que extinga o suspenda una prestación debido a circunstancias sobrevenidas, o mediante un acto, ya sea administrativo o judicial, que declare la ineficacia, nulidad, o revise el contenido del acuerdo administrativo inicial por el que se reconoció la prestación[19].

En todos los casos, según el art. 55.3 LGSS, la reclamación de cantidades indebidamente percibidas prescribe a los cuatro años, independientemente de la causa de la percepción indebida, ya sea por modificación de la contingencia determinante de la incapacidad permanente[20], buena fe del beneficiario[21], o error imputable a la Entidad Gestora[22].

17 STS (Social) 618/2020, de 8 de julio, FJ 3.

18 STS (Social) 702/2022, de 7 de septiembre, FJ 1.

19 Hasta la reforma de 1990, y según el contenido del artículo 56 de la LGSS de entonces, los tribunales consideraban que únicamente el orden jurisdiccional social podía imponer la obligación de reintegro a los particulares. Basándose en la doctrina de irrevocabilidad de los actos propios, se sostenía consistentemente que el reintegro impuesto por las entidades gestoras convertía a estas en «árbitros del caso actuando en vía de autotutela, imponiendo un acto lesivo para el beneficiario que solo, en caso de conflicto, pueden establecer los tribunales» (entre otras, véase SSTCT de 5 de mayo de 1984 y 11 de junio de 1987. La imposibilidad de revisar, en vía administrativa, de los actos propios alcanzaba también a los actos nulos de pleno derecho (véase STS 17 de noviembre de 1986)).
Este escenario cambió en 1990 (sin embargo, existían precedentes, como puede ser el caso de la Circular de la Delegación General de Mutualidades Laborales núm. 134/1976, de 6 de diciembre recogidas por Romero de Bustillo en su obra «Facultades revisoras de pensiones y/o de sus respectivas cuantías por parte de las entidades gestoras: La devolución de lo indebidamente percibido». *Civitas. Revista española de derecho del trabajo*, 1994, no 66, p. 533-560. págs. 533), cuando la Base 25.ª 4 de la Ley 7/1989, de Bases de Procedimiento Laboral, estableció que se «regulará la revisión, en vía judicial, de los actos declarativos de derecho de las entidades gestoras y servicios comunes de la Seguridad Social». Este mandato fue recogido en el artículo 145 de la Ley de Procedimiento Laboral. Para un análisis de la situación anterior a la reforma de 1990 en Márquez Prieto, A., *El proceso de Seguridad Social y la reducción de los privilegios administrativos*. Comares, Granada, 1999, p. 133 y ss.

20 STS (Social) 129/2021, de 2 de febrero, FJ 3.

21 STS (Social) de 25 de marzo de 2004, rec. 3924/2003, FJ 3.

22 STS (Social) de 27 de septiembre de 2011, rec. 4499/2010, FJ 2.

Por tanto, el reintegro de prestaciones emana, en todo caso, al «implicar una obligación que nace de la simple antijuridicidad del cobro y de la transgresión de la norma que lo motiva»[23].

Ahora bien, cabe preguntarse si el cobro indebido de una prestación debe ser devuelto por las causas tasadas o si, además de la causa, se debe observar detenidamente la responsabilidad e intencionalidad de la persona administrada, y, en atención a estas, adoptar una respuesta proporcional en función de si la responsabilidad del cobro es por un error exclusivo de la administración o por acciones u omisiones del administrado.

4. El error de la Administración en la adjudicación de la prestación por desempleo parcial: sentencia para la unificación de doctrina del TS (Social) de 4 de abril de 2024

La postura del Tribunal Supremo respecto del reintegro de la prestación por desempleo parcial ha variado notablemente si, dicho reintegro, se debe a un error en la concesión por parte de la Administración. La cuestión central que se plantea en el recurso de casación para la unificación de doctrina[24] es si un trabajador, recurrente en casación unificadora, incluido en un ERTE Covid, tiene derecho a la prestación por desempleo, a pesar de que la reducción de jornada acordada superó el 70 %. En ambos casos, la empresa presentó un ERTE inducido por la emergencia sanitaria provocada por la COVID-19: uno por causas ETOP y, el otro, por fuerza mayor. En ambas situaciones, la jornada laboral se redujo por encima del límite legal establecido del 70 %. Inicialmente, la Entidad Gestora concedió la prestación por desempleo a los trabajadores afectados. Sin embargo, posteriormente, el Servicio Público de Empleo Estatal (SEPE) resolvió que no tenían derecho a dicha prestación debido a que la reducción de jornada excedía el límite legal. A pesar de estas similitudes, la STSJ de Asturias (Social) 2340/2022, de 22 de noviembre y la STSJ (Social) de Galicia 3478/2021, de 23 de septiembre, fueron divergentes. La sentencia recurrida de Asturias convalidó la resolución del SEPE, argumentando que la normativa relacionada con la COVID-19 no había modificado el requisito de que la reducción de jornada no podía superar el 70 %, según el artículo 47.2 ET en su redacción vigente en ese momento. En contraste, la sentencia de Galicia declaró que el trabajador tenía derecho a la prestación por desempleo hasta el límite del 84,61 % de la reducción de jornada. Esta sentencia argumentó que la legislación especial sobre la COVID-19 no contenía la limita-

23 Como señaló el extinguido Tribunal Central de Trabajo, en sus sentencias de 8 de marzo de 1976 y 24 de enero de1989.

24 STSJ de Asturias (Social) 2340/2022, de 22 de noviembre y STSJ (Social) de Galicia 3478/2021, de 23 de septiembre.

ción del máximo del 70 % de reducción de jornada, por lo que se debían aplicar los porcentajes del artículo 47.2 del ET. Estos fallos discrepantes ante hechos análogos subrayan la necesidad de unificar la doctrina.

A efectos de contradicción, como dispone el Tribunal Supremo, resulta irrelevante que la sentencia recurrida aborde un ERTE por causas ETOP, mientras que la sentencia de contraste versa sobre un ERTE por fuerza mayor temporal. Esto se debe a que en ambos casos se busca determinar si la legislación Covid, aplicable en ambas situaciones, permitía conceder la prestación por desempleo cuando la reducción de jornada superaba el 70 por ciento establecido en el artículo 47.2 del ET. La sentencia recurrida concluyó que no era posible, mientras que la sentencia de contraste afirmó lo contrario.

4.1. Cuestión litigiosa planteada: hechos probados

Por una parte, en la STSJ de Asturias (Social) 2340/2022, de 22 de noviembre, quedaron probados los siguientes hechos:

En primer lugar, la empresa TRANSCANO ASTURIAS SL presentó un ERTE por causas económicas, técnicas, organizativas o de producción debido a la COVID-19, con una comunicación a la Autoridad Laboral el 1 de abril de 2020, acordando con la parte social reducir la jornada del actor un 75 % desde el 1 de abril hasta el 31 de octubre, trabajando 2 horas diarias. Posteriormente, el 14 de mayo de 2020, se modificó el porcentaje de reducción de jornada a un 37,5 % hasta el 31 de octubre para 18 trabajadores, incluido el actor.

Posteriormente, el 12 de mayo de 2020, el SEPE reconoció al actor una prestación con una base reguladora de 61,03 euros, aplicando un porcentaje del 70 % y una reducción de jornada del 75 %, desde el 1 de abril hasta el 30 de junio de 2020.

En tercer lugar, el SEPE comunicó al actor una propuesta de revocación de las prestaciones por desempleo debido a que la reducción de jornada superaba el 70 %, el máximo legal permitido. Tras las alegaciones del actor, el SEPE revocó la resolución el 6 de noviembre de 2020 y declaró indebida la percepción de 2621,75 euros correspondiente al periodo del 1 de abril al 30 de julio de 2020.

Finalmente, el actor, disconforme, interpuso una reclamación previa que fue parcialmente estimada el 25 de marzo de 2021. Se determinó que no tenía derecho a las prestaciones por desempleo del 1 de abril al 13 de mayo de 2020, pero sí a partir del 14 de mayo al estar dentro de los límites legales. Se reconoció la prestación conforme al porcentaje de actividad parcial de su jornada.

Por otro lado, quedaron probados los siguientes hechos en la STSJ (Social) de Galicia 3478/2021, de 23 de septiembre (sentencia de contraste):

En primer lugar, el actor solicitó al SEPE el reconocimiento de una prestación por desempleo. El 5 de junio de 2020, el Servicio Público de Empleo Estatal denegó la solicitud del trabajador.

Posteriormente, el trabajador demandante presentó una reclamación previa contra la resolución del SEPE, la cual fue desestimada el 1 de septiembre de 2020 debido a que su jornada había sido reducida por encima del 70 % de su jornada ordinaria.

En tercer lugar, la empresa Norformación S.L., para la que trabajaba el demandante, solicitó el 27 de marzo de 2020 un ERTE por causa de fuerza mayor para tres trabajadores, incluido don Ruperto, a quien se le aplicó una reducción de jornada del 84,61 %. Este expediente fue aprobado por la Consejería de Economía, Empleo e Industria el 3 de abril de 2020 y comunicado al Servicio Público de Empleo Estatal. El demandante estuvo en situación de ERTE con una reducción de jornada del 84,61 % desde el 27 de marzo de 2020 hasta el 25 de junio de 2020. De esta forma, se agotó la vía administrativa previa.

Finalmente, la sentencia recurrida en suplicación emitió el siguiente fallo: Se estima parcialmente la demanda presentada por Ruperto contra el Servicio Público de Empleo Estatal. Se declara que el demandante tiene derecho a percibir la prestación correspondiente del Servicio Público de Empleo Estatal por la presentación del ERTE por parte de Norformación S.L. el 27 de marzo de 2020, hasta el límite del 70 % de reducción de la jornada. Se condena al Servicio Público de Empleo Estatal a cumplir esta resolución y a pagar al demandante la cantidad resultante.

4.2. Fundamentación jurídica

Como es conocido, y sin pretensión de exhaustividad, el Real Decreto-ley 8/2020, de 17 de marzo, de medidas urgentes extraordinarias para hacer frente al impacto económico y social del COVID-19[25] estableció en su art. 22 «medidas excepcionales en relación con los procedimientos de suspensión de contratos y reducción de jornada por causa de fuerza mayor». En su art. 23, que se aplica en el presente caso, se introducen «medidas excepcionales en relación con los procedimientos de suspensión y reducción de jornada por causa económica, técnica, organizativa y de producción». Ambos artículos contemplan una serie de «especialidades» respecto al «procedimiento recogido en la normativa reguladora de estos expedientes», mencionando explícitamente el art. 47 ET en el art. 22 del RDL 8/2020.

El art. 25 del RDL 8/2020 estableció «medidas extraordinarias en materia de protección por desempleo en aplicación de los procedimientos referidos en los artículos 22 y 23» de dicho RDL. El apartado 4 del art. 25 del RDL 8/2020 especifica que «la iniciación, instrucción y resolución del procedimiento de reconocimiento del derecho a la prestación por desempleo se ajustará a lo dispuesto en la normativa legal y reglamentaria para los supuestos

25 BOE 18 marzo 2020.

de suspensión temporal del contrato o de reducción temporal de la jornada derivados de causas económicas, técnicas, organizativas, de producción o de fuerza mayor». Esta redacción del art. 25 permaneció inalterada durante la vigencia del RDL 8/2020, a pesar de las sucesivas modificaciones de la norma.

Finalmente, el art. 3 del citado RDL 9/2020 dispuso «medidas extraordinarias de desarrollo del artículo 25 del RDL 8/2020». En particular, estableció que el procedimiento para el reconocimiento de la prestación contributiva por desempleo se iniciaba mediante una solicitud colectiva presentada por la empresa ante la entidad gestora de las prestaciones por desempleo, actuando en representación de los trabajadores afectados. Esta solicitud debía incluir, de forma individualizada para cada uno de los centros de trabajo afectados, información específica, incluyendo el «porcentaje de disminución temporal, computado sobre la base diaria, semanal, mensual o anual» en caso de reducción de la jornada.

El análisis de la normativa de la Covid permite concluir que estas disposiciones no incluyeron ninguna previsión específica sobre los porcentajes de reducción de jornada, por lo que no excluyeron explícitamente la aplicación del entonces vigente art. 47.2 ET, el cual limitaba la reducción de jornada por causas ETOP a un máximo del 70 %. Este límite se mantiene en el actual art. 47.7 a) ET, que también se aplica para los ERTE por fuerza mayor. Además, el art. 262.3 LGSS establece que «el desempleo será parcial cuando el trabajador vea reducida temporalmente su jornada diaria ordinaria de trabajo, entre un mínimo de un 10 % y un máximo de un 70 %, siempre que el salario sea objeto de una análoga reducción», añadiendo que «a estos efectos, se entenderá por reducción temporal de la jornada diaria ordinaria de trabajo, aquella que se decida por el empresario al amparo de lo establecido en el artículo 47 (ET)».

Es importante resaltar que, en este caso, la resolución del SEPE de 12 de mayo de 2020 reconoció al trabajador la prestación por desempleo con un porcentaje de reducción de jornada del 75 %. Cabe destacar que la resolución inicial del SEPE no denegó la prestación de desempleo, ni la limitó al 70 % de reducción de jornada, ni advirtió que solo se podía admitir si la reducción de jornada no superaba ese 70 %. Por el contrario, reconoció la prestación a pesar de que la reducción de jornada superaba dicho máximo.

También es relevante señalar que la reducción de jornada del 75 % no fue una decisión unilateral del trabajador ni un acuerdo individual con la empresa, sino que fue acordada por esta y la representación de los trabajadores durante el periodo de consultas del ERTE por causas ETOP, y comunicada a la autoridad laboral el 1 de abril de 2020.

En este contexto, es pertinente mencionar la sentencia del Tribunal Europeo de Derechos Humanos (TEDH) de 26 de abril de 2018, en el caso Cakarevic contra Croacia. Esta sentencia interpreta el artículo 1 del Protocolo Adicional al Convenio para la Protección de los Derechos Humanos y las

Libertades Fundamentales, de 20 de marzo de 1952, ratificado por España[26], conocido posteriormente como Protocolo número 1 (en adelante, el Protocolo). El art. 1 del Protocolo garantiza el derecho de toda persona física o moral al «respeto de sus bienes».

En el asunto examinado por la sentencia del TEDH de 26 de abril de 2018, una ciudadana croata presentó una demanda contra la República de Croacia alegando la violación de su derecho al disfrute pacífico de sus bienes debido a la orden de reembolsar las prestaciones por desempleo que percibió entre el 10 de junio de 1998 y el 27 de marzo de 2001, consideradas posteriormente como indebidamente percibidas por las autoridades croatas. Tras varios procesos judiciales detallados en los apartados 14 y siguientes de la sentencia, el órgano jurisdiccional croata condenó a la demandante el 25 de febrero de 2009 a reintegrar 2.600 euros, más los intereses correspondientes[27].

La sentencia del TEDH de 26 de abril de 2018 concluye que, en las circunstancias del caso, el requerimiento de reembolsar las prestaciones por desempleo pagadas erróneamente por la autoridad competente constituye una carga individual excesiva para la demandante, vulnerando así el artículo 1 del Protocolo (apartados 90 y 91). En consecuencia, el TEDH condenó a la República de Croacia a pagar a la demandante 2.600 euros, más el impuesto aplicable, por daños morales, y 2.130 euros, más el impuesto aplicable, por costas y gastos. Es notable que el TEDH ordena pagar a la demandante por daños morales exactamente la misma cantidad que se le reclamaba por percepción indebida de las prestaciones por desempleo.

Para llegar a esta conclusión, y en lo que aquí es relevante destacar, como señala el Alto Tribunal, la sentencia del TEDH de 26 de abril de 2018 consideró de gran importancia que la demandante no tuvo ninguna participación en la decisión de otorgarle la prestación por desempleo de manera indebida, y que tampoco se cuestionó su buena fe. El TEDH señala, en este sentido, que «no se ha alegado que la demandante haya contribuido a la percepción indebida de las prestaciones mediante declaraciones falsas u otros actos o hechos contrarios a la buena fe». El TEDH considera, además, que la prestación por desempleo cubre «necesidades básicas de subsistencia»; que la cantidad percibida fue «muy modesta»; y que los tribunales nacionales no tomaron en cuenta la situación sanitaria y económica de la demandante.

El TEDH evalúa, en tercer lugar, si la intervención de las autoridades croatas ha alcanzado el equilibrio justo entre las exigencias del interés general y las de protección del derecho de la demandante al disfrute pacífico de sus bienes, determinando si impone una carga desproporcionada y excesiva a la demandante. Parte de la premisa de que el error en el reconocimiento de la prestación por desempleo es «imputable únicamente a las autoridades esta-

26 BOE 12 enero 1991.

27 Apartado 27 de la sentencia.

tales», y que el caso no se refiere tanto a la supresión de la prestación por desempleo, sino a la obligación de reintegrar las prestaciones ya percibidas. El TEDH recuerda, en este sentido, su jurisprudencia de que los errores atribuibles exclusivamente a las autoridades estatales no deben, en principio, ser remediados a expensas de la persona afectada, y que, cuando se trata de una cuestión de interés general, las autoridades públicas deben actuar a su debido tiempo, de manera adecuada y coherente. El TEDH concluye que, en este caso, las autoridades incumplieron el principio de «buena gobernanza».

A pesar de que las prestaciones por desempleo que la demandante no debería haber percibido fueron resultado de un error del Estado, se le exigió el reembolso íntegro, sin que se declarara ninguna responsabilidad del Estado, eludiendo cualquier consecuencia de su propio error, y trasladando toda la carga únicamente a la demandante.

Las reflexiones anteriores son completamente pertinentes para el caso actual. En primer lugar, el trabajador no tuvo ninguna participación en la resolución que le otorgó la prestación por desempleo durante el período del 1 de abril al 13 de mayo de 2020, sin realizar declaraciones falsas o acciones contrarias a la buena fe. Es relevante mencionar que la reducción de su jornada en un 75 % fue el resultado de un acuerdo entre la empresa y la representación de los trabajadores durante el período de consultas del ERTE, y este acuerdo colectivo no presentó información falsa que pudiera inducir al error al SEPE; al contrario, se informó de manera abierta y transparente a la autoridad laboral que la reducción de jornada era del 75 %.

En segundo lugar, la prestación por desempleo cubre necesidades básicas de subsistencia. La cantidad recibida es relativamente modesta y no se ha tenido en cuenta la situación del trabajador, especialmente en el contexto difícil de la pandemia de la COVID-19.

Finalmente, el error en el reconocimiento indebido de la prestación por desempleo es responsabilidad exclusiva del SEPE. No obstante, se exigió al trabajador la devolución íntegra de lo percibido, de modo que el SEPE evitó cualquier consecuencia de su propio error, y toda la carga recayó exclusivamente en el trabajador.

Como se ha mencionado, la resolución inicial del SEPE no solo no denegó la prestación de desempleo, sino que la reconoció a pesar de que la reducción de la jornada superaba el máximo del 70 %. En este contexto, no parece razonable que toda la carga del error recaiga únicamente sobre el trabajador.

Por ello, el Alto Tribunal estima el recurso de casación unificadora de la doctrina y anula la sentencia de la sala de lo social del TSJ de Asturias. Criterio que ha reiterado en la STS 618/2024, de 29 de abril de 2024, donde, al igual que en los hechos probados en la STS 530/2024, una trabajadora afectada por un ERTE por fuerza mayor durante la pandemia recibió la prestación por desempleo a pesar de que la reducción de su jornada laboral superaba el límite del 70 %. En iguales términos que en la sentencia de 4 de abril, el Tribunal Supremo falla a favor de la trabajadora, eximiéndola de devolver las cantidades percibidas al quedar probado que el error fue atribuible, exclusivamente, al SEPE, ya que la beneficiaria no proporcionó información falsa y actuó de buena fe. Asimismo, utilizó esta prestación para cubrir sus necesidades básicas en un contexto de crisis sanitaria. Por lo que se ratifica el cambio de criterio respecto del reintegro de prestaciones cuando existe únicamente error de la Administración, corrigiendo así una situación injusta en la que un particular se veía obligada a asumir en exclusiva las consecuencias de un error administrativo.

5. El control de convencionalidad y el control de legalidad por parte de órganos judiciales españoles

El Tribunal Supremo, para resolver la cuestión litigiosa sobre el reintegro de prestaciones por error de la Administración, en su sentencia de 4 de abril de 2024, acude a la sentencia del TEDH de 26 de abril de 2018. Por tanto, el Alto Tribunal realiza una especie de «control de convencionalidad»[28]. Aunque la Constitución española (CE) no contiene una disposición expresa que obligue a los jueces ordinarios a realizar dicho control de convencionalidad, ni tampoco lo exige para el Tribunal Constitucional (TC), es necesario determinar si, a pesar de esta ausencia, dicho control se vincula con algún precepto constitucional. Además, es importante identificar cuál es el órgano jurisdiccional competente para llevar a cabo este control y establecer el alcance de su aplicación[29].

---

28 Según el Diccionario panhispánico del español jurídico (DPEJ): «Doctrina que establece una obligación internacional a cargo de las autoridades de los Estados parte del Pacto de San José de interpretar cualquier norma nacional (constitución, ley, decreto, reglamento, jurisprudencia, etc.) de conformidad con la Convención Americana y, en general, con el corpus iuris interamericano.
En caso de que exista una manifiesta incompatibilidad entre la norma nacional y el corpus iuris interamericano, las autoridades jurisdiccionales deberán abstenerse de aplicar la norma nacional para evitar la vulneración de los derechos humanos protegidos internacionalmente. Las autoridades estatales deben ejercer de oficio el control de convencionalidad, pero siempre actuando dentro de sus respectivas competencias, las cuales se definen en el ámbito interno. García Pino, Gonzalo, Pablo Contreras Vásquez y Victoria Martínez Placencia (coords.): Diccionario constitucional chileno, Cuadernos del Tribunal Constitucional, núm 55, 2014, pág. 259». https://dpej.rae.es/lema/control-de-convencionalidad#:~:text=Doctrina%20que%20establece%20una%20obligación,con%20el%20corpus%20iuris%20interamericano.

29 En este sentido, STC 140/2018, de 20 de diciembre, FJ 6.

El control de convencionalidad, tal como lo establece la Corte Interamericana de Derechos Humanos[30], representa el mecanismo mediante el cual el Estado debe cumplir con sus obligaciones relacionadas con el respeto y la garantía de los derechos humanos[31]. No obstante, se debe matizar previamente la situación del Reino de España en el contexto europeo, ya que presenta características distintivas en comparación con la realidad de Latinoamérica donde predominan regímenes de control de constitucionalidad y de convencionalidad de tipo difuso. Aunque en algunos aspectos la experiencia latinoamericana pueda diferir de la europea, es relevante destacar dos cuestiones de gran interés práctico. La primera es la distinción teórica entre el ámbito de la legalidad y el de la constitucionalidad, que resulta particularmente significativa para los jueces en España y, en general, para los jueces europeos. Esta distinción es crucial, ya que suele ser determinante para comprender las implicaciones del modelo de control de constituciona-

30 La Corte Interamericana es uno de los tres tribunales regionales de protección de los derechos humanos, juntamente con la Corte Europea de Derechos Humanos y la Corte Africana de Derechos Humanos y de los Pueblos. Es una institución judicial autónoma cuyo objetivo es aplicar e interpretar la Convención Americana. La Corte Interamericana ejerce una función contenciosa, dentro de la que se encuentra la resolución de casos contenciosos y el mecanismo de supervisión de sentencias; una función consultiva; y la función de dictar medidas provisionales. https://www.corteidh.or.cr/que_es_la_corte.cfm#collapse2-1

31 Camarillo Govea, L. A. & Rosas Rábago, E. N., «El control de convencionalidad como consecuencia de las decisiones judiciales de la Corte Interamericana de Derechos». *Revista Instituto Interamericano de Derechos Humanos*, 2016, no 1, p. 129. El origen del control de convencionalidad se encuentra en la Corte IDH, Caso Myrna Mack Chang Vs. Guatemala, Sentencia de 25 de noviembre de 2003, Serie C, No. 101, Voto Concurrente Razonado del Juez Sergio García Ramírez, donde se manifiesta que: «Para los efectos de la Convención Americana y del ejercicio de la jurisdicción contenciosa de la Corte Interamericana, el Estado viene a cuentas en forma integral, como un todo. En este orden, la responsabilidad es global, atañe al Estado en su conjunto y no puede quedar sujeta a la división de atribuciones que señale el Derecho interno. No es posible seccionar internacionalmente al Estado, obligar ante la Corte sólo a uno o algunos de sus órganos, entregar a éstos la representación del Estado en el juicio —sin que esa representación repercuta sobre el Estado en su conjunto— y sustraer a otros de este régimen convencional de responsabilidad, dejando sus actuaciones fuera del "control de convencionalidad que trae consigo la jurisdicción de la Corte internacional"». En este sentido, véase: Hitters, J. C., «Control de constitucionalidad y control de convencionalidad. Comparación (Criterios fijados por la Corte Interamericana de Derechos Humanos)», *Estudios Constitucionales*, Centro de Estudios Constitucionales de Chile, Universidad de Talca, Año 7, n.° 2, 2009, p. 110. No obstante, la idea de control de convencionalidad se introdujo de manera formal en la jurisprudencia de la Corte Interamericana de Derechos Humanos con la sentencia del 26 de septiembre de 2006 en el caso Almonacid Arellano y otros contra Chile. En esta decisión, se determinó que, al ratificar un tratado internacional, los jueces de ese Estado también quedan sujetos a dicho tratado. Esto implica que deben asegurarse de que las disposiciones del tratado no sean socavadas por la aplicación de leyes que contravengan su propósito y objetivos, y que desde su origen carecen de efectos jurídicos. Véase, STC 140/2018, de 20 de diciembre, FJ 6.

lidad vigente[32], ya sea concentrado[33] o difuso[34], como ocurre en España y en el ámbito europeo[35].

Por otra parte, el Reino de España se encuentra en una situación singular debido a su vinculación con varios organismos internacionales y sistemas legales. En primer lugar, España está ligada al Consejo de Europa, con el cual ha ratificado el Convenio Europeo de Derechos Humanos. Además de esta relación con el Tribunal Europeo de Derechos Humanos en Estrasburgo,

---

32 Recuérdese que el art. 96 CE establece que «los tratados internacionales válidamente celebrados, una vez publicados oficialmente en España, formarán parte del ordenamiento interno. Sus disposiciones sólo podrán ser derogadas, modificadas o suspendidas en la forma prevista en los propios tratados o de acuerdo con las normas generales del Derecho internacional». En este sentido, la STC 140/2018 considera que este precepto no otorga una jerarquía superior a los tratados sobre las leyes internas. Sin embargo, establece que los tratados desplazan las normas internas anteriores sin derogarlas, y que los tratados no pueden ser derogados por disposiciones internas posteriores. Esto significa que las leyes internas posteriores no quedan excluidas del ordenamiento nacional, sino que simplemente no se aplican en casos donde el tratado tenga preeminencia. Es decir, La identificación de un posible conflicto entre un convenio internacional y una norma interna con rango de ley no implica un juicio sobre la validez de la norma interna, sino sobre su aplicabilidad. No se trata, por tanto, de eliminar normas inválidas del ordenamiento jurídico, sino de determinar cuál norma debe aplicarse en cada caso concreto, una decisión que debe ser evaluada por el juez ordinario. En este contexto, debe entenderse que el Tribunal Constitucional ha sostenido que los tratados internacionales «no constituyen un estándar para evaluar la conformidad de las normas legales con la Constitución». Véanse las sentencias del Tribunal Constitucional 49/1988, de 22 de marzo, FJ 14; 28/1991, de 14 de febrero, FJ 5; 254/1993, de 20 de julio, FJ 5, y 12/2008, de 29 de enero, FJ 2.

33 El control concentrado de convencionalidad es ejercido exclusivamente por la Corte Interamericana, que tiene la autoridad otorgada por la Convención para interpretar y aplicar sus disposiciones. Esta Corte es responsable de evaluar las actuaciones de los jueces nacionales, incluyendo la aplicación del «control de convencionalidad», siempre que dicho análisis derive de la revisión de la compatibilidad de las acciones nacionales con la Convención Americana sobre Derechos Humanos. El control concentrado se enmarca en las competencias de la Corte Interamericana para decidir los casos que se le presentan. Este proceso implica una evaluación comparativa entre el derecho interno del Estado en cuestión y las normas establecidas por la Convención Americana.

34 El control difuso de convencionalidad representa el otro extremo en la protección de los derechos humanos, asignando a las autoridades nacionales de los Estados signatarios de la Convención Americana la responsabilidad de garantizar estos derechos. Esto es aún más relevante para aquellos Estados que han aceptado la competencia de la Corte Interamericana para conocer de los casos pertinentes.

El control difuso de convencionalidad implica que todas las autoridades nacionales deben evaluar la compatibilidad entre las normas y actos nacionales y la Convención Americana sobre Derechos Humanos, así como sus protocolos adicionales y la jurisprudencia interpretativa de la Corte Interamericana. Este tipo de control requiere que se reconozca la importancia y la integración de los tratados internacionales en el sistema jurídico nacional.

35 Ollero Tassara, A., «La protección de los derechos humanos en España y Europa», en AA. VV.: *Control de convencionalidad y decisiones judiciales*. México D.F., Tirant lo Blanch, 2026, p. 263-264.

España forma parte de la Unión Europea, lo que implica que opera dentro de un marco jurídico triple, de la forma que se explica a continuación.

En primer lugar, España está sujeta a su propia Constitución, la cual ofrece una amplia protección de los derechos fundamentales. En segundo lugar, la relación con el Consejo de Europa, a través del Convenio Europeo de Derechos Humanos, añade otra capa de responsabilidad y supervisión en materia de derechos humanos. Es importante señalar que el Consejo de Europa incluye países que no forman parte de la Unión Europea, como Rusia. En tercer lugar, a la Unión Europea, que abarca su normativa y competencia judicial.

Así, hay cuatro tribunales relevantes en el escenario jurídico: a) el Tribunal Constitucional Español, encargado de asegurar el cumplimiento de la CE; b) los jueces y magistrados de la jurisdicción ordinaria española; c) el Tribunal Europeo de Derechos Humanos en Estrasburgo, que supervisa el cumplimiento del Convenio Europeo de Derechos Humanos; y d) el Tribunal de Justicia de la Unión Europea con sede en Luxemburgo, que se ocupa de las normativas y legislaciones europeas. Esta multiplicidad de jurisdicciones y tribunales forma un entramado complejo, que se suaviza mediante el concepto de «diálogo entre tribunales»[36]. En última instancia, esta situación refleja el proceso continuo de construcción europea, un desafío que implica diversas capas de regulación y supervisión.

Cualquier juez ordinario español se convierte, de manera lógica y necesaria, en el primer responsable de la protección de los derechos fundamentales, actuando como aplicador primario de la CE. Asimismo, debe aplicar las leyes que desarrollan esos derechos, buscando siempre la interpretación más favorable para su protección y garantía. Esto otorga a cada juez un papel fundamental en la defensa de los derechos fundamentales[37].

---

36 El concepto de «diálogo entre tribunales» ha evolucionado desde ser una mera noción doctrinal hasta convertirse en una práctica jurisdiccional consolidada. Un ejemplo de esta evolución es la Declaración 1/2004 del TC, que se refiere al intercambio entre los Tribunales Constitucionales y el Tribunal de Justicia de la Unión Europea. Este diálogo incluye no solo los mecanismos regulados, como las cuestiones prejudiciales, sino también interacciones no formalizadas. El diálogo entre el Tribunal de Justicia y el Tribunal Europeo de Derechos Humanos se ha vuelto especialmente evidente desde el año 2000, cuando ambos sistemas jurídicos alcanzaron su plena madurez. Hasta ese momento, el sistema del Consejo de Europa, completo desde los años 50, influía en el emergente sistema de las Comunidades Europeas. Este trabajo explorará en detalle las distintas facetas de este diálogo entre tribunales. En este sentido, véase: Tenorio Sánchez, P. «Diálogo entre tribunales y protección de los derechos fundamentales en el ámbito europeo». *Revista General de Derecho Europeo*, 2013, vol. 31, p. 5.

37 En este sentido, la STC 140/2018, de 20 de diciembre, FJ 6, dispone que «el marco jurídico constitucional existente erige, pues, al control de convencionalidad en el sistema español en una mera regla de selección de derecho aplicable, que corresponde realizar, en cada caso concreto, a los jueces y magistrados de la jurisdicción ordinaria. Como viene estableciendo de forma incontrovertida la jurisprudencia previa, la determinación de cuál sea

El juez ordinario español, «sometido únicamente al imperio de la Ley» (art. 117 CE), también está vinculado al texto constitucional (art. 93.1). El sistema concentrado de control constitucional le impide declarar inconstitucional una norma de rango legal. Si la resolución de un caso depende de dicha norma, deberá dirigirse al TC y plantear una cuestión de inconstitucionalidad. Deberá señalar el precepto específico cuya constitucionalidad cuestiona, iniciando así un doble juicio de aplicabilidad y de relevancia en relación con el caso que debe resolver.

El carácter subsidiario del amparo por el TC en casos de vulneración de derechos fundamentales exige que se agoten previamente todas las instancias de la vía judicial ordinaria, incluyendo, en su caso, al propio Tribunal Supremo. Esta exigencia ha generado numerosos conflictos, que se presentan eufemísticamente bajo el término «diálogo de tribunales»[38]. El amparo se concede cuando uno de los poderes del Estado ha vulnerado un derecho fundamental.

Los conflictos entre tribunales se volvieron inevitables a medida que los recursos de amparo se multiplicaron, poniendo en riesgo la operatividad de la jurisdicción constitucional. Esta situación llevó a una reforma del artículo 50.1 de la Ley Orgánica del TC en 2007. Inspirada parcialmente en el sistema de certiorari[39] norteamericano, la nueva normativa requiere que, además de demostrar indicios de vulneración de un derecho fundamental, «el contenido del recurso justifique una decisión sobre el fondo por parte del Tribunal Constitucional debido a su especial trascendencia constitucional». Esta trascendencia se evaluará en función de su importancia para la interpretación de la CE, su aplicación, su eficacia general y la determinación del contenido y alcance de los derechos fundamentales.

El TC, en la Sentencia 155/2009, de 25 de junio de 2009, FJ 2, especificó los casos en los que se apreciará dicha trascendencia, incluyendo un cierto control de convencionalidad[40]. Asimismo, el TC en la sentencia

---

la norma aplicable al caso concreto es una cuestión de legalidad que no le corresponde resolver al Tribunal Constitucional sino, en principio, a los jueces y tribunales ordinarios en el ejercicio de la función jurisdiccional que, con carácter exclusivo, les atribuye el artículo 117.3 CE (por todas SSTC 49/1988, de 22 de marzo, FJ 14 y 180/1993, de 31 de mayo, FJ 3; 102/2002, FJ 7)».

38 En este sentido, véase: Ollero Tassara, A., «La protección de los derechos humanos en España y Europa», *op. cit.* p. 265.

39 Según el DPEJ: «Procedimiento de revisión de decisiones de los tribunales inferiores basado en la selección o arbitrio del propio tribunal que asume la decisión última. El Tribunal Supremo de EE. UU. tiene establecidas reglas sobre los writs of certiorari para acotar los supuestos en que se puede producir la revocación. En Inglaterra este tipo de revisión se ejerce por el tribunal denominado Queen's Bench Division». https://dpej.rae.es/lema/certiorari

40 «a) el de un recurso que plantee un problema o una faceta de un derecho fundamental susceptible de amparo sobre el que no haya doctrina del Tribunal Constitucional;

140/2018, de 20 de diciembre, FJ 6, considera que «el análisis de convencionalidad que tiene cabida en nuestro ordenamiento constitucional no es un juicio de validez de la norma interna o de constitucionalidad mediata de la misma, sino un mero juicio de aplicabilidad de disposiciones normativas; de selección de Derecho aplicable, que queda, en principio, extramuros de las competencias del Tribunal Constitucional que podrá, no obstante, y en todo caso por la vía procesal que se pone a su alcance a través del recurso de amparo constitucional, revisar la selección del derecho formulada por los jueces ordinarios en determinadas circunstancias bajo el parámetro del artículo 24.1 CE, que garantiza "que el fundamento de la decisión judicial sea la aplicación no arbitraria ni irrazonable de las normas que se consideren adecuadas al caso, pues tanto si la aplicación de la legalidad es fruto de un error patente con relevancia constitucional, como si fuere arbitraria, manifiestamente irrazonada o irrazonable no podría considerarse fundada en Derecho, dado que la aplicación de la legalidad sería tan sólo una mera apariencia (por todas, SSTC 25/2000, de 31 de enero, FJ 2; 221/2001, de 31 de octubre, FJ 6, y 308/2006, de 23 de octubre, FJ 5)" (STC 145/2012, de 2 de julio, FJ 4)».

En última instancia, la responsabilidad principal de prevenir la vulneración de los derechos fundamentales recae en la jurisdicción ordinaria. Se considera que, después de que un ciudadano haya tenido al menos dos oportunidades de ver sus derechos reconocidos en diferentes instancias, es razonable exigir que se demuestre una especial trascendencia para que

b) o que dé ocasión al Tribunal Constitucional para aclarar o cambiar su doctrina, como consecuencia de un proceso de reflexión interna, como acontece en el caso que ahora nos ocupa, o por el surgimiento de nuevas realidades sociales o de cambios normativos relevantes para la configuración del contenido del derecho fundamental, o de un cambio en la doctrina de los órganos de garantía encargados de la interpretación de los tratados y acuerdos internacionales a los que se refiere el art. 10.2 CE;

c) o cuando la vulneración del derecho fundamental que se denuncia provenga de la ley o de otra disposición de carácter general;

d) o si la vulneración del derecho fundamental traiga causa de una reiterada interpretación jurisprudencial de la ley que el Tribunal Constitucional considere lesiva del derecho fundamental y crea necesario proclamar otra interpretación conforme a la Constitución;

e) o bien cuando la doctrina del Tribunal Constitucional sobre el derecho fundamental que se alega en el recurso esté siendo incumplida de modo general y reiterado por la jurisdicción ordinaria, o existan resoluciones judiciales contradictorias sobre el derecho fundamental, ya sea interpretando de manera distinta la doctrina constitucional, ya sea aplicándola en unos casos y desconociéndola en otros;

f) o en el caso de que un órgano judicial incurra en una negativa manifiesta del deber de acatamiento de la doctrina del Tribunal Constitucional (art. 5 de la Ley Orgánica del Poder Judicial: LOPJ);

g) o, en fin, cuando el asunto suscitado, sin estar incluido en ninguno de los supuestos anteriores, trascienda del caso concreto porque plantee una cuestión jurídica de relevante y general repercusión social o económica o tenga unas consecuencias políticas generales, consecuencias que podrían concurrir, sobre todo, aunque no exclusivamente, en determinados amparos electorales o parlamentarios».

el TC intervenga. Por lo tanto, si el recurso de amparo no cumple con este criterio de trascendencia, la satisfacción del derecho fundamental puede ser denegada.

En el contexto español, y en cierta medida en el europeo, influenciado por la doctrina alemana de la posguerra, los derechos fundamentales no se concuerdan únicamente desde una perspectiva subjetiva. En lugar de considerarlos como meros derechos individuales, se les reconoce como valores esenciales del ordenamiento jurídico que los poderes públicos tienen el deber de proteger y garantizar, no solo a instancias de las partes interesadas[41]. Este enfoque supera la visión abstracta de los derechos fundamentales y les confiere una significativa influencia sobre las decisiones judiciales. Así, estos derechos dejan de ser un instrumento exclusivo para satisfacer intereses individuales o las demandas de un ciudadano específico, y pasan a representar exigencias de orden público.

A diferencia de la vinculación de España al Convenio de Roma del Consejo de Europa, la integración de España en la Unión Europea conlleva un conjunto distinto de consecuencias, dado que el número de Estados miembros de la Unión es relativamente reducido. En este contexto, entra en juego el Tribunal de Justicia de la Unión Europea (TJUE), con sede en Luxemburgo, que asegura la supremacía del derecho comunitario. Las Directivas de la Unión Europea, una vez transpuestas al derecho interno de los Estados miembros, son interpretadas por el TJUE con un notable énfasis en la Carta de Derechos Fundamentales, que se considera una manifestación de los principios generales del derecho derivados de las tradiciones jurídicas de los Estados miembros.

Los jueces españoles, al aplicar el Derecho comunitario, deben hacerlo de manera preferente, lo que implica un procedimiento similar a la cuestión de inconstitucionalidad. Si surge alguna duda respecto a la posible contradicción entre una norma interna y el derecho comunitario, el juez deberá plantear una cuestión prejudicial al TJUE, mediante un control concentrado del Derecho comunitario, una cuestión prejudicial[42].

---

41 Al respecto QUERALT JIMÉNEZ, A., *La interpretación de los derechos: del Tribunal de Estrasburgo al Tribunal Constitucional*, Madrid, Centro Estudios Políticos y Constitucionales, 2008, p. 41.

42 Según Gil Carlos Rodríguez Iglesias, ex Presidente del Tribunal de Justicia de la Unión Europea, la cuestión prejudicial es el componente más crucial del mecanismo judicial comunitario. Este mecanismo facilita la cooperación entre el Tribunal de Justicia de la Unión Europea y los tribunales nacionales, permitiendo así una aplicación descentralizada del derecho comunitario, pero basada en una interpretación uniforme que debe ser asegurada por el Tribunal de Justicia. Rodríguez Iglesias señala que los desarrollos jurisprudenciales más significativos han surgido a través de decisiones prejudiciales y han sido frecuentemente impulsados por las cuestiones planteadas por los tribunales nacionales. Por lo tanto, considera que no sería conveniente reemplazar este sistema por un mecanismo de apelación contra las decisiones de los tribunales nacionales ante

En este mismo contexto, ha surgido la cuestión de si los tribunales constitucionales de los Estados miembros también deberían someterse a este procedimiento. Durante años, el TC español se consideró exento de esta obligación, argumentando que las dudas sobre la compatibilidad de las normas internas con el derecho comunitario se situaban en el ámbito de la legalidad y no tenían relevancia constitucional[43]. Según el art. 277 del Tratado de la Unión Europea, la obligación de plantear una cuestión prejudicial se aplicaba únicamente a los tribunales internos de última instancia, y el TC español no se consideraba como tal. Esta situación subraya la importancia de la distinción entre los planos de legalidad y constitucionalidad.

6. Conclusión

La reforma del art. 47 ET ha introducido importantes novedades en la regulación de los ERTE, simplificando los trámites y ampliando su ámbito de aplicación. Sin embargo, esta reforma también ha planteado nuevos interrogantes en relación con el régimen de las prestaciones por desempleo y, en particular, con la obligación de reintegrar las cantidades indebidamente percibidas.

El ordenamiento jurídico español establece la obligación de reintegrar las prestaciones de la Seguridad Social percibidas indebidamente. Este principio se fundamenta en la necesidad de garantizar la correcta gestión de los fondos públicos y de evitar enriquecimientos injustos. Sin embargo, la jurisprudencia más reciente ha matizado este principio general, reconociendo que la responsabilidad del reintegro no siempre debe recaer en el beneficiario. En particular, cuando el error que ha originado la percepción indebida es imputable a la Administración. En este caso, según la referida jurisprudencia la obligación de reintegro puede resultar desproporcionada y vulnera los derechos fundamentales del beneficiario. Al respecto, los tribunales han señalado que se debe impedir que se impongan sanciones desproporcionadas a los beneficiarios de prestaciones sociales que han actuado de buena fe. En consecuencia, se deben adoptar medidas para garantizar que el mandato legal de reintegro de prestaciones indebidas sea justo y proporcionado,

el Tribunal de Justicia, ya que esto sustituiría la cooperación existente entre las dos ramas del poder judicial comunitario por una relación jerárquica, en Rodríguez Iglesias, G. C., «L'évolution de l'architecture juridictionnelle de l'Union européenne», en *The Court of Justice and the Construction of Europe: Analyses and Perspectives on Sixty Years of Case-law, The Hague, Court of Justice of the European Union*, Asser Press-Springer, 2013, p. 46.

43 Ollero Tassara, A., «La aplicación del derecho comunitario como cuestión infraconstitucional en el ordenamiento jurídico español», *Revista de las Cortes Generales*, n.º 76, 2009, pp. 117-133.

principalmente, cuando el error que ha originado la percepción indebida sea imputable exclusivamente a la Administración, es ella la que debe asumir las consecuencias de su actuación, ya que exigir el reintegro íntegro al beneficiario supone trasladar toda la responsabilidad al ciudadano que ha actuado de buena fe.

PARTE III

EFECTIVIDAD DE LAS MEDIDAS Y PROTECCIÓN SOCIAL DESDE UNA PERSPECTIVA ECONÓMICA-EMPRESARIAL

CAPÍTULO IX

EFECTIVIDAD DE LAS MEDIDAS TEMPORALES DE REGULACIÓN DE EMPLEO: UNA APROXIMACIÓN DESDE LA PERSPECTIVA ECONÓMICA[1]

Alberto Vaquero García
Profesor Titular de Universidad
GEN-Universidade de Vigo

1. Introducción

La respuesta para solventar las crisis económicas desde la perspectiva de ajuste en el mercado laboral procede fundamentalmente de dos vías. La primera, a través de mecanismos de flexibilidad externa que potencian el despido, con el consiguiente aumento de las tasas de desempleo. Así, cuánto menores sean los costes de despido —abaratamiento de las indemnizaciones en función de la causa de despido— mayor será su utilización. Al mismo tiempo, cuanto más reducido sea el coste de contratar en un futuro a nuevas personas trabajadoras y menos cueste la formación exigida para el puesto de trabajo, es posible que ese coste de reemplazamiento se reduzca —opción

1 El autor agradece el trabajo de Alejandro Rodríguez Lamela del grupo GEN de investigación en el tratamiento de la información, los valiosos comentarios y sugerencias de Emma Rodriguez Rodríguez y la financiación recibida del proyecto *Adaptación y mantenimiento del empleo en el nuevo ecosistema productivo* del Ministerio de Ciencia e Innovación de España (2022-2025).

de los despidos será también más utilizada—, ya que el coste de reemplazamiento del capital humano será menor[2].

La segunda vía de ajuste se produce con la alteración de las condiciones y el tiempo de trabajo, por medio de la flexibilidad interna, consistente en modificar las condiciones y el tiempo de trabajo, pero manteniendo los niveles de empleo gracias a las ayudas públicas que permiten el mantenimiento subsidiado de los puestos de trabajo. Esto último es lo que se ha venido aplicando, por ejemplo, en Alemania o Austria. Además, en los últimos años, varios países europeos también han tratado de optar por esta alternativa en base al argumento de la flexiseguridad (Madl *et al.*, 2010), este es el caso de Dinamarca o los Países Bajos. En todos ellos se ha planteado, con más o menos intensidad, la siguiente triada: mercado de trabajo flexible, alta protección por desempleo y fuerte apuesta por las políticas activas en formación.

España cuenta desde hace más de cuatro décadas con su propio programa de tiempo de trabajo a tiempo reducido para tratar de capear las situaciones de ajuste temporal de empleo: los Expedientes de Regulación Temporal de Empleo (ERTE). Se tratan de unos instrumentos administrativos que ha permitido mantener muchas relaciones laborales que, de no ser por ellos, se habrían destruido en los momentos más complicados de la última crisis económica provocada por la pandemia. Los ERTE han tenido un papel muy relevante en el proceso de ajuste del mercado de trabajo. Tradicionalmente el mercado laboral en España se venía adaptando a las crisis rompiendo las relaciones laborales, esto es, acudiendo a la vía del despido como principal método de ajuste. Gracias a los ERTE este proceso se ha frenado durante la crisis de la COVID-19, evitando la transmisión de sus efectos a los trabajadores con contratos indefinidos. No obstante, el efecto de los ERTE en España sobre los contratos temporales no ha sido tan positivo y todo esto a pesar de su inclusión desde la reforma de esta actuación en 2020. A pesar de buenos resultados, resulta de interés señalara un conjunto de recomendaciones para mejorar su funcionamiento.

Este capítulo presenta el siguiente esquema. Tras esta introducción, el segundo apartado se centra en el estudio de los ERTE en España. En el tercer apartado se abordan los resultados de los ERTE. A continuación, se señalan las características de sus beneficiarios y de las empresas que han utilizado este instrumento. El quinto apartado recoge una serie de recomendaciones sobre el funcionamiento de los ERTE. Finalmente, se señalan las conclusiones.

---

2 Con todo, este resultado no resulta tan evidente, si se tiene en cuenta la pérdida de incentivos a la contratación y la reducción de costes de cotización vinculados a esa formación.

2. El programa de trabajo a tiempo reducido en España

Como se ha señalado, el ERTE es un procedimiento administrativo que posibilita que una empresa suspenda o reduzca temporalmente las relaciones laborales con sus trabajadores, si demuestra su necesidad económica. Los trabajadores en situación de ERTE recibirán una prestación económica, aunque no trabajen y mantendrán su condición de ocupados. A diferencia de otros procedimientos como los Expedientes de Regulación de Empleo (ERE), donde las empresas pueden dar por finalizada la relación laboral con las personas trabajadoras, en los ERTE se produce una suspensión temporal. En consecuencia, los ERTE son una solución menos lesiva y drástica que los ERE.

A pesar de ser uno de los instrumentos más utilizados durante la pandemia de la COVID-19 desde la óptica laboral, los ERTE datan de muchos años antes. Este instrumento ya existía desde el Estatuto de los Trabajadores de 1980[3] y se mantuvo tras su modificación en 1995 sin experimentar apenas cambios. Desde entonces se produjeron una serie de modificaciones hasta llegar al actual diseño.

Así, con el Real Decreto-ley 10/2010, de 16 de junio, de medidas urgentes para la reforma del mercado de trabajo, se trató de clarificar el concepto de causas económicas y técnicas para una mejor aplicación[4]. El objetivo era intentar que las crisis se afrontaran no por la vía del despido, sino a través de suspensiones de empleo. Sin embargo, los resultados prácticos de este cambio fueron muy discretos, ya que la indefinición recogida en el texto no posibilitó esta meta.

La Ley 3/2012, de 6 de julio, de medidas urgentes para la reforma del mercado laboral buscaba que no fuese necesario solicitar una autorización administrativa para la aprobación de los ERTE, salvo para el caso fuerza mayor. Sin embargo, la nueva redacción volvió a quedar tan genérica, que en la práctica se permitía el despido, aunque la dificultad económica fuera de naturaleza coyuntural[5]. Esto provocó que, en la mayor parte de las ocasiones, en vez de aplicarse un ERTE, se optase por un ERE.

Durante estos primeros años, la aplicación de los ERTES (hasta 2020) fue bastante limitada (Lahera, 2021). En 2009, como consecuencia de la crisis

3 El artículo 47 de la Ley 8/1980, de 10 de marzo, del Estatuto de los Trabajadores (disposición derogada) señalaba que el contrato de trabajo podrá ser suspendido temporalmente por causas tecnológicas, económicas o por de fuerza mayor.

4 El ET de 1980 señala a las causas tecnológicas o económicas, pero sin detallar cuáles son.

5 En Cabeza (2021) se señala que el incremento del ámbito de actuación de los ERTE por fuerza mayor ha generado un fuerte retroceso de la causa ETOP (motivos económicos, técnicos, organizativos o de producción), concediendo un fuerte protagonismo —no siempre justificado— a la fuerza mayor como motivo para la suspensión de contrato y reducción de jornada.

financiera, el número de ERTE superó ligeramente los 13.300, afectando a 465.600 trabajadores (Méndez y Sánchez, 2023), esto supuso el 0,5 % del total de asalariados entre 2009 y 2012 (Izquierdo, 2021)[6].

En función del tipo de ERTE se pueden diferenciar entre ERTE de reducción, que puede solicitarse para reducir la jornada laboral entre un 10 y un 70 % del tiempo de trabajo y ERTE de suspensión, que implica la interrupción temporal de la relación laboral. En base a su naturaleza —hasta la última reforma de 2022— los ERTE se diferenciaban entre ERTE ETOP y el ERTE de fuerza mayor. El primero se podía solicitar para suspender temporalmente el empleo por causas económicas[7], técnicas[8], organizativas[9] o de producción, que son precisamente las mismas circunstancias que justifican los despidos objetivos.

El ERTE de fuerza mayor resulta de aplicación cuando se produce una circunstancia no prevista y ajena a la empresa, que afecta a su funcionamiento. Para esta segunda categoría apenas hubo cambios sustanciales hasta marzo de 2020, aunque se seguía sin disponer de un concepto claro de despido por fuerza mayor. Su gran modificación se produjo con el Real Decreto-ley 8/2020, de 17 de marzo, de medidas urgentes extraordinarias para hacer frente al impacto económico y social del COVID-19, reformando los ERTE para simplificar su aplicación y aumentar la protección, lo que se tradujo en un uso intensivo de esta figura. Entre los cambios introducidos destaca el refuerzo de la cobertura a los trabajadores afectados y la prohibición de despedirlos por un plazo de seis meses tras el final del ERTE, que las personas beneficiarias pudieran acceder a la prestación por desempleo, aunque no tuvieran el periodo de cotización necesario para recibirla y que no computara el tiempo en ERTE como período de disfrute de la cobertura por desempleo.

Debido a la fuerte repercusión de la pandemia de la COVID-19 sobre el mercado trabajo en España, se aprobaron hasta siete prórrogas de los ERTE, extendiendo su cobertura durante dos años. Con la última modificación, por

---

6 La Ley 27/2009, estableció una bonificación del 50 % de las cuotas a la Seguridad Social para las empresas acogidas a expedientes de suspensión de empleo o reducción de jornada. El Real Decreto 10/2010, elevó la bonificación al 80 % cuando la empresa adoptase algunas medidas, como la formación, que redujeran los efectos de la regulación temporal de empleo sobre los trabajadores.

7 *Surgirán causas económicas si de los resultados de la empresa se deriva una situación económica negativa; entendiendo por tales, la generación de pérdidas presentes o futuras, o si se produce una reducción estructural de sus ingresos ordinarios o del nivel de ventas. Para ello se exige la disminución durante dos trimestres consecutivos de los ingresos ordinarios o si el volumen de ventas de cada trimestre es inferior al registrado en el mismo trimestre del año anterior.*

8 *Se darán causas técnicas si se producen cambios en el* ámbito *de los medios o instrumentos de producción, esto es, cuando la organización introduce nuevos dispositivos o maquinaria para realizar el trabajo.*

9 *Concurrirán causas organizativas si hay modificaciones en el* ámbito *de los sistemas y métodos de trabajo de los trabajadores o en cómo se organiza la producción.*

medio del Real Decreto-ley 2/2022, de 22 de febrero[10], se posibilitó la vigencia de los ERTE por COVID hasta el 31 de marzo de 2022.

Tras su aprobación, no se suprimen ni los ERTE ETOP ni los de fuerza mayor, sino que se modifican las condiciones para su solicitud. Además, se crean nuevos tipos de ERTE basados en el mecanismo RED para cubrir situaciones de crisis generales o sectoriales, bajo dos modalidades: la cíclica y la sectorial[11].

La primera hace referencia a las situaciones de crisis económicas coyunturales —la duración máxima del programa es de 1 año— que exijan medidas de flexibilidad laboral. La modalidad sectorial se reserva cuando un determinado sector sufre cambios permanentes que exijan la recualificación o transición profesional de los trabajadores[12]. La duración máxima de estos ERTE es de un año —igual que para la modalidad cíclica— aunque se permiten dos prórrogas, de seis meses cada una. Además, se exige un plan de recualificación de las personas afectadas.

Con la reforma de 2022 se simplifican los procedimientos administrativos para solicitar un ERTE y se reducen los plazos para su tramitación[13]. Además, se establece un sistema automático para el acceso al expediente por parte de las autoridades estatales en materia laboral: Servicio de Empleo Público Estatal, la Tesorería General de la Seguridad Social y la Inspección de Trabajo. Finalmente, las exoneraciones en el pago de cotizaciones sociales priorizan los ERTE de reducción de jornada (hasta el 90 %), frente a los de suspensión temporal. En caso de poner en marcha acciones formativas se considera una exoneración del 20 % en las cuotas empresariales. En consecuencia, tras superar la pandemia, las medidas laborales refuerzan la figura de los ERTE como programa de trabajo a tiempo reducido en España, tratando de desincentivar el uso de los ERE. Desde marzo de 2022, las empresas podrán seguir utilizando a los ERTE según las necesidades y circunstancia a la que se enfrente; además, se sigue prohibiendo la realización de horas extras, externalizar las tareas o formalizar nuevos contratos durante la vigencia del ERTE. La Tabla 1 resume las principales modificaciones de los ERTE en España.

---

10 *Real Decreto-ley 2/2022, de 22 de febrero, por el que se adoptan medidas urgentes para la protección de los trabajadores autónomos, para la transición hacia los mecanismos estructurales de defensa del empleo, y para la recuperación económica y social de la isla de La Palma, y se prorrogan determinadas medidas para hacer frente a situaciones de vulnerabilidad social y económica.*

11 *El objetivo del mecanismo RED en materia de flexibilidad interna es conseguir una adaptación a las empresas a las condiciones económicas en cada momento, posibilitando una readaptación del personal mediante la formación y continuando con la política de exenciones y bonificaciones en las cotizaciones sociales (Catalán y Rodríguez, 2023).*

12 *Los ERTE sectoriales del Mecanismo RED fueron activados el 29 de marzo de 2022 para el sector de las agencias de viaje, que sufrió una profunda crisis por la COVID-19.*

13 *El periodo de consulta tras la comunicación de los ERTE se reduce de 15 a 7 días para las empresas con menos de 50 trabajadores, manteniéndose los 5 días iniciales para aquellas organizaciones con una plantilla mayor.*

Tabla 1. Principales modificaciones de los ERTE en España

Real Decreto-ley 10/2010, de 16 de junio, de medidas urgentes para la reforma del mercado de trabajo	**Real Decreto-ley 3/2012, de 10 de febrero, de medidas urgentes para la reforma del mercado laboral**	**Medidas implementadas durante la crisis del COVID-19**
Creación de los ERTE de reducción de jornada 50 % de bonificación de las cuotas empresariales por contingencias comunes. 80 % si se consideran acciones formativas Reposición de la prestación por desempleo, hasta un máximo de 180 días	Eliminación de la autorización administrativa para la tramitación de los ERTE, salvo el caso de aquellos por fuerza mayor	**ERTE de fuerza mayor:** - Consideración de las contingencias por el COVID-19 (ERTE Covid) - Simplificación del procedimiento de aplicación - 100 % de bonificación de las cuotas empresariales a la Seguridad Social; 75 % para empresas de 50 o más trabajadores - Prohibición de despido durante al menos 6 meses tras la finalización del ERTE - Imposibilidad de nuevas contrataciones o externalizaciones de actividad durante la situación en ERTE - Recuperación del derecho a la prestación por desempleo ERTE-ETOP: - Simplificación del procedimiento de aplicación - Recuperación del derecho a la prestación por desempleo **Durante la «desescalada»:** - Creación de los ERTE por fuerza mayor por impedimentos y limitación de la actividad

Fuente: Ramírez (2023) y elaboración propia

Tabla 1. Principales modificaciones de los ERTE en España, continuación

Real Decreto 32/2021, de medidas urgentes para la reforma laboral, la garantía de la estabilidad en el empleo y la transformación del mercado de trabajo	Real Decreto-Ley 2/2022, de 22 de febrero, por el que se adoptan medidas urgentes para la protección de los trabajadores autónomos, para el tránsito a mecanismos estructurales de defensa del empleo y para la recuperación económica y social de la isla de La Palma, al tiempo que amplió las medidas para hacer frente a situaciones de vulnerabilidad social y económica
- Se mantiene la simplificación de los procedimientos de tramitación de los ERTE-ETOP - Mantenimiento de bonificaciones por cotizaciones empresariales, aunque se reduce sus porcentajes. - Mantenimiento del compromiso de reserva del empleo si optan por aplicarse bonificaciones de cotizaciones a la Seguridad Social - Continua la prohibición de realizar nuevas contrataciones y/o externalizaciones mientras dure el ERTE - Nuevos incentivos para realizar acciones formativas para personas en ERTE - Creación del Mecanismo RED para conseguir una adaptación a las empresas a las condiciones económicas en cada momento	- Continúan con los ERTE ETOP y los ERTE de fuerza mayor - Creación de nuevos tipos de ERTE a través del mecanismo RED para cubrir situaciones de crisis general o sectorial - Simplificación de los procedimientos administrativos y reducción de los plazos de tramitación

Fuente: Ramírez (2023) y elaboración propia

3. Análisis de los ERTE en cifras

El Gráfico 1 recoge la evolución de los ERTE entre marzo de 2020 y noviembre de 2023 y su relación con la afiliación a la Seguridad Social. El máximo de la serie se alcanza en abril de 2020 con casi 3,6 millones de trabajadores en situación de ERTE; de ellos, la mayor parte (3,2 millones) fueron bajo la categoría de suspensión total de su actividad, frente a los más de 405.000 de suspensión parcial. Si a los 3,6 millones de trabajadores afilados en situación de ERTE se suman el aumento del desempleo (800.000) —la mayor parte de las personas despedidas tenían contratos temporales— el número de personas que dejaron de trabajar en el punto más álgido de la crisis fue de 4,4 millones.

La incidencia de los ERTE recoge una evolución descendiente a medida que se fueron relajando las medidas de confinamiento y reactivando la economía, hasta llegar a una cifra algo superior a los 115.000 trabajadores, estabilizándose en ese número desde marzo de 2022. Además, apenas hay diferencias entre ERTE de suspensión total y parcial desde esa fecha; esto se traduce en una situación de clara estabilidad en cuanto al empleo de los ERTE (Vaquero, 2024).

Gráfico 1: Evolución de los ERTE (marzo de 2020-noviembre 2023)

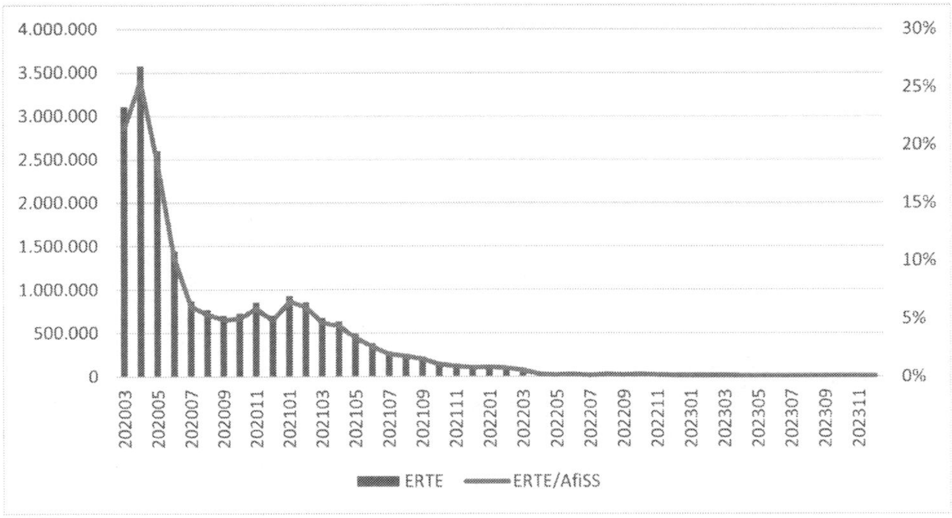

Fuente: elaboración propia a partir de la Seguridad Social (Varios años)

El Gráfico 2 realiza un ejercicio comparativo del total de personas con contrato de trabajo indefinido y temporal entre 2008 y 2023 para determinar cómo se produjo el ajuste laboral en la crisis de 2008 (período

2008-2013) y en la pandemia de 2020 (período 2020-2022). Se observa un importante descenso en el número de personas asalariados desde los más de 17 millones en el primer trimestre de 2008 a los 13,9 millones en el primer trimestre de 2013; esto supuso una pérdida de más de 3 millones de personas asalariadas, en su mayor parte con contratos temporales, algo más de 2 millones frente a 1 millón de trabajadores con contratos indefinidos (Gráfico 3). Por el contrario, el comportamiento de las personas asalariadas durante la pandemia fue totalmente diferente, con una reducción máxima de 742.000 empleos entre el cuarto trimestre de 2019 y el primer trimestre de 2021; de este descenso, 565.800 empleos destruidos fueron de personas asalariadas con contrato temporal y 176.200 con contrato indefinido. A finales de 2023, el número de personas asalariadas superaba los 18 millones, de los que algo más de 15 millones tenían contrato indefinido y casi 3 contrato temporal.

En consecuencia, el recurso de los ERTE permitió mantener una buena parte del empleo en España, en especial a los trabajadores indefinidos, ya que, de no contar con este instrumento, se habría extinguido la relación laboral, tal y como sucedió con la crisis de 2008.

Gráfico 2: Evolución del total de asalariados, con contrato indefinido y temporal, en miles (2008-2023)

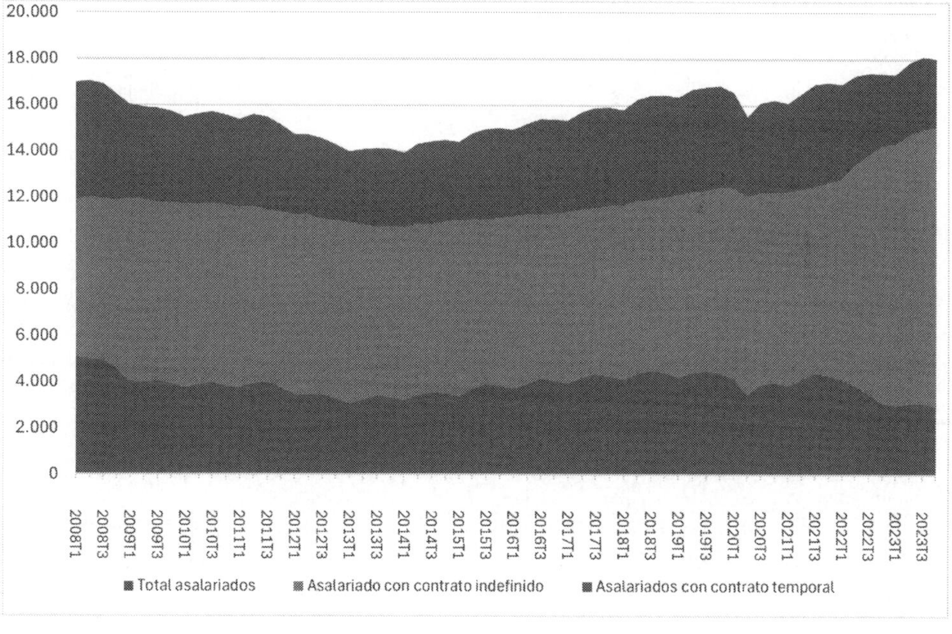

Fuente: Encuesta de Población Activa. Instituto Nacional de Estadística (Varios años)

Gráfico 3**:** Evolución de los ERTE con contratos indefinidos y temporales (marzo de 2020-noviembre 2023)

Contratos indefinidos

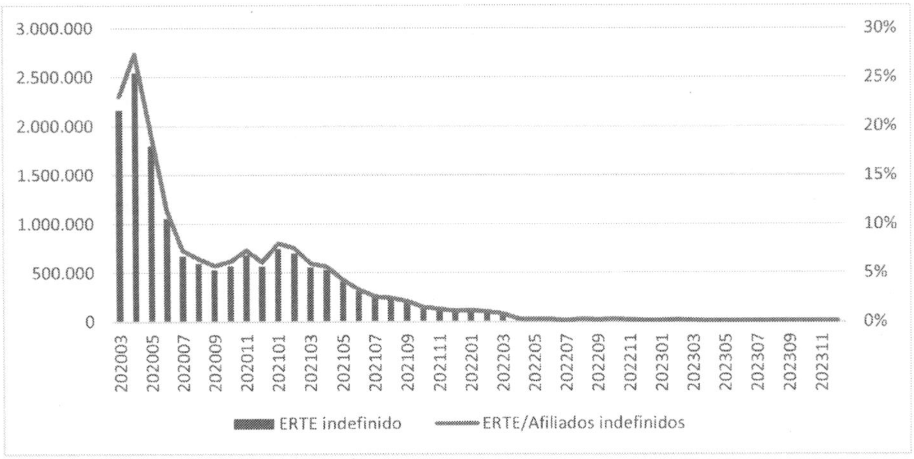

Contratos temporales

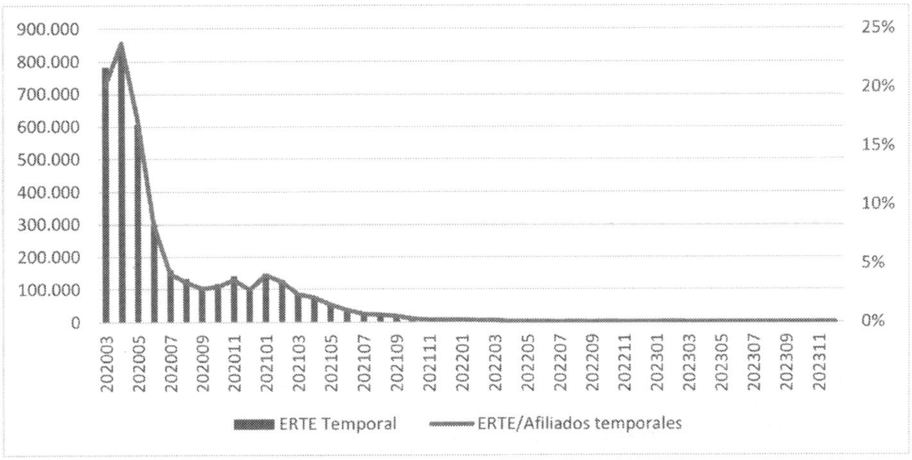

Fuente: Encuesta de Población Activa. Instituto Nacional de Estadística (Varios años)

El Gráfico 4 realiza una comparativa entre la evolución de la tasa de paro y el número de desempleados durante las dos últimas crisis. Durante el período 2008-2013 y a pesar de contar con los ERTE, tanto el número de desempleados como la tasa de desempleo no dejó de aumentar. Sin embargo, durante la pandemia, los ERTE permitieron suavizar tanto el crecimiento de la tasa de paro como el número de parados y todo esto a pesar del descenso del PIB en 2020, que supuso una caída del 11,2 %, una cifra incluso superior al descenso experimentado entre 2008 y 2013, que fue del 8,0 %. En consecuencia, la crisis de la COVID-19 implicó un mayor descenso del PIB que la crisis financiera de 2008, aunque los efectos sobre el empleo fueron mucho menores en la última de las crisis.

Gráfico 4: Evolución de la tasa de desempleo y número de parados (primer trimestre 2008-tercer trimestre 2023)

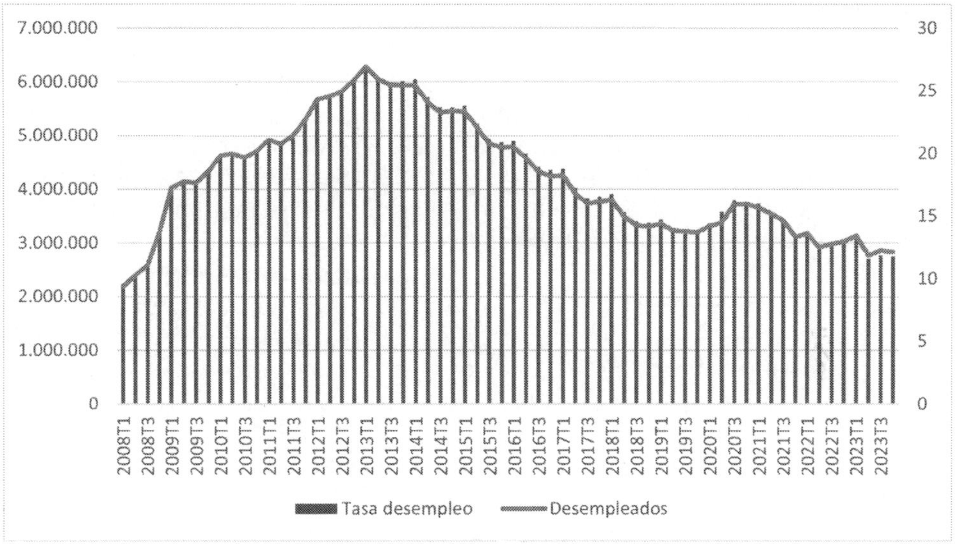

Fuente: Encuesta de Población Activa. Instituto Nacional de Estadística (Varios años).

4. Los resultados de los ERTE en la crisis financiera y la del COVID-19 sobre el mercado laboral

Gracias a los ERTE las empresas limitan la pérdida de ingresos a corto plazo, a par que reducen sus efectos sobre el mercado de capitales y de trabajo (Alujas, 2022). Además, al mantener a las personas trabajadoras cualificadas, se evitan los costes de despido, que pueden suponer un desembolso importante si se tratan de personas con contrato indefinido y con mucha antigüedad, debido a la alta compensación por abonar. Al mismo tiempo, gracias a los ERTE se evitan los costes de contratación de nuevos —o los mismos trabajadores— y su posterior capacitación, una vez que la situación temporal de crisis haya remitido. Con los programas de trabajo a tiempo reducido se puede conseguir una recuperación económica en menos tiempo (Albertini et al., 2022).

Los costes de un desempleo masivo son muy elevados y deben incluir tanto los de naturaleza económica como aquellos que no gozan de esta calificación. Entre los primeros se pueden señalar, el mayor pago generado por el abono de las prestaciones por desempleo, la pérdida de capital humano por no poder trabajar, una recuperación más lenta tras la crisis, la reducción del poder adquisitivo tanto de las personas trabajadoras como de las empresas ante la menor demanda de sus productos y el coste de reinserción de las personas trabajadoras desempleadas. Otros costes son de naturaleza social, como el previsiblemente aumento de familias que entran en situación de pobreza, la disminución de los niveles de bienestar y la exclusión social (Alujas, 2022). Todas estas repercusiones deben ser tenidas muy en cuenta para poner en valor los ERTE.

Para poder comprender los resultados de los ERTE es necesario diferenciar entre aquellos aplicados durante la crisis financiera de 2008-2013 y los utilizados en la pandemia de la COVID-19 (2020-2022). Para el primero de los períodos, los escasos estudios disponibles para España permiten señalar como su éxito aumenta para las personas trabajadoras con mayor protección del empleo (trabajadores de mayor edad y antigüedad), para trabajos manuales, para personas trabajadoras menos formados, para PYMEs y en industrias manufactureras (Arranz et al., 2015). La bondad de estos resultados también se observa en otros programas de trabajo de tiempo reducido en Alemania, donde se salvaron 0,35 empleos por cada trabajador inscrito en el programa (Cahuc y Carcillo, 2011) y 0,17 en Francia (Boeri y Bruecker, 2011). Unas cifras que señalan la escasa incidencia de estas actuaciones y que, además, deben ser matizadas, puesto que muchos de estos empleos se hubieran salvado sin haber aplicado el programa; a esto se le conoce como el efecto peso muerto de las subvenciones públicas.

Con la intervención de los gobiernos ante la COVID-19 se evitó una pérdida masiva de puestos de trabajo; esto ha sido catalogado como un hito en la política de empleo comunitaria (Comisión Europea, 2023); esto solo ha sido posible gracias a los importantes compromisos de financiación adquiridos por la UE. En 2020, más de 40 millones de trabajadores se beneficiaron de estos esquemas de protección al empleo.

En España, el Instrumento de Apoyo Temporal para Mitigar los Riesgos de Desempleo en una Emergencia (*Support mitigating Unemployment Risks in Emergency*, SURE) ha contribuido a mitigar las restricciones a la actividad económica por la COVID-19. Esto ha permitido que el descenso del PIB —superior al 10 %— haya ido acompañado de una reducción del empleo mucho menor que en crisis anteriores, tanto en la duración, como el número de desempleados.

La tasa de paro en España durante la última crisis financiera llegó a alcanzar el 26,1 % en 2013, cuando en 2008 era del 8,2 %. Durante la crisis de la pandemia 2020-2022, la tasa de desempleo subió desde el

14,1 % en 2019 al 15,5 % en 2020. Esto ha sido posible gracias a la flexibilidad interna que otorgaron los ERTE tras las modificaciones normativas de 2020, que han permitido sostener el empleo de buena parte de sectores no esenciales o afectados por restricciones de movilidad (Ruesga y Viñas, 2021 y 2022).

Trabajos econométricos permiten señalar como en España durante la pandemia, la probabilidad de volver al empleo en el tercer trimestre de 2020, tras quedarse sin trabajo en el segundo, fue de 30 puntos porcentuales mayor para los trabajadores en ERTE respecto a quienes estaban fuera del programa. Sin embargo, las diferencias se reducen hasta los 9 puntos para quienes perdieron el empleo en el tercer trimestre (Izquierdo *et al.*, 2021). Además, la probabilidad de reincorporación al empleo de los hombres en ERTE es mayor que para las mujeres, pero solo para duraciones cortas del programa; en caso contrario, apenas hay diferencias. En consecuencia, el efecto de los ERTE para los hombres se reduce con mayor intensidad cuando se alarga en el tiempo.

Con relación al grupo de edad, el efecto sobre el mantenimiento del empleo resulta mayor y más persistente a medida que aumenta la edad de la persona beneficiaria, en buena medida por la experiencia adquirida, que aumenta con los años y el tipo de contrato, casi siempre indefinido, que reduce la intensidad del efecto del despido. Los resultados son mejores y más duraderos para los contratos indefinidos que para los temporales, que han sido precisamente los que han sufrido más la situación de despido. Por sectores, la efectividad es más intensa para los individuos con menor cualificación y para los que trabajan en la industria (Izquierdo *et al.*, 2022).

Los resultados anteriores se contraponen con aquellos obtenidos para los ERTE de la gran recesión. Gracias a los cambios introducidos en 2020, los ERTE han permitido superar los discretos resultados obtenidos en estudios previos (Arranz *et al.* 2015). En consecuencia, y a tenor de la evidencia econométrica, las modificaciones aprobadas tras los primeros momentos de la pandemia ayudaron y mucho, al éxito de los ERTE en España.

5. El perfil de beneficiarios de los ERTE

El objetivo de este apartado es disponer de una serie de resultados de los ERTE en función de las características de los trabajadores y de las empresas. Por lo que respecta a las primeras, la presencia de mujeres en 2021 en ERTE (53,5 % del total) era superior a la de hombres, algo que se venía constatando desde 2020. Otra diferencia significativa corresponde a las personas beneficiarias por tipo de contrato, que durante la pandemia el 90 % tenían una relación indefinida. En cuanto a la jornada, el 80 % se corresponde con jornadas laborales a tiempo completo.

Por nivel de estudios, la crisis de 2008 provocó que muchos ERTE fueran para personas con formación universitaria; durante la COVID-19 la mayor parte tenía niveles bajos de estudio (hasta el nivel de enseñanza obligatoria), siendo minoritario el peso de los ERTE sobre los trabajadores con formación superior. O, dicho de otra forma, tener niveles alto de formación protege contra los ERTE.

En cuanto a la edad, una parte considerable de la población beneficiaria durante la crisis financiera pertenecía, sobre todo, al grupo de 55 a 64 años, algo que no se dio durante la pandemia, al afectar a todas las edades, aunque tuvo una mayor intensidad en el grupo de mayores de 30 años. Precisamente los jóvenes fueron mucho menos afectados porque el ajuste se produjo a través de los despidos, en vez de la reducción o suspensión de jornada.

Además, se constatan importantes diferencias entre el perfil de los beneficiarios de los ERTE durante las dos crisis analizadas. Si en la crisis de 2008, el perfil dominante era del de hombres, con cierta antigüedad en la empresa y, especialmente, en el subsector de la construcción e industrias relacionadas y el comercio, el correspondiente a la crisis de la COVID-19 ha resultado muy diferente, puesto que el ser beneficiario no es una cuestión de género, al ser las diferencias mínimas. En cuanto a la categoría ocupacional, el programa se concentró en los empleos de baja cualificación, sobre todo en aquellos ocupados por personal de apoyo, administrativo y de restauración, que fueron también los que más tiempo estuvieron en esta situación. Por el contrario, menos del 20 % de los beneficiarios de los ERTE fueron directivos, técnicos y profesionales. La Tabla 2 resume esta información.

Estas diferencias pueden deberse al menos —parcialmente— por la desigual presencia de los ERTE según sectores de actividad, en especial en los servicios (80 %) y dentro de este, el comercio y la hostelería, los dos más castigados por el confinamiento; uno de cada dos ERTE se produjo en este subsector (Tabla 3).

Tabla 2. Perfil de beneficiarios de los ERTE (antes y después de la reforma laboral de 2022)

ERTE de la crisis financiera	ERTE de la crisis COVID-19
- Afectan especialmente a los hombres	- Presencia casi igualitaria por sexo
- Mayor presencia de trabajadores con estudios universitarios	- Afectación especial para los trabajadores con menor nivel de estudio
- Elevado peso de los trabajadores con elevada antigüedad en el empleo	- La mayor parte de los beneficiarios tenían empleos con poca antigüedad

Fuente: Izquierdo (2021)

Tabla 3. Perfil de empresas beneficiarias de los ERTE (antes y después de la reforma laboral de 2022)

ERTE de la crisis financiera	ERTE de la crisis COVID-19
- Concentración en el sector de las manufacturas - Menor intensidad en la construcción y algunos sectores de servicios	- Por ramas de actividad, destaca la prevalencia en la hostelería, una de las actividades más castigadas por la crisis

Fuente: Izquierdo (2021)

6. Qué se puede hacer para mejorar el funcionamiento de los ERTE desde la perspectiva económica

Los ERTE han posibilitado forzar un menor ajuste laboral, a diferencia de lo sucedido en otras crisis económicas. Estos buenos resultados aconsejan su persistencia para futuras situaciones críticas, tal y como señala muy especialmente el artículo 47bis del RDL 32/2021, que defiende su funcionamiento en función de los resultados obtenidos. Con todo, es posible que exista mayor margen para mejorar su funcionamiento. A continuación, y desde una perspectiva económica, se apuntan a un conjunto de actuaciones que creemos deberían tenerse en cuenta:

- Limitar su duración. Los estudios empíricos señalan que los programas de tiempo reducido del trabajo son útiles y tienen un impacto positivo en el mantenimiento del empleo durante una recesión si el desajuste sobre la demanda de trabajo es transitorio; por el contrario, si la recesión se prolonga en el tiempo, este efecto se agota. En Hizjen y Martin (2013) se constata que, aunque estos programas tuvieron un efecto positivo durante la crisis de 2008, su uso continuado durante la recuperación supuso una influencia negativa sobre el empleo. Estudios econométricos para España (Izquierdo *et al.*, 2021 e Izquierdo *et al.*, 2022) señalan que la efectividad de los ERTE es superior en períodos cortos de aplicación.
- Mejorar su flexibilidad. Es necesaria una adaptación periódica a la situación económica real de la empresa, que permitan graduar los ERTE en función del grado de necesidad del instrumento asegurativo (Felgueroso y Jansen, 2020). Por lo tanto, resulta necesario establecer una reducción gradual de la ayuda, que evite la excesiva dependencia de la prestación y, al mismo tiempo, que incentive el proceso de búsqueda.
- Incentivar la reincorporación de los beneficiarios. Para mejorar el diseño de los ERTE se debería aumentar los requisitos de elegibilidad.

Así, se podría valorar la necesidad de justificar la condicionalidad para su percepción o la necesidad de dar formación a los trabajadores cuando se acogen al programa de tiempo reducido del trabajo (Hijzen y Venn, 2011). Otra opción sería la penalización cuando se produzcan situaciones de abuso; por ejemplo, aquellos empleadores que sistemáticamente acuden a este tipo de instrumentos, deberían soportar unos mayores costes en sus cotizaciones por desempleo (Arpaia y Venn, 2011).

- Ampliar los incentivos en materia de formación y reciclaje profesional. Los beneficios de los programas de tiempo reducido del trabajo quedan muy limitados cuando no se complementan con otras políticas activas de empleo (Müller y Schulten, 2020; Brey y Hertwetch, 2020; Koop y Siegenthales, 2020). Una posibilidad es incentivar la formación y recualificación, por ejemplo, optando por aplicar menores cotizaciones sociales tras la finalización del programa si las empresas ofrecen formación a sus empleados durante el tiempo que dura el programa.
- Mejorar su incidencia sobre los contratos temporales. Los impactos positivos de los programas de tiempo reducido del trabajo se limitan especialmente a los trabajadores con contratos indefinidos, siendo menor su incidencia sobre las relaciones temporales. Esto genera un aumento de la excesiva segmentación del mercado laboral entre ambos tipos de trabajadores. Estas actuaciones benefician a las personas trabajadoras con contratos estables y ayudan muy poco a aquellas con contratos temporales, que además son los que tienen más complicada su reincorporación (Hizjen y Venn, 2011; Cahuc y Carcillo, 2011). Esto se debe a que las empresas utilizan las herramientas de flexibilidad disponible (y el programa de tiempo reducido del trabajo es uno de ellos) para proteger especialmente a las personas trabajadoras «más valiosa», que suelen tener un contrato de trabajo indefinido y con mayor experiencia (Crimmann *et al.*, 2012). Esto exige la necesidad de incluir alguna medida específica sobre las personas trabajadoras con contrato temporal ante una potencial contracción económica, que evite que todo el ajuste se realice a cuenta de las personas trabajadoras con contrato temporal. En España, a pesar de incluirlas como beneficiarias de las ayudas públicas, el ajuste se ha vuelto a producir sobre las personas con contrato temporal.
- Aumentar la corresponsabilidad de las empresas. Para tratar de limitar el abuso de los programas es preciso que las empresas incurran en ciertos costes. Entre otras potenciales opciones se podría reconvertir el subsidio en un crédito —sin tipo de interés o a un tipo muy reducido— que será devuelto al finalizar (Felgueroso y Jansen, 2020). De esta forma, sólo las empresas que verdaderamente se enfrentan a un shock temporal de empleo y que no pueden acceder a liquidez para sufragar ese coste, solicitarán la participación en el programa.

Tabla 4. Líneas de mejora de los ERTE

Línea de mejora	Contenido de la actuación
Limitar la duración de los ERTE	Los programas de tiempo reducido del trabajo tienen un impacto positivo en el mantenimiento del empleo durante una recesión si el desajuste sobre la demanda de trabajo es transitorio. Por lo tanto, su aplicación se debe limitar en el tiempo
Encontrar el mecanismo que favorezca la flexibilidad de los ERTE	Es precisa una adaptación periódica a la situación de la empresa en función del grado de necesidad o no del instrumento asegurativo y siempre teniendo en cuenta la gradualidad de la ayuda
Incentivar la reincorporación de los trabajadores beneficiarios de los ERTE	Los ERTE deben contar con los suficientes incentivos para fomentar la reincorporación de los trabajadores a un ritmo acorde con la marcha de la economía. Además, se deberían mejorar los requisitos de elegibilidad
Mejorar los incentivos para la formación/recualificación de los trabajadores en situación de ERTE	Es necesario incentivar la formación y recualificación de los trabajadores beneficiarios, puesto que los beneficios de los programas de tiempo reducido del trabajo quedan muy limitados cuando no se complementan con otras políticas activas de empleo
Mejorar la incidencia de los ERTE sobre los trabajadores con contratos temporales.	Los programas de tiempo reducido del trabajo se limitan especialmente a las personas trabajadoras con contratos indefinidos, siendo menor su incidencia sobre las relaciones temporales, lo que aumenta la ya elevada segmentación entre los dos tipos de contratos. Esto exige incluir medidas específicas sobre las personas trabajadores con contrato temporal
Corresponsabilidad de las empresas con los ERTE	Resulta recomendable para evitar un uso abusivo del programa que las empresas incurran en ciertos costes. Entre otras potenciales opciones se podría reconvertir el subsidio en un crédito
Evaluar los resultados de los ERTE	Realizar la necesaria evaluación económica del programa

Fuente: estudios citados y elaboración propio

7. Conclusiones

Los ERTE han sido uno de los instrumentos más utilizados en la mayor parte de los países europeos para hacer frente a los efectos económicos de la pandemia, en especial, para proteger el empleo. Gracias a los ERTE, los efectos de la COVID-19 sobre el mercado laboral fueron notablemente menores a los que cabría esperar de una fuerte situación de crisis. Además, los beneficios han sido muchos mayores de los obtenidos de su aplicación durante la crisis financiera. El buen funcionamiento de este programa de mantenimiento del empleo, gracias a los cambios introducidos a partir de la reforma de 2020, permite señalar como esta alternativa supone una opción a considerar para determinadas situaciones que pueden provocan un importante número de despidos, aunque siempre es posible introducir mejoras.

Además, el actual diseño de los ERTE en España ha estado claramente orientado hacia una necesidad concreta de la pandemia, siendo necesario extrapolar lo aprendido para futuras crisis, incluso mejorándola para darles mayor potencialidad. La reforma laboral instrumentada a través del RDL 32/2021 ha incidido en esta regulación de manera evidente, especialmente con el artículo 47bis[14]. Este es precisamente uno de los grandes cambios de la reforma laboral. No se puede obviar que debido a la imprevisibilidad de la pandemia y de sus efectos económicos y social, los ERTE Covid deben considerarse como una especie de «ensayo» con lo que había. Actualmente se ha modificado la normativa general y se cuenta con un mecanismo concreto para determinadas situaciones de crisis (Catalán y Rodríguez, 2023).

Finalmente, y a modo de ejercicio propositivo sería necesario considerar la necesidad de una mayor corresponsabilidad compartida —tanto jurídica como económica— en su aplicación por parte de las empresas, vincular su utilización con programas formativos que favorezcan una salida mucho más rápida de la suspensión de la actividad y una evaluación continuada de la eficacia de estos programas de mantenimiento del empleo.

Bibliografía

Adams- Prassl, A., Boneva, T., Golin, M. y Rauh, C. (2020). «Inequality in the impact of the coronavirus shock: Evidence from real time surveys». *Journal of Public Economics*, 189, Article 104245. https://www.sciencedirect.com/science/article/pii/S0047272720301092

14 El RDL 32/2021 introduce la Disposición adicional cuadragésima primera «Medidas de protección social de las personas trabajadoras afectadas por la aplicación del Mecanismo RED de Flexibilidad y Estabilización del Empleo, regulado en el artículo 47 bis del texto refundido de la Ley del Estatuto de los Trabajadores».

Albertini, J., Fairise, X., Poirier, A. y Terriau, A. (2022). «Short -time work policies during the COVID-19 pandemic». *Annals of Economics and Statistics*, 146, 123-172. https://www.jstor.org/stable/48674141

Alujas Ruiz, J. A. (2022). «Evolución del impacto del COVID-19 sobre el empleo en España: análisis de las diferencias a nivel autonómico». *International Review of Economic Policy-Revista Internacional de Política Económica*, 4, 21-47. https://ojs.uv.es/index.php/IREP/article/view/25796/21993

Arranz, J., García-Serrano, C. y Hernanz, V. (2015). «Impact policy evaluation: unemployment benefits and short-time work schemes». *Papeles del Trabajo del Instituto de Estudios Fiscales* 5/2015. https://www.ief.es/docs/destacados/publicaciones/papeles_trabajo/2015_05.pdf

Arpaia, A., Curci, N., Mejermans, E., Peschner, J. y Pierini, F. (2010), «Short time working arrangements as response to cyclical fluctuations». *European Economy Occasional Paper*, 64, European Commission. https://ec.europa.eu/economy_finance/publications/occasional_paper/2010/pdf/ocp64_en.pdf

Aum, S., Lee, S.Y. y Shin, Y. (2021). «COVID-19 Doesn't Need Lockdowns to Destroy Jobs: The Effect of Local Outbreaks in Korea». *Labour Economics*, 70, 101993. https://www.sciencedirect.com/science/article/pii/S0927537121000282?via%3Dihub

Banerjee, R., y Hoffman, B. (2018). «The rise of zombie firms: causes and consequences». *BIS Quarterly Review*, September, 67-78. https://www.bis.org/publ/qtrpdf/r_qt1809g.pdf

Brecht-Heitzman, H. (2019). «Las fuentes normativas del derecho alemán de la Seguridad Social». *Revista de Derecho de la Seguridad Social*, 18, 199-208. https://dialnet.unirioja.es/servlet/articulo?codigo=-6898179yorden=0yinfo=link

Boeri, T. y Bruecker, H. (2011). «Short-time work benefits revisited: some lessons from the Great Recession», *Economic Policy*, 26(68), 697-765. https://www.jstor.org/stable/41262008

Brey, B., y Hertwech, M.S. (2020). «The extension of short-time work schemes during the Great Recession: a story of success?». *Macroeconomic Dynamics*, 24(2), 360-402. https://doi.org/10.1017/S1365100518000263

Cabeza Pereiro, J. (2021). «ERTE y garantía de ocupación: incertidumbre y certeza». *Revista del Trabajo y Seguridad Social*, 456, 11-34. https://dialnet.unirioja.es/servlet/articulo?codigo=7833159

Cahuc, P. (2019). «Short-time work compensation schemes and employment». *Institute of Labor Economics (IZA)*. https://doi.org/10.15185/izawol.11.v2

Cahuc, P., Kramarz, F. y Nevoux, S. (2018). «When Sort-Time Work Works». *Discussion Paper Series IZA Institute of Labor Economics* 11673, https://docs.iza.org/dp11673.pdf

Cahuc, P., y Carcillo, S. (2011). «Is Short-Time Work a Good Method to Keep Unemployment Down?». *Discussion Paper 5430. IZA Institute of Labor Economics*. https://docs.iza.org/dp5430.pdf

Casarico, A. y Lattanzio, S. (2022). «The heterogeneous effects of COVID-19 on labor market flows: Evidence from administrative data». *Journal of Economic Inequality* 20, 537-558. https://link.springer.com/article/10.1007/s10888-021-09522-6

Catalán, A. y Rodríguez Rodríguez, E. (2023). «Principales cambios normativos de la Reforma Laboral 2021 y sus consecuencias sobre el empleo». *Gaceta sindical: reflexión y debate*, 40 (junio), 154-180. https://www.ccoo.es/201f0fc73181d8904b692affddf57cff000001.pdf

Crimman, S., Wießner, F y Bellmann, L. (2012). «Resisting the crisis: Short-time work in Germany». *International Journal of Manpower* 33 (8), 877-900. https://doi.org/10.1108/01437721211280362

Eurofound (2022). *Living and working in Europe 2021*, Publications Office of the European Union, Luxembourg. https://www.eurofound.europa.eu/sites/default/files/ef_publication/field_ef_document/ef22029en.pdf

European Commission (2023). *Report from the Commission to the European Parliament, the Council, the Economic and Financial Committee and the Employment Committee*. Report on the European instrument for Temporary Support to mitigate Unemployment Risks in an Emergency (SURE) following the COVID-19 outbreak pursuant to Article 14 of Council Regulation (EU) 2020/672 SURE after its sunset: final bi-annual report. Brussels, 2.6.2023 COM (2023) 291 final. https://economy-finance.ec.europa.eu/document/download/f6ac72fb-92cb-40a9-bde8-0895ed341257_en?filename=COM_2023_291_1_en.pdf

European Trade Union Confederation (2020). *Covid-19 watch ETUC briefing note short time work.* https://www.etuc.org/sites/default/files/publication/file/2020-11/Covid_19%20Briefing%20Short%20Time%20Work%20Measures%2027%20November.pdf

Fernández Villaverde, J. y Garicano, L. (2009). «¿Qué papel deben jugar los programas de trabajo reducido en la lucha contra el paro?» In **Dolado, J. J. y Felgueroso, F.** (Coord), *Propuesta para la reactivación laboral en España*. http://crisis09.fedea.net/ebook_propuesta_laboral/Resumen_propuesta_reactivacion_laboral_web.pdf

Felgueroso, F. y Jansen, M. (2020). *Una valoración de los ERTE para hacer frente a la crisis del COVID-19 en base a la evidencia empírica y desde una perspectiva comparada. Fedea Policy Papers 2020/06*. https://documentos.fedea.net/pubs/fpp/2020/05/FPP2020-06.pdf

Giupponi, G. y Landais, C. (2023). «Subsidizing Labour Hoarding in Recessions: The Employment and Welfare Effects of Short-time Work». *The Review of Economic Studies*, Volume 90 (4) 1963-2005. https://doi.org/10.1093/restud/rdac069

Hijzen, A. y Venn, D. (2011). «The role of short-time work schemes during the 2008-09 recession». *OECD Social, employment and migration working papers*, 115, OECD Publishing. https://www.oecd-ilibrary.org/social-issues-migration-health/the-role-of-short-time-work-schemes-during-the-2008-09-recession_5kgkd0bbwvxp-en

Hijzen, A. y Martin, S. (2013), «The role of short-time work schemes during the global financial crisis and early recovery: a cross-country analysis». *IZA Journal of Labor Policy*, 2(5), 1-31. https://www.iza.org/publications/dp/7291/the-role-of-short-time-work-schemes-during-the-global-financial-crisis-and-early-recovery-a-cross-country-analysis

Izquierdo, M., Puente, S. y Auciello, I. (2022). «Un análisis de la efectividad de los ERTE según su duración». Banco de España. *Artículos analíticos*. Boletín Económico 4/2022. https://www.bde.es/f/webbde/SES/Secciones/Publicaciones/InformesBoletinesRevistas/ArticulosAnaliticos/22/T4/Fich/be2204-art30.pdf

Izquierdo, M., Puente, S. y Regil, A. (2021). «Los ERTE en la crisis del COVID-19. Un primer análisis de la reincorporación al empleo de los trabajadores afectados». Banco de España. *Artículos analíticos*. Boletín Económico 2/2021. https://repositorio.bde.es/bitstream/123456789/15754/1/be2102-art11.pdf

Kikuchi, S., Kitao, S. y Mikoshiba, M. (2021). «Who suffers from the COVID- 19 shocks? Labor market heterogeneity and welfare consequences in Japan». *Journal of the Japanese and International Economies*, 59, 101-117. https://www.sciencedirect.com/science/article/abs/pii/S088915832030054X?via%3Dihub

Koop, D. y Siegenthaler, M. (2021). «Sort-Time work and Unemployment in and after Great Recession». *Journal of the European Economic Association*, 4, 2283-2321, https://doi.org/10.1093/jeea/jvab003

Lahera, J. (2021). «Los ERTE en y tras la pandemia» in **B. Gregoraci y F. Velasco** (dirs.) *Derecho y política ante la pandemia: reacciones y transformaciones* (Tomo II. 329—340). Universidad Autónoma de Madrid.

Lydon, R., Mathä, T.Y. y Millard, S. (2019). «Short-time work in the Great Recession: firm-level evidence from 20 EU countries». *IZA Journal of Labor Policy*, 8(2), 1-29. https://doi.org/10.1186/s40173-019-0107-2

Mandl I., Hurley J., Mascherini M., Storrie D., Broughton A., Owczarzak R., Riso S. y Salvatore L. (2010) *Extending flexicurity – The potential of short-time working schemes*. ERM Report 2010, Dublin, Eurofound. https://www.eurofound.europa.eu/sites/ default/files/ef_publication/field_ef_document/ef1071en.pdf

Méndez, R., y Sánchez-Moral, S. (2023). «Labor market and pandemic in Spain: a geography of the STWS». *Boletín de la Asociación de Geógrafos Españoles*, (96). https://doi.org/10.21138/bage.3339

Muller, T. y Schulten, T. (2020). «Ensuring fair short-time work-an European overviews. ETUI Policy Brief- European Economic», *Employment and Social Policy* 7/2020. https://www.etui.org/publications/policy-briefs/european-economic-employment-and-social-policy/ensuring-fair-short-time-work-a-european-overview

Nunes, C., Carvalho, B. P., Pereira dos Santos, J., Peralta, S. y Tavares, J. (2023). «Failing Young and Temporary Workers? The Impact of a Disruptive Crisis on a Dual Labour Market». *The B.E. Journal of Economic Analysis y Policy*, 23(2), 349-395. https://doi.org/10.1515/bejeap-2022-0316

Panayiotis, E. y Bekker, S. (2023). «SURE: EU support to national short-term working schemes and its openness to non-standard workers». *European Journal of Social Security,* 25(1) 41-59. https://journals.sagepub.com/doi/full/10.1177/13882627231170856

Ramírez, C. (2023). «Pasado, presente y futuro de los ERTE como mecanismo amortiguador de la destrucción de empleo ante crisis económicas». *Lex Social, Revista De Derechos Sociales*, 13 (1), 1-22. https://doi.org/10.46661/lexsocial.7843

Ruesga, S.M. y Viñas, A. I. (2021). «El uso de medidas de flexibilidad interna ante la crisis covid-19. Impacto sobre la temporalidad y el desempleo en España». *Temas laborales: Revista andaluza de trabajo y bienestar social*, 157, 245-264. https://dialnet.unirioja.es/servlet/articulo?codigo=7968644

Ruesga, S.M. y Viñas, A.I. (2022). «Balance laboral de dos años de pandemia». *Revista de Derecho de la Seguridad Social*, 31, 267-286. https://revista.laborum.es/index.php/revsegsoc/article/view/583/652

Vaquero García, A. (2024). «Effectiveness of Short-Time Work schemes: A Comparative Approach to the Spanish Case», *mimeo*.

Normativa

- España. Real Decreto Legislativo 2/2015, de 23 de octubre, por el que se aprueba el texto refundido del Estatuto de los Trabajadores. Boletín Oficial el Estado, número 255, de 24 de octubre de 2015. https://www.boe.es/buscar/act.php?id=BOE-A-2015-11430
- España. Ley 27/2009, de 30 de diciembre, de medidas urgentes para el mantenimiento y el fomento del empleo y la protección de las personas desempleadas, *Boletín Oficial del Estado*, número 315, de 31 de diciembre de 2009, https://www.boe.es/buscar/act.php?id=BOE-A-2009-21160
- España. Real Decreto 10/2010, de 16 de junio, de medidas urgentes para la reforma del mercado de trabajo, *Boletín Oficial del Estado*, número 147, de 17 de junio de 2020. https://www.boe.es/buscar/doc.php?id=BOE-A-2010-9542
- España. Real Decreto Legislativo 2/2015, de 23 de octubre, por el que se aprueba el texto refundido de la Ley del Estatuto de los Trabajadores, *Boletín Oficial del Estado*, número 255, de 24 de octubre de 2015. https://www.boe.es/buscar/act.php?id=BOE-A-2015-11430
- España. Decreto-ley 8/2020, de 17 de marzo, de medidas urgentes extraordinarias para hacer frente al impacto económico y social del COVID-19. *Boletín Oficial del Estado*, número 73, de 18 de marzo de 2020. https://www.boe.es/buscar/act.php?id=BOE-A-2020-3824
- España. Real Decreto-Ley 3/2012, de 10 de febrero, de medidas urgentes para la reforma del mercado laboral. *Boletín Oficial del Estado*, número 36, de 11 de febrero https://www.boe.es/diario_boe/txt.php?id=BOE-A-2012-2076
- España. Real Decreto 32/2021, de medidas urgentes para la reforma laboral, la garantía de la estabilidad en el empleo y la transformación del mercado de trabajo. *Boletín Oficial del Estado*, número 313, de 30 de diciembre de 2021. https://www.boe.es/buscar/act.php?id=BOE-A-2021-21788
- España. Real Decreto-ley 2/2022, de 22 de febrero, por el que se adoptan medidas urgentes para la protección de los trabajadores. *Boletín Oficial del Estado*, número 46, de 23 de febrero de 2022. https://www.boe.es/buscar/act.php?id=BOE-A-2022-2849
- España. Real Decreto-Ley 2/2022, de 22 de febrero, por el que se adoptan medidas urgentes para la protección de los trabajadores autónomos, para el tránsito a mecanismos estructurales de defensa del empleo y para la recuperación económica y social de la isla de La Palma, al tiempo que amplió las medidas para hacer frente a situaciones de vulnerabilidad social y económica. https://www.boe.es/buscar/act.php?id=BOE-A-2022-2849

CAPÍTULO X

ANÁLISIS DE LA PROTECCIÓN LABORAL DE LOS TRABAJADORES DEL SECTOR TURÍSTICO: APLICACIÓN AL SUBSECTOR DE ALOJAMIENTO EN ESPAÑA

María Montserrat Cruz González
Profesora Contratada Doctora de Organización de Empresas
Universidad de Vigo
ORCID 0000-0001-5803-2863
mcruz@uvigo.es

Vanessa María Suárez Porto
Profesora Asociada de Organización de Empresas
Universidad de Vigo
ORCID 0000-0002-1174-9274
vsuarez@uvigo.es

Francisco Javier Sánchez Sellero
Profesor Contratado Doctor de Organización de Empresas
Universidad de Vigo
ORCID 0000-0003-2190-6891
javiss@uvigo.es

1. Planteamiento

Tema: El sector turístico nacional y más expresamente el de alojamiento turístico, fue uno de los sectores más afectados por la crisis sanitaria derivada del COVID-19, por ello consideramos de relevancia analizar cómo las empresas enfrentaron esta crisis con respecto a sus recursos humanos, qué medidas de recuperación del empleo aplicaron y cuáles fueron los principales resultados de la aplicación de las mismas.

Problema: Se quiere realizar un análisis situacional del sector durante la época de pandemia y primeros años posteriores, en este sentido se valorará como se aplicaron los RD 1483/2012 y RD ley 8/2020 de medidas de recuperación laboral ante una situación no prevista y excepcional de pérdida de empleo. Se explorará cómo se aplicaron, cuánto duraron y cómo se prorrogaron los ERTE, considerando las obligaciones que tuvo que afrontar el sector. La pandemia tuvo efectos importantes sobre las empresas en cuando a la rescisión de contratos, queremos ver si la incidencia fue diferente por tipo de empresa según tamaño y cómo se ha resuelto la rotación en estas empresas de alojamiento turístico durante la crisis sanitaria.

Enfoque: Para realizar el análisis propuesto anteriormente, se realiza un estudio teórico que nos permitirá encuadrar el marco bibliográfico, posteriormente se realizará un estudio empírico descriptivo. Para el análisis empírico se emplean datos primarios de una encuesta realizada entre noviembre de 2021 y agosto de 2022, donde se observa que el 100 % de las empresas se han acogido a ERTEs y se analiza cómo ha sido la reincorporación de los trabajadores tras la pandemia. A partir de este estudio descriptivo y análisis teórico, se definirán tres hipótesis con las que se quiere contrastar la existencia de comportamientos diferenciados por tipología de empresa según tamaño.

Hipótesis: se plantean tres hipótesis que a continuación definimos:

H1: Valoración de la existencia de patrones diferenciados de rescisión de contratos durante la pandemia, según tamaño de alojamiento turístico.

H2: Análisis de la existencia de diferencias significativas, en función del tamaño, considerando el porcentaje de reincorporaciones a las empresas después de un ERTE.

H3: Valoración de la existencia de diferencias significativas respecto al desarrollo de políticas de reincorporación entre PYMES y Grandes Empresas.

Estas hipótesis serán sometidas a análisis estadístico, mediante análisis de la varianza, Test $\chi 2$ de Pearson, análisis de tablas de contingencias y análisis factorial por componentes principales, con el fin de obtener resultados sobre la existencia o no de comportamientos diferenciados.

2. Marco teórico

2.1. Análisis de la situación del sector turístico

Entre las muchas definiciones que existen sobre el turismo, queremos resaltar las proporcionadas por los autores de la escuela berlinesa en el año 1942, estos teóricos definen el turismo como «*el conjunto de relaciones y fenómenos producidos por el desplazamiento y permanencia de personas fuera de su lugar de residencia, siempre que el desplazamiento o la estancia no estén motivados por una actividad lucrativa*» (Hunziker & Krapf, 1942). Glucksmann, de esta misma escuela, lo define como «*el vencimiento del espacio por otras personas que afluyen a un sitio donde no poseen lugar fijo de residencia*» (Glucksmann, 1929).

En 1991, la OMT (Organización Mundial del Turismo de las Naciones Unidas) aprobó la definición siguiente, que actualmente es la que se acepta y se emplea para definir la correspondiente actividad económica: «*Las actividades que realizan las personas durante sus viajes, en lugares distintos a su entorno habitual, durante un tiempo inferior al año, sea por motivo de ocio, de trabajo u otros*» (OMT, 1991). Desde las definiciones previas se puede decir que, dado que la actividad turística implica el movimiento de la demanda hacia un espacio territorial donde se desarrollan las actividades de ocio, y partiendo por tanto, de la conceptualización de la actividad turística como un conjunto de actividades que se realizan como consecuencia del desplazamiento de la demanda turística, desde su lugar habitual de residencia hacia el espacio turístico capaz de ofertar aquellos productos y servicios que cubran las expectativas del turista, por motivos de ocio y por espacios temporales inferiores a un año, lo que implica la necesidad de esta movilidad para el buen funcionamiento del sector (Hunziker & Krapf, 1942; OMT, 2010).

Considerando que el movimiento de turistas es fundamental para que se pueda realizar la actividad turística, podemos decir que el sector turístico durante la pandemia quedó reducido a una actividad nula y, por tanto, a cero productividad, lo que implicó la pérdida o destrucción casi absoluta de puestos de trabajo, especialmente en el ámbito del alojamiento turístico. La crisis sanitaria implicó la caída absoluta del turismo a nivel mundial y España siguió esta misma tendencia. Según datos del Instituto Nacional de Estadística en el año 2020 la corriente turística nacional se redujo en un 77,3 % en un análisis comparativo con 2019, para el mismo período de tiempo analizado, esto se traduce en un efecto muy negativo para el sector turístico. Ante una posición tan negativa, el reflejo sobre el mercado laboral fue de una situación catastrófica, provocada por la destrucción total de puestos de trabajo, de ahí que el empleo de medidas de regulación de empleo, que se aplicaron a un gran número de sectores económicos, fueran fundamentales para el turismo. Llegando en algunos casos, el gobierno central a dictaminar normativas específicas para la actividad turística.

2.2. Aplicación del RD 1483/2012 y el RD- Ley 8/2020

La aplicación de medidas de regulación de empleo constituyó una de las herramientas correctoras que se utilizaron a nivel nacional, con el fin de compensar e incluso reducir el fortísimo impacto económico que se produjo sobre el sector del alojamiento turístico. Estas medidas dotaron a las empresas de mecanismos de actuación temporales, que les permitieron afrontar la crisis de una manera lo menos agresiva posible. En este sentido se aplicaron reducciones temporales de jornada, suspensiones de contratos y de manera paralela los recursos humanos de las mismas pudieron acceder a prestaciones de desempleo, que permitieron compensar las pérdidas retributivas derivadas del cese de actividad. Los ERTE permitieron, por un lado, que las empresas mantuvieran a sus trabajadores dentro de la plantilla y, por otro, que no se produjeran rescisiones masivas de contratos, con las catastróficas consecuencias económicas que de ellas se podrían derivar, tanto para la empresa como para sus trabajadores.

Las empresas del sector se acogieron a ERTE por fuerza mayor o bien ERTE-ETOP (por causas económicas, técnicas, organizativas y de producción). Siendo mayoritarios los primeros, por la paralización absoluta de la actividad turística, para cubrir causas no controlables por la empresa, exógenas y muy significativas con respecto a la reducción de actividad, que no podían contrastar internamente, al ser imprevisibles e inevitables. Los ERTE (Expedientes de Regulación Temporal de Empleo) en España, regulados inicialmente por el Real Decreto 1483/2012, se puede decir que fueron una estrategia clave para la recuperación laboral en el sector turístico español, durante la crisis del COVID-19. Pero derivada de la continuidad en el tiempo de la crisis sanitaria, y la compleja y asimétrica vuelta a la normalidad, con la correspondiente parada de movimientos turísticos; fue preciso que las normativas sobre estos procedimientos administrativos, que facilitan la suspensión temporal contractual, se adaptaran en el tiempo a las necesidades que en ese momento tenían las diferentes empresas y operadores del sector turístico español.

Así se publicaron los diferentes y evolutivos referentes normativos, que a continuación se presentan de forma sintética (Figura 1):

- Real Decreto Ley 8/2020 de 17 de marzo, primera normativa que regula la actividad laboral en la nueva situación de crisis sanitaria. La principal medida fue la exoneración de cotizaciones a la Seguridad Social; paralelamente, las empresas que aplicaron un ERTE por causa de fuerza mayor pudieron beneficiarse de una exoneración de las cotizaciones empresariales a la Seguridad Social, lo que alivió sus cargas económicas y fomentó el mantenimiento del empleo.
- Real Decreto Ley 30/2020 de 29 de septiembre, permitió la prórroga de los ERTE, así, hasta el 31de enero de 2021, se permitieron nuevas

exoneraciones de las cuotas a la Seguridad Social, especiales para empresas del sector turístico que se acogían a la medida administrativa. Generó la entrada en vigor, a partir del 1 de octubre de 2020, de 2 tipos de ERTEs por fuerza mayor, diferenciados conceptualmente: por impedimento y por limitación.

- Real Decreto Ley 2/2021 de 26 de enero, aunque ya se había vuelto a la actividad denominada normal, el sector turístico no lo pudo hacer debido a la necesidad de movimientos que todavía estaba restringida y la aplicación de medidas de distanciamiento, que redujeron drásticamente el volumen de demanda, imposibilitando la consecución de un nivel mínimo de demanda que garantizara la rentabilidad de las empresas hoteleras. Este decreto incluyó medidas que ayudaban a la reactivación del sector turístico, y en cuanto a las exoneraciones de la Seguridad Social, estableció medidas diferenciales entre empresas por tamaños.
- Real Decreto Ley 5/2021 de 12 de marzo, prorroga los ERTE en el sector turístico y añade nuevas caracterizaciones de aplicabilidad de las exoneraciones de la Seguridad Social. Este último referente normativo contribuyó especialmente a la mejora del empleo en sectores asimétricamente afectados por la pandemia, como fue el caso del sector de alojamiento hotelero.

Debido a la flexibilidad aportada por estos decretos, muchas empresas turísticas han podido mantener sus plantillas y, sobre todo, han estado preparadas para una reactivación más rápida, una vez eliminadas las restricciones al contacto y la movilidad.

Figura 1: Evolución normativa de aplicabilidad de los ERTE

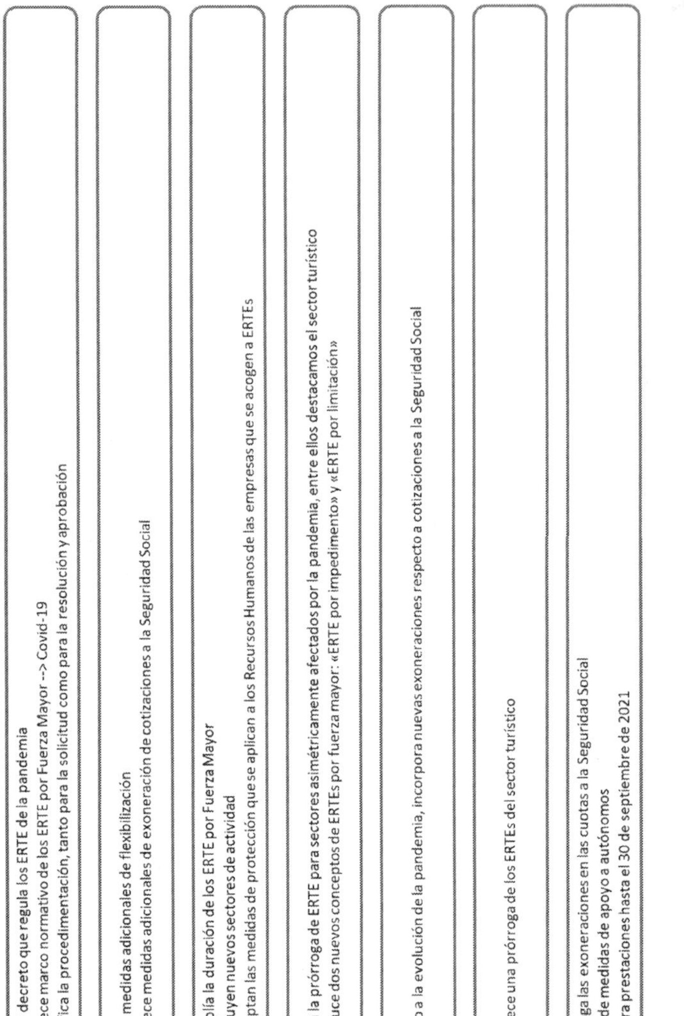

Fuente: Elaboración propia a partir de los Reales Decretos Ley publicados

Las diferentes normativas publicadas sobre los ERTE permitieron que muchas empresas del sector turístico evitasen despidos masivos, manteniendo a sus empleados en situación de suspensión temporal de empleo, hasta que la actividad pudiera recuperarse, facilitando la sostenibilidad del sector durante la crisis sanitaria. Además, tuvo lugar una reactivación gradual del sector, ya que muchas empresas pudieron reincorporar a sus trabajadores al incrementarse paulatinamente la demanda y, asimismo, la exoneración de cotizaciones y el apoyo en prestaciones por desempleo, ayudaron a las empresas a gestionar mejor sus recursos financieros durante los períodos de inactividad, evitando insolvencias y cierres definitivos.

3. Metodología

A partir de datos primarios, obtenidos mediante la realización de una encuesta, fundamentada conceptualmente en medidas, indicadores y variables propias de Responsabilidad Social Empresarial respecto a stakeholders internos, de manera específica Recursos Humanos. Sobre las variables referidos, se realiza un análisis descriptivo de las empresas de alojamiento que se acogieron a medidas administrativas de ERTE y, del mismo modo, de los trabajadores que regresaron a estas empresas, una vez finalizado el horizonte temporal normativo de aplicación de estas medidas.

Para el análisis hemos empleado la base de datos SABI, 2019; habiendo contactado con un total de 661 empresas, el porcentaje de respuesta alcanzado fue del 15,73 %, para un nivel de confianza del 95 % y un error muestral de +-8.83 %. Para el tratamiento de los datos, la obtención de resultados y, en función de las hipótesis planteadas, aplicaremos análisis de la varianza *(anova)*, tests $\chi 2$ de Pearson (pruebas de independencia entre variables), tablas de contingencia o análisis factorial por componentes principales. Con tales procedimientos y técnicas estadísticas, pretendemos contrastar la existencia o no de diferencias significativas en los resultados, en función del tamaño empresarial.

En la recogida de datos primarios, se realizan preguntas que permiten conocer de primera mano cómo ha sido la presión sobre las empresas del sector del alojamiento turístico durante la pandemia; si estas organizaciones han acudido a la realización de ERTE y cómo se han resuelto estas medidas regulatorias, al finalizar la pandemia. En similares términos, valoraremos si, en dicho proceso de crisis sanitaria, se ha incrementado o no la rotación y la movilidad funcional en dichos alojamientos turísticos, para finalmente analizar el grado de reincorporación a sus puestos de trabajo de los recursos humanos, considerando la importancia para las empresas turísticas de la aplicabilidad de estas medidas de recuperación laboral.

Con las finalidades hasta ahora comentadas, se proponen las siguientes hipótesis:

H1: Valoración de la existencia de patrones diferenciados de rescisión de contratos durante la pandemia, según tamaño de los alojamientos turísticos.

H2: Análisis de la existencia de diferencias significativas, en función del tamaño, considerando el porcentaje de reincorporaciones a las empresas después de un ERTE.

H3: Valoración de la existencia de diferencias significativas respecto al desarrollo de políticas de reincorporación, entre PYMES y Grandes Empresas.

4. Resultados

Durante la crisis sanitaria tres cuartas partes de las empresas de alojamiento turístico en España han rescindido sus contratos laborales, siendo el ERTE la medida más utilizada para compensar la afectación diferencial sobre la disminución de demanda del sector. Se aplicó de forma casi homogénea en todas las empresas de alojamiento hotelero lo dispuesto en el artículo 16.3 del RD 1483/2012, en el que se determinaba que la duración del ERTE «queda supeditada a la superación de las circunstancias extraordinarias que motivan su aplicación, sin existencia de plazos máximos y mínimos, en cuanto a su duración». A partir de esta normativa y, debido a los condicionantes de la situación de pandemia, se aplicaron expedientes regulatorios, teniendo en cuenta las diferentes medidas que se dictaron respecto a la necesidad de mejorar, ampliar y corregir una situación sobrevenida y de difícil gestión a nivel laboral y económico (Fig1):

- Se podían solicitar las prórrogas que fueran precisas.
- Obligación de reincorporación a la finalización de la excepcionalidad.
- Sin restricción para la aplicación al número de trabajadores afectados por ERTE.
- Sin restricción para la figura contractual.

Figura 2. Empresas que realizaron ERTEs y trabajadores que regresan a la empresa después de dicho ERTEs

ERTEs tramitados | Reincorporaciones post ERTEs

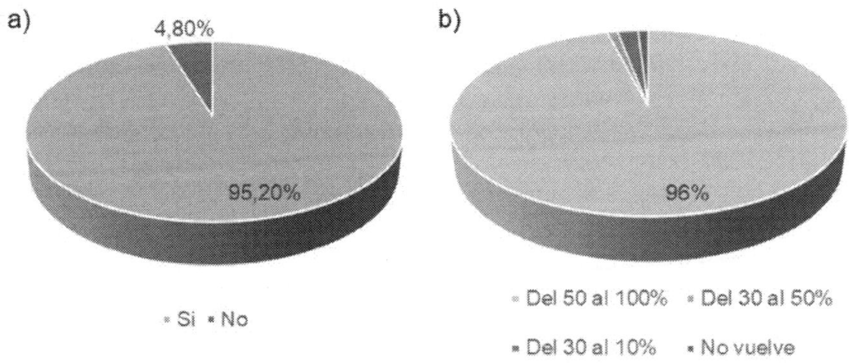

Fuente: Elaboración propia

Como se puede apreciar en el análisis descriptivo previo (Figura 2), casi el 100 % de las empresas encuestadas se han tenido que acoger a esta medida de suspensión, por un tiempo concreto del contrato; y, como además refleja la Figura 1b, la mayor parte de los trabajadores de las mismas, han regresado a la empresa una vez finalizados los ERTE, como establece la normativa en estos casos.

Considerando la teoría antecedente explicada y el análisis descriptivo anterior, proponemos y analizamos las siguientes hipótesis con el fin de validar la existencia o no de comportamientos diferenciados en las empresas del sector:

4.1. Hipótesis 1: «Valoración de la existencia de patrones diferenciados de rescisión de contratos durante la pandemia, según tamaño de los alojamientos turísticos»

Con respecto a la rescisión de contratos, no se observaron patrones diferenciados de comportamiento, según la plantilla promedio de la empresa. Se presenta a continuación una tabla de contingencias (Tabla 1) y los resultados del contraste de la Hipótesis 1.

Tabla 1. Análisis de la varianza de Fisher de pymes y grandes empresas en relación a las políticas de rescisión de contrato durante el período de pandemia 2019-2021.

Origen de las variaciones	Suma de cuadrados	Grados de libertad	Promedio de los cuadrados	F	Probabilidad	Valor crítico para F
Entre grupos	0,0344	3	0,0115	0,0582	0,9815	2,6974
Dentro de los grupos	19,3381	98	0,1973			
Total	19,3725	101				

Fuente: Elaboración propia, a partir de SPSS

Tabla 2: Análisis de la varianza de Fisher de pymes y grandes empresas en relación a la realización de ERTE durante el período de pandemia

Origen de las variaciones	Suma de cuadrados	Grados de libertad	Promedio de los cuadrados	F	Probabilidad	Valor crítico para F
Entre grupos	0,0635	3	0,0212	0,4419	0,7235	2,6974

Origen de las variaciones	Suma de cuadrados	Grados de libertad	Promedio de los cuadrados	F	Probabilidad	Valor crítico para F
Dentro de los grupos	4,6914	98	0,0479			
Total	4,7549	101				

Fuente: Elaboración propia, a partir de SPSS.

Tabla 3. Tabla de Contingencia. Rescisiones de contratos y Plantilla

Plantilla \Rescisión	SI	NO
< 10 empleados	1	0
10-50 empleados	2	7
50-100 empleados	7	21
100-250 empleados	10	26
>250 empleados	8	22
	28 (26,9 %)	76 (73,1 %)

Fuente: Elaboración propia, a partir de SPSS

Los resultados relativos al contraste de la Hipótesis 1 son: $\chi 2$ =2,0024; df=4; p=0,577, por lo que se niega la hipótesis nula sobre patrones diferenciados de rescisión. Así, podemos concluir, sin ningún género de dudas, que la pandemia ha tenido efectos transversales sobre la rescisión contractual, que superan cualquier incidencia diferenciada por tamaño, en gran medida por efecto de la implementación generalizada de expedientes temporales de regulación de empleo (ERTE) (Figura 2). Sin embargo, se ha probado que aun no siendo una respuesta de Si/No, mediante un análisis de la varianza, sí existe diferencia en los porcentajes de reincorporación en la empresa en función al tamaño, y dado los resultados obtenidos, nos permitimos plantear una segunda hipótesis:

4.2. Hipótesis 2: «Análisis de la existencia de diferencias significativas, en función del tamaño, considerando el porcentaje de reincorporaciones a las empresas después de un ERTE»

Resulta así que, aplicando el análisis de la varianza, obtenemos una F mayor que el valor crítico, y por ello se puede decir que existen diferencias en función del tamaño de las empresas; por tanto, se puede afirmar que el porcentaje de incorporación a la empresa después de un ERTE será mayor cuanto mayor sea el tamaño de las empresas (Tabla 4).

Tabla 4: Análisis de la varianza de Fisher de los trabajadores en ERTE que se han reincorporado a las empresas tras la pandemia

Origen de las variaciones	Suma de cuadrados	Grados de libertad	Promedio de los cuadrados	F	Probabilidad	Valor crítico para F
Entre grupos	8,31	3	2,77	3,31	0,023	2,69
Dentro de los grupos	81,99	98	0,83			
Total	90,31	101				

Fuente: Elaboración propia, a partir de SPSS

Figura 3. Comunicación directa con los empleados a los que se les rescinde el contrato

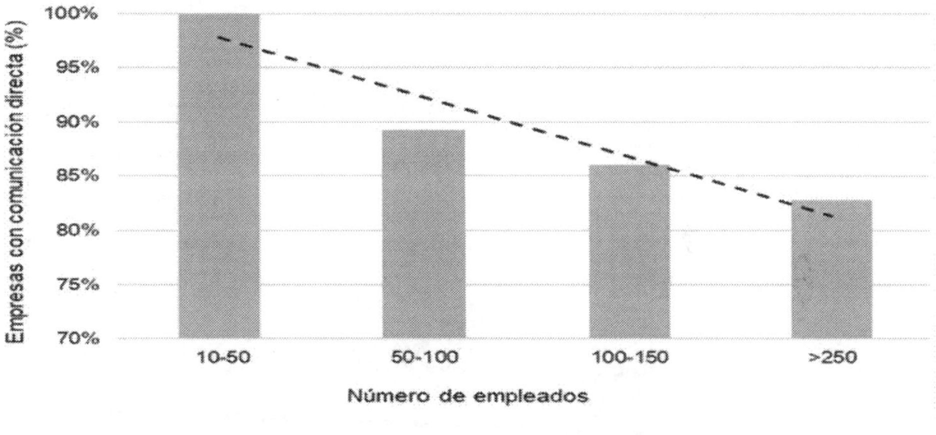

Fuente: Elaboración propia, a partir de SPSS

Por cuanto respecta a las referidas rescisiones que tuvieron lugar en las empresas, también se ha querido investigar si las empresas poseen o han desarrollado un sistema de comunicación directa con los empleados a los que se les rescinde el contrato. Sobre este particular, podemos concluir que la mayor parte de ellas sí lo tienen y que, tan sólo, el 12 % de las mismas declaran que no. Como se podría pensar de modo intuitivo y se confirma en la Figura 3, las empresas con un menor número de trabajadores presentan una mayor comunicación, hasta el punto de que todas las pequeñas empresas han asegurado poseer sistemas de comunicación directa. Si bien, tras la aplicación del análisis de la varianza, respecto del tamaño *(anova)*, no se puede asegurar que dicha comunicación directa presente diferencias significativas según el tamaño de la empresa, véase Tabla 5. Constatamos, por tanto, que sí existe una relación inversamente proporcional entre sistemas de comunicación directa y tamaño empresarial, si bien tal relación no es estadísticamente significativa para un nivel de confianza del 95 %.

Tabla 5. Análisis de la varianza de Fisher de pymes y grandes empresas en relación a la posesión un sistema de comunicación directa con los empleados a los que se les rescinde el contrato

Origen de las variaciones	Suma de cuadrados	Grados de libertad	Promedio de los cuadrados	F	Probabilidad	Valor crítico para F
Entre grupos	0,7692	1	0,7692	1,7077	0,1993	4,1055
Dentro de los grupos	16,6667	37	0,4505			
Total	17,4359	38				

Fuente: Elaboración propia, a partir de SPSS

Por otro lado, también se ha analizado el grado de rotación de las empresas durante este período (véase Figura 4 adjunta).

Figura 4. Rotación en las empresas de alojamiento durante el 2019-2020

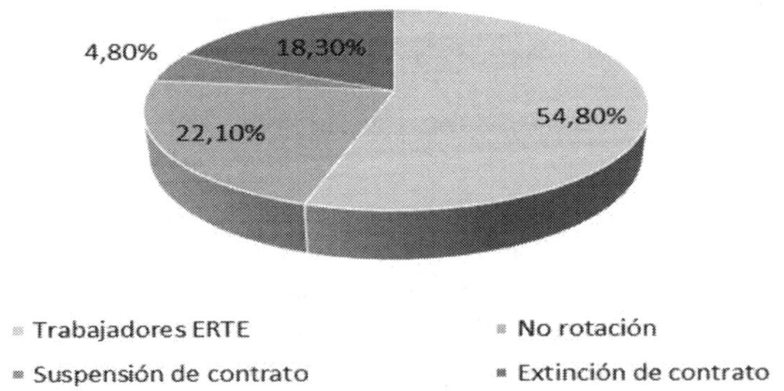

Fuente: Elaboración propia, a partir de SPSS

En este caso, como se puede observar en la Figura 4, existe un porcentaje elevado de rotación y, por tanto, un resultado contrainductivo respecto al objetivo que se desea alcanzar en las empresas desde los departamentos de RRHH. Tan sólo un 22,10 % de las empresas ha reconocido que su plantilla es estable y, por tanto, que no existe rotación dentro de la misma en este período. El porcentaje restante, por diversos motivos, sí afirman la existencia de rotación, considerando como principal motivación la existencia de trabajadores incursos en ERTE, aproximadamente el 55 % de ellas. Por otra parte, las extinciones de contrato representan un 18 % de casos, con lo que se puede destacar que la intención de las empresas no ha sido prescindir de sus empleados de manera permanente, sino tratar de reincorporarlos, de ahí el elevado número de ERTE en este período. Si se relaciona la motivación de la rotación con el tamaño, el resultado obtenido es que no existen diferencias significativas en función del mismo (como podemos corroborar fácilmente a partir del análisis adjunto de la varianza de Fisher, tabla 6; alegórico de una clara homogeneidad en el comportamiento de la variable, respecto al tamaño).

Tabla 6. Análisis de la varianza de Fisher de pymes y grandes empresas en relación a las políticas de rescisión de contrato durante el período de pandemia 2019-2021

Origen de las variaciones	Suma de cuadrados	Grados de libertad	Promedio de los cuadrados	F	Probabilidad	Valor crítico para F
Entre grupos	0,0344	3	0,0115	0,0582	0,9814	2,6974
Dentro de los grupos	19,3381	98	0,1973			
Total	19,3725	101				

Fuente: Elaboración propia, a partir de SPSS

Finalmente, se revela en las respuestas obtenidas que una gran parte de las empresas poseen una política de reincorporación o prioridad en la contratación del personal no renovado, ante un incremento de necesidades laborales; dichas políticas o estrategias alcanzan una frecuencia relativa que asciende al 72 % de las empresas constitutivas del universo muestral.

Para valorar la existencia de diferencias en las políticas de reincorporación entre grupos poblacionales respecto al tamaño (pymes y grandes empresas), y dados los resultados obtenidos, se plantea la siguiente hipótesis:

4.3. Hipótesis 3: «Valoración de la existencia de diferencias significativas respecto al desarrollo de políticas de reincorporación, entre PYMES y Grandes Empresas»

Figura 5. Porcentaje de empresas que aplican políticas de reincorporación

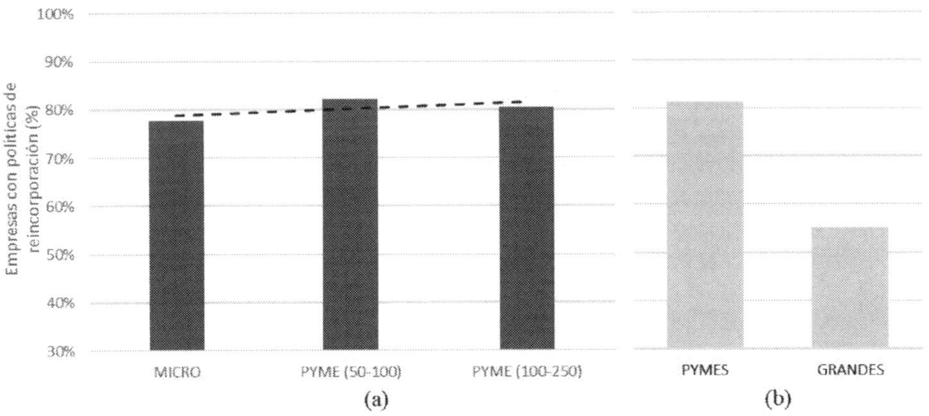

Fuente: Elaboración propia, a partir de SPSS

En la Figura 5, se puede analizar el porcentaje de empresas que afirman desarrollar políticas de reincorporación, en función del tamaño de la empresa; en este punto, apreciamos que la tendencia es prácticamente plana entre las microempresas y las pymes (separadas en dos subgrupos en función del número de empleados, 50-100; 100-250).

Tabla 7. Análisis de la varianza de Fisher de micropymes y pymes en relación a la aplicación de políticas de reincorporación

Origen de las variaciones	Suma de cuadrados	Grados de libertad	Promedio de los cuadrados	F	Probabilidad	Valor crítico para F
Entre grupos	1,3149	1	1,3149	1,7015	0,1978	4,0266
Dentro de los grupos	40,1851	52	0,7728			
Total	41,5	53				

Fuente: Elaboración propia, a partir de SPSS

Por lo que respecta al contraste de hipótesis sobre comportamientos diferenciados en la reincorporación por tamaños, observamos que no existen diferencias entre microempresas y pymes, según se refleja en la Tabla 7, con el referido análisis de la varianza de Fisher, también reforzado con la referencia gráfica intuitiva, que podemos colegir de la Figura 5a.

Tabla 8. Análisis de la varianza de Fisher por CC. AA. respecto a la en relación de políticas de reincorporación

Origen de las variaciones	Suma de cuadrados	Grados de libertad	Promedio de los cuadrados	F	Probabilidad	Valor crítico para F
Entre grupos	4,4402	4	1,11	1,3882	0,2454	2,4844
Dentro de los grupos	64,7692	81	0,7996			
Total	69,2093	85				

Fuente: Elaboración propia, a partir de SPSS

Sobre la base de la tabla adjunta, tratamos de comprobar la existencia de potenciales diferencias significativas por criterios territoriales, así presentamos la aplicación del *anova* correspondiente a estas políticas de reincorporación por CC. AA., derivándose como resultado que el valor de F (aproximadamente 1,9), es menor que el valor crítico (2,4844). No obstante, si circunscribimos nuestro análisis comparativo a las diferencias entre pymes y grandes empresas, sí se aprecia de forma clara, una diferencia entre las políticas de unas y otras, obteniéndose los resultados que se muestran en la Figura 5.

Tabla 9. Tabla de Contingencia. Aplicación de políticas de reincorporación tras ERTE por necesidades laborales y Plantilla

Plantilla \Rescisión	SI	NO	Total
< 10 empleados	0	1	1
10-50 empleados	6	3	9
50-100 empleados	25 (89 %)	3 (11 %)	28
100-250 empleados	26 (72 %)	10 (28 %)	36
>250 empleados	18 (60 %)	12 (40 %)	30
	75 (72 %)	**29 (28 %)**	**104**

Fuente: Elaboración propia, a partir de SPSS

Tabla 10. Análisis de la varianza de Fisher de pymes y grandes empresas en relación a la posesión de políticas de reincorporación

Origen de las variaciones	Suma de cuadrados	Grados de libertad	Promedio de los cuadrados	F	Probabilidad	Valor crítico para F
Entre grupos	5,42	1	5,42	7,298	0,008	3,945
Dentro de los grupos	67,68	91	0,74			
Total	73,11	92				

Fuente: Elaboración propia, a partir de SPSS

Resulta así, del análisis de la varianza, un estadístico F claramente mayor que el valor crítico (7,298 claramente superior a 3,945, y una probabilidad de 0,008, muy inferior al 0,05 empleado como criterio de distinción para un nivel de confianza del 95 %). Por cuanto antecede y, a modo de conclusión sobre la hipótesis planteada, confirmamos la existencia de diferencias significativas entre Pymes y Grandes empresas, para un nivel de confianza del 95 %, respecto a la aplicación de políticas de reincorporación, de modo que la reincorporación es significativamente mayor en las pymes que en las grandes empresas, como se puede comprobar gráficamente en la Figura 5b y procedimentalmente con el contraste del anova de Fisher en la Tabla 10.

Tabla 11. Tabla de Contingencia. Aplicación de políticas de incorporación de familiares a la empresa (consanguinidad o afinidad) y Plantilla

Plantilla \Rescisión	SI	NO	Total
< 10 empleados	0	1	1
10-50 empleados	5 (56 %)	4	9
50-100 empleados	3	25	28
100-250 empleados	5	31	36
>250 empleados	7	23	30
	20 (19 %)	84 (81 %)	104

Fuente: Elaboración propia, a partir de SPSS

Hemos querido analizar intencionalmente el eventual caso de las incorporaciones de familiares y su integración en las políticas corporativas, ya sea por razón de consanguinidad o afinidad. Habiendo constatado en las empresas españolas de alojamiento turístico un reducido porcentaje promedio del

19 % en las empresas encuestadas (según se puede extraer de la tabla 11, adjunta). Sea como fuere, debemos subrayar un más que notable porcentaje de microempresas (de 10-50 empleados), donde sí se recogen tales incorporaciones (hasta alcanzar el 56 % de las mismas), circunstancia fácilmente comprensible por cuestiones de sucesión, propiedad y preocupación por mantenimiento del control empresarial en sucesivas generaciones.

Finalmente queremos recuperar nuevamente el dato global referido al 72 % de empresas que afirman desarrollar políticas de reincorporación (según se contempla en la tabla 9); un porcentaje elevado de ellas, que llega al 61 %, considera importantes este tipo de políticas dentro de la empresa, mientras la caracterización como muy importantes supera levemente el 36 % de las mismas. La valoración promedio, en una escala de 1 a 5 —siendo 1 poco importante y 5 muy importante— ha sido de un 4,13, con lo que se da buena muestra de la relevancia percibida por parte de las empresas de alojamiento sobre las políticas de reincorporación

5. Conclusiones

La pandemia ha tenido efectos transversales sobre la rescisión contractual, que superan cualquier incidencia diferenciada por tamaño, en gran medida por efecto de la implementación generalizada de los ERTE. Por otro lado, se ha constatado que la utilización de programas para evaluar el potencial de los empleados de las empresas de alojamiento es reducida, resultado que no ayuda a disminuir la rotación existente. Además, en el período de estudio, las rescisiones de contratos han sido inevitables, por tanto, un motivo más que explica la elevada rotación en las empresas de alojamiento.

Tres cuartas partes de las empresas durante la pandemia han tenido que rescindir contratos, siendo la medida más utilizada la aplicación de ERTEs, ya que no presenta restricción alguna sobre el número de empleados que se pueden acoger a esta medida. Por otra parte, se debe destacar que la fórmula referida se puede aplicar a cualquier tipo de contrato, incluso al fijo discontinuo o el temporal. A pesar de este resultado, no todo son malas noticias, ya que la mayoría de esos trabajadores han podido volver a la empresa, una vez finalizado el ERTE. De hecho, se puede afirmar que, con la pandemia, se han perdido miles de trabajadores especialmente cualificados para el sector turístico; en la mayoría de los casos por iniciativa del empleado, no de las empresas, que mayoritariamente propusieron iguales o, incluso, mejores condiciones que antes de 2020.

Ahora bien, la experiencia pandémica vivida por los profesionales del sector turístico generó un cambio de percepción sobre la gestión del tiempo y el carácter tan sacrificado del empleado de alojamiento (con turnos variables, incluso nocturnos y su dificultad para la conciliación familiar y personal). Las rescisiones contractuales durante la pandemia afectaron homogéneamente a todas las empresas de la muestra, independientemente del tamaño e independientemente de la comunidad autónoma donde se localizará la empresa.

Sin embargo, se ha comprobado que, a mayor tamaño de la empresa (entendida en función del número total de empleados), menor ha sido la reincorporación de sus trabajadores a la misma (el efecto puede parecer contrainductivo o difícil de entender o comprender, pero tiene mucho que ver con la implicación más fuerte de las pymes entre proyectos empresariales y personales, así como la constatación de las crecientes necesidades de profesionales técnicos turísticos en cadenas hoteleras).

Igualmente, se ha constatado que la mayoría de las empresas presentan un sistema de comunicación directa y, como también se preveía, en las empresas más pequeñas la comunicación es mayor. En cualquier caso, no hemos podido confirmar con la significación estadística suficiente, la existencia de correlación entre el tamaño de las empresas y dicha comunicación; esto es, la tendencia o vinculación es apreciable, pero no al nivel de confianza requerido, del 95 %.

Por cuanto antecede, y desde un punto de vista de recursos humanos, un objetivo que no se ha cumplido se refiere a la disminución del grado de rotación en las empresas de alojamiento, pues se ha confirmado la persistencia de un elevado grado en todas ellas. Y lo ha sido por diferentes motivos, si bien la principal motivación se debe a los ERTEs y la modificación sustancial de la percepción temporal negativa de las jornadas habituales del profesional turístico. Todo ello lo podemos evidenciar en el abandono del sector por parte de miles de profesionales y la movilidad creciente de los que permanecen entre operadores, dada la escasez de profesionales (dinámica habitual y creciente de hoteles de cuatro o cinco estrellas sin servicio de restauración, miles de vacantes sin cubrir en mantenimiento, camareros, ayudantes de chef, gestores de redes, relaciones públicas...o el recurso a contrataciones sin apenas formación o experiencia adecuados).

Por otro lado, se han evidenciado numerosos casos de extinciones contractuales, de carácter temporal y con origen en la pandemia. En ningún caso se ha pretendido prescindir de manera permanente de los trabajadores, si no poder reincorporarlos, por lo que el mayoritario recurso a los ERTE en este período ha tenido éxito. En este caso, tampoco existe una relación significativa entre el motivo de la rotación y el tamaño de las empresas.

Podemos confirmar, del mismo modo, la existencia y aplicación generalizada de políticas de reincorporación de trabajadores tras la pandemia, circunstancia presente en la mayoría de las empresas hoteleras de la muestra y que además reconocen su importancia, por lo que respecta a la iniciativa empresarial. Ahora bien, no hemos hallado significación estadística suficiente para un nivel de confianza del 95 %, respecto a las diferencias observadas según el tamaño de las empresas, así como tampoco en la comparativa entre microempresas y pymes, a la hora de considerar la reincorporación de sus trabajadores. No obstante, si la comparación se establece entre pymes y grandes empresas, sí se aprecia de forma clara una diferencia de comportamiento entre las políticas de unas y otras. En este sentido, podemos confirmar que el porcentaje de empresas grandes con políticas de reincorporación es significativamente menor que el de las pymes, las cuales han presentado una mayor capacidad para la retención de sus plantillas tras la pandemia.

Referencias bibliográficas

Glucksmann, M. (1929) «Bases científicas para el desarrollo de los destinos turísticos. Consultado» en: http://www. academia. edu/18949022/T% C3% ADtulo_Bases_cient

Hunziker, W., & Krapf, K. (1942) «El turismo conceptos y definiciones e importancia actual». Murcia. España.

INE (2020) «Turismo en España 2020».

Ministerio de Trabajo y Economía Social (2020) *Real Decreto-ley 8/2020, de 17 de marzo, de medidas urgentes extraordinarias para hacer frente al impacto económico y social del COVID-19.*

Ministerio de Trabajo y Economía Social (2020) *Real Decreto-ley 18/2020, de 12 de mayo, de medidas sociales en defensa del empleo.*

Ministerio de Trabajo y Economía Social (2020) *Real Decreto-ley 24/2020, de 26 de junio, de medidas sociales de reactivación del empleo y protección del trabajo autónomo y de competitividad del sector industrial.*

Ministerio de Trabajo y Economía Social (2020) *Real Decreto-ley 30/2020, de 29 de septiembre, de medidas sociales en defensa del empleo.*

Ministerio de Trabajo y Economía Social (2021) *Real Decreto-ley 2/2021, de 26 de enero, de refuerzo y consolidación de medidas sociales en defensa del empleo.*

Ministerio de Trabajo y Economía Social (2021) *Real Decreto-ley 11/2021, de 27 de mayo, de medidas urgentes para la defensa del empleo, la reactivación económica y la protección de los trabajadores autónomos.*

OMT. (1991) *Conferencia Internacional sobre las Estadísticas de Viajes y Turismo.*

OMT. (2010) *Organización Mundial del Turismo.*

PARTE IV

ANÁLISIS DE DERECHO COMPARADO: ASPECTOS CONCRETOS DE LA GESTIÓN COLECTIVA EN FRANCIA, REINO UNIDO E ITALIA

CAPÍTULO XI

LA GESTION COLLECTIVE DES LICENCIEMENTS EN FRANCE

Gilles Auzero
Professeur de Droit privé à l'université de Bordeaux
Directeur adjoint du Centre de droit comparé du travail et de la sécurité sociale

Parce qu'il conduit à la rupture du contrat de travail, le licenciement est fondamentalement une mesure individuelle. Cela est encore plus vrai lorsqu'il est repose sur un motif personnel. Alors même qu'un tel motif concernerait une pluralité de salariés, il ne peut conduire qu'à une addition de licenciements individuels pour motif personnel. De ce fait, ces licenciements peuvent difficilement donner prise à une gestion collective. En revanche, celle-ci est davantage envisageable lorsque sont en cause des licenciements pour motif économique, spécialement lorsqu'ils concernent une pluralité de salariés. Mais encore faut-il s'entendre sur ce que l'on nomme « gestion collective » des licenciements.

La gestion consistant dans « l'action de gérer »[1], il est ainsi fait référence à l'action d'administrer, de diriger, de prendre en charge. Appliquée aux licenciements, l'action de gérer invite donc à réfléchir aux moyens et dispositifs permettant d'avoir prise sur ces licenciements. C'est bien évidemment l'employeur qui, au premier chef, « gère » les licenciements; ce qui signifie qu'il ne se contente pas de les prononcer. En ce cas, la gestion n'est aucunement collective, si ce n'est lorsqu'elle porte sur une pluralité de licenciements intervenant concomitamment. On devine sans peine que tel n'est pas

1 Dictionnaire Le Petit Robert, v. Gestion.

le sens que le Droit du travail accorde à ce qui peut être qualifié de gestion collective des licenciements. Celle-ci advient lorsque ces licenciements sont « administrés » de manière collective. Le passage de l'individuel au collectif implique alors classiquement l'intervention des représentants des salariés et/ ou la mise en œuvre de conventions ou d'accords collectifs de travail.

Etroitement associé à l'activité économique de l'entreprise, le comité social et économique joue un rôle de premier plan en matière de gestion collective des licenciements. En de nombreuses occurrences, il est appelé à donner un avis. Sans qu'il soit nécessaire de rentrer dans le détail, il en va ainsi en cas de projets de réorganisation et de licenciements pour motif économique, lors de la recherche d'un repreneur en cas de projet de fermeture d'un établissement ou encore à l'occasion de l'élaboration d'un plan de sauvegarde de l'emploi[2]. S'il n'est pas à exclure que l'avis du comité soit pris en compte par l'employeur, celui-ci n'est aucunement tenu de le faire. Partant, s'il y a bien ici une gestion collective des licenciements, celle-ci reste, dans bien des cas, formelle. Elle devient en revanche autrement plus importante et contraignante lorsqu'elle trouve traduction dans une norme conventionnelle. On pourrait de prime abord s'étonner que les licenciements, et plus particulièrement, les licenciements pour motif économique soient l'objet de stipulations conventionnelles; plus exactement de stipulations visant à « organiser » ce type de rupture du contrat de travail. Pour le reste, il est en effet de longue date admis que, conformément, à sa vocation amélioratrice, la norme conventionnelle puisse accorder des droits supplémentaires aux salariés licenciés, qu'il s'agisse d'augmenter leurs indemnités, d'accroître leur préavis ou de leur permettre de bénéficier d'actions de formation. Mais, il n'y a là que des droits individuels et non une gestion collective des licenciements.

Cela étant précisé, la norme conventionnelle ne peut être mise au service de la gestion collective des licenciements qu'à deux conditions. En premier lieu, la convention collective ne peut à cet égard être uniquement conçue comme un simple vecteur de progrès social. Il faut lui permettre d'adapter, d'aménager afin, le cas échéant, de surmonter des difficultés économiques ou des réorganisations dans une perspective de maintien ou de développement de l'emploi. Cela implique deux choses. Tout d'abord, il convient de desserrer l'étau de la loi afin de libérer la négociation collective. Ensuite, et en se tournant en quelque sorte vers l'autre bout de la chaine, il convient de lever la capacité de résistance du contrat de travail. Que peut valoir une convention collective organisant des réductions de salaire, des mutations professionnelles et géographiques si celles-ci sont livrées à la bonne volonté des salariés auxquels elle s'applique ?[3] En second lieu, la convention collec-

---

2 Sur ces différentes hypothèses d'information-consultation du comité social et économique, v. G. AUZERO, D. BAUGARD, E. DOCKÈS, *Droit du travail*, Précis Dalloz ; L. MILET, *Le droit des comités sociaux et* économiques *et des comités de groupe*, LGDJ

3 Poser la question ne signifie pas y répondre et prendre parti.

tive ne peut se contenter de gérer les licenciements. Il importe de permettre aux négociateurs d'anticiper les ruptures afin, sinon de les éviter, à tout le moins d'en réduire le nombre. Ce n'est évidemment pas la partie la plus facile de l'activité de négociateur, imposant parfois de lourds sacrifices afin de préserver ce qui peut l'être.

Ces dernières années, le législateur français a su prendre en considération ces différentes exigences afin de permettre une véritable gestion collective des licenciements[4]. Celle-ci n'est pas exclusive de critiques, à la mesure des dangers que recèle une telle évolution. Sans doute, la part belle est-elle faite à la négociation, reléguant le pouvoir unilatéral de l'employeur à un rôle relativement subsidiaire. Mais, il est loin d'être acquis que le rapport de force soit systématiquement équilibré et que les négociateurs mesurent toujours pleinement ce à quoi ils engagent les salariés pour le compte desquels ils agissent. Toujours est-il que le code du travail ouvre un large champ à la négociation collective, que ce soit pour prévenir les licenciements (I) ou pour les accompagner (II).

1. Négociation et prévention des licenciements

S'il n'est pas à exclure que l'employeur provoque de manière délibérée les difficultés de l'entreprise et, par voie de conséquence, la rupture des contrats de travail des salariés[5], il est heureusement plus fréquent qu'il œuvre afin d'éviter cette funeste issue. Pour ce faire, il peut négocier avec les représentants des salariés. Le législateur lui impose même de négocier avec les syndicats; signe de l'importance qu'il accorde à l'anticipation. Il en va ainsi en matière de gestion prévisionnelle des parcours professionnels. Dans une même logique anticipatrice, le législateur permet de réduire les coûts salariaux afin de surmonter les difficultés. Il faut ici en passer par la signature d'un accord collectif. Ainsi à l'obligation de négocier (A), vient s'ajouter la nécessité de conclure (B).

1.1. L'obligation de négocier

En application de l'article L. 2242-2 du code du travail, dans les entreprises d'au moins trois cents salariés et les groupes d'entreprises d'au moins trois cents salariés tenus de constituer un comité de groupe, ainsi que dans les groupes et entreprises de dimension communautaire dans lesquels doit être constitué un comité d'entreprise européen et comportant au moins

4 Pour une étude approfondie de la question, v. le remarquable ouvrage D'H. CAVAT, *Le droit des réorganisations. Etude de droit du travail*, LGDJ 2023.

5 Ce qui entraînera évidemment des sanctions, notamment le caractère injustifié des licenciements consécutifs à la faute ou à la légèreté blâmable de l'employeur.

un établissement ou une entreprise d'au moins cent cinquante salariés en France, l'employeur est tenu d'engager, tous les trois ans à titre supplétif ou au moins tous les quatre ans en cas d'accord d'adaptation, une négociation portant sur la gestion des emplois et des parcours professionnels.

Pour mieux comprendre l'objet et l'intérêt de cette négociation, il convient de prendre connaissance des dispositions supplétives du code du travail, qui ont vocation à s'appliquer en l'absence d'accord collectif[6]. Selon l'article L. 2242-20 du code du travail, la négociation sur la gestion des emplois et des parcours professionnels porte sur la mise en place d'un dispositif de gestion prévisionnelle des emplois et des compétences[7], notamment pour répondre aux enjeux de la transition écologique, ainsi que sur les mesures d'accompagnement susceptibles de lui être associées, en particulier en matière de formation, d'abondement du compte personnel de formation, de validation des acquis de l'expérience, de bilan de compétences ainsi que d'accompagnement de la mobilité professionnelle et géographique des salariés[8].

Notion plus gestionnaire que juridique, la gestion prévisionnelle des emplois et des compétences est, selon la présentation officielle qui en est faite, « une méthode pour adapter, à court et moyen termes, les emplois, les effectifs et les compétences aux exigences issues de la stratégie des entreprises et des modifications de leurs environnements économique, technologique, social et juridique. La gestion prévisionnelle des emplois et des compétences est une démarche de gestion prospective des ressources humaines qui permet d'accompagner le changement. Elle doit permettre d'appréhender, collectivement, les questions d'emploi et de compétences et de construire des solutions transversales répondant simultanément aux enjeux de tous les acteurs concernés: les entreprises, les territoires, les actifs »[9].

Mise au service de l'emploi et de sa préservation, la gestion prévisionnelle des emplois et des compétences n'est cependant pas exclusive de ruptures du contrat de travail[10]. Confirmation en est donnée par l'article L. 1237-17 du

---

6 Un accord collectif peut en effet déterminer le « contenu » des thèmes ouverts à la négociation obligatoire (C. trav., art. L. 2242-10 et s.).

7 Souvent évoquée sous l'acronyme « GPEC ».

8 L'article L. 2242-21 énumère d'autres thèmes sur lesquels la négociation « peut » également porter. Sont notamment évoqués : la qualification des catégories d'emplois menacés par les évolutions économiques ou technologique ; les modalités de l'association des entreprises sous-traitantes au dispositif de gestion prévisionnelle des emplois et des compétences de l'entreprise ou encore la mise en place des congés de mobilité.

9 https://travail-emploi.gouv.fr/emploi-et-insertion/accompagnement-des-mutations-economiques/appui-aux-mutations-economiques/article/gestion-previsionnelle-de-l-emploi-et-des-competences-gpec

10 Il convient de souligner que dans un important arrêt rendu le 30 septembre 2009, la Cour de cassation a considéré que la validité des licenciements pour motif économique n'est pas subordonnée au respect par l'employeur de son obligation de négocier sur la gestion

code du travail qui dispose qu'« un accord collectif portant gestion prévisionnelle des emplois et des compétences ou rupture conventionnelle collective peut définir les conditions et modalités de la rupture d'un commun accord du contrat de travail qui lie l'employeur et le salarié »[11]. Il reste que ces ruptures, soustraites au pouvoir unilatéral de l'employeur, doivent être organisées par l'accord collectif lui-même.

1.2. La nécessité de signer un accord

On doit à l'une des ordonnances Macron du 22 septembre 2017 d'avoir introduit dans le code du travail français les accords de performance collective[12]. En application de l'article L. 2254-2, ces accords peuvent être conclus « afin de répondre aux nécessités liées au fonctionnement de l'entreprise ou en vue de préserver, ou de développer l'emploi ». Ainsi que le laisse clairement entendre le texte, l'accord doit être mis au service d'un but déterminé par la loi; il est vrai dans des termes compréhensifs si l'on a égard au renvoi fait aux « nécessités liées au fonctionnement de l'entreprise ». On notera surtout que cet accord peut avoir pour objet de préserver l'emploi. L'idée poursuivie par le législateur est donc simple: lorsqu'une entreprise traverse des difficultés économiques, il faut permettre de réfléchir collectivement aux moyens de surmonter ces difficultés, sans recourir à des ruptures du contrat de travail.

A cette fin, l'article L. 2254-2 du code du travail permet à l'accord, d'aménager la durée du travail, ses modalités d'organisation et de répartition, la rémunération des salaires minima hiérarchiques et de déterminer les conditions de la mobilité professionnelle ou géographique interne à l'entreprise. On devine sans peine que, ce faisant, le législateur n'autorise pas les partenaires sociaux à améliorer la situation des salariés[13]. La faculté d'« aménagement » qui leur est reconnu leur permet au contraire de réduire, voire de supprimer, les droits que les salariés tiennent de la loi, des conventions et, surtout de leur contrat de travail[14]. Ainsi que le prévoit l'article L. 2254-2

prévisionnelle des emplois et des compétences : Soc. 30 sept. 2009, n° 07-20.525, Bull. cv. V, n° 217.

11 Ces ruptures sont expressément exclues du champ d'application du droit du licenciement économique (C. trav., art. L. 1233-3).

12 Il est à noter que ces accords se sont substitués à d'autres qui, sous une autre appellation, avaient un objet similaire.

13 Ce qui reste évidemment possible sur le fondement des dispositions plus générales de l'article L. 2251-1 du code du travail : « Une convention ou un accord peut comporter des stipulations plus favorables aux salariés que les dispositions légales en vigueur. Ils ne peuvent déroger aux dispositions qui revêtent un caractère d'ordre public. »

14 Il convient de souligner que si l'art. L. 2254-2 règle les rapports entre l'accord de performance collective et le contrat de travail, il n'envisage pas explicitement les rapports entre

du code du travail « les stipulations de l'accord se substituent de plein droit aux clauses contraires et incompatibles du contrat de travail, y compris en matière de rémunération, de durée du travail et de mobilité professionnelle ou géographique interne à l'entreprise ». Cette disposition a pour effet de neutraliser une jurisprudence classique de la Cour de cassation qui considère que la convention ou l'accord collectif de travail ne peut pas modifier le contrat de travail des salariés[15]. La loi n'en précise pas moins, dans un alinéa subséquent que « le salarié peut refuser la modification de son contrat de travail résultant de l'application de l'accord ».

Le salarié dispose d'un délai d'un mois pour faire connaître son refus à l'employeur, qui peut alors le licencier dans les deux mois qui suivent la notification écrite du refus. Le législateur a pris soin de préciser que « ce licenciement repose sur un motif spécifique qui constitue une cause réelle et sérieuse ». Ces quelques mots suscitent bien des discussions. Si l'on comprend aisément que le licenciement ne repose ni sur un motif personnel, ni sur un motif économique[16], on s'interroge sur le fait de savoir ce que le législateur a souhaité signifier en affirmant que le motif « constitue une cause réelle et sérieuse ». Compte tenu des engagements internationaux de la France[17], il ne saurait être admis que la justification du licenciement soit soustraite du regard du juge. Mais il reste aujourd'hui à déterminer sur quoi peut porter le contrôle du juge. La Cour de cassation ne s'est pas encore prononcée spécifiquement sur cette question[18]. On peut toutefois penser qu'elle exigera que soient vérifiés, outre les conditions de validité « classiques » d'un accord collectif, que celui-ci poursuit bien l'un des buts assignés par la loi. Un tel contrôle est commandé par le fait que le régime dérogatoire institué par l'article L. 2254-2 du code du travail est entièrement dépendant et justifié par

ce même accord, la loi et les normes conventionnelles conclues à un niveau supérieur. Ces rapports sont réglés par d'autres textes qui ouvrent largement le champ à la dérogation et à la supplétivité ; mécanismes qui ont pour effet de « libérer » la convention et l'accord d'entreprise des normes légales et conventionnelles supérieures.

15 V. par ex., Soc. 25 févr. 1998: RJS 1998. 313, n 497 ; 13 nov. 2001, n° 99-42.978, RJS 2002. 35, n° 12.

16 Ce qui permet à l'employeur de ne pas appliquer les règles les plus contraignantes du droit des licenciements pour motif économique.

17 On songe, entre autres mais principalement, à la convention 158 de l'OIT.

18 V. toutefois, à propos d'un accord dit « de mobilité », qui fait partie de ces accords qui ont précédé les accords de performance collective : Soc. 2 déc. 2020, n° 19-11.986 : « il appartient au juge d'apprécier le caractère réel et sérieux du motif du licenciement consécutif à ce refus au regard de la conformité de l'accord de mobilité aux dispositions des articles L. 2242-21, L. 2242-22 et L. 2242-23 du code du travail et de sa justification par l'existence des nécessités du fonctionnement de l'entreprise, sans qu'il soit nécessaire que la modification, refusée par le salarié, soit consécutive à des difficultés économiques, des mutations technologiques, une réorganisation de l'entreprise nécessaire à la sauvegarde de sa compétitivité ou une cessation complète de l'activité de l'employeur ».

l'objectif de préservation ou de développement de l'emploi ou les nécessités liées au fonctionnement de l'entreprise.

Ces questions techniques mises à part, il apparaît clairement que l'accord de performance peut être un instrument de gestion collective des difficultés rencontrées par l'entreprise afin d'éviter d'en arriver à la rupture des contrats de travail. Pour autant, il ne sera certainement pas facile pour les représentants du personnel de signer un texte facteur de régressions sociales, comme il ne sera pas évident pour les salariés d'en accepter l'application. A cet égard, il sera opportun que l'accord prévoie aussi, comme la loi lui en donne la possibilité[19], les conditions dans lesquelles fournissent des efforts proportionnés à ceux demandés aux salariés pendant toute sa durée: les mandataires sociaux et les actionnaires[20].

2. Négociation et accompagnement des licenciements

Si, comme nous venons de le voir, la négociation collective a vocation à jouer un rôle afin d'éviter les ruptures du contrat de travail pour un motif économique, elle peut également être mobilisée lorsque ces dernières sont inévitables. A cet égard, deux dispositifs doivent retenir l'attention. Le premier a vocation à accompagner les ruptures prononcées par l'employeur. Est plus spécifiquement visé ici la négociation du plan de sauvegarde de l'emploi (A). Plus récemment, le législateur français a donné aux partenaires sociaux la possibilité d'organiser les ruptures, tout en évitant d'en passer par la case licenciement pour motif économique, allégeant ainsi considérablement les obligations qui pèsent sur l'employeur. Il convient, à cette fin, de négocier un accord portant rupture conventionnelle collective (B).

2.1. La négociation du plan de sauvegarde de l'emploi

Dans les entreprises d'au moins cinquante salariés, lorsque le projet de licenciement concerne au moins dix salariés dans une même période de trente jours, l'employeur établit et met en œuvre un plan de sauvegarde de l'emploi pour éviter les licenciements ou en limiter le nombre[21]. Pour aller à l'essentiel, le plan de sauvegarde de l'emploi doit comporter deux volets. Le premier tend à éviter le licenciement des salariés, tandis que le second vise à

19 La possibilité seulement.

20 Stipulations qui poseront de redoutables difficultés d'ordre juridique en termes d'opposabilité aux mandataires sociaux et actionnaires.

21 C. trav., art. L. 1233-61.

permettre le reclassement externe des salariés dont le licenciement ne peut être évité[22]. Instauré par une loi du 2 août 1989, le plan social, ensuite devenu plan de sauvegarde de l'emploi par l'effet de la loi de modernisation sociale du 17 janvier 2002, a toujours pu être objet de négociation. On doit cependant à la loi du 14 juin 2013 relative à la sécurisation de l'emploi d'avoir très clairement et nettement incité à la négociation des plans de sauvegarde de l'emploi[23].

Ainsi, au terme de l'article L. 1233-24-1 du code du travail, dans les entreprises de cinquante salariés et plus, un accord collectif « peut déterminer le contenu du plan de sauvegarde de l'emploi ». Il est plus précisément renvoyé à la signature d'un accord conclu avec une ou plusieurs organisations syndicales représentatives ayant recueilli au moins 50 % des suffrages exprimés en faveur d'organisations reconnues représentatives au premier tour des élections des titulaires au comité social et économique. Autant dire que le législateur a souhaité doter l'accord portant plan de sauvegarde de l'emploi d'une très forte légitimité, afin d'en assurer autant que faire ce peut une pleine acceptation par les salariés concernés. Cela se conçoit au regard du fait que l'accord collectif ne se contente pas de déterminer le contenu du plan de sauvegarde de l'emploi[24]. Il peut par ailleurs porter, à titre facultatif, sur une série d'éléments relatifs à la procédure d'information/consultation du comité social et économique, au projet de licenciement collectif (pondération et périmètre d'application des critères d'ordre, calendrier des licenciements, nombre de suppressions d'emploi et catégories professionnelles concernées) et aux modalités de mise en œuvre des mesures de formation, d'adaptation et de reclassement prévues. De ce point de vue, l'accord collectif permet nombre d'assouplissements qui constituent une première et forte incitation à la négociation. Ce n'est toutefois pas la seule ni la principale incitation.

Alors que, jusqu'en 2013, le contentieux du plan de sauvegarde de l'emploi relevait du juge judiciaire, le législateur français a décidé à ce moment-là que le contrôle du plan de sauvegarde de l'emploi serait soumis à l'autorité administrative. De ce fait, le contentieux des plans de sauvegarde de l'emploi relève depuis de la compétence des juridictions administratives. On ne saurait dire que ces dernières se sont montrées moins conciliantes que les

---

22 L'art. L. 1233-62 du code du travail donne une liste non exhaustive des mesures que peut comporter le plan de sauvegarde de l'emploi. Il s'agit par exemple d'actions en vue du reclassement interne sur le territoire national, des salariés sur des emplois relevant de la même catégorie d'emplois ou équivalents à ceux qu'ils occupent ou, sous réserve de l'accord exprès des salariés concernés, sur des emplois de catégorie inférieure ou d'actions favorisant le reclassement externe à l'entreprise, notamment par le soutien à la réactivation du bassin d'emploi.

23 Avec, à la clef, un vrai succès. Pour des statistiques, v. F. GÉA, La négociation des plans de sauvegarde de l'emploi, *Lexbase Hebdo*, Edition Sociale n° 965 du 23 nov. 2023.

24 C'est là son contenu minimum.

juridictions judiciaires; le Conseil d'État reprenant à son compte nombre de solutions qui avaient été énoncées par la Cour de cassation. Mais le contentieux des plans de sauvegarde de l'emploi s'est atténué; principalement en raison du contrôle exercé en amont par l'autorité administrative. S'agissant précisément de ce contrôle, et sans qu'il soit nécessaire là encore d'entrer dans le détail, le législateur l'a considérablement allégé lorsque le plan de sauvegarde de l'emploi fait l'objet d'un accord collectif de travail. On notera d'ailleurs, même si cela n'a pas une grande importance, que la loi évoque la « validation » de l'accord portant plan de sauvegarde de l'emploi, tandis qu'elle renvoie à une « homologation » lorsqu'il est objet d'une décision unilatérale de l'employeur. On aura ici compris que l'échec ou l'absence de négociation conduit à l'élaboration unilatérale du plan de sauvegarde de l'emploi par l'employeur. A cet égard, il n'y a pas en la matière obligation d'en passer par la négociation. En d'autres termes, la loi tend à inciter à la négociation du plan, sans l'ériger en préalable obligatoire.

Au-delà des règles et exigences que formulent les textes, il reste à savoir quels sont les éléments sur lesquels porte réellement la négociation ou, lorsque celle-ci aboutit, l'accord collectif sur le plan de sauvegarde de l'emploi. Il faut en convenir, le rôle des syndicats n'est là encore pas évident et on imagine sans peine les réticences qu'ils peuvent éprouver au moment de négocier par exemple le nombre de suppressions d'emplois[25]. Ainsi qu'il a été justement observé, « une étude portant sur les accords relatifs aux PSE pourrait peut-être faire ressortir, à cet égard, des tendances. Encore faudrait-il que la DGEFP accepte de communiquer aux chercheurs qui entendraient s'y atteler ces accords collectifs qui, par exception, ne donnent pas lieu à publication »[26].

2.2. La négociation des ruptures conventionnelles collectives

Présentant un intérêt évident pour les salariés menacés de perdre leur emploi, le plan de sauvegarde de l'emploi constitue un coût et une contrainte pour l'employeur qui envisage des licenciements pour un motif économique. A cela, on ajoutera que les règles qui gouvernent le droit des licenciements pour motif économique dans son ensemble sont complexes et jalonnées de chausse-trappes pour qui ne les maîtrise pas. De là, la tentation de certains employeurs de les éviter. Si le juge et le législateur ont su contrer les pratiques frauduleuses, d'autres, ignorées par la loi, ont franchi le barrage du contrôle judiciaire. C'est ainsi que la Cour de cassation a validé la pratique des « plans de départs volontaires »[27]. Etabli unilatéralement par l'employeur, le plan

---

25 V. sur la question l'art. préc. de F. GÉA.

26 F. GÉA, art. préc.

27 G. AUZERO, D. BAUGARD, E. DOCKÈS, ouvrage préc., n° 502 et s.

de départ volontaire consiste, comme son nom l'indique, à proposer à tout ou partie des salariés d'une entreprise de mettre volontairement un terme à leur contrat de travail. On devine que les plans de départs volontaires ont été soumis au juge sous l'angle de leur conciliation avec l'établissement d'un plan de sauvegarde de l'emploi. La Cour de cassation a élaboré une jurisprudence équilibrée, distinguant les plans de départs volontaires « autonomes » et les plans de départs volontaires « mixtes ». Les premiers, exclusifs de tout licenciement pour motif économique[28], n'exigent que l'établissement de mesures de reclassement externe[29]. Les seconds, qui peuvent conduire à des licenciements si les départs volontaires sont insuffisants, nécessitent l'établissement d'un plan de sauvegarde de l'emploi plein et entier.

La pratique des plans de départs volontaires a fini par être consacrée par le législateur, à l'occasion des ordonnances Macron. On doit en effet à l'ordonnance n° 2017-1387 du 22 septembre 2017 d'avoir introduit dans le code du travail français la « rupture d'un commun accord dans le cadre d'un accord collectif portant rupture conventionnelle collective »[30]. Comme cet intitulé alambiqué l'indique, le dispositif a pour aboutissement une rupture d'un commun accord. L'article L. 1237-17 du code du travail en donne confirmation en affirmant, d'une part, qu'« un accord collectif portant gestion prévisionnelle des emplois et des compétences ou rupture conventionnelle collective peut définir les conditions et modalités de la rupture d'un commun accord du contrat de travail qui lie l'employeur et le salarié » et, d'autre part, que « ces ruptures, exclusives du licenciement ou de la démission, ne peuvent être imposées par l'une ou l'autre des parties »[31].

La proximité avec les plans de départs volontaires ne s'arrête pas là. En effet, comme eux, l'accord portant rupture conventionnelle collective doit déterminer « des mesures visant à faciliter l'accompagnement et le reclassement externe des salariés sur des emplois équivalents, telles que le congé de mobilité dans les conditions prévues aux articles L. 1237-18-1 à L. 1237-18-5, des actions de formation, de validation des acquis de l'expérience ou de reconversion ou des actions de soutien à la création d'activités nouvelles

28 Il faut comprendre que le choix offert aux salariés doit exclusivement consister entre conserver leur emploi ou accepter la rupture de leur contrat de travail d'un commun accord.

29 Ce qui n'est pas sans présenter une certaine logique. Les salariés manifestant leur volonté de rompre leur contrat de travail, le plan de reclassement interne n'a pas d'objet.

30 Il s'agit là de l'intitulé de la sous-section du code du travail dans laquelle les textes relatifs à la rupture conventionnelle collective figure. I. Meftah, *Les départs provoqués : les plans de départs volontaires et ruptures conventionnelles collectives*, RJS 6/20 ; C. Chevrier, *La RCC, un nouvel outil de gestion prévisionnelle des emplois*, Sem. soc. Lamy 2018, n° 180.

31 Il convient de préciser que ces ruptures amiables ne sont pas soumises au régime juridique des ruptures conventionnelles évoquées par les articles L. 1237-11 et s. du code du travail. Afin de distinguer les unes des autres, on a pris l'habitude de parler à leur égard des ruptures conventionnelles homologuées ou individuelles.

ou à la reprise d'activités existantes par les salariés »[32]. On aura reconnu ici les mesures appelées à figurer dans le versant « reclassement externe » du plan de sauvegarde de l'emploi. La différence majeure avec les plans de départs volontaires réside, outre dans le fait que l'accord portant rupture conventionnelle collective doit être soumis à l'autorité administrative pour validation, précisément dans l'exigence que soit conclu un accord collectif. Ce nécessairement soubassement conventionnel constitue, soit dit en passant, l'argument majeur de ceux qui, majoritairement, soutiennent que les accords portant rupture conventionnelle collective n'ont pas phagocyté les plans de départs volontaires[33].

L'exigence première d'un accord collectif constitue une garantie relative contre les risques d'instrumentalisation des ruptures conventionnelles collectives, dès lors que le rapport de force est déséquilibré. On notera à cet égard qu'à l'instar des accords de performance collective, les accords portant rupture conventionnelle collective peuvent être conclus selon ce que l'on a coutume de nommer les modes de négociation substitutive ou dérogatoire. Ces derniers visent les dispositifs légaux permettant de négocier avec d'autres acteurs que les délégués syndicaux[34]. On peut néanmoins penser que la jurisprudence saura dresser quelques garde-fous. Ainsi, dans un important arrêt en date du 21 mars 2023, le Conseil d'État a affirmé qu'un accord portant rupture conventionnelle collective, compte tenu de ce qu'il doit être exclusif de toute rupture du contrat de travail imposée au salarié, ne peut être validé par l'autorité administrative lorsqu'il est conclu dans le contexte d'une cessation d'activité de l'établissement ou de l'entreprise en cause conduisant de manière certaine à ce que les salariés n'ayant pas opté pour le dispositif de rupture conventionnelle collective fassent l'objet, à la fin de l'application de cet accord d'un licenciement pour motif économique, et le cas échéant, d'un plan de sauvegarde de l'emploi[35]. En d'autres termes, l'option offerte aux salariés dans le cadre d'un accord portant ruptures conven-

32 C. trav., art. L. 1237-19-1. Ce même texte impose d'autres stipulations obligatoires. Citons par exemple, « les modalités de calcul des indemnités de rupture garanties au salarié, qui ne peuvent être inférieures aux indemnités légales dues en cas de licenciement » ou encore « les critères de départage entre les potentiels candidats au départ ».

33 La question n'a à ce jour pas été soumise à la Cour de cassation. Tout en maintenant la pratique des plans de départs volontaires, elle pourrait soumettre leur validité au préalable d'une négociation collective loyale.

34 On se bornera à indiquer à ce propos que depuis l'adoption des ordonnances Macron, dans les entreprises de moins de onze salariés et celles qui, occupant entre onze et vingt salariés, ne comporte pas de comité social et économique, l'employeur peut soumettre à ses salariés un projet d'accord. Si celui-ci est approuvé à la majorité des deux tiers, il est considéré comme un accord collectif (C. trav., art. L. 2232-21 à L. 2232-23).

35 CE 21 mars 2023, n° 459626: RDT 2023. 415, obs. F. Géa; ; SSL 2023, n° 2040, p. 20, obs. H. Cavat; *ibid*. no 2047, p. 10, note O. Duteillet de Lamothe; RJS 6/2023, n° 301; JCP S 2023. 1123, obs. P. Morvan.

tionnelles collectives ne peut que résider dans le choix entre partir ou rester, mais pas dans celui de partir au terme d'une rupture d'un commun accord ou d'un licenciement. D'autres questions devront être réglées, telles celles de savoir si un plan de sauvegarde de l'emploi peut immédiatement succéder à un accord portant ruptures conventionnelles collectives ou si l'un et l'autre peuvent coexister au sein d'une même entreprise, sans concerner les mêmes salariés.

Il n'en reste pas moins que l'accord portant rupture conventionnelle collective offre une certaine souplesse à l'employeur ou, devrait-on dire, aux partenaires sociaux puisque, rappelons-le, il faut nécessairement en passer par un accord collectif. Il y a là un outil de plus dans la gestion collective des licenciements pour motif économique et, plus largement, des ruptures du contrat de travail pour un tel motif. Au demeurant, un accord collectif portant rupture conventionnelle collective peut tout à fait être conclu en marge de toute difficulté économique. On imagine cependant sans peine que les syndicats et, plus largement, les représentants du personnel ne seront pas enclins à signer un tel accord.

CAPÍTULO XII

COMPANY RESTRUCTURING AND COLLECTIVE DISMISSALS IN THE UNITED KINGDOM

Joseph Carby-Hall
Director of International Legal Research
Centre for Legislative Studies
University of Hull
e-mail J.R.Carby-Hall@hull.ac.uk

Prologue

During this challenging economic climate there exists a variety of motives for a company's or other organisation's decision to create collective redundancies. The company may need to restructure to stimulate growth, or it may be experiencing serious financial difficulties. Whatever the reasons, the company may decide to create redundancies which are often the only option.

The reasons for going ahead with restructuring are often to reduce costs, decrease or consolidate debt, introduce new products or services or merge with another company all of which will ensure that the company will run smoothly and effectively

It is readily seen that in most instances it is through the company's needs to reduce its expenditure that collective redundancies take place. Reasons where an employer may need to make genuine redundancies are numerous. They may include *inter alia* new systems being introduced in the workplace thus causing the original jobs to disappear; the business being transferred to another employer in which case the Transfer of Undertakings laws would apply[1]; the company has closed down, is closing down or going into administration; a department or section of the company has closed or is closing down; the business continues to operate but there is no longer the need for the skills which the employee performed when he was originally employed; the company has moved elsewhere; the need for the employee has ceased or diminished.

For the redundancy to be genuine the employer must have a real reason such as one or more of the aforementioned ones.

The reason(s) why a company needs to make redundancies are of importance but of equal important, are the legal conditions to be observed by employers where a company restructuring leads to redundancies. This is what we propose to concentrate on in this chapter.

The collective redundancies by reason of restructuring have to follow a complicated process. Before a company starts to consider which employment positions will need to come to an end. it must plan the restructure carefully and ensure to complete the process fairly and legally in accordance with the statutory provisions.

A restructuring process needs to bear in mind the rights of the employees to be made redundant so that an employee who has been employed for two or more years[2] has a right to claim unfair dismissal as well as a right to redundancy payments.[3]

---

1 The transfer of undertakings law falls outside the context of this chapter which is to discuss transfers of undertakings. Should the reader wish to pursue this topic, see Jo CARBY-HALL "Transfer of Undertakings in the United Kingdom" in Antonio OJEDA AVILES, Juan GORELLI FERNANDEZ, and Maria Jose RODRIGUEZ (Eds) in "La Transmision de Empresas en Europa" SOCRATES PROGRAMME Cacucci Editore (1999) at pp. 187 – 263.

2 The Labour Party Election Manifesto prior to the British general election of 4th July 2024 proposed to do away with the current two-year qualification period before an employee is entitled to bring an action for unfair dismissal but by parity of reasoning this MAY apply to redundancy payments, See Labour Party Election Manifesto 2024. See too "What Future Changes in the Collective Dismissal Redundancy Field are Expected? At footnote 62 supra.

3 See Employment Rights Act 1996 s.135. A person is entitled to a redundancy payment if she/he is an employee employed by the current employer for two years or more. If the person is under 22 years old, she/he is entitled to half a week's payment. Upon reaching 22 to 41 years of age such person receives one week's redundancy payment. Upon reaching 41 year of age she/he receives one and a half weeks' payment which is capped after 20 years.

There is a distinction between a individual redundancy situation and a collective redundancy situation. It is stressed that the procedure for each is different. Here, we are concerned ONLY with collective redundancies and the procedure for this will be found in the Trade Union and Labour Relations (Consolidation) Act 1992.[4] (Hereinafter TULRCA)

What is proposed is to guide the reader through the statutory procedure relating to collective redundancies when companies are being restructured. We shall firstly examine the statutory requirements relating to collective redundancies, there will then follow in the second instance, the necessary notification to the Secretary of State. Thirdly, a discussion will take place on who to consult followed in the fourth instance on what should the employer consult? Fifthly, we shall consider what is the raison d'être of consultation. Sixthly, we propose to examine what information needs to be disclosed by the employer before redundancy consultations take place. We shall then examine briefly in the seventh instance the informed and meaningful consultation process in practice. The employee selection criteria will be evaluated in the eighth instance. In the ninth instance we shall look at the situation where the employer fails to follow the correct statutory procedure. The procedure under statute for the appointment of employee representatives will be examined in the tenth instance, followed in the eleventh part by exemption provisions from the employer's duty to consult. Remedies for failure to consult will feature in the twelfth instance. It is proposed to treat briefly collective redundancies in the light of transfers of undertakings in the thirteenth instance and we shall examine in the fourteenth part how Brexit has affected the law on collective dismissals by reason of redundancy. Finally, what future changes are likely to take place following the return of the Labour Government to power resulting from the 4th July 2024 Parliamentary elections. An epitome will assess the content of this chapter.

1. The Statutory requirements relating to collective redundancies

The word redundancy is defined by the 1992 Act as[5] "...references to dismissal for a reason not related to the individual concerned or for a number of reasons all of which are not related."

The duty to consult arises when the collective dismissals are on grounds of redundancy which means that either the closure of an entire company or a workplace within it occurs, or where there is the diminishing need for employees to carry on their work. Also included in the definition is where

4 UK Public General Acts – 1992 c.52

5 TULRCA 1992 s. 195(1).

collective dismissals occur on the death of the employer in the case of family businesses.[6] The definition is wide enough to include such situation as the termination of an existing contract of employment and the re-engagement on new contractual terms as well as a substantial variation of the contractual terms and conditions.

Where the employer proposes[7] to dismiss. as redundant 20 or more employees in one establishment within a period of 90 days or less the employer has a legal obligation to consult about the dismissals.[8] The word *"establishment"* means the *unit* or the *workplace* to which the employees who are to be made redundant are assigned to carry out their contractual duties. It is not necessary to *aggregate* employees from all the employer's other sites, namely redundancy dismissals across all the employer's establishments. Collective dismissals carried out in each establishment need to be considered separately for purposes of collective consultation.[9] It is important to note that such unit or workplace needs to be a *distinct entity* with a *permanen*t or *stable* structure where employees work at or from[10] Other matters to consider by the employer include whether the employees are *managed from,* and *report to*, the unit or workplace even though they work from other units

6 This and other sections were inserted because of the incorporation of the EU Redundancy Directive into TULRCA.

7 The employer is required to consult with the appropriate trade union or the selected or elected employee representatives when he "proposes" to make redundancies. He would be infringing the statutory provisions if he presents the representatives with a fait accompli by informing them of actual dismissals. In *GMWU (MATSA) v British Uralite Ltd* [1979] IRLR 413 (IT) the employer drew up proposals for redundancies to take effect from 5th February 1979. The union was informed verbally that there would be redundancies on 14th February and on the following day the redundant employees were informed and at the same time the union was given details of redundancies. A meeting to which several questions were asked by the union was held on 19th February and it was not untiol the 26th February that the employer responded. Professor Bob Hepple who was chairman of the Industrial tribunal (as it was then called) commented "It is obviously more difficult to have consultations with a view to reaching agreements after a decision has been communicated as an accomplished fact, instead of being given a genuine proposal open to discussion. In particular, it appears to us that had proposals been made there is a reasonable likelihood that voluntary redundancies could have been secured which might have averted the dismissals of some of the employees who form the subject of this complaint." See too *N.U.T. v Avon County Council* [1978] IRLR 55 where redundancy notices were sent to selected employees without consultations having taken place.

8 TULRCA 1992 s. 188(2) (a)

9 See *USDAW v WW Realisation 1 Ltd (In liquidation) Ethel Austin et al.* [2015] EUECJ (C-80)/14/ ECJ. See also *Lyttle et al. V Bluebird UK Bidco 2 Ltd* [2015] IRLR 577; *Rabal Canas v Nexea Gestion Documental SA et al* [2015] IRLR 577 and M*iddlesborough Borough Council v TGWU & Unison* [2002] IRLR 332 (EAT).

10 *Rockfon A/S v Specialarbejderforbunder I Danmark* [1966] ICR 163. (an European Court of Justice (ECJ) case). The ECJ is now called the Court of Justice of the European Union (CJEU).

or workplaces in different locations. It should be noticed too that the 90 day period is a rolling period which means that redundancies which have already been made need to be taken into consideration by the employer when deciding whether or not collective redundancy consultation should take place. [11]

Collective redundancies usually occur either when a company needs to restructure for the purposes of avoiding financial losses and bankruptcies or to make cost savings.

The scale of redundancies being so large, special rules exist in collective dismissals by reason of redundancy.

A company is only able to carry out collective redundancies after completing the consultation procedure. It is only AFTER that procedure has been completed that employees to be made redundant need to be notified.

At this stage, it is important to note that the consultation and information obligations in the 1992 Act apply to[12] "employees who may be affected by the proposed dismissals or may be affected by measures taken in connection with those dismissals." Collective redundancies only apply to those who have the status of employee. People who hold the status of workers, or the self-employed or independent contractors are not covered by the 1992 legislation. Nor does this legislation apply to employees employed under a fixed-term contract and have not been re-employed on the termination date of their contract. Employees employed on a fixed-term contract which has not expired are however included in the statutory provisions for collective consultation. Certain other classes of persons, namely members of the police and armed forces, share fishermen, crown servants and parliamentarians are excluded from the collective redundancy provisions of the 1992 Act

2. Notification to the Secretary of State

The 1992 Act provides in s. 193(1) that notice in writing must be given by the employer to the Secretary of State of the Department for Business, Innovation and Skills at least 45 days before proposing to make the first redundancy dismissal where 100 or more employees at one establishment will be dismissed within a period of 90 days or less.

11 The Labour Party in its June 2024 election manifesto proposes to reverse the current statutory requirements it would strengthen the redundancy rights for collective redundancies which apply to numbers exceeding 20 or more employees to be made redundant across the whole business and not only just the particular unit or workforce of the employees. If this proposal is enacted, it would strengthen the redundancy rights and protection of employees.

12 TULRCA s.188.

Where 20 to 99 employees are to be made redundant the employer needs to give 30 days' notice to the Secretary of State before giving notice to terminate employees' contracts of employment.[13]

The reason why the Secretary of State needs to be notified is, *inter alia*, because the Department of Business, Innovation and Skills (hereinafter DBIS) is responsible for supporting businesses, their invesments, their growth and export and creating jobs and opportunities across the UK.

The date of notice is the date the notification is RECEIVED by the DBIS. Failure to notify the Secretary of State renders the employer liable to a criminal conviction in the Magistrates' Courts which attracts a fine of up to £5,000. Failure to submit the necessary form to the Secretary of State carries an unlimited fine and in exceptional circumstances a prison sentence. This seldom happens.

3. Who Needs to be Consulted?

Consultation depends on the *Status Quo* of the employment situation. If the employer recognises a trade union which is independent and bargains collectively with that trade union in respect of the employees who are members of the trade union, the persons to consult are the trade union officials who act on behalf of the employees. Where the recognised trade union represents solely its members who are candidates for redundancies but not other employees who are not members of the trade union and who Face redundancies, the employer has an obligation to arrange an election or other arrangement among the affected employees for additional appropriate representation for the affected employees who are not unionised.

Where the workforce is not unionised, the appropriate persons to consult with can be either of the following, (a) works council members or staff forum members or (b) employees specially elected or appointed by the employees and have general authority to deal with consultations relating to the proposed redundancies.[14]

---

13 *Ibid*. s. 194.

14 In order to fulfil the duty of the employer to arrange the election of employee representatives he must ensure that the election process is fair. Which means that (a) all the affected employees are given a right to vote for their representative; (b) voting must be by secret ballot; (c) the counting of the votes must be accurate and double checked; (d) the candidates for election must themselves be affected employees; (e) entitlement to vote on the election date must be given to all affected employees; (f) all affected employees are entitled to stand for election and must therefore not be unreasonably excluded; (g) if an elected representative resigns or is otherwise unable to perform his representation duties, the employer should arrange for another affected employee to be put forward for election; and (h) each of the affected positions must be represented by a candidate

In situations where there has been a genuine opportunity to elect or appoint an employee or group of employees which failed to do so, the employer must provide information to the employees directly on an individual basis which could include consultations with the employees who have been selected to be made redundant.

Three important matters should be noted. Firstly, in each of the above cases the concerned employees should still be in employment. Secondly every category of employee who faces redundancy needs to be represented during the consultation process. Thirdly, the onus of proof is on the employer to show that the representatives, - whether elected or appointed, - were appropriate.[15]

4. Consultations to begin "in good time"

Where the employer proposes to make employees redundant, this proposal constitutes the beginning of consultations. As soon as this event has been reached, section 188 of the TULRCA 1992 provides for an overriding obligation that consultation should begin *"in good time"* before the first of the redundancies takes effect. So,[16] "where the employer is *proposing* to dismiss as redundant 20 or more employees at one establishment within a period of 90 days or less, the employer shall consult ... all persons who are appropriate representatives of any of the employees who may be affected " and "the consultation shall begin in good time ...(a) where the employer is proposing to dismiss 100 or more employees...at least 45 days and (b) otherwise at least 30 days before the first of the dismissals take effect.

In *Amicus v Nissan Motor Manufacturing (UK)*[17] the Employment Appeal Tribunal (EAT) stated that it was "the time sufficient for consultation to take place working back from the final date which is the first date of dismissal." Where there is a requirement to elect employee representatives, the "good time" requirements are as soon as such representative(s) is/are elected. The EAT agreeing with the Employment Tribunal concluded that there was sufficient time for the consultation process to occur effectively. In this case the EAT quoted Hodgson J. in *R v Gwent County Council ex parte Bryant*[18] who said "Fair consultation means (a) consultation when the proposals are still at the formative stage" this surely refers to the statutory requirement of "in good time."[19]

---

15 See *Kelly &Anor v Helsey Group Ltd.* [2013] EAT/0339/12/ZT

16 TULRCA 1992 s. 188 (1) (a) (b) (c).

17 [2005] UKEAT/184/05. See too *Green & Sons (Castings) Ltd v ASTMS* [1984] ICR 352

18 Reported in [1988] Crown Office Digest at p. 19.

19 The reader is invited to compare the British version of when consultation is "proposed" with that of the European Union Redundancy Directive terminology which talks of when a redundancy is "contemplated."

Comparing the word *"proposes"* in the British legislation with that of the Directive which uses the word *"contemplating"* has caused legal argument in several court cases. A brief discussion on this important issue is therefore necessary.

The Council Directive of the European Community (as it was then called) on collective redundancies[20] provides "Where an employer is *contemplating* collective redundancies, he shall begin consultations with the workers' representative in good time with a view to reaching an agreement". There is a difference between the phraseology as stated in the Directive and that stated in British law. The Directive talks of *"contemplating"* whereas the British law uses the word *"proposing."* When the United Kingdom formed part of the European Union it was legally bound to respect the EU Directive provisions. The question arose as to which of the terminologies is the right one to use. There has been a string of British case law[21] on this issue which would be irrelevant to discuss here, suffice to say that there has eventually been "a meeting of the ways." accepted by both the European and British courts. The word *"contemplating"* used in the Directive suggests that consultation is triggered earlier than "proposing" as stated under British law. The word "contemplate" is by definition wider than the more precise word "proposed."

In the European Court of Justice (as it was then called) case of *Akavan Erityisalojen Keskusliitto AEK ry v Fujisu Siemens Computers Ry*[22] (2009) C 44/08 [2010] ICR 444 Judge Lenaerts presiding in the 4th Chamber of the Court of Justice said[23] "Redundancies being a mere probability were not enough. The obligation does not depend on availability of information as information would evolve with the process. The obligation to start consulting arises irrespectively of who is making the decision, but liability stays with the subsidiary...It must therefore be held that in circumstances such as those of the case in the main proceedings, the consultation procedure must be started by the employer once a strategic or commercial decision compelling him to contemplate to plan for collective redundancies has been taken."

The observations made in subsequent references to the case of *Kelly et al v Hesley Group* Ltd.[24] in Casemine is important. It is quoted below. "Section 188 creates no obligation to consult earlier than the point at which the employer is proposing to dismiss to make it akin to the Directive's "is contemplating" according to the view of Lord Justice Glidewell in *R v British Coal Corporation*

---

20 Council Directive 98/59/EC.

21 See *inter alia*, *UK Coal Mining Ltd. v National Union of Mine Workers* [2008] ICR 163; *Scotch Premier Meat v Burns* [UKEAT/1151/99; and *Leadtershire Council v UNISON* UKEAT/10066//05.

22 (2009) C44/08. [2010] ICR 444.

23 *Ibid.*at paragraph 48 of the judgment.

24 [2013] IRLR 514.

ex-parte Vardy, "proposes" relates to a state of mind which is much more certain and further along the decision-making process than "contemplates." The most fitting dictionary definition of the word "propose" is "to lay before another or others as something which one offers to do or wishes to be done, a stage later than "contemplation" the ordinary meaning which is "having a view, taking into account as a contingency," reflecting a relatively early stage in the decision process."

5. What is the raison d'être of consultations?

In accordance with the 1992 legislation consultation should include ways of *avoiding* the proposed dismissals, *reducing* the number of employees to be made redundant and *mitigating* the consequences of the redundancy dismissals.[25] Each of these three requirements is *mandatory* on the employer who cannot argue that it would be futile to do so because it cannot be done (unless special circumstances exist to be discussed below). Should any of these three statutory requirements fail the consultation process will be frustrated. Hence the reason why it is advisable for the employer to start consultations as early as possible before it is too late.

Consultations must be undertaken by the employer with a view to *reaching an agreement* with the appropriate representatives. [26]

Three points arise in this context. First, to *avoid* or *reduce* dismissals, the employer should consider introducing a new strategy such as the elimination of overtime work, flexible hours of work, transferring the employee(s) to another section of the establishment, reducing wages, reducing the numbers to be made redundant. Mitigating the consequences of the dismissals (both to the business and to employees).

The second point is that the employer must consult "with a view to *reaching an agreement* with the appropriate represetatives." This means that the employer must seriously consider the arguments put forward by the representatives and try his best - bearing in mind the interests of the company, - to implement the requests made by them.

Thirdly, the legislation clearly envisages *"consultation"* rather than "negotiation" with the appropriate representatives, leaving the final decision to create redundancies in the hands of the employer.

What is most important is that employers should not give notice of dismissals prior to the conclusion of consultations. The reason for this is that such redundancy dismissal might be taken as an indication that the consultations are merely a matter of procedure. If an agreement resulting from the

25 TIULRCA 1992 s. 188 (2) (c).

26 *Ibid.* s.188 (2) (a) (b) (c).

consultations is reached before the consultation period ends, - namely 45 days before the first dismissal is made where 100 or more employees are to be made redundant within a period of 90 days and where 30 days before the first dismissal is made where 20 to 99 employees are to be made redundant within a period of 90 days respectively,- the employer is advised to have the written consent of the trade union, works council or the affected employee representative(s) etc... that consultations have resulted in an agreement having been reached. In practice, it is extremely rare that consultations end before the statutory minimum periods expire. Normally consultations last over a much longer period than those provided by the statute because a variety of issues may arise which need clarification or organisational changes for consideration by the employer and possibly others.

6. What information needs to be disclosed in writing prior to the redundancy consultations taking place?

The employer has the obligation to disclose *in writing*[27] the following information regarding the proposed redundancies. (a) the *reason* why he proposes to dismiss employees as redundant; (b) the *number* and *description* of employees whom he proposes to make redundant; (c) the proposed *method* of carrying out the dismissals having regard to the agreed procedures and timings; (d) the *period* over which the dismissals are to take effect and *how* dismissals will be carried out; (e) the proposed method of *calculating* the redundancy payments to be made to dismissed employees; (f) the proposed method of *selecting* the employees to be made redundant and (g) the *total number* of employees of those descriptions employed at the establishment in question. It becomes obvious that that consultation must take place on an *informed* basis. Consultation on the above matters serves as an examination and scrutiny of the employer's proposals to effect redundancies.

Trade union officials representing the affected employees or elected of selected employee representatives can ask questions and make representations to clarify/confirm the information given by the employer. This later has a duty to consider seriously any representations made by the affected employees' representatives Where suggestions are made to the employer by

27 But see *ASTMS v Hawker Siddeley Aviation* [1977] IRLR 418 where verbal disclosure was given. See too *Society of Metal Mechanics v Gascoigne Gush & Dent* [1976] IRLR 278 and Slynn J. in *Spillers-French (Holdings) Ltd v USDAW* [1979 IRLR 339 (EAT) where he said "It might be that if all the information had been given orally to a trade union representative, a Tribunal would not take a very serious view of that as a failure to comply with a requirement."

the employee representatives the employer has a duty to consider them and if he disagrees with these, he has to give the reason(s) for the rejection.

7. Informed and Meaningful Consultation in Practice

Informed consultations need to take place 30 or 90 days before the redundancy notices take effect and before decisions to make redundancies have been made.

It should be noticed that there is no statutory time for how long the consultation period may last. Such period would vary from situation to situation depending on the size of the company and the number of employees who are at the risk of being made redundant and any problems relating to the time employee representatives are appointed or elected.

Meaningful consultation suggests that the employer should listen to the comments or requests made by the trade union or employee representatives and consider them seriously, carefully and thoroughly with an open mind. The employer should take into account the possibilities suggested by statute, namely, to avoid,[28] prevent or mitigate the redundancies from occurring with a view to reaching an agreement between the parties. In order that the views of the employee representatives or trade unions are expressed to the full, the employer who wishes to create redundancy consultations should start early enough to enable the parties to have a full discussion on the views expressed.[29]

Although the legislation provides for the parties to "reach an agreement", such agreement may never be reached. If the employer has observed slavishly the statutory provisions and replied to each and all of the questions/comments made by the trade union or employee representatives the employer is enabled to end the consultations even though an agreement had not been concluded. In *Omega Express Ltd et al v GMB*[30] the EAT which categorised the Employment Tribunal's verdict as "flawed and lacked reasoning when making a protective award" held that "What the employer was required to consult about in relation

28 For example, by offering alternative employment to the employee. See *Devon Primary Care Trust v Readman* [2013] EWCA Civ 1110.where the Court of Appeal held that the decision to accept or refuse alternative work is a subjective one for the employee to decide and that "the band of reasonable responses" test was not applicable is such circumstances.

29 See *Stokes v City Links* ET 1800595/(2015) where the employer was in financial difficulties and intended to make collective redundancies but attempted to keep this a secret by making a *conscious decision* not to consult so that the employees were not made aware of the company's financial situation. The ET made a declaration accompanied by a maximum protective award.

30 [2003] UKEAT/0877/02/0704

to its proposals for redundancy, were ways of avoiding the dismissals which would result with the closures, reducing the numbers of employees to be dismissed and mitigating the consequences of the dismissed....It appears to us that this has occurred...there was very nearly a meeting of minds between the parties...as to the procedure to be gone through and the basis of selection."

What was also important in that case was the fact that "The Employer was not ... obliged to consult on ... economic decisions."

Where a company or establishment within a company is to be closed permanently, - for the consultations to be meaningful, - there may well be the need for the disclosure of information relating to the economic basis of the employer's decision. In *UK Coal Mining Ltd v National Union of Mineworkers and the British Association of Colliery Management,*[31] the EAT considered that where an establishment is being closed as happened at the Ellington colliery, the employer is required to consult and give information on the economic reason(s) for the decision to make redundancies. At the Ellington Colliery where there were 329 employees working in seams stretching five miles under the sea off the Northumberland coast experienced financial viability as well as flooding causing concern over safety matters of the employees. In this case the EAT reversed the decision of the Employment Tribunal which believed that there was no obligation on the employer to consult or give information on economic reasons for the decision to make redundancies. Furthermore, the employer gave false reasons for the redundancies which themselves constituted a breach of the employer's consultation obligations.

In his judgment Elias J.[32] said[33] that "In a real world employers cannot announce closures, leading to several hundred redundancies, without giving at least some indication of the reason for the closure decision itself...if the employer chooses to give the information, it is important that the information should be true and should be given in good faith. The whole purpose of the consultation process would be subverted if the employer would with impunity give false information." He goes on to say that "we take a very serious view of this deliberate breach of its obligations by the respondent. It is difficult to see how there can be, constructive and meaningful consultation with an employer if the information given by that employer in a formal document provided for the purpose of the consultation, is deliberately falsified. Furthermore, the mutual trust which needs to exist between the employer and the unions, if there are to be successful consultations, is put at risk if the unions have cause to believe that they have been given false information."

31 [2007] EATUK/0397_06_2709

32 As he then was because he was elevated to the Court of Appeal as Lord Justice Elias from where he has since retired. As coincidence would have it, he was this author's PhD supervisor at Pembroke College, University of Cambridge in the early 1980s.

33 In the *UK Coal Mining Ltd* case *Ibid*. at paras. 48 and 49.

8. Employee Selection Criteria for Redundancy

There is no legislation which regulates the selection criteria for redundancy. Nevertheless, for the system to be fair there needs to be *objective criteria* to be followed by the employer during the selection process. Such objective criteria may vary from one employer to another depending on the company's regulations or work rules or collective agreements agreed between the trade union and employer and incorporated into the contract of employment of each employee.[34] Having said that the case of *Mitchells of Lancaster (Brewers) Ltd v Tattersall*[35] needs to be noted. The Employment Appeal Tribunal considered it unfair to object to a criterium because it is subjective in nature. What is important is that the overall criterium or criteria for redundancy should be *reasonable.* A subjective criterion does not mean that it cannot be assessed in an objective manner. The EAT has stressed the importance of reasonableness by the employer when assessing a redundancy situation. Instead of focusing on the criteria themselves, employers should focus on the reasonableness of the criteria. Employers are thus given a degree of latitude when deciding on making redundancies.

A frequent selection criterion is that of "last in first out" (commonly known as LIFO) while other criteria may include the employee's absenteeism record or an employee's disciplinary record or his efficiency or his experience in a type of work he is contracted to perform or again the employee's academic or technical qualifications or the use of a points system.

Although the legislation does not provide for redundancy selection criteria there is important case law on this topic which needs to be examined. The case law indicates that each litigated case must be heard and judged in accordance with its individual merits.

In *Russell v College of North London*[36] the claimant was a disabled person. She was selected for redundancy after a *scoring mechanism*[37] called the Bradford Score showed that she had the highest sickness absence in

---

34 In *Nicholls v Rockwell Automation Ltd* UKEAT/0540/11/SM The EAT considered that the ET decision was unfair on two grounds. First, because some of the criteria were not capable of objective assessment and second because, some of the marks awarded to the claimant did not reflect what was recorded in the relevant documentation. Furthermore he EAT rejected that approach because the ET made no findings as to why the markers attributed the marks they did to the items in question and therefore had no basis for assessing whether or not they were reasonable.

35 UKEAT/0605/11/SM

36 UKEAT/0314/13/MC.

37 On the topic of *scoring mechanisms* see too *Nicholls v Rockwell Automation Ltd* UKEAT/0540/11.where the EAT stated that Employment Tribunals do not have the responsibility to examine an employer's scoring exercise unless there are doubts upon the employer's motives.

the pool. She complained that her disability had been unfair and that her selection for redundancy had been the result of disability discrimination. The Employment Tribunal dismissed all her complaints apart from the unfair dismissal one. On appeal the Employment Appeal Tribunal dismissed all her claims and held that "the formula adopted by her employer was rational and had been adopted for explicitly stated reasons and after consideration of the alternative formula it was within the range that might have been adopted by a reasonable employer."

In *Rolls-Royce plc v Unite the Union*[38] the main issue was whether the inclusion of length of service within the selection matrix for redundancy situations could be a breach of the regulations and thus unlawful. The Court of Appeal allowed companies to take *length of service* into account when deciding redundancies. The decision favours long-service employees. However, the Court of Appeal also stressed that length of service should not be used alone when deciding redundancies but is one of a range of criteria. In this case the court held that length of service criterion did not breach the regulations and was therefore lawful.

The complex case of *Eversheds Legal Services Ltd v De Delin*[39] concerns two related issues, namely, equal treatment between the sexes and *different treatment granted by law to pregnant employees and those on maternity leave*. In the words of Wilkinson J in the Employment Appeal Tribunal "The respondent had to make one of two employees redundant. The claimant's colleague was on maternity leave at the time. One of the scoring criteria was the length of time each employee took to recover money from their clients, but since the claimant's colleague had not been at work during the relevant period, she was awarded the maximum possible score in this area. Her total score ended up being the higher than the claimant's, by a very small margin, and he was made redundant. If she had not been given the maximum score the two scores would either have been level or the female colleague would have been selected for redundancy instead. The claimant claimed that he had been discriminated against because he had been treated less favourably than his female colleague." The Employment Tribunal held that the scoring method constituted unlawful sex discrimination and that therefore the claimant was unfairly dismissed. The Employment Appeal Tribunal held that it was not unlawful to give more favourable treatment to an employee while she is on maternity leave which is proportionate during her absence from work. The learned judge stressed that the proportionate aspect had to be "no more favourable than was reasonably necessary for that purpose." The Employment Appeal Tribunal held[40] that (a) the protection of the special position of

38 [2009] EWCA Civ. 387.

39 UKEAT/0352/10/JOJ

40 In the "Discussion and Conclusion" section of the judgment.

employees who are pregnant or on maternity leave may sometimes require them to be accorded treatment which is more favourable than that accorded to their colleagues (other women as well as men). That is self-evidently correct as a matter of principle." (b) "the obligation in question cannot extend to favouring pregnant employees or those on maternity leave beyond what is reasonably necessary to compensate them for the disadvantages occurred by their condition." (c) "to the extent that a benefit is extended to a woman who is pregnant and on maternity leave is disproportionate, we see no reason why a colleague, who is correspondingly disadvantaged should not be entitled to claim for sex discrimination...The only justification for treating a woman more favorably is the need to see that she is not disadvantaged by her condition, and when the treatment in question goes beyond what is reasonably necessary for that purpose a real injustice may be done to a colleague." Lest the reputation of the law in such circumstances should suffer, Wilkinson J. posited "Quite apart from the matter of principle, it is important not to bring into disrepute the legislation which protects pregnant women and those on maternity leave by giving it a wider scope than is properly required."

In *Swinburne & Jackson LLP v C.A. Simpson*[41] a redundancy in a solicitor's firm has held by the EAT to be genuine. The scoring matrix was based on eight criteria. The Employment Tribunal had found an important element of age discrimination and an unfair practice of selection of the claimant. On appeal against the unfair dismissal judgment the unfair dismissal was dismissed by the EAT which also found that the dismissal for redundancy was unfair. The EAT considered that the ET delivered a fully reasoned judgment which did not contain either errors of law or any misdirection.

9. What happens if the employer fails to follow to correct statutory procedure?

Slynn J, in *Spillers-French (Holdings) v USDAW* (1970), made it abundantly clear that "failure to give reasons at all or failure to include one of the matters specified (as above) might be serious. A failure to consult all matters or consultation only at the last minute, might be taken to be seen more serious."

Consultations on the above matters serve as an examination and scrutiny of the employer's proposals to effect redundancies with the hope that some of these redundancies would be avoided and the proposals dropped.

Professor Otto Khan-Freund goes even further to say that these provisions serve two different though connected purposes[42] "One is to enable the union to exert its influence in decisions about redundancies and perhaps particu-

---

41 UKEAT/0551/12/LA

42 In "Labour and the Law (3rd Edn) Davies and Freedland (Eds) at p. 119.

larly in the selection those who have to go. At the same time however, the object of the law is to protect the labour market against sudden changes in the supply and demand situation and also to prepare the ground for the redeployment of a redundant labour force."

Employees who have been affected may bring a complaint before an employment tribunal within three months of the last of the dismissals. If the tribunal finds the claim well-founded, it will make a declaration to that effect and may make a "protective award."

Such award will require the employer to pay the employee's remuneration for a protected period, which begins on the date when the first of the dismissals to which the employment relates took place and ends up to 90 days later. If the employer fails to consult on an individual basis, an affected employee may bring a complaint for unfair dismissal.

10. Statutory Protection of Appropriate Representatives

Elected employee representatives are protected from victimisation, any action short of dismissal or selection for redundancy by being given a right not to be subjected to any detriment by an act or deliberate failure to act by the employer on the ground that he is an elected employee representative (or a candidate for election as a representative) and is performing, (or will perform) any functions or activities in relation to his duties, such dismissal or selection for redundancy of an employee representative or a candidate for election is automatically unfair.

The appropriate representatives who are trade union officials are also protected against victimisation, dismissal, etc... and have a right to paid time off work to carry out their training as affected employee representatives

11. Exemption from duty to consult

Where *"special circumstances"* arise which render it not practicable to consult, the employer is able to exempt himself from the duty to consult. In these circumstances the employer must take such steps towards compliance as are reasonably practicable in the circumstances. This does not give the employer a "carte blanche" not to consult. One envisages a situation where a sudden and unexpected recession occurs making the financial situation so precarious that redundancies have to take place immediately. Otherwise the employer would become insolvent and consequent loss of jobs will occur. The burden of proof is on the employer to show (a) that there were special circumstances, (b)which made it reasonably not practicable to comply with the provisions of the Act and (c) that he took steps towards compliance with the requirements as were reasonably practicable in the circumstances.

In the case of *Shanahan Engineering Ltd v Unite the Union*[43] The EAT examined the decision of the Employment Tribunal which held that the employer who made fifty redundancies failed to consult with the trade union under the provisions of s. 188 of TULRCA. The Employment Tribunal decided that the employer should pay a 90 day Protective Award for failure to consult. The EAT felt that the appeal against the employer's failure to consult be upheld but that the protected award was over generous.

The brief facts of this case are as follows: The employer, Shanahan won a contract by another firm called Alstom for work on a power station. The contractual period was delayed by Alstom which resulted in having to dismiss immediately for redundancy 50 employees. Shanahan did not consult properly the recognised trade union. The Employment Tribunal was of the opinion that there existed special circumstances for the employer having to dismiss employees but nevertheless there was a possibility for the employer to consult, albeit a short consultation period.

The EAT held that there was a complete failure by the employer to consult under s. 188 of TULRCA because there was enough evidential material to suggest that consultation should have taken place. The EAT did not agree with the length of period awarded by the Employment Tribunal for the protective award which it considered harsh under the circumstances (namely the urgency of the dismissals) and remitted it to the Employment Tribunal to reconsider the decision of the protective award.

Richardson J said[44] "In this case while there was a complete failure to consult, there was material in the tribunal's own findings that would justify a lesser protected period. There were...special circumstances lying behind the failure, namely the sudden and unexpected direction by Alsrom to ease work on one of the generators...that ...is potentially a mitigating circumstance of considerable power and importance... it is true of course that the tribunal found the special circumstances not to excuse the failure to consult but that does not reasonably deprive it of its power as a mitigating factor. The tribunal ought to weigh carefully the balance, the special circumstance which it has found to exist. If it is not a mitigating factor it ought to say why. If it is a mitigating factor it should give effect to it ... It is now well established that a protective award is to provide a sanction for breach of the employer's obligation under s. 188 not to compensate employees and that the focus should be on the seriousness of the employer's default. Thus there is no linkage between the 90 day maximum award and the length of time consultation should have taken ...when assessing the seriousness of the default it is relevant both to consider the culpability of the employer and the harm of the default. The

43 UKEAT0411/09/DM.

44 *Ibid.* paragraphs 39, 40, 42, and 43 of the judgment.

tribunal should take into account all the circumstances and make such an award which is just and equitable."[45]

12. Remedies for failure to consult. Quid Juris?

There exist two remedies where an employer has failed to consult, namely the grant by an Employment Tribunal of a *protective award* or a claim by the employee for *unfair dismissal.*

Where the Employment Tribunal has found that the employer has breached the statutory duty to consult it will make a *declaration* that the employer has failed to consult and make a *protective award*. The specificities of the protective award are to be found in Elias J's judgment in *UK Coal Mining Ltd. V National Union of Mineworkers and British Colliery Management.*[46] He said "This is a case of deliberate and very serious breaches of the statutory requirements. The respondent deliberately gave a false reason for the proposals, deliberately failed to consult whilst the proposals were at the formative stage, and deliberately failed to consult at all on any matter which could have affected the timing of the first batch of compulsory redundancies. This is a bad case, and the maximum protected period of 90 days must be appropriate unless there are mitigating circumstances. We have considered whether the discussions which did take place...about such matters as alternative employment and payments to employees are sufficient mitigation to justify reducing the 90 day period. We have concluded that they are not. Their importance is outweighed by the deliberate act of the respondent. by giving a false reason for the redundancies, a rare if not unique feature of this case and one which makes the case particularly serious...That is a serious aggravating factor... which outweighs any mitigating factor...It is clear...that the purpose of the protective award is punitive not compensatory."

This dictum indicates the "ingredients" of the protective award, firstly, that its aim is a *punitive* one and by no means compensatory. In the second instance the EAT advised the Employment Tribunal to assess the length of the award at its *highest level*, namely 90 days pay for each of the employees made redundant because the consultation was virtually non- existent and in any case was falsified. Thirdly, this dictum shows the importance of the *wide discretion* which Employment Tribunals and courts have when making

45 See too Elias J's judgment in the *UK Coal Mining* case [2008] ICR 163. where he said "... even if there were special circumstances which made full compliance with the requirements of the statute not reasonably practicable, the respondent did not take such steps towards compliance with the requirements not reasonably practicable.... it was reasonable for the respondents to give a true reason for the redundancy proposals. It was also reasonably practicable for the respondent to consult between 26 January and 21February. The special circumstances defence fails on that ground alone."

46 [2007] EATUK/0397/06_2709 at para. 46.

this award. The award diminishes judging by the degree of culpability of the employer's statutory obligation to consult. Thus, where mitigating circumstances exist the award will be reduced at the discretion of the tribunal so as, in the fourth instance, to make the award *fair and equitable*. Finally, in this case the employer *deliberately* and *dishonestly* failed to consult thus attracting the highest level of protective award.[47]

This matter was summed up clearly and succinctly by Employment Judge A. Richardson[48] who applied the *Susie Radin Ltd v GMB et al* [2004] IRLR 400 formula. He said[49] "(1) The purpose of the award is to provide a sanction for breach by the employer of the obligations in s.188: it is not to compensate the employees for loss which they have suffered in consequence of the breach. (2) The ET have a wide discretion to do what is just and equitable in all the circumstances, but the focus should be on the seriousness of the employer's default. (3) The default may vary in seriousness from the technical to the complete failure to provide any of the required information and to consult, (4) The deliberateness of the failure may be relevant as may the availability to the employer of legal advice about the obligations under s. 188 (5) How the ET assesses the length of the protected period is a matter for the ET, but a proper approach in a case, where there has been no consultation is to start with the maximum period and reduce it only if there are mitigating circumstances justifying a reduction to an extent which the ET considers appropriate."

The additional remedy of unfair dismissal may be brought by the employee in certain circumstances. The most obvious of these circumstances is where the employee feels that the consultation process has been faulty and the employee therefore feels that the dismissal for redundancy was unfair.

It should be noted that a claim for unfair dismissal for redundancy may be brought at the same time as that of the protective award.

In *Thomas v BNP Parisbas Real Estates*[50] the claimant said that the consultation was a sham with a predetermined outcome with complaints, *inter alia*, about the time of dismissal, indicating that he was forced to conclude that the motive for making his position redundant was because he reached the age of 60. The Employment Tribunal considered that the employer acted reasonably and that therefore the dismissal was fair on both counts, namely, regarding consultation and age. On appeal the EAT disagreed and held that

---

47 See too *USDAW et al v WW Realisation 1 Ltd (in liquidation)* ET/3201156/10 concerning the demise of Woolworths which the Court of Appeal referred to the CJEU because the British law as to when the employer's duty to consult is triggered was not in accordance with the European Union Directive.

48 *Ms X Wu Holmes v Audiogum Ltd* 1401865/2020

49 *Ibid*. at para. 8.12

50 UKEAT/0134/16

the way the redundancy dismissal was made was unfair although it agreed that the age discrimination claim was unfounded. The case was remitted to another Employment Tribunal.

13. Collective redundancies and the transfer of undertakings

Employees have their normal rights when they transfer to a new employer under the Protection of Employment (Amendment) Regulations 2014[51] (commonly known as TUPE).[52] Before starting the redundancy process the employee needs to consider all the options at her/his disposal to reduce or, even better, to avoid a redundancy.

Prior to a transfer to the TUPE transfer the employer (i.e. the new employer) and the employer making the transfer (i.e. the old employer) cannot make any redundancies before the transfer if the reason(s) relate(s) to the transfer itself.[53] In other words, the employer cannot reduce the workforce to make the organisation or service cheaper to run so as to try to find a buyer. Nor can the new employer ask the old employer to make 20 or more redundancies at the same establishment within the 90-day period after the transfer has taken place. The new employer may be able to start a collective consultation with the affected employees *before* the transfer takes place, but only subject to the agreement of the old employer. The consultation must start at least 30 days before any employee is made redundant. The old employer can, of course, make redundancies if such redundancies are not related to the transfer, by following the normal redundancy procedures.

After the transfer has taken place, both employers, the old and the new employers, can only make redundancies related to the transfer if

51 The main changes made by the 2014 TUPE Regulations consist of amendments to the provisions which give protection against dismissal and restrict changes to contracts. These protections apply where the sole or principal reason for the dismissal or variation of the employment contract is the transfer.

52 For a detailed analysis on transfers of undertakings see Jo Carby-Hall "Transfer of Undertakings in the United Kingdom" in "La Transmision de Empresses en Europa" Professors Bruno Veneziani and Umberto Carabelli (Eds) (SOCRATES Programme) Cacucci Editore (1999) at pp. 187 – 263 and pp. 325 – 332. See too Jo Carby-Hall "The Concept of Direct Incorporation" in "Estudios de Historia del Derecho Europeo" Vol. 2. R. Perez Bustamente (Ed) (1994) University of Madrid. Editorial Complutense. Jo Carby-Hall "La Fonction de l'Effet du Droit Social Britannique Dans le Contexte du Débat Emploi – Chômage" Revue Internationale du droit Comparé. Paris (1997). Jo Carby-Hall "La Crise de l'Etat Providence en Grande Bretagne" Revue Internationale du Droit Comparé. Paris (1996).

53 If the reason for the transfer is not related to the transfer the old employer is enabled to make redundancies using normal redundancy procedures as described above. No ETO reason involving the change in the workforce is needed.

there is both (a) an economic technical or organisational (ETO)[54] reason involving (a) a change in the workforce[55] and (b) a genuine redundancy situation.

A genuine redundancy situation could exist where a part, or all of the organisation is (a) closing or has already closed; (b)changing the types or numbers of roles needed to perform a certain type of work; or (c) changing location.[56]

Where an employee refuses to transfer or wishes to leave before or following the transfer she/he must express that wish in writing. In these circumstances they would normally not qualify for redundancy pay or claim unfair dismissal.

14. How has the United Kingdom departure from the European Union affected collective redundancy laws?

At the time of writing insignificant changes have been made to the collective redundancy law as described above which, of course includes the provisions of the EU Directive on redundancies[57] and the case law heard by the Court of Justice of the European Union (CJEU) relating to that Directive both of which were legally binding on the United Kingdom when that country was a member of the European Union. Since the UK's departure from the EU, (commonly referred to as "Brexit" the UK is no longer legally bound by any of the European Union Directives, Regulations, Decisions or case law heard by the CJEU. The Retained EU Law (Revocation and Reform)

54 ETO reasons can include essential cost-saving requirements (economic reasons), the use of new processes and equipment/machinery (technical reasons); structural changes to the establishment (organisational reasons).

55 A change in the workforce could mean redundancies occurring, a restructure of important significance or a change of location of the workplace.

56 Where the employer needs to make redundancies in terms of roles, the employer must (a) treat transferred staff in the manner as employees who worked there longer; (b) select the employees in a fair manner and not disadvantage employees who have been transferred and (c) consult fully the employees or their representatives regarding the proposed selection method and criteria.

57 The Collective Redundancies Directive 98/59/EC provides for the procedures which an employer is under a duty to perform towards its workforce if it finds it necessary to make more than 20 employees redundant over 90 days or 10 to 30 employees depending on the size of the company or other establishment over 30 days, if the member state chooses this option. The Directive sets the minimum standards for information and consultation with employees where a significant number of these are affected by proposed redundancies.

Act 2023[58] (hereinafter called REUL) is "An Act to revoke certain retained EU law, to make provision relation to the interpretation of retained EU law and to its relationship to other law, to make provision relating to powers to modify retained EU law to enable the restatement, replacement or updating of certain retained EU law, to enable the updating of restatements and replacement provision, to abolish the business impact target; and for connected purposes."[59]

The retained EU law is a special type of domestic law created by the European Union (Withdrawal) Act 2018. It was created to avoid large gaps in the statute book which would otherwise emerge when the UK left the EU and EU law ceased to apply to the UK.

As well as converting EU law into a new form of British domestic law the 2018 Act also provided special features associated with EU law so that they too formed part of the Retained EU Law (Revocation and Reform) Act 2023 and could be relied on in the UK courts. These included (a) the supremacy of REUL over other types of conflicting domestic law, (b) the application of general EU principles to inform how REUL should be interpreted and applied and (c) the concept of directly effective retained EU rights.[60]

To put the above in a nutshell, REUL is a type of domestic law which was created by the EU Withdrawal Act 2018 (EUWA) and which came into force at the end of the UK post-brexit transition period on 31st December 2020.

The primary aim of REUL is to provide legal certainty after the end of the transition period. Following Brexit, the UK is no longer an EU member state. EU legislation as it applied to the UK on 31st December 2020 became part of the UK domestic legislation under the control of the UK's Parliaments and Assemblies and is published on legislation.gov.uk. It should be carefully noticed that the devolved countries' Parliaments and Assemblies forming the UK,[61] namely Scotland, Wales and Northern Ireland, are also bound by the UK legislation.

Thus retained EU law will be interpreted by domestic courts in accordance with relevant pre-brexit CJEU case law and any retained principles of EU law. The case law will have the same binding effect under the British judicial precedent system in all British courts and tribunals but will not be

---

58 UK Public General Acts 2023 chapter 28.

59 As stated on 20th June 2023.

60 Source: https://commonslibrary.parliament.uk/which-retained-eu-laws-will-expire-at-the-end-of-2023/ (Retrieved on 24th May 2024). UK Parliament. House of Commons Library.

61 For a detailed analysis and evaluation on devolution see Jo Carby-Hall "La Décentralisation au Royaume Uni" in "Décentralisation et Territoires" (Professor Christian Garbar (Ed) Presses Universitaires de Poitiers (The book is due for publication in Autumn 2024)

bound by CJEU case law or any EU laws such as Directives, Recommendations, etc.

15. What future changes in the collective dismissal redundancy field are expected?

A Labour Government was returned in the parliamentary elections of 4th July 2024. In its Election Manifesto and New Deal Plan, several changes in various employment fields have been proposed[62], some of which relate to collective dismissals by reason of redundancy. It is proposed to concentrate solely on this latter issue, namely, the concept of collective dismissals by reason of redundancy.

These changes will take time to filter through the legislative process and may very well change during that process. Regarding the time span in which these changes will be made, the New Deal Plan states that the legislation will be made "within 100 days of entering government."[63] This statement is optimistic for the labour government proposes to "consult with businesses, workers and civil society on how to put our plans into practice before legislation is passed." This proposed procedure will be a lengthy one and the manifesto acknowledges that "some employment legislation will take "longer to review and implement."

Every effort is being made to analyse and evaluate accurately what has been said on the collective redundancies changes in the Labour Party manifesto. The changes proposed in this narrow field of law are the following: -

In the first instance, the reader will have noticed throughout this chapter that the collective redundancy dismissal rights are granted solely to a person who holds the status of "employee." Under current law there are three types of employment status, namely that of employee, worker and independent contractor or self-employed. Each of these has different rights. The status of

62 For example, family friendly rights, equality and equal pay, a right to switch off, fire and rehire rights, a genuine living wage, ban on zero hour contracts and other forms of exploitation, a single enforcement body, protection from surveillance, bereavement leave, flexible working from day one with other day one rights for unfair dismissal(thus doing away with the current two year qualifying period), pay gaps, a right to enable employees to raise grievances collectively regrading conduct at their workplace, and a great deal more.

63 Source: https://labour.org.ukwp-content/uploads/2024/06/Change-Labour-Party-Manifesto-2024-large-print.pdf (13th June, 2024) (Retrieved 14th June, 2024).

employee enjoys most of the rights[64], the status of worker has limited rights[65] and the self-employed have even fewer rights.[66]

One of the changes intended to be made by the Labour Government is to create a single status of "worker" which will include the current status of worker and that of employee. It is suggested that the new terminology of "worker" will subsume the current employee and worker statuses. This will mean that all the rights currently granted to those holding the status of employees will also apply to those currently having the status of workers. This would signify that more people will be entitled to the collective redundancy rights as analysed and evaluated above. It would mean that those without contracts of employment will benefit from such rights assuming, of course, that the collective redundancy rights remain the same as they currently are. Those who are *genuinely* self-employed will not be affected

Secondly, the current right of the employee to claim unfair dismissal, which includes constructive dismissal[67] is conditional upon the employee serving continuously the employer for two years. If the employee is dismissed within the two years, she/he has no redress other than to make a claim in the Employment Tribunal for wrongful dismissal at common law under the terms of the contract of employment. In its manifesto the Labour Party states

64 The status of "employee" is defined as a person who work under a contract of employment of contract of service (whether written or verbal). Employees have a right to statutory sick pay, statutory maternity pay and leave, statutory paternity pay and leave, statutory parental pay and leave, a right to a minimum notice period when the contract of service ends, statutory protection under the unfair dismissal law, the right to request flexible work, time off for emergencies, statutory redundancy pay (after two years' service with the employer), as well as all the rights given to those holding the status of "worker" (See footnote below)

65 The status of "worker is defined as a person who has a contract or other arrangement to do work personally for a financial reward or a benefit in kind. Generally a person holding that status cannot sub-contract the work. Their employer must have work for them to do so long as the contract or arrangement lasts, and they are not doing the work as part of their own limited company in an arrangement where the "employer" is actually a customer or client. Their rights are limited to the national minimum wage, protection against the unlawful deduction of wages, statutory minimum paid holiday, length of rest breaks, maximum working hours of 48 hours a week on average, (or exemption of that right if they choose), They may be entitled to statutory sick pay, maternity and paternity pay, adoption pay, and shared parental pay.

66 The self-employed or independent contractors are persons who run their business for themselves and take responsibility foe their success or failure. They do not enjoy the rights or responsibilities of employees and workers.

67 For a more detailed evaluation on this aspect see Aneta Tyc and Jo Carby-Hall "L'Aproche Britannique du Licenciément Constructif" in Revue Comparé de Droit du travail et de la Securité Sociale. Presses Universitaires de Bordeaux. This article published in French in March 2024 will be published in English and entitled "The British Approach to Constructive Dismissal" in the English edition of this "Revue" in December 2024.

that unfair dismissal will be a day one right[68] thus doing away with the two-year qualifying period. As we have seen, in collective redundancy dismissals. employees are entitled to a redundancy pay, but to qualify, they need to have continuous service with the employer for two years. If they are dismissed because they are made redundant within the first two years of employment their entitlement to redundancy pay is neutralised. Although nothing is said in the labour party manifesto on redundancy payments and the qualifying period with regard to redundancy pay, it is submitted, by parity of reasoning, that the two year qualifying period for the entitlement of redundancy pay will be dispensed with since collective dismissals by reason of redundancy, clearly fall within the category of dismissals.

Thirdly. a proposal has been made in the Labour manifesto to review the current consultation requirements for collective redundancies which are triggered where the proposal is to make 20 or more employees redundant in one establishment within a period of 90 or less days. The Labour Government has pledged to strengthen the current redundancy and protections rights by ensuring that the right to collective redundancy consultations be determined by the number of employees impacted across the whole business rather than, as is currently the case, in one workplace. This will affect the multinationals and large employers in particular, but also possibly some small and medium employers. (SMEs) in that if there are plans to make 20 or more employees redundant in different workplaces in the country which total 20 or more redundancies within a 90 day period. It is difficult to envisage how that would work practically especially if the reasons for making redundancies are unrelated in workplaces Would that mean that collective consultations would be triggered more often?

To make matters more uncertain the Labour manifesto talks of strengthening the rights and protections during the redundancy and TUPE processes when hardly any problems exist with regard to TUPE whose protection to employees is considered by many employers to be robust, It is a possibility that a Labour Government is considering the changes with a view to its policy of giving rights to workers once the current difference between the status of employee and that of worker has been eliminated. The waters become truly muddy in this respect! [69]

---

68 Along with parental leave and sick pay which will also become day one rights.

69 For further reading see Nicola Kountouris, Simon Deakin, Mark Freedland, Aristea Koukianaki and Heremias Prassl "Report on Collective Dismissals. A Comparative and Contextual analysis of the Law of Collective Redundancies in Thirteen European countries" ILO Geneva and EU Social Fund; F. Gaudu "Collective Redundancies for Economic Motives" Sage Journals (2011) https://assets.publishing.service.gov.uk media (Retrieved 19th July 2024)."Responses to Call for Evidence on Collective Redundancy" UK Government and "Workers' Rights under Starmer's Labour" July 16th 2024 by Melissa Reid and Ashley Moss. https://cleangottlieb,com/news-and-insights/publication-listing/workers-rights-under-starmers-labour (Retrieved 17th July 2024).

An Epitome

Eight key matters epitomise the analysis and evaluation of what has been said in this chapter.

Firstly, there is a statutory duty on employers to consult in all collective redundancy situations when 20 or more employees are to be made redundant.

In the second instance, consultations must be undertaken with a view to reaching an agreement unless circumstances do not allow of that.

Thirdly, the duty to consult exists irrespective of whether it is envisaged that redundancies will be voluntary or compulsory.

The following information needs to be provided to the recognised trade union or employee representatives in the fourth instance, namely (a) the reason(s) for the redundancy; (b) the number of employees to be made redundant in each of the categories; (c) the plan to select employees to be made redundant in each category; (d) how the redundancies would be carried out; and (e) the manner in which redundancy pay would be calculated.

Fifthly, consultation aims at avoiding, diminishing or mitigating redundancies from occurring. Such consultations may have the effect of creating alternative employment schemes, job patterns, job-sharing proposals and so on.

In the sixth instance, the consultation process will continue within the framework of a reasonable amount of time until all the issues are agreed on both sides, namely management, trade unions and/or employee representatives or as a last resort, employees themselves.

There features a cluster of relevant collective redundancy issues discussed in the chapter in the seventh instance. It includes TUPE and its relationship with collective redundancies, remedies for failure by the employer to apply the correct procedure to consult, the exemption from duty to consult, redundancy selection criteria and the protection of the appropriate representatives.

The eighth matter relates to an amalgam treating a variety of related, though important matters, which feature in the chapter, namely the Brexit effects on collective redundancy and what future major changes are proposed in the field of collective redundancies by the newly elected British Labour Government.[70]

70 The law on collective dismissals in the United Kingdom is stated as at 24th July 2024.

CAPÍTULO XIII

SINDACATO, CONTRATTAZIONE COLLETTIVA E TUTELA DI GENERE NELLE TRASFORMAZIONI DELL'IMPRESA

Lara Lazzeroni
Associata di Diritto del Lavoro
Università di Siena

1. Trasformazioni dell'impresa e misure a presidio degli impatti di genere nella prospettiva italiana

Le trasformazioni produttive e organizzative delle imprese hanno sempre rappresentato una delle questioni più importanti per valutare gli impatti discriminatori in generale e quelli di genere in particolare. Nei vari ordinamenti europei sono infatti presenti strumenti che vedono il sindacato partecipe di tali processi di trasformazione anche con lo scopo di gestire e ridurre gli impatti discriminatori. Tra gli ambiti maggiormente interessati vediamo quelli relativi alla gestione delle situazioni di crisi aziendale, trasferimento d'azienda e licenziamenti collettivi che sono regolati da specifiche norme di legge. Così, il sindacato, da un lato, *(1)* è chiamato a giocare un ruolo significativo da parte del legislatore in tali contesti di trasformazione, riduzione o trasferimento d'impresa e, dall'altro, *(2)* ha in più occasioni contrattato accordi che prevedano un coinvolgimento sindacale, anche a prescindere da situazioni patologiche, e con lo scopo di partecipare alla organizzazione "ordinaria" dell'impresa o di stabilire regole di organizzazione aziendale.

Quanto al primo aspetto *(1)*, gli ambiti in cui sono previste forme di partecipazione sindacale da parte del legislatore europeo sono, come noto: la direttiva sui Comitati aziendali europei (94/45/CE); quella in materia di licenziamenti collettivi (98/59/CE); quella in tema di trasferimenti di imprese, di stabilimenti o di parti di imprese/stabilimenti (2001/23/CE); quella sull'istituzione di un comitato aziendale europeo (2009/38/CE), quella (correttiva della dir. 2017/1132/UE) riguardante i quadri di ristrutturazione preventiva, l'esdebitazione e le interdizioni, e le misure volte ad aumentare l'efficacia delle procedure di ristrutturazione, insolvenza ed esdebitazione (2019/1023/UE); quella che definisce il quadro generale sull'informazione e consultazione dei lavoratori (2002/14/CE). A queste si accompagnano provvedimenti, come la direttiva NFRD o la CSRD[1], che impongono a determinate tipologie di imprese di dichiarare dati e notizie relativi agli impatti delle proprie azioni sui lavoratori (e sull'ambiente), incluso il rispetto dei diritti di informazione e consultazione sindacali.

Nella trasposizione italiana, tali norme europee non hanno avuto uno sviluppo particolare e, soprattutto, per quello che riguarda i diritti delle donne nel contesto di tali trasformazioni, non si riscontrano regole significative, fatta eccezione per quelle relative a:

a) Necessità di prevedere, in accordo con i sindacati, nel caso di licenziamenti collettivi, che i criteri di scelta adottati per individuare il personale da licenziare non producano, neppure indirettamente un impatto di genere (art. 5, l. 223/1991);

b) Necessità che si rispetti l'equilibrio di genere nella intimazione dei licenziamenti collettivi e negli accordi sindacali relativi a tali licenziamenti, grazie alla previsione secondo cui, *"L'impresa non può altresì licenziare una percentuale di manodopera femminile superiore alla percentuale di manodopera femminile occupata con riguardo alle mansioni prese in considerazione"* (art. 5, comma 2, l. 223/91).

Tali interventi italiani, in adesione alle normative europee, sono poco significativi per superare il *gender gap* e per stimolare il sindacato a fare azioni di contrattazione collettiva a favore del genere femminile. Fra l'altro tali interventi confermano che l'azione del sindacato italiano è essenzialmente limitata ai lavoratori attivi e non si estende, come invece dovrebbe, nella direzione di un «governo delle dinamiche dei nuovi mercati transizionali del lavoro» (Tira-

1 Rispettivamente: direttiva 2014/95/UE sulle informazioni di carattere non finanziario e Direttiva (UE) 2022/2464 del Parlamento europeo e del Consiglio del 14 dicembre 2022 (Corporate Sustainability Reporting Directive) che modifica il regolamento (UE) n. 537/2014, la direttiva 2004/109/CE, la direttiva 2006/43/CE e la direttiva 2013/34/UE per quanto riguarda la rendicontazione societaria di sostenibilità.

boschi 2021, 229). Questa strada, peraltro, verso un ruolo del sindacato nel mercato del lavoro e non solo nei rapporti di lavoro, è da tempo suggerita dal Libro Verde della Commissione europea del 2001 e dalla Comunicazione della Commissione del 2002[2].

Quanto invece al ruolo del sindacato nella organizzazione "ordinaria" dell'impresa ***(2)***, negli ultimi anni, alcuni contratti collettivi italiani si sono mossi in favore di una partecipazione "organizzativa", a prescindere da situazioni di crisi o di trasferimento attività. In alcuni di tali contratti, come il CCNL metalmeccanici del 5 febbraio 2021, oppure il CCNL "per i dipendenti del sistema industriale integrato di beni e servizi" del 5 gennaio 2021, il sindacato è coinvolto anche sui temi dell'andamento occupazionale, oppure è chiamato in causa per la costituzione di osservatori sui fenomeni aziendali (come nel caso del CCNL per gli addetti dell'industria chimica del luglio 2018)[3]. Tali esempi mostrano l'importanza che ha, e che avrebbe, il coinvolgimento del sindacato e l'utilizzo della contrattazione collettiva, anche in Italia, per favorire la riduzione del divario di genere[4].

Nel senso di valorizzare la contrattazione collettiva, in Italia, sui temi della tutela antidiscriminatoria di genere, molto importante è l'introduzione del cosiddetto "contratto collettivo di prossimità" (art. 8 del d.l. 138/2011)[5]. Si tratta di una contrattazione di livello aziendale (ma anche territoriale) attraverso la quale, in presenza di circostanze specifiche[6], e rispettando una specifica procedura di approvazione del contratto collettivo, è possibile regolare istituti relativi anche alla organizzazione del lavoro (come la disciplina dell'orario di lavoro; la modifica delle mansioni; l'inquadramento del personale; la disciplina dei lavori atipici e le modalità di assunzione) in deroga (anche peggiorativa) alla legge e ai contratti collettivi nazionali, e con efficacia obbligatoria per tutti i lavoratori.

---

2 *Comunicazione della Commissione relativa alla responsabilità sociale delle imprese: un contributo delle imprese allo sviluppo sostenibile*, COM(2002) 347 def.

3 Su tali temi, confronta l'indagine svolta da LAFRATTA, Daniela. 2023. *La contrattazione collettiva per la partecipazione dei lavoratori alla gestione aziendale*, in V. BAVARO, M.C. CATAUDELLA, A. LASSANDARI, L. LAZZERONI, M. TIRABOSCHI, G. ZILIO GRANDI (a cura di), *La funzione del contratto collettivo. Salari, produttività, mercato del lavoro*. Adapt University Press, 261-277.

4 Affronta dettagliatamente i dati al riguardo nel confronto fra Paesi dell'UE, già il Rapporto ETUC del 2014: https://www.etuc.org/sites/default/files/publication/files/bargaining_equality_it.pdf

5 *Cfr*. LAZZERONI, Lara. 2017. *La regolazione per legge del contratto collettivo aziendale alla luce dei principi costituzionali*, Giappichelli, Torino.

6 Tali circostanze sono tassativamente "finalizzate alla maggiore occupazione, alla qualità dei contratti di lavoro, all'adozione di forme di partecipazione dei lavoratori, alla emersione del lavoro irregolare, agli incrementi di competitività e di salario, alla gestione delle crisi aziendali e occupazionali, agli investimenti e all'avvio di nuove attività".

L'istituto è stato spesso additato di destrutturare le relazioni industriali italiane (potendo derogare al contratto nazionale e alla legge), oppure di creare altri impatti negativi specifici, potendo incidere negativamente sui diritti minimi dei lavoratori – come nel caso di quei contratti di prossimità che introducono sistemi di premialità in base alla maggiore presenza nei luoghi di lavoro (passibili di discriminazione indiretta) – ma va tuttavia detto che molte volte tale strumento è stato usato dai sindacati proprio per tentare di gestire l'organizzazione aziendale coordinandola con le necessità organizzative delle donne, come ampiamente documentato[7].

Quale rafforzativo di tale tema va inoltre detto che, in generale, la direttiva 2002/14/Ce relativa ai diritti di informazione e consultazione, è stata interpretata, in Italia (attraverso la legge n. 25 del 2007), non nel senso di attribuire ai ***lavoratori*** tali diritti di partecipazione (come invece sembra pensata la direttiva stessa), ma per assegnare tali funzioni alle *organizzazioni sindacali*, soprattutto alle rappresentanze elette in azienda. Tale aspetto, infatti, intende in parte rispondere a quanto già previsto all'art. 46 della Costituzione secondo cui "(...) *la Repubblica riconosce il diritto dei lavoratori a collaborare, nei modi e nei limiti stabiliti dalle leggi, alla gestione delle aziende*". I sindacati italiani hanno così risposto a tali indicazioni della direttiva europea redigendo contratti collettivi con contenuti talvolta perfino più ampi della legge di recepimento del 2007, nella direzione indicata anche dalla giurisprudenza della Corte di Giustizia dell'UE, come nel caso *Allianz Vorsorgekasse* (Causa C-699/17 del 4 aprile 2019). Invece è molto scarsa, per non dire assente, la contrattazione collettiva sui diritti di partecipazione relativi alla gestione (o co-gestione) dell'impresa, per la quale possiamo essenzialmente annoverare il CCNL dei metalmeccanici del 5 febbraio 2021 (art. 9-*bis*) e il CCNL Federconcia (settore concerie) del 31 agosto 2021.

In questo frangente, per quello che invece riguarda il tentativo di recuperare o sopperire alle disparità di genere, alcune norme negli ultimi anni indirizzano ad azioni specifiche che chiamano in causa anche la contrattazione collettiva:

a) La legge 162 del 2021 (che ha modificato il T.U. sulla parità di genere del 198/2006), ha previsto che *"Le aziende pubbliche e private che occupano oltre cinquanta dipendenti sono tenute a redigere un rapporto ogni due anni sulla situazione del personale maschile e femminile in ognuna delle professioni ed in relazione allo stato di assunzioni, della formazione, della promozione professionale, dei livelli, dei passaggi di categoria o di qualifica, di altri fenomeni di mobilità, dell'intervento della Cassa integrazione guadagni, dei licenziamenti, dei prepensionamenti e pensionamenti, della retribuzione effettivamente corrisposta.*

7 *Cfr*, ad esempio, l'ampia ricerca svolta in tal senso da Vigli, Cristina. 2021. *Parità di genere nel mercato del lavoro e contrattazione collettiva nelle esperienze italiana ed europea*, in Working Paper Adapt, in https://moodle.adaptland.it/mod/resource/view.php?id=25084.

Le aziende pubbliche e private che occupano fino a cinquanta dipendenti possono, su base volontaria, redigere il rapporto di cui al comma 1 con le modalità previste dal presente articolo".

b) Il d.lgs. n. 5 del 2010 ha inserito l'art. 50-bis nel d. lgs. 198/2006, stabilendo che «i contratti collettivi possono prevedere misure specifiche, ivi compresi codici di condotta, linee guida e buone prassi, per prevenire tutte le forme di discriminazione sessuale e, in particolare, le molestie e le molestie sessuali nel luogo del lavoro, nelle condizioni di lavoro, nonché nella formazione e crescita professionale».

c) Il d.lgs.80/ 2015 e il d.i. 12 settembre 2017 hanno rispettivamente disposto e disciplinato l'accessibilità al fondo per il finanziamento degli sgravi contributivi per incentivare la contrattazione di secondo livello per le imprese che introducano o migliorino il proprio assetto organizzativo in materia di conciliazione vita e lavoro.

d) L'art. 25 del d. lgs. 80/2015 ha previsto degli sgravi contributivi alla contrattazione collettiva aziendale e territoriale diretta a favorire politiche conciliative vita-lavoro, che notoriamente sono di supporto alle lavoratrici, più spesso dedite ai lavori di cura.

e) La legge n. 53 del 2022, all'art. 2, ha previsto che "al fine di supportare le politiche e le azioni di contrasto alla violenza di genere, la Presidenza del Consiglio dei ministri (...) si avvale dei dati e delle rilevazioni effettuate dall'Istituto nazionale di statistica (ISTAT) e dal Sistema statistico nazionale (SISTAN)".

Proprio a quest'ultimo riguardo, i dati Istat mostrano un tasso di occupazione femminile, in Italia, tra i peggiori nel panorama europeo, con una particolare accentuazione nelle regioni del Sud-Italia che ha dati molto più bassi della media delle altre regioni del centro-nord. È tuttavia interessante notare che tali dati sono solo in parte dovuti alla difficoltà di avere contratti collettivi capaci di garantire una giusta conciliazione tra tempi di vita e di lavoro, perché una parte importante delle motivazioni che spingono le donne al solo lavoro domestico è legata alla specifica volontà di accudire casa, figli o familiari in generale[8].

Infine, va tenuto conto che l'OIL si è di recente occupato del tema della integrazione delle politiche di genere come una delle azioni richieste alle organizzazioni sindacali. La Convenzione n. 190 del 21 giugno 2019 (che l'Italia ha ratificato con legge n. 4 del 2021) ha infatti stabilito che, *"in conformità con il diritto e le circostanze nazionali e in consultazione con le organizzazioni di rappresentanza dei datori di lavoro e dei lavoratori, [gli Stati] Membri sono tenuti ad adottare un approccio inclusivo, integrato e incen-*

8 *Cfr.* NEGRI, Stefania e Francesca VALENTE, 2022. *Mercato del lavoro e squilibri di genere: un primo approfondimento*, in https://www.bollettinoadapt.it/mercato-del-lavoro-e-squilibri-di-genere-un-primo-approfondimento/.

trato sulla prospettiva di genere per la prevenzione e l'eliminazione della violenza e delle molestie nel mondo del lavoro" (art. 4, comma 2)[9].

2. Trasformazioni digitali dell'impresa e scenari evolutivi attesi

A fianco al tema delle vicende modificative dell'impresa (e relative alla riorganizzazione degli assetti produttivi di cui sopra), vi sono quelle relative alla trasformazione digitale della società, che sono destinate ad avere un grande impatto sull'impresa stessa.

Gli aspetti implicati sono davvero molti; due di questi, in particolare, meritano di essere evidenziati.

Innanzitutto, quanto al primo aspetto *(1)* nei contesti o situazioni implicanti l'uso di sistemi algoritmici o decisionali automatizzati (come nel caso del lavoro su piattaforme digitali), in cui non sia chiaro come qualificare il rapporto di lavoro (se cioè come lavoro subordinato o autonomo), il sindacato dovrebbe poter sempre esercitare il diritto di accesso al funzionamento dell'algoritmo e il diritto alla *disclosure*, sul presupposto che vi è la potenzialità che le stesse piattaforme facciano ricorso al lavoro subordinato. In questo senso, si è espresso il Tribunale di Torino del 7 agosto 2023, con una sentenza del tutto originale al riguardo.

Fra l'altro, il fatto di estendere la partecipazione sindacale in favore di un bacino di lavoratori più ampio rappresenta una delle fondamentali chiavi di sopravvivenza – o se non altro di conservazione – dei livelli di adesione sindacale da parte dei lavoratori. Un ampio rapporto dell'OIL del 2020[10] evidenzia infatti (con i dati IPSP 2018) come il processo di routinizzazione robotica[11] e di trasformazione tecnologica tenda a rendere superflui proprio quei lavori altamente sindacalizzati, e che sono storicamente collocati al centro della "distruzione" delle occupazioni (operai specializzati, addetti alle macchine e all'ufficio), mentre aumenta l'occupazione in lavori solitamente meno sindacalizzati, in particolare legati alla dirigenza e alle professioni intellettuali.

---

9 *Cfr*. altresì l'art. 9, lett. a) che prevede "l'adozione e l'attuazione, in consultazione con i lavoratori e i loro rappresentanti, di una politica in materia di violenza e di molestie nei luoghi di lavoro". Con l'obiettivo di coinvolgere i sindacati anche in ordine a orientamento e formazione, *cfr.* l'art. 11.

10 *Cfr*. Visser, Jelle. 2020. *I sindacati in transizione, Documento OIL/ACTRAV"* Roma: Organizzazione Internazionale del Lavoro.

11 Autor, David H., Levy, Frank, e Richard J. Murnane. 2003. "The Skill content of recent technological change: An empirical exploration." *Quarterly Journal of Economics*. 118 (4): 1279–334.

Tale processo si lega negativamente al *trend* di riduzione della sindacalizzazione tra i giovani[12], che sono appunto destinati a sostituire coloro che escono definitivamente dal mercato del lavoro per pensionamento. Ma tale processo si lega anche all'incremento di intermediari digitali, come le piattaforme, che trasformano radicalmente i rapporti di lavoro. E' dunque importante che l'azione sindacale si orienti verso la dimensione del lavoro autonomo, temporaneo e informale delle piattaforme; si orienti quindi verso i *workers* del *web*, onde ricondurli alla subordinazione[13]: ma l'operazione è complessa e non necessariamente vantaggiosa in termini di percentuali degli iscritti.

Inoltre, va considerata la complessità di estendere la rappresentatività sindacale al lavoro autonomo[14], dal momento che molte legislazioni non consentono la sindacalizzazione degli autonomi, ritenendola in violazione delle leggi *antitrust*. Tuttavia, a livello europeo si registrano delle aperture al riguardo da parte della Commissione europea[15] e da parte del Comitato europeo dei diritti sociali[16]. Quanto all'Italia, invece, tale limite si può considerare ormai già superato, dal momento che il diritto alla contrattazione degli autonomi è riconosciuto da alcune previsioni normative e dalla giurisprudenza, inclusa quella della Corte Costituzionale (sentenze nn. 222/1975 e 53/1986).

Da questo punto di vista, la direttiva sul lavoro mediante piattaforme digitali continua a riflettere il ritardo con cui l'UE affronta il tema del sindacato dei lavoratori autonomi, prevedendo il coinvolgimento sindacale solo relati-

---

12 COMMISSIONE EUROPEA, *Employment and Social Developments in Europe – Young Europeans: employment and social challenges* ahead (Occupazione e sviluppi sociali in Europa – Giovani europei: sfide occupazionali e sociali), revisione annuale 2022.

13 JOHNSTON, Hannah, e Chris LAND-KAZLAUSKAS. 2018. *Organizing on-demand: Representation, voice, and collective Bargaining in the Gig Economy*. Ginevra: ILO (Conditions of Work and Employment Series), n. 94.

14 *Cfr*. tuttavia par. 3, lett. a) del Documento di lavoro dei servizi della Commissione che accompagna il documento Comunicazione della Commissione al Parlamento europeo, al Consiglio, al Comitato europeo e sociale e al Comitato delle Regioni. *Istituzione di un pilastro europeo dei diritti sociali* (SWD/2017/0201 def.), in cui si legge che «Le parti sociali possono migliorare l'adesione e la rappresentatività sia dei sindacati che delle organizzazioni dei datori di lavoro, in particolare per quanto riguarda la loro capacità di rappresentare i lavoratori autonomi».

15 *Background note. Dedicated meeting with social partners regarding the application of EU competition law on collective bargaining agreements by self-employed*, 26 marzo, 2021.

16 Per un resoconto delle posizioni istituzionali, *cfr*. BORELLI, Silvia. 2022. "Contrattazione dell'algoritmo (voce)". In Silvia BORELLI, Vania BRINO, Claudia FALERI, Lara LAZZERONI, Laura TEBANO, e Loredana ZAPPALÀ, *Lavoro e tecnologie*. *Dizionario del diritto del lavoro che cambia*, 44-47. Giappichelli, Torino. *Cfr*. altresì BIASI, Marco. 2023. "Beyond employment: the protection of platform worlers in a holistic perspective." In *New Technology and Labour Law. Selected topics*, a cura di Antonio Lo Faro, 148-50. Torino: Giappichelli.

vamente al lavoro subordinato (quand'anche si riconosca che i destinatari del lavoro su piattaforma sono soprattutto gli autonomi)[17].

Un secondo aspetto *(2)* che merita di essere evidenziato riguarda la "smaterializzazione" dell'impresa: argomento che i Paesi sviluppati si troveranno ad affrontare ben presto. La trasformazione digitale, infatti, determinerà, in maniera crescente nel tempo, quel processo di allontanamento dell'impresa e dei lavori da un luogo geografico e fisico. Ci troveremo cioè di fronte a un numero crescente di imprese che, grazie alla trasformazione digitale e alla digitalizzazione, modificheranno il loro processo produttivo trasformando il luogo di lavoro in "non luogo". Tanto che l'impresa globalizzata potrà avere la libertà di «non ritenersi responsabile nei confronti dei luoghi [...] né di preoccuparsi delle conseguenze associate al suo modo di funzionare»[18]. Sempre più lavoratori non saranno scelti tra la popolazione che risiede nell'area geografica dell'impresa, dal momento che sarà sempre più spesso irrilevante, per il lavoro nella Rete o tramite la Rete, il luogo nel quale si trova colui che deve eseguire il lavoro. E non ci potremo consolare dicendo che «essere "locali" in un mondo globalizzato è un segno di inferiorità e di degradazione sociale» (Bauman 2001, 5).

L'attività lavorativa si sta spostando in maniera sempre più evidente fra tre poli del **(a)** *mobile [digital] working*[19], del **(b)** lavoro *on demand* su piattaforma e del **(c)** lavoro della folla nel *web*.

Nel *mobile [digital] working* **(a)**, in Italia, possiamo annoverare il telelavoro, l'*e-work*, il lavoro agile, lo *smart-working* e il lavoro ibrido. Tali lavori sono tutti regolati da norme specifiche, legislative, regolamentari o contrattuali, che tentano di risolvere perlomeno le principali questioni giuridiche o esigenze regolative di tutela dei lavoratori (si pensi a quelle sul diritto alla disconnessione, sulle modalità di documentare la durata della prestazione lavorativa, sul tempo da trascorrere in ufficio e in altro luogo) e che in parte si basa su di un processo di crescente individualizzazione delle condizioni di lavoro[20]. Qui l'uso della tecnologia digitale ICT accompagna l'esecuzione della prestazione lavorativa, che proprio per tale ragione può svolgersi in un luogo diverso da quello in cui è fisicamente presente il datore di lavoro; il quale esiste fisicamente ed ha tale specifica qualificazione giuridica rispetto al lavoratore.

---

17 Brino, Vania. 2022. "Intervento". Convengo *Dialoghi di diritto del lavoro tra cielo e mare*. Bertinoro, XVII edizione, 15 dicembre 2022 (https://dsg.unibo.it/it/eventi/seminari-di-bertinoro-dialoghi-di-diritto-del-lavoro-tra-cielo-e-mare-xvii-edizione).

18 Zamagni, Stefano. 2003. "L'impresa socialmente responsabile nell'epoca della globalizzazione." *Notizie di Politeia*. XIX/72: 30.

19 Shah, Mahmood Hussain. 2014. *Mobile working: technologies and business strategy.* London: Routledge, 17 ss.

20 Del Punta, Riccardo. 2014. "Verso l'individualizzazione dei rapporti di lavoro." In *Diritto del lavoro in trasformazione* a cura di Luisa Corazza e Roberto Romei, 15-36. Bologna: il Mulino.

Nel lavoro su piattaforma, appartenente al tipo del *work on demand* **(b)**, la regolazione normativa italiana risente della problematica relativa all'inquadramento giuridico del *worker*. Nel bacino dei lavori della *on demand economy* trovano così alloggio le più diverse forme pratiche di esecuzione della prestazione – da eseguirsi però in un luogo fisico predefinito – che finisce per assumere i connotati incerti del lavoro subordinato o autonomo in base a una serie di variabili su cui non è possibile soffermarci. La tecnologia digitale è, qui, il mezzo materiale per poter eseguire la prestazione lavorativa (che altrimenti non ci sarebbe proprio), ma anche il mezzo con cui la prestazione è valutata dal committente oltre ad essere il mezzo con il quale, mediante un algoritmo, si determineranno le condizioni di accesso al successivo *slot* di lavoro. La triangolazione del lavoro (se non quadrangolazione, in taluni casi) coinvolge soggetti 'misti', alcuni dei quali hanno una collocazione geografica nel mondo materiale (il ristorante da cui si ritira il cibo fino al cliente a cui si consegna) e altri, essenzialmente le piattaforme digitali, aventi solo una sede giuridica di facciata, ma disseminate nella Rete. In questa dimensione, i rider o gli autisti (in una parola i *workers*) hanno una precisa identificazione nel territorio in cui lavorano che è scelto dal lavoratore, ma solo all'interno di opzioni fornite dalla piattaforma. Per tali motivi, i *remote (digital) work*s non sono equiparabili ai lavori della *on demand economy*, in cui la questione dei diritti legati al luogo di lavoro si può risolvere secondo gli ordinari criteri del luogo in cui il lavoratore si trova ad eseguire la prestazione.

Il terzo polo **(c)** è costituito invece dai cosiddetti lavoretti, sotto forma di *crowdwork*. Di questa, in Italia, manca del tutto una regolazione, trattandosi di un lavoro che transita nella sola dimensione a-spaziale della Rete, per quanto il *worker*, essendo persona fisica e non un sistema di IA, occupa un luogo materiale. Qui la piattaforma può rivestire vari ruoli[21], ma in nessun caso esiste un luogo fisico, nella concezione qui più volte richiamata, dell'"impresa-piattaforma".

In tali contesti, e in riferimento ai precedenti punti **(a)** e **(c)**, il lavoro nel metaverso rappresenta una forma del tutto particolare di "smaterializzazione digitalizzata" dei luoghi di lavoro. Su tale argomento la regolazione normativa è ancora lontana dall'essere concepita. Il metaverso è una sorta di 'non-luogo', una specie di spazio immateriale in cui vivere un'esperienza virtuale tramite uno strumento digitale di realtà aumentata. Ciò consente una commistione del tutto particolare tra il corpo fisico del lavoratore – che si trova ad occupare uno spazio materiale (qualunque esso sia: presso i locali dell'azienda o la propria abitazione) – e la mente dello stesso, che non vede ciò che circonda il corpo ma solo ciò che è presente nella dimensione creata artificialmente, in maniera talmente tanto realistica (perché coinvolgente sva-

21 Lazzeroni, Lara. 2022. "Crowdwork (voce)." In *Lavoro e tecnologie. Dizionario del diritto del lavoro che cambia*, a cura di Silvia Borelli, Vania Brino, Claudia Faleri, Lara Lazzeroni, Laura Tebano e Loredana Zappalà. 56-64. Torino: Giappichelli.

riati sensi) da far sviluppare azioni, movimenti e pensieri coerenti con il luogo virtuale in cui la mente si trova a viaggiare.

Anche su tale strumento, come forma di smaterializzazione dei luoghi di lavoro, sarà importante riflettere e sensibilizzare un'azione sindacale e la contrattazione collettiva. Qui basti pensare anche al tema delle *molestie e violenze* nel metaverso – molestie e violenze che già oggi sono molto dilaganti nel *web* e sui *social* – di cui potrebbero essere preda soprattutto le donne. Sarà infatti necessario adattare gli stessi concetti di molestia fisica e sessuale, che sono sicuramente presenti, dato che gli sviluppatori di tali tecnologie hanno già previsto la costituzione di *safety rooms* nel *web* in cui l'*Avatar* possa trovare rifugio.

È quindi ormai chiaro che i processi di trasformazione digitale delle imprese sono destinati ad avere un grande impatto sia sul mercato del lavoro che sul rapporto di lavoro. Istituzioni, imprese e sindacati si trovano a condividere la grande responsabilità di evitare gli effetti negativi di tale trasformazione e, al contempo, il compito di favorire la tutela dei diritti, il maggiore benessere sul lavoro e la tutela dagli impatti di genere che le trasformazioni digitali rischiano di avere.

Si tratta quindi di capire in che modo, e a quali condizioni, i processi di digitalizzazione, quelli di trasformazione digitale dell'impresa e del lavoro e quelli relativi ai modelli di lavoro implicanti il digitale possano altresì dirsi sostenibili per i lavoratori, evitando che la digitalizzazione rappresenti una nuova forma di «taylorismo sotto steroidi»[22].

In un mondo auspicabile, chi si occupa di sostenibilità e di trasformazione digitale deve interessarsi del problema occupazionale e del lavoro, quale tema centrale del processo di trasformazione (sociale) in atto.

3. La centralità del lavoro (e dell'andamento del mercato del lavoro) nel processo di trasformazione digitale dell'impresa

Vi è sempre un profondo legame fra trasformazioni dei processi produttivi, sviluppo capitalistico e livello di disoccupazione (Alberti 2016), come è facile vedere attraverso una lettura disincantata delle quattro rivoluzioni industriali.

Vi è tuttavia una profonda differenza tra le precedenti rivoluzioni industriali e quella in cui ci troviamo. In passato, infatti, gli impatti delle macro-trasformazioni sono stati graduali e quindi riassorbiti nel tempo, spesso nel volgere di decenni, mentre le micro-trasformazioni, relative a specifiche categorie

22 O'Connor, Sara. 2016. "When your boss is an algorithm." *Financial Times*." https://www.ft.com/content/88fdc58e-754f-11e6-b60a-de4532d5ea35> (8 Settembre, 2016).

di imprese (come, ad esempio, nel settore dell'*automotive*), hanno spesso beneficiato di contributi pubblici e richiesto di affrontare solo marginalmente il fenomeno, come nel caso dell'introduzione della robotica di precisione nell'industria metalmeccanica.

Oggi, invece, la transizione digitale pare destinata a impattare su moltissimi settori produttivi contemporaneamente, in maniera intensa e con tempistiche molto ristrette. Per questa ragione si è inclini a definire quest'epoca come quella delle "tecnologie esponenziali": ovvero tecnologie che rivoluzionano i processi produttivi con una accelerazione definibile appunto "esponenziale".

Ciò induce a pensare che vi saranno non trascurabili impatti[23] sulla quantità, sulla composizione e sulla qualità del livello occupazionale[24] (ad esempio in termini di genere, ma non solo). Già Bravermann e Pollock[25], nel corso degli anni '70, leggevano nel processo di automazione del lavoro, un processo destinato a incidere più sui lavoratori 'esecutori' rispetto a quelli iper-specializzati, tanto che alcuni hanno perfino affermato che già la terza rivoluzione industriale avrebbe reso «superflua la forza-lavoro umana nel processo di produzione industriale»[26].

L'idea che ogni trasformazione tecnologica possa determinare la "fine del lavoro" è dunque un'idea antica, ma oggi particolarmente interessante perché si accompagna ad un'altra idea, ovvero che la robotica digitale possa anche "liberare l'uomo dal lavoro". Ma qui riemerge la prospettiva di Rifkin[27] secondo cui la liberazione dal lavoro non renderebbe affatto l'uomo libero, risolvendosi piuttosto in una "libertà che non libera", ma rende schiavi.

Tali prospettive appaiono così tanto pessimistiche da renderle meno realistiche, ma il rischio di ricadute occupazionali non può essere sottovalutato, tanto meno dal giuslavorista[28].

Tale rischio non rileva, infatti, solo in termini di una riduzione dell'occupazione, ma anche in quello di una (parziale o totale, a seconda dei contesti)

---

23 *Mappa dei Rischi 2023* presentata da SACE (quand'anche buona parte di quella Mappa si concentri sulla più specifica questione della transizione energetica).

24 CENTAMORE, Giulio. 2022. "Una just transition per il diritto del lavoro." *Lavoro e Diritto.* n. 1: 134.

25 *Cfr*. BRAVERMAN, Harry. 1978. *Lavoro e capitale monopolistico. La degradazione del lavoro nel XX secolo*. Torino: Einaudi; POLLOK, Friedrich. 1976. *Automazione. Conseguenze economiche e sociali*. Torino: Einaudi.

26 KURZ, Robert. 2015. *Le crepe del capitalismo*. Lecce: Bepress.

27 RIFKIN, Jeremy. 1995. *The End of the Work: Decline of the Global Labor Force and the Dawn of the Post-Market Era*. New York: G.P. Putnam's Sons.

28 BARBERA, Marzia, e Renata SEMENZA. 2022. "Introduzione all'Itinerario di ricerca su 'giusta transizione ecologica, impresa e lavoro'." *Giornale di Diritto del Lavoro e delle Relazioni Industriali*, 174: 203, intravedono «profonde trasformazioni per interi settori con rilevanti perdite di posti di lavoro che non sempre potranno essere riassorbite da *green jobs*».

sostituzione di alcuni mestieri, in tempi molto ristretti, e tali da rendere estremamente difficile assicurare un riadattamento complessivo della formazione professionale, scolastica e universitaria. Inoltre, le imprese spesso approfittano delle riconversioni per rivedere i livelli occupazionali o la riorganizzazione del lavoro, dando corso a processi di modifica delle mansioni e degli orari forieri di una degradazione del lavoro[29] (già da tempo affrontata dalla dottrina sociologica).

Al riguardo, il sindacato potrebbe fare la differenza. Il processo di consultazione sindacale e di contrattazione collettiva dovrebbe infatti essere rinforzato proprio nei periodi di trasformazione così profondi come quello che stiamo vivendo. E la creazione di nuove relazioni sindacali nelle aziende digitalmente trasformate dovrebbe riguardare almeno tre aspetti. Da un lato il sindacato dovrebbe agire per assicurarsi che la trasformazione in sé non costituisca l'occasione per ridurre i livelli occupazionali, dall'altro, dovrebbe operare affinché con la trasformazione digitale non si arrivi a un degrado della condizione lavorativa e, dall'altro ancora, il sindacato dovrebbe contribuire affinché le aziende reinvestano nei lavoratori i vantaggi economici che la tecnologia sarà in grado di produrre[30].

Ci si attende che anche il legislatore sia attento, da questo punto di vista, per compensare specificamente l'eventuale calo occupazionale, o la scomparsa di certi lavori, con investimenti diretti sui lavoratori in prospettiva occupazionale. Tale soluzione è, fra l'altro, da preferire rispetto all'utilizzo di strumenti di sostegno al reddito ad opera degli Stati, tanto è vero che tale prospettiva si vede anche nell'allargamento che le istituzioni europee hanno praticato in tema di Aiuti di Stato nel corso del 2023.

In Italia, per ciò che riguarda il mercato del lavoro e gli impatti della trasformazione digitale e delle tecnologie esponenziali sull'occupazione e sul lavoro, sarei propensa a usare la chiave di lettura delle 5 "D"[31]: *Digitized; Deceptive; Disruptive (innovation); Dematerialized; Displacement Effect.*

In particolare, non è difficile riconoscere che ogni innovazione tecnologica, ormai da millenni, è foriera di un effetto tecnicamente ***Disruptive***[32] rispetto ai precedenti modelli produttivi (così è stato già dall'invenzione della ruota

29 SEGHEZZI, Francesco. 2017. *La nuova grande trasformazione. Lavoro e persona nella quarta rivoluzione industriale*. Adapt University Press.

30 PIERANI, Marco. 2021. "Il ruolo del consumerismo nell'economia dei dati." In *Vivere con l'intelligenza artificiale. Società, consumatori e mercato*, a cura di Marco PIERANI, e Marco SCIALDONE. 49-55. Torino: Espress.

31 Ma *cfr*. anche la relazione di Stefano Epifani di presentazione dell'evento della Fondazione per la Sostenibilità Digitale del 18 aprile 2024.

32 *Cfr*. FALERI, Claudia. 2022. "Disruptive Innovation (voce)." In *Lavoro e tecnologie. Dizionario del diritto del lavoro che cambia*, a cura di Silvia BORELLI, Vania BRINO, Claudia FALERI, Lara LAZZERONI, Laura TEBANO, e Loredana ZAPPALÀ. 108-10. Torino: Giappichelli.

per la trazione) e che quindi, anche per la trasformazione digitale, ci sarà da aspettarsi un rilevante impatto, come evidenzia un'ampia ricerca svolta in Italia nel 2021[33]. Tuttavia, le risposte sugli impatti occupazionali attesi continuano ad essere le più variegate e non convergenti[34], secondo il consueto schema che vede i catastrofistici in contrapposizione con gli entusiastici[35]. Per i primi, si assisterà inevitabilmente alla perdita massiva e strutturalmente stabile dei posti di lavoro ma anche a costrittività tecnologiche e obsolescenza professionale. Gli entusiastici, di converso, valorizzano la prospettiva di lavori più qualificanti e, come tali, improntati a una maggiore cooperazione e condivisione interpersonale, oltre che a un maggiore benessere sul lavoro.

Vi è invece una maggiore convergenza tra gli studiosi nel ritenere possibile (almeno) un *Displacement Effect*, sia questo da riferire allo spostamento dei lavoratori da una mansione (o lavoro) all'altra(o) all'interno del medesimo contesto o settore produttivo, sia nel senso di intendere tale spostamento come risultato della totale soppressione di lavoro o attività in un certo ambito, compensata dalla creazione di lavoro in altro contesto (così si è detto, in particolare, con la creazione di lavori legati ad esempio alla *green economy*). Il *Displacement Effect* riguarda quindi, anche, i numeri dell'occupazione, perché si tratterà di misurare il saldo dello spostamento tra occupati/disoccupati e quello tra lavori standard e lavori "digitali".

Tuttavia, anche qualora tale saldo sia positivo, la riflessione sulla ***sostituzione*** di alcuni lavoratori con altri è essa stessa di grande utilità. Studi condotti in Italia dicono che c'è da aspettarsi che tale sostituzione possa riguardare, ad esempio, i lavoratori di età medio-elevata (già meno ricercati nel mercato) e magari meno "specializzati", rispetto ai più giovani (o più qualificati)[36] in possesso di maggiori competenze e abilità informatiche e digitali.

---

33 Il contributo di BANNÒ, Mariasole, FILIPPI, Emilia, e Sandro TRENTO. 2021. "Rischi di automazione delle occupazioni: una stima per l'Italia." *Stato e Mercato*. V. 3: 315-50, stima la probabilità di automazione delle 800 professioni declinate da Inapp e Istat. I risultati offerti non sono incoraggianti, prevedendo un elevato rischio (per il 33,2% dei lavoratori italiani) di perdita del lavoro secondo un approccio *occupation-based*, e un rischio medio (del 18,1%), secondo il *task-based approach.*

34 FORD, Martin. 2015. *The rise of the robots. Technology and the Threats of a Jobless Future.* London: Oneworld, 65; BIANCO, Adele. 2019. "Le nuove politiche attive del lavoro: qualifiche e competenze per l'economia digitale." In *Impresa, lavoro e non lavoro nell'economia digitale*, a cura di Cristina ALESSI, Marzia BARBERA, e Luciana GUAGLIANONE, 861-81. Bari: Cacucci. Sulla disoccupazione tecnologica, quale «malattia» del futuro, Keynes, John MAYNARD. 1930. "Economic Possibilities for our Grandchildren." *Essays in Persuasion. New York:* Harcourt Brace. 358-73. *Cfr.* anche CARUSO, Bruno, DEL PUNTA, Riccardo, e Tiziano TREU. 2023. "'Manifesto'. Il diritto del lavoro nella giusta transizione. Un contributo 'oltre' il manifesto." *W.P. CSDLE "Massimo D'Antona"*, 66.

35 *Cfr.* la sintesi, anche nei numerosi richiami di dottrina, di ZAMPINI, Giovanni. 2022. "Intelligenza artificiale e decisione datoriale algoritmica. Problemi e prospettive." *Argomenti di Diritto del Lavoro.* 3: 468-9.

36 In questo senso GRAETZ, Georg, e MICHAELS Guy. 2018. "Robots at work." *The Review*

Si è ad esempio valutato che i lavori «con alto grado di contenuto verde sono di norma associati a un livello elevato di istruzione»[37], per lo più tecnica[38].

Tali circostanze sono destinate ad avere un rilevante impatto sulle lavoratrici. Da un lato, infatti, in Italia, sono poche le donne che si specializzano in ambito tecnologico digitale e nei *green digital jobs*: tanto che alcuni hanno affermato che «il divario digitale è diventato il nuovo volto della disuguaglianza di genere»[39]. Dall'altro lato, alcune tipologie di mestieri, a prevalente presenza femminile, sono destinate a subite degli impatti negativi, si pensi al lavoro di commessa/o di negozi di abbigliamento. Già il calo si è registrato per l'aumento delle vendite tramite Rete e forse potrà ancora aumentare grazie agli strumenti di realtà aumentata (alla cui produzione è più probabile che partecipino uomini, se non i robot stessi) che consentono di 'vedersi' da casa, con indosso l'abito prescelto, cambiando taglie, colori e modello con un semplice comando da remoto.

Una politica europea e nazionale sostenibile in termini sociali dovrà quindi studiare soluzioni sistemiche ed ampie, così da non accrescere le diseguaglianze nel mercato del lavoro e sul lavoro[40], oltre che contrastare il nuovo

---

of Economics and Statistics. v. 100(5): 753-68. Rileva per l'Italia *IlSole24Ore* del 27 febbraio 2023, n. 57, p. 7, nella classifica 2023 sui lavori in crescita, un +52% della figura di «responsabile sostenibilità», un +43% per il «*sustainability specialisti*» e un + 34% del «consulente sostenibilità». Gli ambiti ESG così maggiormente implicati sarebbero quello di *environmental manager*, di *social manager* e di *governance manager*. Ritiene che l'effetto spostamento non sia in questo senso foriero di critiche Renzi, Samuele. 2022. "Decisioni automatizzate, analisi predittive, e tutela della privacy dei lavoratori." *Lavoro e Diritto,* 3: 584. Sul tema delle fragilità lavorative nei mercati transizionali del lavoro, Sartori, Alessandra. 2021. "Transizioni occupaizonali e fragilità lavorative: il difficile compito per il diritto del lavoro post-pandemico." In *Flexicurity e mercati transizionali del lavoro. Una nuova stagione per il diritto del mercato del lavoro?* a cura di Silvia Ciucciovino, Domenico Garofalo, Alessandra Sartori, Michele Tiraboschi, Anna Trojsi, e Lorenzo Zoppoli, 396-417. Adapt University Press.

37 Semenza, Renata. 2022. "La retorica dei green jobs." *Giornale di Diritto del Lavoro e di Relazioni Industriali.* 4: 364.

38 Confindustria, Federmanager e 4.Manager hanno dato avvio, nel febbraio 2023, a un Progetto per rilevare il fabbisogno nelle imprese di figure manageriali con competenze specifiche nel settore *green*, da cui è emerso che, tra le oltre 4000 imprese intervistate, il 64% ha acquisito «competenze manageriali», il 45% «competenze scientifiche» e il 73% «competenze tecniche» negli ultimi 3 anni, mentre il 50% sarebbe alla ricerca di professionisti con competenze in tutti i processi aziendali ai fini della sostenibilità.

39 Così, Sima Bahous, vicesegretaria generale delle Nazioni Unite al discorso inaugurale della 67esima sessione della Commission on the status of women (Csw), marzo 2023. Sulla questione degli impatti differenziati tra classi di lavoratori in ragione, soprattutto di condizioni di svantaggio sociale, De Simone 2019. Sugli interventi in tal senso nel PNRR, Cataudella, Maria Cristina. 2022. "La parità di genere: una priorità 'trasversale' del Piano Nazionale di Ripresa e Resilienza." *Lavoro e Previdenza Oggi*, 1-2: 1-14.

40 Sull'imprescindibile legame tra sostenibilità e riduzione delle diseguaglianze: Battisti, Anna Maria. 2018. *Lavoro sostenibile. Imperativo per il futuro*, Torino: Giappichelli, 77-84.

volto "elitario" del diritto del lavoro[41] della *platform economy*, in cui vi è un restringimento dell'area della subordinazione a vantaggio di una finta autonomia.

Le parti sociali dovranno avere un ruolo di primo piano in questo processo di auto-controllo (ed eventuale revisione), degli impatti regolativi della transizione digitale. Il ruolo sindacale dovrebbe essere rivolto sia al controllo della normativa, sia alla definizione dei nuovi lavori, ad esempio nella fase di riclassificazione dei nuovi *green digital jobs*, onde valorizzare le nuove specifiche professionalità[42]. E così il sindacato dovrebbe, ad esempio, usare la contrattazione collettiva per valorizzare quei lavori che comportano un'interazione uomo-macchina. Questi lavori, infatti, presuppongono un aumento dell'obbligazione contrattuale del lavoratore stesso, proprio perché lo obbligano a un aggiornamento continuo, a un adattamento ai tempi di addestramento e apprendimento algoritmico[43] e lo svolgimento del compito di correzione del processo di autoapprendimento che la macchina realizza attraverso l'esperienza.

La strategia messa in atto dalla *European Skills Agenda* per il monitoraggio dell'evoluzione delle *skills* può essere un primo passo per il coinvolgimento sindacale[44].

4. Gli impatti di genere e discriminatori nel processo di trasformazione digitale del rapporto di lavoro e al cospetto di management algoritmici

Quando parliamo di IA la questione discriminatoria è centrale e al contempo trasversale, su tutti i settori scientifici. L'indagine sulle discriminazioni è la lente con la quale interpretare e rileggere il cambiamento tecnologico. Il rapporto di lavoro è lo spaccato di riflessione forse più significativo per riflettere sui rischi discriminatori dell'IA.

Il Libro bianco sull'intelligenza artificiale del 19 febbraio 2020 svela come l'IA comporti una serie di rischi per i diritti fondamentali, in ragione dell'uso di

41 SINZHEIMER, Hugo. 1976. "Arbeitsrecht und Rechtssoziologie: gesammelte Aufsaetze und Reden." In *Schriftenreihe der Otto Brenner Stiftung a cura di Thilo Ramm, e Sir Otto Kahn--Freund*. Frankfurt: Europaische Verlagsanstalt.

42 NARDELLI, Francesca. 2022. "La via tortuosa verso la valorizzazione delle competenze green." *Diritto delle Relazioni Industriali*. 4: 995-8.

43 ZAPPALÀ, Loredana. 2022e. "Machine Learning (voce)." In *Lavoro e tecnologie. Dizionario del diritto del lavoro che cambia*, a cura di Silvia BORELLI, Vania BRINO, Claudia FALERI, Lara LAZZERONI, Laura TEBANO e Loredana ZAPPALÀ. 148-9. Torino: Giappichelli.

44 Sull'importanza di una *Skills Strategy*, BATTISTI *op. ult. cit.*, 97-98.

"meccanismi decisionali opachi, discriminazioni basate sul genere o di altro tipo, intrusioni nelle nostre vite private o utilizzi per scopi criminali".

Gli algoritmi hanno una vasta impiegabilità nel rapporto di lavoro[45]: si va dall'uso per la selezione del personale (come la piattaforma *Gild*, che usa *big data* per suggerire la persona adatta per l'assunzione); per l'assegnazione di compiti o mansioni; per l'erogazione di premi in rapporto alle capacità lavorative, fino all'assegnazione di lavoro per i *workers* della *on-demand economy*, o addirittura alla loro estromissione dalla piattaforma. L'estrema difficoltà di valutare il funzionamento dell'algoritmo spesso scoraggia l'uso della tutela antidiscriminatoria e al contempo fa da scudo formale (ma non sostanziale) alle scelte datoriali che su quello si basino. La stessa Unione, nel Libro bianco, non nasconde i perfino maggiori rischi distorsivi e discriminatori dell'IA, anche per la capacità che la stessa ha di "apprendere" nel corso del suo funzionamento.

Il diritto del lavoro e quello antidiscriminatorio sono attualmente inadatti a tutelare davvero i lavoratori dall'*Algorithmum management*. O meglio, inadatti a tutelare i lavoratori[46] da un *management* che impiega un algoritmo basato sull'apprendimento automatico, e dunque con capacità decisionale, o da un *management* che addirittura impartisca all'algoritmo codifiche discriminatorie; via sia, o meno, consapevolezza dell'atto o dell'effetto discriminatorio che ne deriva[47]. Ma per quanto le attuali norme siano inadeguate, queste sono più che necessarie, perché i sistemi di IA sono tutt'altro che neutrali, anche se l'opinione comune li ritiene più neutrali dell'uomo.

Rileva infatti il Consiglio di Stato italiano (Cons. Stato, sez. VI, 13 dicembre 2019, n. 8472) che vi è l'errata, ma comune, percezione che la macchina intelligente abbia una migliore capacità di giudizio rispetto all'uomo, ovvero che sia più oggettiva, neutrale, trasparente, non discriminatoria, non "di pancia". Il che porta a pensare che le macchine siano migliori degli uomini nell'effettuare le scelte e che, usandole, le aziende divengano entità dotate di un'oggettiva razionalità[48]. Ma le macchine sono quello che gli uomini vogliono che

---

45 CENTAMORE, Giulio, e Luca RATTI. 2019. "Oltre il dilemma qualificatorio: potenzialità e limiti del diritto antidiscriminatorio nella protezione del lavoratore on-demand." In *Impresa, lavoro e non lavoro nell'economia digitale*, a cura di Cristina ALESSI, Marzia BARBERA, e Luciana GUAGLIANONE, 670 ss. Bari: Cacucci.

46 DE SIMONE, Gisella. 2019. "Lavoro digitale e subordinazione. Prime riflessioni." *Rivista Giuridica del Lavoro e della Previdenza Sociale*, I, 1: 18.

47 *Cfr*. DAGNINO, Emanuele. 2017. "People analytics: lavoro e tutele al tempo del management tramite big data." *Labour & Law Issues*. 1: 3-31; ALESSI, Cristina. 2019. "Lavoro tramite piattaforma e divieto di discriminazioni nell'UE." In *Impresa, lavoro e non lavoro nell'economia digitale*, a cura di Cristina ALESSI, Marzia BARBERA, e Luciana GUAGLIANONE, 683-98. Bari: Cacucci.

48 JAEGER, Pier Giusto. 1963. *L'interesse sociale*. Milano: Giuffrè.

siano, al punto da rendere necessario sottoporre a vaglio critico gli *output* del *management* algoritmico, alla stessa stregua delle scelte datoriali.

Sottoporre al vaglio i sistemi di IA significa pretendere che si conformino a una guida valoriale etica basata sui principi costituzionali e su criteri di trasparenza dell'algoritmo, di sorveglianza umana e sul diritto alla rivalutazione umana degli *output* cui è giunta la macchina intelligente.

Tali criteri sono centrali nella riflessione sulla tutela antidiscriminatoria.

Innanzitutto, servono a verificare se i sistemi di IA sono costruiti attorno a set di dati che contengono informazioni di carattere discriminatorio e con le quali le macchine intelligenti si allenano. Inoltre, è opportuno verificare se le IA perpetuano o addirittura alimentano stereotipi di genere. A quest'ultimo proposito, ad esempio, è importante verificare che il linguaggio dei sistemi di IA non incorpori pregiudizi di genere che sono presenti nella società di riferimento. Al pari, è importante verificare quanto incide nella programmazione degli algoritmi e del loro funzionamento, la circostanza che chi programma e progetta le macchine intelligenti sono essenzialmente uomini. Così come è utile non farsi travolgere dagli interessi economici legati alla commercializzazione di un prodotto digitale. Questo può essere il caso della cosiddetta *Voice Technology* e dell'uso di voci femminili da parte di alcuni sistemi di IA. Per rendere più facile il commercio del prodotto, specie in alcune realtà del mondo, si utilizzano voci e volti femminili nelle risposte a domande degli utenti che implicano, appunto, un rendersi costantemente disponibili per ogni richiesta. Una parte di tali stereotipi di genere, quindi, è proprio legata alla volontà dei produttori di dare sembianze umane alla macchina intelligente, traslandola dalla dimensione artificiale, robotica, a quella "para-umana", senza badare a ciò che tale operazione comporta.

Sono inoltre importanti le misure di controllo dei fenomeni di molestie di genere e molestie sessuali che stanno notevolmente aumentando a motivo della rete e dell'incremento dei social e dei sistemi digitali. Come detto, l'OIL ha già avviato una riflessione in questo senso con una Convenzione del 2019, in vigore dall'ottobre 2022 (190/2019) dove le molestie e violenze sono altresì affrontate alla stregua di «comunicazioni di lavoro, incluse quelle rese possibili dalle tecnologie dell'informazione e della comunicazione»

Purtroppo, però, molto spesso non è esercitabile neppure il controllo umano sui dati processati dalla macchina intelligente e sui relativi *output* della macchina.

È il caso del *reclutamento digitale* dei lavoratori. Qui siamo in presenza di sistemi algoritmici forniti da piattaforme digitali che consentono agli imprenditori di scegliere il personale da reclutare in azienda, sulla base di parametri indicati dall'imprenditore stesso. Nel caso di colloqui standard, quindi senza l'uso di algoritmi, il datore di lavoro è sostanzialmente libero nella individuazione dei lavoratori, salvo il limite della scelta discriminatoria, tutt'altro che facile da provare. Tuttavia, mentre il colloquio può svelare l'intento discriminatorio, nel *digital recruitment* i dati o il processo di apprendimento della macchina restano del tutto oscuri e imperscrutabili. Inoltre, non ci sono leggi in Italia che prevedano un obbligo di comunicare il funzionamento dell'algoritmo e manca del tutto un presidio concreto da parte dei sindacati. Più esattamente, se un algoritmo genera *output* discriminatori[49] in fase di assunzione, questo ha potenzialità di impatti ancora maggiori, di un datore di lavoro che a tale strumento non faccia ricorso. L'algoritmo fallace, infatti, potrebbe essere impiegato da moltissime di imprese, generando, anche ad insaputa degli imprenditori, ricadute discriminatorie che altrimenti non ci sarebbero state o che ci sarebbero state solo per qualche specifico datore di lavoro che avesse proprio voluto discriminare.

I controlli sul funzionamento dell'algoritmo sono comunque particolarmente complessi in generale, specialmente laddove si tratti di scovare esiti discriminatori della macchina.

Si pensi all'algoritmo comandato di riservare lavori meno remunerati a soggetti che abbiano una certa provenienza geografica, in cui le riserve del programmatore si ripercuotono direttamente nello strumento impiegato; oppure ad algoritmi che utilizzano la classificazione reputazionale *(rating)* del lavoratore nel *web* per stabilire il suo grado di *performance*, l'accesso al lavoro, l'accesso a migliori condizioni lavorative o addirittura la conservazione dell'*account*[50]; ma si pensi anche ad algoritmi che non tengono conto di specifici bisogni di certe categorie di lavoratori (come bisogni legati a maternità, disabilità, età, esercizio dei diritti sindacali, etc.), determinando di fatto un effetto discriminatorio[51].

In Italia, ad esempio, il Tribunale di Bologna (ord. del 31 dicembre 2020) ha valutato la discriminatorietà del sistema algoritmico di una piattaforma per *Riders* nella parte che riguarda le condizioni di accesso alle sessioni di lavoro (agli *slot* orari). Un lavoratore si era visto abbassare il *rating* perché aveva cancellato uno *slot* orario già prenotato per poter partecipare ad uno sciopero. Il sindacato ha fatto ricorso al Tribunale e questo ha ordinato ad alcuni periti di fare un lunghissimo lavoro (durato settimane) di disvelamento dell'algoritmo. Alla fine delle indagini, i periti hanno riscontrato che il sistema di prenotazione delle sessioni di lavoro era basato su di un punteggio, attri-

49 Solo dopo alcuni anni di utilizzo si è scoperto che l'algoritmo di una grande multinazionale di consegne non era neutrale rispetto al genere.

50 *Cfr*. de Petris, Pia. 2020. "Le discriminazioni da algoritmo nella gig economy." *Argomenti di Diritto del Lavoro*, 26: 889-907.

51 *Cfr*. Parere del Comitato economico e sociale europeo su "Comunicazione della Commissione al Parlamento europeo e al Consiglio — Nuova agenda dei consumatori —Rafforzare la resilienza dei consumatori per una ripresa sostenibile" (COM(2020) 696 final) (2021/C 286/09), il cui § 2.4.3.4. afferma come *"Il rischio di discriminazione è talvolta aggravato da alcuni algoritmi, utilizzati da taluni fornitori di beni e servizi, che possono essere messi a punto con distorsioni spesso derivanti da aspettative culturali o sociali preesistenti"*

buito dall'algoritmo a ciascun *rider* ed elaborato sui parametri di affidabilità e partecipazione, tanto che la cancellazione nelle 24 ore precedenti di uno *slot* di lavoro determinava la perdita di punteggio e dunque la forte retrocessione del *rating* del *rider*. Il Tribunale ha rilevato la presenza di una discriminazione nel meccanismo usato dall'algoritmo che appunto non distingueva le motivazioni che potevano portare il *rider* a rifiutare lo *slot* prenotato.

Per quanto la questione abbia riguardato una limitazione della libertà sindacale dovuta alla programmazione dell'algoritmo, è indubbio come altri fattori possano esserne interessati. Si pensi al diritto di non lavorare per una malattia del figlio (art. 47, d.lgs. n. 151/2001) a cui spesso provvedono le donne, o per una malattia legata ad *handicap*, o per la necessità di assistere familiari disabili (Corte Giust. 17 luglio 2008, causa C-303/06, *Coleman*) anche questa situazione spesso gestita da donne (e che quindi si risolve in una discriminazione indiretta).

In Italia, su questo specifico aspetto dei *rider*, esiste una normativa che richiama la tutela antidiscriminatoria nella esclusione dalla piattaforma e nella riduzione delle occasioni di lavoro per mancata accettazione della prestazione (art. 47-*quinquies*, d.lgs. 81/2015). Ma si tratta di normativa che va meglio applicata dalla giurisprudenza[52] e comunque, secondo alcuni, serve solo a sanzionare il comportamento ritorsivo e non l'eventuale discriminatorietà dell'algoritmo adottato dalla piattaforma[53].

Il tema discriminatorio di genere è poi destinato a crescere con la crescita del lavoro tramite *internet*, possibile veicolo di discriminazioni multiple, come quelle genere/età. Senza contare la discriminazione legata ad altri fattori che è destinata a crescere: il *rider* è di colore? Il *crowdworker* vive in aree depresse o è disabile? Aspetti, questi, destinati a generare fenomeni di *dumping* nel mercato globale.

L'immagine di un algoritmo caratterizzato da neutralità ed obiettività dei processi decisionali è quindi irrealistica nell'attuale mercato del lavoro digitale. E ciò, sia a motivo del funzionamento dell'algoritmo in sé (specialmente se generativo), sia in ragione dei pregiudizi del programmatore[54], sia a motivo della elaborazione algoritmica di giudizi non filtrati e non verificati, espressi dalla folla e incidenti sul *rating* del lavoratore.

Un aspetto fondamentale, dunque, è quello di assicurare trasparenza e verificabilità dei sistemi algoritmici, impedendo all'algoritmo di diventare uno

---

52 Perulli, Adalberto. 2021. "Giustizia sociale, commercio internazionale ed extraterritorialità «atipica». Il caso USMCA." *Giornale di diritto del lavoro e di relazioni industriali*, 2: 215-34.

53 Barbera, Marzia. 2021. "Relazione.", In *Frank discriminava: riders, algoritmi e discriminazioni*, iniziativa *web* di Labour Law Community (2 febbraio, 2021).

54 Kullmann, Miriam. 2018. "Promoting Social and Environmental Sustainability: What Role for Public Procurement?" *Comparative labor law & Policy Journal*, 40:109-29.

scudo per la responsabilità dell'utilizzatore *"and a tool to reduce other people to mere 'cases' to be classified, normalized or excluded"*[55]. Tale aspetto è particolarmente importante nel caso dell'algoretica generativa, dell'algoritmo deterministico, in cui gli algoritmi *learner* aiutano il sistema di IA ad apprendere, adattandosi e assecondando i mutamenti della realtà di riferimento. Qui sono evidenti le notevoli implicazioni che tale strumento può avere, laddove, ad esempio, operi rielaborando i dati acquisiti dal *web* e dai *social* o venga indirizzato a fornire dati estranei al rapporto di lavoro, come le preferenze, il culto, l'atteggiamento, il grado di socializzazione, gli interessi, la squadra di calcio preferita; oppure laddove l'algoritmo risenta, fin dalla sua configurazione, di pregiudizi o approcci discriminatori nella declinazione dei *learner*[56], finendo così per divenire, l'algoritmo stesso, uno strumento di amplificazione del pregiudizio umano.

Al tema della *trasparenza* circa il funzionamento dell'algoritmo si lega quello sulla *riservatezza* e trattamento dei dati personali. La Cassazione italiana, ad esempio (sentenza del 25 maggio 2021, n. 14381) afferma che non può esservi consenso senza trasparenza, e G. Scorza (dell'Autorità Garante *Privacy*) precisa che *"quando si chiede a una persona il consenso a trattare i propri dati personali perché siano dati in pasto a un algoritmo al fine di pervenire a una decisione automatizzata capace di incidere sui propri diritti, il consenso non* è *valido se la persona non* è *adeguatamente informata delle logiche alla base dell'algoritmo"*. E così il 10 giugno 2021 c'è stata la prima ordinanza ingiunzione nel *food delivery* (la n. 234) del Garante per la protezione dei dati personali, che ordinava di "verificare che gli algoritmi di prenotazione e assegnazione degli ordini di cibo e prodotti non producano forme di discriminazione".

Sotto altra prospettiva l'organizzazione del lavoro da remoto per via digitale può anch'essa generare impatti discriminatori, anche considerato che si tratta di una modalità di lavoro molto appetibile per le donne, favorendo una conciliazione tra vita lavorativa e vita familiare. L'acquisizione, da parte dell'imprenditore, delle informazioni necessarie a rendere la prestazione da

55 *Cfr.* Tommasi, Sara. 2020. "Algoritmi e nuove forme di discriminazione: uno sguardo al diritto europeo." *Revista de Direito Brasileira*, v. 27: 112. Il tema è particolarmente attenzionato a livello europeo. Si vedano, ad esempio, i numerosi pareri del CESE anche solo nel 2021 sull'importanza di un "quadro normativo europeo che garantisca trasparenza e tracciabilità degli algoritmi, controllo umano sugli strumenti di IA e rispetto dei diritti fondamentali" (Parere CESE, COM(2020) 767 final, (2021/C 286/08), § 3.8; o sulla necessità di assicurare "un robusto sistema di certificazione basato su procedure di prova che consentano alle imprese di affermare l'affidabilità e la sicurezza dei loro sistemi di IA", accettando la sfida tecnica di assicurare "la trasparenza, in particolare dei sistemi di *rating*, la tracciabilità e la spiegabilità dei processi decisionali algoritmici" (Parre del CESE, COM(2020) 842 final — 2020/374 (COD), (2021/C 286/12), § 3.3).

56 Lazzeroni, Lara. 2022. "Discriminazioni digitali (voce)." In *Lavoro e tecnologie. Dizionario del diritto del lavoro che cambia*, a cura di Silvia Borelli, Vania Brino, Claudia Faleri, Lara Lazzeroni, Laura Tebano e Loredana Zappalà. 99-105. Torino: Giappichelli.

remoto può essere anch'esso motivo di controllo arbitrario e di discriminazione: motivo cioè per introdurre nelle abitazioni dei lavoratori forme di controllo che possono poi generare discriminazioni. Inoltre, il lavoro digitale da remoto dovrebbe essere maggiormente presidiato dai sindacati attraverso i contratti collettivi. Infatti, i datori di lavoro possono essere spinti a confrontare chi lavora in azienda con chi lavora da casa, e quindi a modulare diversamente i livelli retributivi, le prospettive di lavoro, gli incentivi economici legati alla produttività, le mansioni, la formazione e lo sviluppo professionale. Infatti, la legge italiana sul lavoro agile (d. lgs. 81/2017) prevede che le regole circa la sua gestione concreta siano rimesse ad un accordo individuale tra singoli lavoratori e impresa. Qui il sindacato non ha alcun potere di contrattazione collettiva, e nel settore privato non ha neppure diritti di informazione sindacale. Questa possibilità di confronto c'è solo nel lavoro pubblico.

Per sopperire a tale limite, nel settore privato, i sindacati hanno timidamente iniziato a regolare il lavoro agile nei contratti collettivi, in modo da condizionare le aziende ad adottare modelli organizzativi del lavoro da remoto non discriminatori e tali da escludere che la diversa modalità di rendere la prestazione lavorativa possa incidere sullo sviluppo professionale e di carriera, formazione, retribuzione o premi di risultato, definendo obiettivi "precisi" e "misurabili" per il lavoratore in *smart working* e in lavoro agile.

5. Lo stato dell'arte europeo e nazionale sugli impatti di genere dell'intelligenza artificiale

La tutela di genere nell'ambito della trasformazione digitale non è particolarmente attenzionata nelle norme europee[57] e italiane, mentre molti sarebbero gli aspetti da affrontare per contrastare le nuove forme e i nuovi impatti discriminatori della trasformazione digitale. La nuova legge europea sull'IA non prevede ad esempio regole a favore del controllo sindacale sugli obblighi di ***trasparenza*** dei datori di lavoro e sui doveri di ***sorveglianza*** umana sulla macchina intelligente (sia sul relativo funzionamento che sugli *output* generati).

I doveri di *trasparenza* datoriali sono infatti solo in parte affrontati a livello europeo, e limitati a specifici contesti quali quelli (1) relativi alla trasparenza nella catena globale del valore ai sensi della direttiva sulla *due diligence*; (2) relativi alla trasparenza, anche se in minima parte, lungo la catena di fornitura delle IA; (3) relativi agli impatti ambientali, a quelli di *governance* e sui diritti umani (sotto forma di obblighi meramente dichiarativi, di *Accountability*, di certificazione indipendenti e di accessibilità digitale) della *Corporate Sustainability Reporting Directive* (CSRD). Invece, ancora troppa poca attenzione si

57 Ma *cfr*. comunque l'art. 95 della Legge sull'IA che comunque si limita ai sistemi non ad alto rischio.

riscontra nel caso del lavoro prestato mediante piattaforme digitali, fin troppo ancorata al solo tema dei sistemi decisionali e di monitoraggio automatizzati, e poi i dati (più esattamente solo i «principali parametri») vengono forniti solo se richiesti dai rappresentanti dei lavoratori delle piattaforme e dalle autorità nazionali del lavoro, con evidenti impatti sull'effettività dell'obbligo di *disclosure*.

È poi importante notare che la versione del Regolamento sull'IA approvata dal Parlamento europeo nel giugno 2023 prevedeva un sistema di trasparenza filtrato dalle organizzazioni sindacali attraverso un obbligo di consultazione, e con l'obiettivo di trovare un accordo, prima della messa in servizio o dell'utilizzo di un sistema di IA nel luogo di lavoro (art. 29, par. 5-*bis*). Ma tale obbligo è stato fortemente depotenziato nella versione approvata definitivamente, che limita le prerogative sindacali e dei lavoratori, prevedendo solo un obbligo di informativa sindacale «where *applicable, in accordance with the rules and procedures laid down in Union and national law and practice on information of workers and their representatives»* (art. 26, par. 7).

Allo stesso modo, la legge sull'IA dava maggiori garanzie nella versione precedente (ex Considerando 66, *post* emendamento n. 112) alla sua approvazione definitiva, prevedendo di sottoporre a nuova valutazione i sistemi di IA ad alto rischio in caso di modifica sostanziale del prodotto; aspetto invece fortemente dimidiato in sede di approvazione definitiva (Considerando 97). La stessa riduzione di garanzie la vediamo poi nel cd. *right to explanations*[58], *ex* art. 86 del Regolamento sull'IA approvato[59].

Nel complesso, quindi, in base alle previsioni normative attuali, mancano molte garanzie a tutela dei diritti dei lavoratori. Ad esempio mancano criteri univoci per assicurare la veridicità dei dati di addestramento forniti alla macchina; manca la garanzia per i lavoratori di ottenere in anticipo (o comunque nell'immediato) spiegazioni sul funzionamento dell'algoritmo; mancano strumenti per far sì che il lavoratore acquisisca competenze tecniche per compiere valutazioni adeguate sull'algoritmo; mancano norme che mettano al centro della trasparenza i lavoratori e i sindacati, da considerare anch'essi destinatari privilegiati degli obblighi informativi sul funzionamento dell'algoritmo.

58 WACHTER, Sandra, MITTELSTADT, Brent, e Luciano FLORIDI. 2017. "Why a Right to Explanation of Automated Decision-Making Does Not Exist in the General Data Protection Regulation." *International Dat Privacy*, 7(2): 82-128.

59 «Any *affected person subject to a decision which is taken by the deployer on the basis of the output from a high-risk AI system listed in Annex III, with the exception of systems listed under point 2 thereof, and which produces legal effects or similarly significantly affects that person in a way that they consider to have an adverse impact on their health, safety or fundamental rights shall have the right to obtain from the deployer clear and meaningful explanations of the role of the AI system in the decision-making procedure and the main elements of the decision taken»*.

La questione degli obblighi di ***sorveglianza*** sugli *output* della macchina intelligente è essenziale per la gestione dei rischi e dei processi discriminatori che riguardano le IA e fortemente connesso a quello della trasparenza. La sorveglianza attiene infatti, prima di tutto, ai sistemi di controllo della macchina e ai relativi rischi sulla salute fisica e psichica dei lavoratori dovuti all'azione meccanica della macchina stessa. Tuttavia, va anche garantita quella sorveglianza costituita dallo *Human oversight*[60], ancora oggi non adeguatamente regolata dal diritto[61], prevedendo cioè il potere dell'uomo (o di terzi)[62] di intervenire sul percorso e sugli esiti a cui è giunto l'artificiale, mediante un controllo del tipo *Human-in-command*, *Human-on-the-loop* o *Human-in-the-loop*[63].

Garantire la sorveglianza umana richiede che il datore di lavoro venga (realmente) coinvolto, perfezioni, migliori o corregga il risultato del processo algoritmico, che ne verifichi la logica e la legittimità. Tale verifica dei risultati della macchina è necessaria tutte le volte in cui il datore di lavoro abbia l'obbligo di motivare le proprie scelte aziendali, come avviene, ad esempio, per il trasferimento del lavoratore (art. 2103 c.c.) sorretto da comprovate ragioni organizzative. In questi casi, non può bastare rinviare alla decisione assunta dall'algoritmo – perché le macchine non sono "oggettive", ma rispondono degli *input* che vengono immessi dai programmatori[64] – e, quindi, non può bastare fare proprio l'*output* a cui è giunto l'algoritmo stesso. Al contrario, invece, il datore può acquisire tal quale l'output algoritmico per tutte quelle scelte libere: si pensi alla scelta di delocalizzare l'azienda, o a quella di rendere la produzione più efficiente modificando l'organizzazione lavorativa.

La sorveglianza umana sulla macchina intelligente richiede inoltre un monitoraggio del processo di apprendimento generativo delle IA. Il datore di lavoro non può sottrarsi a tale compito: non può usare, ad esempio, il surrogato della macchina che controlla la macchina e tanto più senza consentire alla macchina di correggere sé stessa, perché ciò renderebbe il controllo

60 Sul principio di umanizzazione del controllo, in particolare CARUSO, Bruno, e Loredana ZAPPALÀ. 2021. "Informatizzazione dei processi decisionali e diritto del lavoro: algoritmi, poteri datoriali e responsabilità del prestatore nell'era dell'intelligenza artificiale." *Biblioteca '20 Maggio'*. 99-120, spec. 54-6.

61 Tale presidio pare ad oggi indicato, limitatamente al lavoro su piattaforma, solo dall'Accordo quadro europeo sulla digitalizzazione del 2020, art. 8.

62 MAIO, Valerio. 2018. "Il diritto del lavoro e le nuove sfide della rivoluzione robotica." *Argomenti di Diritto del Lavoro*. 24(6): 1442.

63 ZAPPALÀ, Loredana. 2021. "Informatizzazione dei processi decisionali e diritto del lavoro: algoritmi, poteri datoriali e responsabilità del prestatore nell'era dell'intelligenza artificiale." *Biblioteca '20 Maggio'*, 2: 108.

64 Cons. Stato, sez. VI, 13 dicembre 2019, n. 8472. *Cfr.*, anche negli ampi richiami di dottrina a favore e contro l'idea della maggiore neutralità della macchina, CAVALLARO E SMORTO 2019.

sul processo elaborativo della macchina ancora più oscuro e impenetrabile. Inoltre, è l'imprenditore a dover accertare che, nell'esercizio dei poteri di comando *machine to human*, gli ordini della macchina siano chiari, correttamente recepiti dai lavoratori, di facile comprensione e adatti al *target* di riferimento[65], evitando così che ricadano sui lavoratori le conseguenze legate all'inadempimento della prestazione in cui è implicata la macchina intelligente.

In Italia non abbiamo ancora norme adeguate a rendere trasparenti i sistemi di IA utilizzati dai datori di lavoro. Pensiamo a sistemi come la *gamification* o a quelli che prevedono l'interazione uomo-macchina: in questo caso la macchina è uno strumento di lavoro ma anche di controllo umano, dovendo monitorare quanto fa il lavoratore, per poter apprendere da lui. Tuttavia, a proposito dei sistemi automatizzati di intelligenza artificiale[66], la regolazione *italiana* in tema di trasparenza nelle condizioni di lavoro (l n. 104/2022) ha anticipato e fatto un passo ulteriore rispetto alla dir. 2019/1152[67], definendo in maniera ampia i sistemi automatizzati come tutti quelli «deputati a fornire indicazioni rilevanti ai fini della assunzione o del conferimento dell'incarico, della gestione o della cessazione del rapporto di lavoro, dell'assegnazione di compiti o mansioni nonché indicazioni incidenti sulla sorveglianza, la valutazione, le prestazioni e l'adempimento delle obbligazioni contrattuali dei lavoratori». Vero è, però, che la norma non chiarisce se ci sia un obbligo dettagliato di informazione verso le rappresentanze sindacali in azienda e verso le organizzazioni sindacali più rappresentative, per tutti i sistemi automatizzati o soltanto per quelli che non prevedano affatto un intervento umano[68]. È tuttavia importante che ci sia, perché anticipa la proposta di direttiva sulle piattaforme digitali (che è peraltro limitata ai soli lavoratori *online*) e perché già è stata usata in giudizio.

Il Tribunale di Palermo, il 20 giugno 2023, ha giudicato un caso sollevato dalle organizzazioni sindacali in tema di condotta antisindacale (art. 28 dello Statuto dei lavoratori) stabilendo che la mancata informativa sindacale sul funzionamento dell'algoritmo (ex d. lgs. 104/2022) costituisce condotta antisindacale, perchè *il diniego di per sé limita e compromette l'attività sindacale*

---

65 Lebovitz, Sarah, Lifshitz-Assaf, Hila, e Natalia Levina. 2022. "To Engage or Not to Engage with AI for Critical Judgments: How Professionals Deal with Opacity When Using AI for Medical Diagnosis." *Organization Science*, 33: 1-23.

66 Su cui ampiamente Carinci, Maria Teresa, Giudici, Silvia, e Pierluigi Perri. 2023. "Obblighi di informazione e sistemi decisionali e di monitoraggio automatizzati (art. 1-*bis* "Decreto Trasparenza"): quali forme di controllo per i poteri datoriali algoritmici?" *Labor* 1: 7-40.

67 Su tali sistemi, *cfr*. le indicazioni del Garante per la protezione dei dati personali del 24 gennaio 2023. Con esse ha previsto il divieto datoriale di fare ricorso a qualunque trattamento che non sia rilevante a verificare l'attitudine del lavoratore.

68 Si parla, infatti, di «eventuali processi di correzione» delle decisioni automatizzate (nuovo art. 1-*bis*, comma 2, lett. e, introdotto nel d.lgs. 152/1997).

(senza dare rilievo al fatto che alcune informazioni fossero state già rilasciate ai lavoratori)[69].

Al di là di tali casi, resta comunque da evidenziare che, in generale, la regolazione anche nazionale, come quella europea, «segue decisamente una logica espansiva delle prerogative imprenditoriali» nel momento in cui non vincola il potere datoriale all'accordo sindacale[70], con l'effetto di non garantire la necessaria «collaborazione di tutti gli attori in gioco (Autorità garante, imprese, sindacati, giurisprudenza)»[71].

Anche per questo motivo, in Italia, le organizzazioni sindacali hanno iniziato ad usare strumenti di azione giudiziaria collettiva, proprio per la trasparenza algoritmica, come l'azione inibitoria collettiva. Inizialmente, nel maggio 2021 è entrata in vigore la l. n. 31/2019 che legittimava enti e associazioni senza scopo di lucro a proporre *class action* mediante una piattaforma telematica e previa iscrizione in un apposito elenco presso il Ministero della Giustizia, escludendo però, con successivo DM 17 febbraio 2022, n. 27, le organizzazioni sindacali. Opportunamente, il Tar del Lazio[72] ha annullato tali limitazioni ministeriali e consentito quindi alle organizzazioni sindacali di fare azioni giudiziarie inibitorie anche a garanzia della trasparenza algoritmica.

---

69 Il Tribunale di Palermo ha disposto la condanna economica del datore di lavoro a 200 euro per ogni giorno di eventuale ritardo nel fornire l'informativa, a partire dal quindicesimo successivo al provvedimento del giudice, e poi ha previsto: l'obbligo di fornire informazioni su «aspetti del rapporto di lavoro e della sua cessazione sui quali incide l'utilizzo dei sistemi automatizzati»; l'obbligo di dichiararne scopi e finalità; l'obbligo di indicare «il livello di accuratezza, robustezza e cybersicurezza dei sistemi automatizzati e le metriche utilizzare per misurare tali parametri, nonché gli impatti potenzialmente discriminatori delle metriche stesse»; l'obbligo di informare circa «la logica e il funzionamento dei sistemi, con particolare riferimento alla logica e alle concrete modalità con le quali il sistema conferisce gli ordini, gestisce il sistema del punteggio dei corrieri al fine di una prioritaria apertura degli slots, procede alla disconnessione temporanea o definitiva di un corriere, nonché sorveglia l'adempimento della sua prestazione lavorativa e valuta le prestazioni da lui resse»; l'obbligo di rilasciare informazioni in ordine a «le categorie di dati e parametri principali utilizzati per programmare i sistemi, con particolare riferimento alle modalità di valutazione dei singoli fattori adottati come parametro al fine di ottenere la massima valutazione possibile ad esso attribuibile oppure valutazioni inferiori, il peso di ciascun parametro nella realizzazione del risultato finale, l'eventuale prevalenza di uno o più parametri sugli altri e le altre informazioni relative alla interazione fra essi nella produzione del risultato finale, sia in relazione alla valutazione del corriere mediante un punteggio – chiarendo come in concreto esso venga calcolato dal sistema –, sia in relazione all'attribuzione di proposte d'ordine, che alla disconnessione».

70 PERULLI, Adalberto, e Valerio SPEZIALE. 2022. *Dieci tesi sul diritto del lavoro*. Bologna: Il Mulino, 70.

71 CARUSO, Bruno, DEL PUNTA, Riccardo, e Tiziano TREU. 2020. "Manifesto per un diritto del lavoro sostenibile." *W.P. CSDLE "Massimo D'Antona"* , 39.

72 *Cfr*. Sentenza n. 6661/2022 Reg. Ric. del 23 giugno 2023.

Da ultimo, sul fronte della tutela di genere nella trasformazione digitale dell'impresa, è interessante l'uso del disciplinare UNI /PDR 147/2023 sviluppato dalla Fondazione per la sostenibilità digitale. In questo strumento si prevede che la sostenibilità digitale delle aziende passi anche dal verificare la «parità di genere nei team di sviluppo di progetto, anche nell'interesse dei risultati finali del lavoro, meglio garantiti da un equilibrio di rappresentanza di genere (*target* 5.1)» e dal garantire «l'esclusione di contenuti, algoritmi e interfacce discriminanti, in particolare quelli dell'IA (*target* 5.2)».

6. Conclusioni

Automazione del lavoro e lavoro digitale costituiscono scenari nei quali ricodificare la tutela antidiscriminatoria. La strumentazione digitale (dai *wearable devices*, al *Badge sociometrico e molto altro*), così come l'uso degli algoritmi nella gestione, sviluppo, valutazione e misurazione della prestazione lavorativa sono terreno fertile per lo sviluppo di nuove pratiche discriminatorie e di potenziamento per quelle in atto. Tali sistemi sono infatti in grado di attribuire o negare valore a fatti o circostanze riferibili al lavoratore, come il tono della voce, il comportamento sociale o nel contesto lavorativo, ma anche il grado e la misura della disponibilità al lavoro. La capacità di misurare tali dati attraverso una decodificazione algoritmica, e la relativa definizione di *standard* di lavoro ai quali doversi adeguare, e da cui far derivare conseguenze sul rapporto di lavoro, sono evidenti (possibili) presupposti di pratiche discriminatorie (di genere, razza, religione, lingua, handicap, età), a seconda di come l'algoritmo stesso è programmato, attesa la solo apparente neutralità dell'algoritmo stesso. La Commissione UE[73] ha peraltro espressamente riconosciuto che "gli algoritmi e l'apprendimento automatico ad essi correlato, se non sufficientemente trasparenti e robusti, rischiano di riprodurre, amplificare o contribuire a pregiudizi (...) di cui i programmatori possono non essere a conoscenza o che sono il risultato di una specifica selezione di dati".

Ci troviamo dunque difronte a palesi difficoltà di avere, oggi, una regolazione dei diritti dei lavoratori che sia in grado di resistere alla smaterializzazione dell'impresa, alla digitalizzazione del lavoro e alla globalizzazione delle attività lavorative; ma al contempo siamo di fronte al bisogno di una regolazione dei fenomeni in atto. Proprio per tale motivo, il ruolo della contrattazione collettiva rappresenta uno strumento fondamentale di azione e tutela, in grado di tenere ferme le responsabilità dell'impresa e in grado di vincolare i datori di lavoro al rispetto delle condizioni di tutela contrattate.

73 *Cfr.* Comunicazione della Commissione UE del 5 marzo 2020, *Un'Unione dell'uguaglianza: la strategia per la parità di genere 2020-2025.*

Bibliografia

ALESSI, Cristina. 2019. "Lavoro tramite piattaforma e divieto di discriminazioni nell'UE." In *Impresa, lavoro e non lavoro nell'economia digitale*, a cura di Cristina **ALESSI**, Marzia **BARBERA**, e Luciana **GUAGLIANONE**, 683-98. Bari: Cacucci.

AUTOR, David H., **Levy**, Frank, e **Richard J. MURNANE**. 2003. "The Skill content of recent technological change: An empirical exploration." *Quarterly Journal of Economics*. 118 (4): 1279–334.

BANNÒ, **Mariasole**, **FILIPPI**, **Emilia**, e **Sandro TRENTO**. 2021. "Rischi di automazione delle occupazioni: una stima per l'Italia." *Stato e Mercato*. V. 3: 315-50.

BARBERA, **Marzia**, e **Renata SEMENZA**. 2022. "Introduzione all'Itinerario di ricerca su 'giusta transizione ecologica, impresa e lavoro'." *Giornale di Diritto del Lavoro e delle Relazioni Industriali*, 174: 199-204.

BARBERA, Marzia. 2021. "Relazione.", In *Frank discriminava: riders, algoritmi e discriminazioni*, iniziativa *web* di Labour Law Community (2 febbraio, 2021).

BATTISTI, **Anna Maria**. 2018. *Lavoro sostenibile. Imperativo per il futuro*, Torino: Giappichelli.

BIANCO, Adele. 2019. "Le nuove politiche attive del lavoro: qualifiche e competenze per l'economia digitale." In *Impresa, lavoro e non lavoro nell'economia digitale*, a cura di Cristina **ALESSI**, Marzia **BARBERA**, e Luciana **GUAGLIANONE**, 861-81. Bari: Cacucci.

BIASI, Marco. 2023. "Beyond employment: the protection of platform worlers in a holistic perspective." In *New Technology and Labour Law. Selected topics*, a cura di Antonio **LO FARO**, 139-51. Torino: Giappichelli.

BORELLI, **Silvia**. 2022. "Contrattazione dell'algoritmo (voce)". In Silvia Borelli, Vania Brino, Claudia Faleri, Lara Lazzeroni, Laura Tebano, e Loredana Zappalà, *Lavoro e tecnologie*. *Dizionario del diritto del lavoro che cambia*, 44-47. Giappichelli, Torino.

BRAVERMAN, **Harry**. 1978. *Lavoro e capitale monopolistico. La degradazione del lavoro nel XX secolo*. Torino: Einaudi.

BRINO, Vania. 2022. "Intervento". Convengo *Dialoghi di diritto del lavoro tra cielo e mare*. Bertinoro, XVII edizione, 15 dicembre 2022 (https://dsg.unibo.it/it/eventi/seminari-di-bertinoro-dialoghi-di-diritto-del-lavoro-tra-cielo-e-mare-xvii-edizione).

CARINCI, **Maria Teresa**, **GIUDICI**, **Silvia**, e **Pierluigi PERRI**. 2023. "Obblighi di informazione e sistemi decisionali e di monitoraggio automatizzati (art. 1-*bis* "Decreto Trasparenza"): quali forme di controllo per i poteri datoriali algoritmici?" *Labor* 1: 7-40.

Caruso, **Bruno**, **del Punta**, **Riccardo**, e **Tiziano Treu**. 2020. "Manifesto per un diritto del lavoro sostenibile." *W.P. CSDLE "Massimo D'Antona"*.

Caruso, **Bruno**, **del Punta**, **Riccardo**, e **Tiziano Treu**. 2023. "'Manifesto'. Il diritto del lavoro nella giusta transizione. Un contributo 'oltre' il manifesto." *W.P. CSDLE "Massimo D'Antona"*.

Caruso, **Bruno**, e **Loredana Zappalà**. 2021. "Informatizzazione dei processi decisionali e diritto del lavoro: algoritmi, poteri datoriali e responsabilità del prestatore nell'era dell'intelligenza artificiale." *Biblioteca '20 Maggio'*. 99-120.

Cataudella, **Maria Cristina**. 2022. "La parità di genere: una priorità 'trasversale' del Piano Nazionale di Ripresa e Resilienza." *Lavoro e Previdenza Oggi*, 1-2: 1-14.

Centamore, **Giulio**, e **Luca Ratti**. 2019. "Oltre il dilemma qualificatorio: potenzialità e limiti del diritto antidiscriminatorio nella protezione del lavoratore on-demand." In *Impresa, lavoro e non lavoro nell'economia digitale*, a cura di Cristina **Alessi**, Marzia **Barbera**, e Luciana **Guaglianone**, 663-682. Bari: Cacucci.

Centamore, **Giulio**. 2022. "Una just transition per il diritto del lavoro." *Lavoro e Diritto*. n. 1: 129-45.

Commissione europea, *Employment and Social Developments in Europe – Young Europeans: employment and social challenges* ahead (Occupazione e sviluppi sociali in Europa – Giovani europei: sfide occupazionali e sociali), revisione annuale 2022.

Commissione europea. *Background note. Dedicated meeting with social partners regarding the application of EU competition law on collective bargaining agreements by self-employed*, 26 marzo, 2021.

Comunicazione della Commissione UE del 5 marzo 2020, *Un'Unione dell'uguaglianza: la strategia per la parità di genere 2020-2025*.

Dagnino, **Emanuele**. 2017. "People analytics: lavoro e tutele al tempo del management tramite big data." *Labour & Law Issues*. 1: 3-31.

De Petris, **Pia**. 2020. "Le discriminazioni da algoritmo nella gig economy." *Argomenti di Diritto del Lavoro*, 26: 889-907.

De Simone, **Gisella**. 2019. "Lavoro digitale e subordinazione. Prime riflessioni." *Rivista Giuridica del Lavoro e della Previdenza Sociale*, I, 1: 3-24.

Del Punta, **Riccardo**. 2014. "Verso l'individualizzazione dei rapporti di lavoro." In *Diritto del lavoro in trasformazione* a cura di Luisa **Corazza** e Roberto **Romei**, 15-36. Bologna: il Mulino.

FALERI, Claudia. 2022. "Disruptive Innovation (voce)." In *Lavoro e tecnologie. Dizionario del diritto del lavoro che cambia*, a cura di Silvia **BORELLI**, Vania **BRINO**, Claudia **FALERI**, Lara **LAZZERONI**, Laura **TEBANO**, e Loredana **ZAPPALÀ**. 108-10. Torino: Giappichelli.

FORD, Martin. 2015. *The rise of the robots. Technology and the Threats of a Jobless Future.* London: Oneworld.

GRAETZ, Georg, e Michaels **GUY**. 2018. "Robots at work." *The Review of Economics and Statistics. v.* 100(5): 753-68.

JAEGER, Pier Giusto. 1963. *L'interesse sociale*. Milano: Giuffrè.

JOHNSTON, Hannah, e Chris **LAND-KAZLAUSKAS**. 2018. *Organizing on-demand: Representation, voice, and collective Bargaining in the Gig Economy*. Ginevra: ILO (Conditions of Work and Employment Series), n. 94.

KEYNES, John Maynard. 1930. "Economic Possibilities for our Grandchildren." *Essays in Persuasion. New York:* Harcourt Brace. 358-73.

KULLMANN, Miriam. 2018. "Promoting Social and Environmental Sustainability: What Role for Public Procurement?" *Comparative labor law & Policy Journal*, 40:109-29.

KURZ, Robert. 2015. *Le crepe del capitalismo*. Lecce: Bepress.

LAFRATTA, Daniela. 2023. *La contrattazione collettiva per la partecipazione dei lavoratori alla gestione aziendale*, in **V. BAVARO, M. C. CATAUDELLA, A. LASSANDARI, L. LAZZERONI, M. TIRABOSCHI, G. ZILIO GRANDI** (a cura di), *La funzione del contratto collettivo. Salari, produttività, mercato del lavoro*. Adapt University Press, 261-277.

LAZZERONI, Lara. 2017. *La regolazione per legge del contratto collettivo aziendale alla luce dei principi costituzionali*, Giappichelli, Torino, 2017.

LAZZERONI, Lara. 2022. "Crowdwork (voce)." In *Lavoro e tecnologie. Dizionario del diritto del lavoro che cambia*, a cura di Silvia **BORELLI**, Vania **BRINO**, Claudia **FALERI**, Lara **LAZZERONI**, Laura **TEBANO** e Loredana **ZAPPALÀ**. 56-64. Torino: Giappichelli.

LAZZERONI, Lara. 2022c. "Discriminazioni digitali (voce)." In *Lavoro e tecnologie. Dizionario del diritto del lavoro che cambia*, a cura di Silvia **BORELLI**, Vania **BRINO**, Claudia **FALERI**, Lara **LAZZERONI**, Laura **TEBANO** e Loredana **ZAPPALÀ**. 99-105. Torino: Giappichelli.

LEBOVITZ, Sarah, **LIFSHITZ-ASSAF**, Hila, e Natalia **LEVINA**. 2022. "To Engage or Not to Engage with AI for Critical Judgments: How Professionals Deal with Opacity When Using AI for Medical Diagnosis." *Organization Science*, 33: 1-23.

MAIO, Valerio. 2018. "Il diritto del lavoro e le nuove sfide della rivoluzione robotica." *Argomenti di Diritto del Lavoro*. 24(6): 1414-55.

NARDELLI, Francesca. 2022. "La via tortuosa verso la valorizzazione delle competenze green." *Diritto delle Relazioni Industriali.* 4: 990-1004.

NEGRI, Stefania e **VALENTE**, Francesca. 2022. *Mercato del lavoro e squilibri di genere: un primo approfondimento*, in https://www.bollettinoadapt.it/mercato-del-lavoro-e-squilibri-di-genere-un-primo-approfondimento/.

O'CONNOR, Sara. 2016. "When your boss is an algorithm." *Financial Times*." <https://www.ft.com/content/88fdc58e-754f-11e6-b60a-de-4532d5ea35> (8 Settembre, 2016).

PERULLI, Adalberto, e Valerio **SPEZIALE**. 2022. *Dieci tesi sul diritto del lavoro*. Bologna: Il Mulino.

PERULLI, Adalberto. 2021. "Giustizia sociale, commercio internazionale ed extraterritorialità «atipica». Il caso USMCA." *Giornale di diritto del lavoro e di relazioni industriali*, 2: 215-34.

PIERANI, Marco. 2021. "Il ruolo del consumerismo nell'economia dei dati." In *Vivere con l'intelligenza artificiale. Società, consumatori e mercato*, a cura di Marco **PIERANI**, e Marco **SCIALDONE**. 49-100. Torino: Espress.

POLLOK, Friedrich. 1976. *Automazione. Conseguenze economiche e sociali*. Torino: Einaudi. Rapporto ETUC del 2014: https://www.etuc.org/sites/default/files/publication/files/bargaining_equality_it.pdf

RENZI, Samuele. 2022. "Decisioni automatizzate, analisi predittive, e tutela della privacy dei lavoratori." *Lavoro e Diritto,* 3: 583-603.

SARTORI, Alessandra. 2021. "Transizioni occupaizonali e fragilità lavorative: il difficile compito per il diritto del lavoro post-pandemico." In *Flexicurity e mercati transizionali del lavoro. Una nuova stagione per il diritto del mercato del lavoro?* a cura di Silvia **CIUCCIOVINO**, Domenico **GAROFALO**, Alessandra **SARTORI**, Michele **TIRABOSCHI**, Anna **TROJSI**, e Lorenzo **ZOPPOLI**, 396-417. Adapt University Press.

SEGHEZZI, Francesco. 2017. *La nuova grande trasformazione. Lavoro e persona nella quarta rivoluzione industriale*. Adapt University Press.

SEMENZA, Renata. 2022. "La retorica dei green jobs." *Giornale di Diritto del Lavoro e di Relazioni Industriali.* 4: 359-75.

SHAH, Mahmood Hussain. 2014. *Mobile working: technologies and business strategy.* London: Routledge.

SINZHEIMER, Hugo. 1976. "Arbeitsrecht und Rechtssoziologie: gesammelte Aufsaetze und Reden." In *Schriftenreihe der Otto Brenner Stiftung a*

cura di Thilo Ramm, e Sir Otto Kahn-Freund. Frankfurt: Europaische Verlagsanstalt.

Tommasi, Sara. 2020. "Algoritmi e nuove forme di discriminazione: uno sguardo al diritto europeo." *Revista de Direito Brasileira*, v. 27: 112-129.

Vigli, Cristiana. 2021. *Parità di genere nel mercato del lavoro e contrattazione collettiva nelle esperienze italiana ed europea*, in Working Paper Adapt, in https://moodle.adaptland.it/mod/resource/view.php?id=25084.

Visser, Jelle. 2020. *I sindacati in transizione, Documento OIL/ACTRAV*" Roma: Organizzazione Internazionale del Lavoro.

Wachter, Sandra, **Mittelstadt**, Brent, e Luciano **Floridi**. 2017. "Why a Right to Explanation of Automated Decision-Making Does Not Exist in the General Data Protection Regulation." *International Dat Privacy*, 7(2): 82-128.

Zamagni, Stefano. 2003. "L'impresa socialmente responsabile nell'epoca della globalizzazione." *Notizie di Politeia*. XIX/72: 28-42.

Zampini, Giovanni. 2022. "Intelligenza artificiale e decisione datoriale algoritmica. Problemi e prospettive." *Argomenti di Diritto del Lavoro.* 3: 467-86.

Zappalà, Loredana. 2021. "Informatizzazione dei processi decisionali e diritto del lavoro: algoritmi, poteri datoriali e responsabilità del prestatore nell'era dell'intelligenza artificiale." *Biblioteca '20 Maggio'*, 2: 99-120.

Zappalà, Loredana. 2022e. "Machine Learning (voce)." In *Lavoro e tecnologie. Dizionario del diritto del lavoro che cambia*, a cura di Silvia **Borelli**, Vania **Brino**, Claudia **Faleri**, Lara **Lazzeroni**, Laura **Tebano** e Loredana **Zappalà**. 147-9. Torino: Giappichelli.

Made in United States
Orlando, FL
04 November 2026

90211242R00184